国家社会科学基金项目

（批准号：11CSH049）结项成果

"韦伯式问题"的徽商经验研究

梁德阔 著

安徽师范大学出版社

·芜湖·

责任编辑：胡志恒　　彭　敏
装帧设计：桑国磊
责任印制：郭行洲

图书在版编目（CIP）数据

“韦伯式问题”的徽商经验研究 / 梁德阔著. —芜湖：安徽师范大学出版社，2014.9
ISBN 978-7-5676-1452-9
Ⅰ.①韦…　Ⅱ.①梁…　Ⅲ.①徽商—商业经营—研究　Ⅳ.①F715

中国版本图书馆CIP数据核字(2014)第184877号

“韦伯式问题”的徽商经验研究
梁德阔　著

出版发行：安徽师范大学出版社
　　　　芜湖市九华南路189号安徽师范大学花津校区　　邮政编码：241002
网　　址：http://www.ahnupress.com/
发 行 部：0553-3883578 5910327 5910310（传真）　E-mail：asdcbsfxb@126.com
印　　刷：安徽芜湖新华印务有限责任公司
版　　次：2014年9月第1版
印　　次：2014年9月第1次印刷
规　　格：700mm × 1000mm　1/16
印　　张：21.75
字　　数：367千
书　　号：ISBN 978-7-5676-1452-9
定　　价：42.00元

摘 要

所谓“韦伯式问题”包涵三方面内容：在《新教伦理与资本主义精神》一书中，马克斯·韦伯认为新教伦理促进了资本主义精神的产生，称之为“韦伯命题”。而在《中国的宗教：儒教与道教》里，韦伯指出中国的儒教和道教有碍于资本主义的发展，这是韦伯的“中国命题”。针对以上两个命题，余英时撰写了《中国近世宗教伦理与商人精神》，证明中国近世宗教伦理有“入世苦行”精神，尤其强调儒家伦理能够为中国资本主义精神的产生提供动力，余氏称之为“韦伯式”的问题。

本书研究路径分为三个层面：首先是儒家伦理和新教伦理的核心教义的比较，包括以上三本书的主要观点；其次是论证儒家伦理孕育了徽商精神，呈现徽商精神的主要特征；最后用徽商经验研究评判余英时与韦伯的争论，检验“韦伯式问题”，这是本书研究的重点。本书把余英时与韦伯争论的基本观点操作化为四个方面：“超越性动机”、“理性化过程”、“入世苦行”、职业观。下文将陈述本书的主要内容和重要观点。

一、徽商的“超越性动机”

韦伯认为，中国人缺乏一个“由内而外的、由某种中心的、自主的价值立场”，也就是说中国人没有超越性的宗教信仰。他还认为，儒教将与此世的紧张性降至绝对的最低点，在儒教徒心目中这个世界是所有可能的世界中最好的一个，人的本性被赋予伦理性的善。事实上，韦伯根本没有触及宋明理学是儒学走向宗教化的转向关节点，他比较的儒学不具有中国近世宗教的特性。在内在超越的文化形态下，新儒家把“彼世”与“此世”的紧张提高到最大的限度。新儒家不是“替上帝行道”，而是“替天行道”；他们要建立的不是“神圣社群”，而是“天下有道”的社会。

新教徒把社会责任感发展为宗教精神，而徽商把宗教精神转化为社会责任感。徽商相信他们的事业具有庄严的意义和客观的价值，可以强固宗族、报效国家和回报社会，既可“立功”又可“立德”。

光宗耀祖是徽商的“超越性动机”之一，如斯图尔特所说“祖先崇拜是中国人民真正的宗教”。徽商有强烈的宗族认同感，把强固宗族看成是自己应尽的职责和义务。他们慷慨捐资编纂宗谱，建设祠堂，设置族田。宗谱是尊祖、敬宗和睦族的重要体现，祠堂是尊祖敬宗活动的场所，族田是借助经济力量维系宗族关系的有效办法。

报效国家是徽商“立功”的重要表现。盐课是封建政府的重要收入来源，有时占国家财政收入的一半，徽商积极缴纳课税。凡遇军需、河工、赈灾等事项，都少不了徽商对封建政府的报效捐输。一些徽商还积极参加到抗倭的斗争行列之中，保家卫国。

乐善好施是徽商回馈社会的重要义举。在家乡和侨寓地，徽商对兴办义学、筑桥修路、救灾济荒等公益事业都倾注了巨大的热情，不仅慷慨解囊，而且出谋划策，开创我国近代慈善事业之先河。这种“善行”或“阴德”是儒家仁爱道德的体现，不图今世回报，无疑吸收了浓厚的中国传统宗教概念。

徽州族规家法对徽商的尊祖敬宗、忠君爱国、乐善好施等作了相应的规定，并有严厉的惩罚措施。徽州人聚族而居，最重宗法，堪称为正统宗族制度传承的典型。“君为臣纲”是三纲五常的第一条，徽州宗族把皇帝的“圣谕”视为金科玉律。徽州宗谱把族人的彰善、救灾、恤患的规定法规化，并将义举载入地方志和谱牒的“义行传”中，流芳百世。

二、徽商的“理性化过程”

理性化既是韦伯研究的出发点，又是其评判中国社会与宗教的标准。在韦伯看来，新教徒通过选择有效手段达到既定目标，可以精确计算和预先算计，这是一种工具理性或形式理性；而儒教则是实质理性或价值理性，追求美德的、审美的和宗教的目标，不以个人功利为目的，这两种理性处于一种永远无法消解的紧张对立关系之中。

明代商人已用“贾道”一词，表明他们对商业有了新的看法，即在赚钱以外，还有其他的意义。但“贾道”还有另一层意思，即怎样运用最有效的方法来达到做生意的目的，这相当于韦伯所谓“理性化的过程”。徽商认为儒贾相通，两者都是功名，在亢宗的目标上一致。徽商不仅从《史记·货殖列传》等儒家经典中汲取商业经验和方法，也把儒家伦理作为商业行动的指南，讲究“取之有道”。

徽商的巨额财富与其成功的资本运作分不开。徽商初始资本主要来源于劳动收入、亲族资助、借贷资本和合伙集资，依靠贩运、囤积、垄断、开张等方式实现资本迅速增值。徽商在盐业、典当业、木业等行业牟取高额利润，其财富除了一部分作为扩大再生产资本外，大部分资本从商业领域中游离出来，这是受当时的政治、经济和社会结构所桎梏，而不是儒家文化使然。

徽商盘活中国传统文化资源，把宗族关系转化为新的企业制度。徽商往往举族连锁经商，在某一行业和地域构成垄断，实现了财富的积累和转移。他们通过“附本经营”和“委托经营”的形式提携宗族子弟，实现所有权和经营权的分离。在宗族伙计制经营方式里，徽商大贾与伙计的亲族关系已向“事业功能”迈进。徽商合伙制企业已具有两合组织特征，可视为股份有限公司责任制的萌芽。

明清时期徽商刊刻了一批实用价值极高的商业文书，如《士商类要》《士商要览》《一统路程图记》《典业须知》等。徽商合伙人之间要签订“兴隆合同”，合同内容详细严谨，权利义务明确，反映了所有权、使用权和经营权的互动关系。在徽州“命之贾，则先筹算”，“筹算”是徽商的基本技能。休宁商人程大位撰写的《算法统宗》，是以珠算盘为计算工具的数学书。韦伯说中国“没有真正的、具有技术价值的商业文书、计算或簿记的系统”，显然不符合实际情况。

三、徽商的“入世苦行”

韦伯说：“儒教的理性主义意指理性地适应世界，而新教的理性主义意指理性地支配世界。”新教徒过着一种警觉而又睿智的生活，消除自发的、出于冲动的享乐。《周易》：“天行健，君子以自强不息。”孟子也说：“天将降大任于斯人也，必先苦其心志，劳其筋骨，饿其体肤，空乏其身。”这体现了儒家锲而不舍、吃苦耐劳的精神。“慎独”作为一种修身方法和道德境界，为历代儒者所身体力行。

韦伯认为新教伦理有助于资本主义的发展，首推“勤”与“俭”两大要目，其实勤俭也是儒家的古训。徽州宗谱大多设有“勤生业”，“贸易之道，勤俭为先”是徽商闯荡商海多年的经验总结。对徽商来说，勤俭更多地体现为一种道德自律，一种生活美德的价值品质和精神意义。如大盐商鲍志道拥资巨万，他和家人却一生勤俭。徽商大多经过一个学徒习商的过程，学徒生活非常艰苦。他们不仅在创业初期勤劳，就是“家业隆起”以后，仍能坚持勤劳不息。胡适称之为“徽骆驼”精神，绩溪人则称为“绩溪牛”精神。

徽商艰苦奋斗，积极进取。徽州人并不是侍富而经商，而是“不贾则无望”。徽州人多地少，粮食稀缺，徽商积极向外拓展生存空间。徽州从贾人数众多，“十三在邑，十七在天下”；徽商活动区域广阔，“无徽不成镇”。徽商有一种不畏艰难、百折不挠的拼搏精神，“徽之俗，一贾不利再贾，再贾不利三贾，三贾不利犹未厌焉”。

徽商妇恪守礼教，贞节刚烈。在徽州，“女人犹称能俭”，她们勤俭持家，支持丈夫在外经商。“一世夫妻三年半，十年夫妻九年空”，这不仅是徽商夫妻生活的真实写照，而且也是徽商妇人的呻吟。徽州女性节烈成风，康熙《徽州府志》说：“节妇烈女，惟徽最多。”以至有“新安节烈最多，一邑当他省之半”的说法。

四、徽商的职业观念

韦伯认为，非西方社会的宗教与“天职”观念有内在冲突，产生不出职业伦理精神。王阳明率先向“商贱”“商轻”的传统价值观念发起挑战，提出了“四民异业而同道”的观点，这从职业分工和职业伦理的层面上肯定了工商劳动的价值。新儒家提出“敬贯动静”的入世做事的精神修养，这是中国敬业精神的由来，与加尔文教的“天职”观相类似。

业儒入仕是徽商的终极关怀。“非儒术无以亢吾宗”“非诗书无以显亲”成了徽州人普遍的心理特征，所谓“巨室强宗之所以绍隆而不绝者，有世禄尔”。但徽州“阀阅之家也不惮为贾”，提出了“良贾何负闳儒”观点，实现儒和贾相互促进的良性循环。

徽州宗族以士农工商为正业，禁止从事僧道、吏胥、屠竖、地保、娼优隶卒、医卜星相等贱业，对游手好闲子弟大都作了严厉惩治的规定。徽商“虽为贾者，咸近士风。”他们在经商过程中通常会继续保持读书好学、吟诗作画、热爱文化的传统。

徽商敬业，强调“固贵乎专，尤贵乎精。惟专而精，生道植矣”。不管从事何种职业，都要精益求精，学会一技之长，达到“行行出状元”的目的。徽商重视商品质量，胡庆余堂坚持“采办务真，修制务精”的办店宗旨。

徽商讲究普遍主义的诚信。“诚信”是做人的根本，歙商许宪说：“惟以诚待人，人自怀服；任术御物，物终不亲。”其次才是获得更大的经济利益。在义利面前，徽商的信条是“职虽为利，非义不可取也”，恪守“以义取利”

“利缘义取”的贾道原则。黟商舒遵刚把义利关系比作泉水的源流关系，有源才有流，有义才有利。

本书的重要学术价值在于弥补韦伯和余英时的商人经验研究不足的缺憾，提供了一个翔实而系统的徽商案例。诚如马克斯·韦伯所说，《新教伦理与资本主义精神》仅提供了新教伦理方面的证据，没有举出资本家怎样运用新教伦理的证据，这也是“韦伯命题”聚讼不已的问题。余英时还特别指出，徽商资料可以证实他的观点，可惜他本人没有凭借徽商资料继续研究，徽学研究者也一直没有回应，这恰好是本书的研究旨趣。同时，本书也有助于解决徽商研究方法单一，学术对话能力较弱的问题。其研究成果可以弘扬徽商精神，打造新时期的儒商精神，还能为每年一度的中国国际徽商大会提供资政服务，有助于保护和开发世界文化遗产地皖南的地域文化资源。

关键词：韦伯式问题；新教伦理；儒家伦理；徽商精神

ABSTRACT

Weberian Problem includes three aspects of connotation. In the Protestant Ethic and the Spirit of Capitalism, Max Weber argues that the protestant ethic promotes the development of capitalism spirit. This is called Weberian Proposition. In Confucianism and Daosim, Weber points that Confucianism and Daoism prevent capitalism from developing in China. This is Weber' s China Proposition. Based on the above propositions, Yu Ying-shih writes Religious Ethic and Business Spirit in Modern China, proves that modern Chinese religious ethic has the spirit of asceticism and emphasizes that Confucianism can provide the force for the development of capitalism spirit. This is Weberian Problem named by Yu Ying-shih.

The approach of this study includes three levels. Firstly, the author compares the dogma of Confucianism with that of protestant ethic, including the main ideas from the three books. Secondly, the author proves that Confucianism cultivates Hui merchants' spirit and presents basic characteristics of Hui merchants' spirit. Finally and also the most importantly, the author applies empirical research of Hui merchants to judge the argument between Weber and Yu Ying-shih and test Weberian Problem. This study operationalizes the argument into four aspects. That is transcendent motive, the process of rationalization, asceticism, and career prospect. As below the main contents and significant ideas are presented.

First, Hui merchants' "transcendent motive"

According to Weber, Chinese people have no transcendent religious belief. Actually Weber doesn't realize that Confucian Philosophy of the Song and Ming Dynasties is the turning point that Confucianism has become religion. the Confucianism in Weber's mind has no traits of modern Chinese religion. Neo-Confucians enforce justice on behalf of heaven ("Ti Tian Xing Dao") but not enforce justice on behalf of God ("Ti Shang Di Xing Dao"). What they want to construct is the society with "justice under the heaven" ("Tian xia You Dao") but not "sacred community" ("Shen sheng She Qun").

The Protestant develop their sense of social responsibility into religious spirit, while Hui merchants convert their religious spirit to the sense of social responsibility. Hui merchants believe that their business has dignified meaning and objective value, unifying clans, serving for the state and society, and they not only "perform meritorious service" ("Li Gong") but also "perform moral service" ("Li De").

It is one of Hui merchants' transcendent motives to bring prestige and honor to their families and clansmen. Hui merchants have strong sense of clan identity, and regard unifying clans as their responsibility and duty. They are generous to donate for compiling a family tree, building ancestral hall and setting up clan field.

Hui merchants are active to pay taxes. They help the government in many ways of military supplies, river work and relieving the people in stricken areas.

Hui merchants start philanthropy in China. They donate a lot of money and devote their effort to the cause of public good such as education, building bridges and roads, and providing disaster relief.

The clan regulations and family rules in Hui area state that Hui merchants must respect their ancestors and clans, being loyal to the state and serving for public good, or will be punished severely.

Second, "Hui merchants' rationalization"

According to Weber, the Protestant select effective ways to achieve their goals and that's the instrumental reason or formal reason. While for Confucianism, essential reason or value reason is the most important.

The term "meaning of business" ("Gu Dao") used by Merchants in Ming Dynasty, means that they thought that business had significance other than earning money. "Gu Dao" also means how to use the most effective way of earning more money. That is what Weber called the process of rationalization. Hui merchants not only learn from Confucian classical books methods and experience of business but also regard Confucianism as the direction of their doing business.

Hui merchants' great wealth has related to the successful capital operation. This book discusses the source of their capital, the capital appreciation and the flow of capital. Hui merchants also reuse traditional Chinese cultural capital, transforming clan relations into new enterprise system. What's more, Hui merchants carved a series of useful business books during Ming and Qing Dynasty.

Third, "Hui merchants' asceticism"

According to Weber, diligence and thrift play important role in the protestant ethic promoting capitalism. Actually diligence and thrift are the legacies of Confucianism and also Hui merchants' life and business philosophy. Even after being rich, they still works hard and lives a simple life.

In Huizhou area, natural resources are short. Hui merchants run business because they have no other choices. Diligence and thrift work in their whole life.

Fourth, Hui merchants' career prospect

Weber thinks that non-Western society's religion has inner conflict with the idea of “calling” and cannot develop the spirit of career ethic from it. Neo-Confucian has put forward the idea of devoting to work, similar to the idea of “calling”.

Doing business as confucian being officials is Hui merchants’ ultimate concern. For clans in Huizhou area, scholar, farmer, artisan and merchant are proper occupations. According to Hui merchants, no matter what you do, you should be excelsior and honest. These are more important than profit.

The academic significance of this book is to make up for Weber’s and Yu Ying-shih’s shortage of Hui merchants’ empirical resources, providing a detailed and systematic case study. Yu Ying-shih points that materials of Hui merchants can testify his ideas, but unfortunately he has not done any research based on materials of Hui merchants. Other scholars who are studying Hui merchants have no response to Yu Ying-shih’s argument. Thus this is the research purport in this book.

Key Words: Weberian problem; protestant ethic; dogma of confucianism; Hui merchants’ spirit

目　录

第一章 导 论

马克斯·韦伯（1864—1920）是德国著名的社会学家、政治学家和社会理论家，被公认为社会学三大“奠基人”之一[①]。马克斯·韦伯关于新教伦理的命题成了现代社会科学领域最旷日持久的争论焦点，社会学家、历史学家、经济学家和神学家从不同方面论述了韦伯的著名主张。诚如保罗·明希所说：“自1904—1905年马克斯·韦伯写出了他那充满魅力的文章以来，新教伦理与资本主义精神的关系这一命题就始终没有过时……如今又显示出了再度流行的迹象。”[②]麦金农也说：“《新教伦理》在80多年的时间里顶住了想要把它一笔勾销的所有尝试，这证明了韦伯的博大精深。”[③]金耀基指出：“半个世纪来西方学术界的主流思想甚至可说是属于韦伯学派的。”[④]本书旨在用徽商经验研究检验“韦伯式问题”，本章主要阐释“韦伯式问题”的内涵以及徽商与儒学的关系，为后面几章的立论做铺垫。

第一节 “韦伯式问题”

在《新教伦理与资本主义精神》一书中，马克斯·韦伯认为新教伦理促进了资本主义精神的产生，学术界称之为“韦伯命题”。而在《中国的宗教：儒教与道教》一书中，韦伯指出，中国的儒教和道教不能为资本主义的发展

---

① 英国社会学家、哲学家弗兰克·帕金对韦伯的评价：“韦伯就像几乎和他同时代的迪尔凯姆一样，在任何一套论及重要社会学家的丛书中，都应占有一席之地。不论在哪里讲授社会学，他的名字总是跟迪尔凯姆和马克思结合在一起，被奉为社会学的三位现世神明”。美国社会学家根瑟·罗思认为：“韦伯是惟一能同卡尔·马克思相提并论的思想家”。著名经济学家熊彼特赞扬韦伯：“历来登上学术舞台的角色中最有影响的一个。”余英时把韦伯比喻为20世纪的康德。

② 保罗·明希：《韦伯之前的命题：追根溯源》，参见哈特穆特·莱曼、京特·罗特编：《韦伯的新教伦理：由来、根据和背景》，阎克文译，沈阳：辽宁教育出版社，2001年，第29页。

③ 马尔科姆·麦金农：《命题长在：对批评家的批评》，参见哈特穆特·莱曼、京特·罗特编：《韦伯的新教伦理：由来、根据和背景》，阎克文译，沈阳：辽宁教育出版社，2001年，第256页。

④ 金耀基：《儒家伦理与经济发展：韦伯学说的重探》，参见张文达、高质慧编：《台湾学者论中国文化》，哈尔滨：黑龙江教育出版社，1989年，第304页。

提供精神上的动因，反而有碍于资本主义的发展，这是韦伯的“中国命题”。针对以上两个命题，余英时撰写了专著《中国近世宗教伦理与商人精神》，他广征博引儒、释、道三家的教义，证明中国近世宗教伦理有“入世苦行”精神，尤其强调儒家伦理能够为中国资本主义精神的产生提供动力。余英时想追问的是：在西方资本主义未进入中国之前，传统宗教伦理对于本土自发的商业活动究竟有没有什么影响？如果有影响，其具体的内容又是什么？余英时称之为“韦伯式（Weberian）”的问题。本书把以上内容概述为“韦伯式问题”。

一、“韦伯命题”的涵义

德国社会学家马克斯·韦伯的名著《新教伦理与资本主义精神》，于1904—1905年初版，修订于1920年，译成英文出版于1930年，是20世纪影响持续最久的著作之一，也是社会科学主要经典之一。此书试图回答以下问题：哪些情境因素共同作用产生了那些在西方，而且仅仅在西方出现的，并在历史发展进程中具有普遍的意义和有效的文化现象？韦伯认为，新教的“天职”观、预定论和禁欲主义直接促进了资本主义精神的发生，学界称之为“韦伯命题”。

什么是“资本主义精神”？韦伯没有使用宗教领袖的言谈和教义，而是引用美国著名科学家和政治家本杰明·富兰克林的警句来描述资本主义精神。这些“座右铭”式的警句有：切记，时间就是金钱。切记，信用就是金钱。切记，金钱具有孳生繁衍性。切记，善付钱者是别人钱袋的主人。影响信用的事，哪怕十分琐屑也得注意。切记，不要把你现在拥有的一切都视为己有，生活中要量入为出。假如你是个公认的节俭、诚实的人，你一年虽只有六英镑的收入，却可以使用一百英镑。[①]这些警句表明“在现代经济制度下能挣钱，只要挣得合法，就是长于、精于某种天职的结果和表现”，是人类的美德和能力的表现。[②]韦伯认为，富兰克林宣扬的不单是发迹的方法，更是一种奇特的伦理，这种伦理正是典型的资本主义精神。

---

① 马克斯·韦伯：《新教伦理与资本主义精神》，于晓、陈维纲等译，北京：生活·读书·新知三联书店，1987年，第32—35页。王加丰认为，从历史学角度看，韦伯选择富兰克林的例子来阐释资本主义精神是不严谨的。韦伯讨论的新教伦理主要讲的是16世纪加尔文的理论，但他拿来做依据的主要是18世纪美国富兰克林的话，这不是历史的研究方法。此外，最正统地坚持加尔文学说的是日内瓦和爱尔兰的教会，但这两个地区在资本主义发展中都没有起过重要作用。参见王加丰：《超越新教伦理：重揭早期现代化的精神动力》，《中国社会科学报》2012年5月16日。

② 马克斯·韦伯：《新教伦理与资本主义精神》，于晓、陈维纲等译，北京：生活·读书·新知三联书店，1987年，第38页。

丁学良认为“资本主义精神”由四个相关方面组成：第一，工作作为目的本身而被珍视。一个人“在他的职业活动中具有一种责任感是资本主义文化社会伦理中最具特征性的一点，在某种意义上，构成了这一伦理的基础”。第二，致富、贸易和利润不仅是个人职业成功的证据，而且是对个人德行的证实。“在现代经济秩序中发财——只要是合法获得的——被视为美德和精通本行的结果与表现。”第三，基于理性的严谨有条的个人生活方式受到珍视，这不仅在于它是达到长期目标和经济成功的途径，而且在于它是本质上适度和正当的存在方式。第四，应该为了未来而推迟眼前的享乐和直接的幸福。这种伦理的至善在于把两个方面结合起来：尽一切力量多挣钱，同时严格地避免生活的享受。①

帕森斯认为韦伯所谓的“资本主义精神”就是对于获取金钱和与之有关的活动的一套态度，内容包括三个方面：其一，资本主义精神将牟利活动不是看作一种手段或必需的罪恶，而是认为它本身就是一种道德所要求的目的。赚取金钱本身就是一种道德义务。其二，这种为道德所赞同的牟利是指要无限制地追求利益，这一特点使资本主义精神和传统主义态度截然区分开来。传统主义也可能按照“经济原则”从事牟利活动，但只是为了以尽可能小的力气满足传统规定下来的生活标准；由于资本主义精神将牟利本身作为一种道德义务，因此，牟利活动就以一种不同的方式被合理化了。就牟利的过程而言，资本主义不再接受沿袭的行事方式，而是在每一点上都根据整个任务安排办事程序，达到最大限度的合理化，唯一不变的终极目的是价值增值，任何特定的手段都是可变的，可以根据情境不同重新加以选择。其三，资本主义精神内在地要求摆脱目的和过程中的传统主义桎梏，但并无摆脱纪律和控制之意。相反，它只赞同非常严格的纪律和控制之下的牟利活动。为了合理地进行连续的牟利活动，必须忠心耿耿、持续不断地工作，并且将工作作为一种道德义务和责任。②

我国著名宗教学家杨庆堃认为“资本主义精神”具有以下几个特点：一是追求金钱的活动本身就是目的，并非为达到其他目的的手段，也不是一种罪恶。二是利润的赚取是永无止境的，既不受生活水准之需求的限制，也不受限于传统的满足感。三是用以追求的手段与传统的运作模式二者皆不具丝

① 丁学良：《韦伯的世界文明比较研究导论》，《中国社会科学》1987年第1期。

② 塔尔科特·帕森斯：《社会行动的结构》，张明德等译，南京：译林出版社，2003年，第573—575页。

毫神圣不可更动的性格，它们随时可被更改变革。四是努力工作被认为是一种责任，也是一种道德义务。五是强调纪律与控制，着重“为经济上的追求而奋加进取，并具有有系统且持续不断的理性的忠诚工作态度”。①

韦伯还把资本主义精神和其他几种被误认为资本主义精神区别开来，以此表述资本主义精神的一些特征。其一，资本主义精神是带有功利主义色彩，但绝不能仅仅把它归结为单纯的功利主义，它包含着比功利主义更多的内涵。其二，资本主义精神与幸福主义或享乐主义不同。资本主义精神表现在把获利作为人生的最终目的，而不把获利作为满足个人物质需要的手段。其三，资本主义精神不能归结为对物质财富占有的贪欲态度。资本主义与其说是贪欲，毋宁说是对贪欲的抑制或者说至少是一种“理性的缓解”。其四，资本主义精神与传统主义的工作和劳动态度没有共同之处。传统的工作和劳动态度实质上是一种为满足个人传统的需求而进行劳动的态度，具有资本主义精神的人则把赚钱看作是人人都必须追求的目的，看作是一项职业。②

韦伯研究的起点是理性的资产阶级的资本主义，也就是现代资本主义。“只有在现代西方世界，才能发现这种理性化的资本主义企业，它们基于长期投资、自由劳动力、各种功能的合理性的专业化和联合化，在资本主义企业基础上的生产功能的配置，一切系于市场经济。”③现代资本主义的显著特征是：市场上相对自由的物品交换，商业活动与家户活动的分离，复杂的簿记方法，理性的或系统的对工作的组织和一般意义上的工作场所。④

什么是新教伦理？本书认为，新教伦理主要包括“天职”观、预定论和禁欲主义三方面涵义。德文的“Beruf”（职业、天职）与英文相对应的单词是“calling”（职业、神召），意思是指“上帝安排的任务”。在路德看来，履行职业的劳动是胞爱的外在表现，是上帝应许的唯一生存方式，是个人道德活动所能采取的最高形式。正是这一思想，使人们的日常的世俗活动具有了宗教意义，为宗教直接影响现实生活开辟了道路。路德的“天职”观念引出了新教的核心教义：上帝应许的唯一生存方式，不是要人们以苦修的禁欲主义超越世俗道德，而是要完成与他们的地位相适应的责任

① 杨庆堃：《导论》，参见马克斯・韦伯：《中国的宗教：儒教与道教》，康乐、简惠美译，桂林：广西师范大学出版社，2010年，第339页。

② 孙亦平编：《西方宗教学名著提要》，南昌：江西人民出版社，2002年，第114—115页。

③ 马克斯・韦伯：《经济与社会》（第一卷），上海：上海人民出版社，2010年，第165—166页。

④ 斯蒂芬・卡尔伯格：《〈新教伦理与资本主义精神〉导读》，转引自马克斯・韦伯：《新教伦理与资本主义精神》，苏国勋等译，北京：社会科学文献出版社，2010年，第312页。

和义务，这是天职。上帝毫无例外地替每个人安排了一个职业，人必须各事其业，辛勤劳作。职业是上帝向人颁发的命令，人们为神圣的荣耀而劳动。在清教徒的心目中，一切生活现象皆是由上帝设定的，如果上帝赐予某个选民获利的机缘，那么虔诚的基督徒理应服膺上帝的召唤，尽可能地利用这天赐良机谋取更多的利益；倘若你拒绝它并选择不容易获利的途径，那么你会背离所从事职业的目的，也就是拒绝成为上帝的仆人，拒绝接受上帝的馈赠并遵照他的训令使用它们。你须为上帝而辛劳致富，但不可为肉体、罪孽如此，这就是上帝的圣训。

预定论是加尔文教的显著特点，它的主要内容包括：其一，有一个单一的、绝对超验的上帝，世界的创造者和统治者；除去给予人们以启示而外，他的行动的属性和缘由完全超出人类有限的理解力所能达到的界限。其二，出于完全超出人类可能理解的理由，所有的人类灵魂不管是获得永恒的拯救，还是"永恒的罪恶和死亡"，都已经由这位上帝预先决定。这个判决起自无始，延至无尽，人的意志和信念对它毫无影响。其三，上帝，出于他自己的神秘莫测的原因，创造出世界并把人放在这世界上，这只是为了增加他的荣耀。其四，为了这个目的，上帝判决人——不管是命定灵魂得到拯救的还是罚入地狱的——都要劳作，以便创立上帝在世间的天国，而在如此劳作时一定要服从上帝所启示的律条。其五，这个世界上的万物——人的本性和躯壳——若是任其自然，都将不可避免地陷入"罪恶和死亡"，除了神的恩宠以外，没有任何逃脱的办法。①这种预定论无疑会给人有一种空前的孤独感，因为人们无法预先知道谁是上帝的选民。"上帝不是为了人类而存在的，相反，人类的存在完全是为了上帝。一切造物，只有一个生存意义，即服务于上帝的荣耀与最高权威。以尘世公正与否的标准来衡量上帝的最高旨意不仅是毫无意义的，而且是亵渎神灵的，因为只有上帝才是绝对自由的，即不受制于任何法律的。"②

禁欲主义反对无节制地享受人生，其目的是使人能够过一种警觉而又睿智的生活，消除自发的、出于冲动的享乐，使信徒的行为规律化。"这个世俗新教禁欲主义强烈反对财产的自发享受；它限制消费，尤其是奢侈品

---

① 塔尔科特·帕森斯：《社会行动的结构》，张明德等译，南京：译林出版社，2003年，第583页。

② 马克斯·韦伯：《新教伦理与资本主义精神》，于晓、陈维纲等译，北京：生活·读书·新知三联书店，1987年，第78页。

的消费。另一方面，它具有使自由获取行动摆脱传统主义伦理桎梏的心理效果。它打破了对所谓获取冲动的束缚，不仅使其合法化，而且将其视为上帝的直接意愿。”[①]新教反对无聊闲谈，放纵享乐，从而虚度时光；主张人们要恒常不懈地践行艰苦的体力或智力劳动。因此，禁欲主义的实际结果是强制性的节省导致了资本主义的积累，消费的限制自然能使生产性投资成为可能。

姬金铎把新教伦理的特点概括为三个方面：一是伦理行为的系统化；二是日常生活的神圣化；三是日常生活的理性化。[②]张云江认为，新教伦理的特点是“世俗神圣化”和“日常生活理性化”。[③]在此基础上，本书将新教伦理的特点概括为三个方面：一是伦理行为的系统化。上帝要求信徒所做的不是个别的善行，而是一辈子的善行，并且还要形成一个完整的体系。这样，普通人的道德行为便不再是无计划的、非系统的，而是有计划的、首尾一致、有秩序的行为。二是世俗职业神圣化。原来很多“世俗化”的东西，如日常工作、婚姻、父母、政府等，都在信仰价值上得到了承认，具有了某些“神圣化”的因素。经过加尔文教义的置换，俗世中的职业变成了荣耀上帝的手段，发财致富也不再是一种罪恶。三是日常生活理性化。新教之前的基督徒，浑浑噩噩地生活着，其信仰也是随机成分居多。现在加尔文宗要求信徒自己拿出“蒙恩”证明，这就逼迫新教信徒在生活中必须每时每刻都得保持警醒、自觉。

新教伦理促进了资本主义精神的产生，这是《新教伦理与资本主义精神》一书所表达的中心思想。新教的“天职”观对世俗活动的肯定，既迫使劳动者勤奋工作，又使资本家的经济行为合法化。新教伦理对在职业中获利的行为表示支持和赞扬，“如果上帝为你指明了一条路，你可以合乎上帝律法地比其他道路谋取更多的利益，且不会损害你自己或者其他人的灵魂，而如果你拒绝它并选择不那么容易获利的事业，那么你会背离你的天职的目标之一。你在拒绝成为上帝的仆人，也拒绝接受他的赐予。”[④]预定论一方面要求每个新教徒必须终生成为僧侣，时刻坚定我是上帝的选民的信仰，这就使得

---

① 马克斯·韦伯：《新教伦理与资本主义精神》，彭强、黄晓京译，西安：陕西师范大学出版社，2002年，第163页。

② 姬金铎：《韦伯传》，石家庄：河北人民出版社，1998年，第46页。

③ 张云江：《〈新教伦理与资本主义精神〉译序》，《书屋》2007年第2期。

④ 马克斯·韦伯：《新教伦理与资本主义精神》，苏国勋等译，北京：社会科学文献出版社，2010年，第105页。

新教徒的理性行为系统化，而不是个别的善行。新教的禁欲主义直接促进了资本主义精神的产生：一是禁欲主义直接影响到资本主义生活方式的产生和发展；二是禁欲主义影响到资产阶级伦理观念的形成；三是禁欲主义为资本主义的发展培育了新一代的忠实的工人。[①]

二、“中国命题”的内涵

在《儒教与道教》一书中，韦伯先把中国古代的政治、经济、社会状况与西方古代的状况做了比较，分析中国没有发展出资本主义的客观原因。然后，他又把中国的宗教文化与西方的宗教文化做了比较，分析中国没有产生资本主义的主观原因。由此，韦伯得出结论：中国的宗教伦理不能为资本主义的发展提供精神上的动因，反而有碍于资本主义的发展。韦伯真正关心的不是中国的宗教，而是中国的儒教与道教为什么没有导致资本主义经济伦理，从而进一步证明他在《新教伦理与资本主义精神》中的观点。

韦伯认为儒教“纯粹是俗世内部的一种俗人道德”，“它只不过是受过教育的世人确立政治准则与社会礼仪的一部大法典”。[②]韦伯认为中国宗教的入世倾向较之其他宗教更为强烈和原则性，儒教关注的只是此世的事物。儒教徒祭祀是为了此岸的命运（比如长寿、子嗣及财富等），而不是彼岸的命运。儒教的理性是一种秩序的理性主义，在本质上具有和平主义的特征。中国士人阶层总体上为君侯服务，这是士人寻求获取权力的机会和争取收入的最佳机会。这种与国家官职的关系，对于士人阶层形成和平主义性格具有根本的重要性。儒教的入世倾向与和平主义性质造成了儒教适应此世的本质，儒教要求人们适应俗世及其秩序与习惯。人只有融入内在和谐的宇宙之中，才能实现帝国幸福的安宁和心灵的平衡。[③]从儒教独特的价值系统出发，韦伯分析了儒教的价值观念对资本主义发展的负面影响：一是鄙薄经济思想；二是缺乏自然法与形式的法理思想；三是缺乏自然科学思维，排斥专家。[④]

韦伯认为，中国儒教并不缺少理性主义，他甚至认为“‘儒家理性主义’是一个‘当之无愧’”[⑤]的称谓。苏国勋教授在谈到韦伯对儒教的态度时

① 姬金铎：《韦伯传》，石家庄：河北人民出版社，1998年，第49—50页。
② 马克斯·韦伯：《儒教与道教》，洪天富译，南京：江苏人民出版社，1995年，第178页。
③ 孙亦平编：《西方宗教学名著提要》，南昌：江西人民出版社，2002年，第224—225页。
④ 孙亦平编：《西方宗教学名著提要》，南昌：江西人民出版社，2002年，第227—228页。
⑤ 马克斯·韦伯：《儒教与道教》，王容芬译，北京：商务印书馆，1995年，第279页。

也说：“他（韦伯）对儒家修身、齐家、治国、平天下的经邦济世抱负是持肯定态度的。他多次说过儒家对人生抱有‘强烈的现世乐观主义’态度，它不逃避世界，不关心生死鬼神等无结果问题，具有理性主义性格。”[①]韦伯主要从两个方面来比较儒教的理性主义与新教的理性主义之间的不同点：其一，这个宗教摆脱巫术的程度；其二，这个宗教将上帝与世界之间的关系，以及由此而来的这个宗教本身与世界的伦理关系，有系统地统一起来的程度。[②]儒教和新教的差异可以表示如下[③]：

儒教	新教
信仰非人格的宇宙秩序；容忍巫术。	信仰超人世的上帝，反对巫术。
适应世界，以维护天人和谐；以秩序为理想。	通过无休止地寻求上帝眼中的美德来驾驭世界；以不断变化为理想。
为实现尊严和自我完善而时时自我克制。	为抑制邪恶本性和实现上帝旨意而时时自我克制。
没有与神圣的传统相关联的先知预言；人循规蹈矩便能避免激怒鬼神并成为“君子”。	先知预言创造了传统，而现实世界是邪恶的；人单靠自己的努力不能达到善境。
家庭伦理支配一切人际关系。	一切人际关系服从于侍奉上帝。
亲属关系是商业交易、民间社团、法律和公共管理的基础。	理性法规和协定是商业交易、民间社团、法律和公共管理的基础。
对大家族之外的人一概不信任。	信赖一切“同信仰的弟兄”。
财富是尊严和自我完善的基础。	财富是一种诱惑，是一种道德生活的不期而至的副产品。

三、“韦伯式”的问题

1986年，余英时教授的《中国近世宗教伦理与商人精神》[④]发表，批驳韦伯的“中国命题”。该书概括了儒、释、道三教的发展和社会变迁，上篇：中国宗教的入世转向，主要研究中唐以来的新禅宗和宋代以后的新道教；中篇：儒家伦理的新发展，着重讨论新儒家和新禅宗的关系，以及从程朱理学

① 苏国勋：《理性化及其限制——韦伯思想引论》，上海：上海人民出版社，1988年，第163页。

② 马克斯·韦伯：《儒教与道教》，洪天富译，南京：江苏人民出版社，1995年，第256页。另翻译为：其一是这个宗教对巫术之斥逐的程度；其二则是它将上帝与世界之间的关系及以此它本身对应于世界的伦理关系，有系统地统一起来的程度。参见马克斯·韦伯：《中国的宗教：宗教与世界》，康乐、简惠美译，桂林：广西师范大学出版社，2004年，第309页。

③ 莱因哈特·本迪克斯：《马克斯·韦伯思想肖像》，刘北成等译，上海：上海人民出版社，2007年，第107页。

④ 余英时，1930年生，原籍安徽潜山，美国哈佛大学历史学博士；先后任哈佛大学历史系教授、耶鲁大学历史系讲座教授、香港新亚书院校长兼香港中文大学副校长、美国普林斯顿大学东亚研究讲座教授等职。该文初稿刊于香港《知识分子》季刊1986年冬季号，后出书，现有两个版本：台湾联经出版事业公司1987年版；安徽教育出版社2001年版。

到陆王心学的发展；下篇：中国商人的精神，探讨十六至十八世纪商人和传统宗教伦理，特别是新儒家的关系。该书的义理、考据、词章都有出色之处，可谓“得意之笔”。[①]

“韦伯式的问题”和“资本主义萌芽论”是余英时写作《中国近世宗教伦理与商人精神》的两个外缘，该书是对韦伯的断言所做的翻案文章。余英时认为，韦伯断定中国不可能出现资本主义精神的最后结论也许是正确的，但是“他获得这一结论的理由则是站不住的”[②]。这是由于韦伯基本上看错了儒家伦理的观念，对其作了极为不恰当的阐释。例如，韦伯理论的关键在于以“入世苦行”的“理想型”来概括新教诸派的伦理，断言这种“入世苦行”的宗教伦理是西方所独有的，而在加尔文宗的教义中发展到最高峰。就思想根源而言，这是资本主义精神的主要来源。韦伯对中国宗教尤其是儒教的研究，核心问题便是要说明儒家伦理并不具备这种“入世苦行”的宗教伦理，因而不仅无助而且有碍于资本主义精神的萌生。但根据余英时的研究，结论恰好相反，亦即中国的宗教伦理大体上恰好符合“入世苦行”的形态。余英时认为：“韦伯当时没有可靠的资料可以依据，他对于中国宗教伦理的判断往往适得其反。今天纵非专门研究中国的西方学者也已感到韦伯关于中国的一般论旨是错误的。有些地方，他认为某些观念或行为乃中国所无而为新教伦理所独有者，事实上也正是中国宗教伦理的要素……”[③]

余英时提出一个重要议题，即入世与出世的问题。他觉得这个问题关系到世界各地区表现出的“资本主义精神”的一个共同特征，“一个宗教要使其与现代化结合，并对其发挥有益作用，一个紧要的问题就是一方面是‘出世’的，一方面又是‘入世’的，承认‘此岸’，重视人生，以出世的超越精神，尽力做入世的最现实的事。”[④]余英时认为唐代佛教变化的重要一点是从出世转向入世，惠能创造的新禅宗尤具突破性和革命性，他有“若欲修行，在家亦得，不由在寺”之说，在当时佛教界是一个狮子吼。余英时指出，全真教的入世倾向比禅宗来得更直接与深切。全真教有两个理论：一是“默谈玄妙”，即

---

① 杨联升：《原商贾》，参见余英时：《中国近世宗教伦理与商人精神》，合肥：安徽教育出版社，2001年，第1页。

② 余英时：《中国近世宗教伦理与商人精神》，合肥：安徽教育出版社，2001年，第69页。

③ 余英时：《中国近世宗教伦理与商人精神》，台北：联经出版事业股份有限公司，1987年，第69页。

④ 余英时：《中国近世宗教伦理与商人精神》，参见余英时：《士与中国文化》，上海：上海人民出版社，1987年，第455页。

是“识心见性为宗”；一是“打尘劳”，即是“损已利物为行”。所谓“尘劳”是要求个体恢复日常心境积极入世去做有利于社会和他人的事情，而且“利他”的行为是靠不断积累实现。“默谈玄妙”是“教人积功行，存无为而行有为”，“无为”不是消极的“静”，而是积极的“动”。若无前者，终生在劳动中打滚，永无超越的可能；若无后者，则空守一心，也不能成道。[①]余英时说，这实际上是“以出世的精神做入世的事业，稍知加尔文教义者不难看出这正符合‘以实际意识和冷静的功利观念与出世目的相结合’”。[②]

新教思想中有“因信称义”的说法，反对宗教烦琐的礼仪。余英时认为，禅宗的“求心立命”已具备西方新教“因信称义”的精神内容。余英时指出，真正的心性学直至宋朝新儒家出现，方逐渐达到成熟境界。在作为儒家“彼岸”世界的“心性论”尚未建立起来以前，“理”就代表着儒家对“彼世”的关照。与“理”相对应的是“人欲”或“私欲”。天理和人欲之间的对立构成了中国儒学独特的禁欲主义精神，同时也构成了一种精神“紧张”之源。发展儒家心性之学的最大贡献者是陆王心学。在王阳明看来，“理”是离不开“心”的，万事万物所体现的不仅仅是“理”，更是人的“心”。从“心即理”的命题出发，王阳明进一步阐发了“良知”说。他以“良知”释心性，将中国儒家的心性思想推至高峰。因此，在余英时看来，中国儒家文化根本不缺少韦伯所说的“以行动化解紧张”的原初动力，儒家对“此世”的态度也不是像韦伯所说的那种消极的“适应”，而是积极的改变。

余英时认为，儒家的“彼世”是面对“此世”的，从根本上说是与“此世”不相隔绝的。因此，儒家能够发展出一种更为积极的“入世做事”精神。[③]余英时首先讲到儒家“敬贯动静”的精神素养，认为这一诉求把“理世界”和“事世界”完美地结合在一起。余英时认为“敬”特别体现出一种入世做事的行为准则。他进一步援引二程语录中的话和朱子的话来说明这种意义：“君子之遇事，无巨细，一于敬而已。”“敬不是万事休置之谓，只是随事专一，谨畏不放逸耳”。余英时认为儒家对“敬”的强调，体现了在入世活动中对待事情的一种全神贯注的心理状态，这种心理状态对后世中国社会所强

---

① 余英时：《中国近世宗教伦理与商人精神》，合肥：安徽教育出版社，2001年，第110页。

② 余英时：《中国近世宗教伦理与商人精神》，合肥：安徽教育出版社，2001年，第111页。

③ 辛华、任菁：《内在超越之路——余英时新儒学论著辑要》，北京：中国广播电视出版社，1992年，第313页。

调的“敬业”精神的形成有重要关联。余英时认为，这是儒家伦理中的“天职”观念，同加文教的“天职”观异曲同工。[①]余英时指出，克勤克俭、光阴可惜的思想是儒家的古训，但是到后来，尤其是门第时代，这样的思想便被无形中淡化。到了新禅宗入世运动发起，特别是新儒家出现之后，中国儒家中的这种思想种子再次萌发。

余英时说，新教与新儒家之间的差别在于超越的根据上面，只要将上帝换为“天理”，即可发现新教的社会伦理有许多与新儒家的思想合节。[②]新教徒以入世苦行是上帝的绝对命令，上帝的选民必须以此世的成就来保证彼世的永生。新儒家则相信有“天理”（或“道”）。但“理”既在“事”上，又在“事”中，所以人生在世必须各在自己的岗位上“做事”以完成理分，此之谓“尽本分”，但“做事”并不是消极的、不得已的应付或适应此世。相反的，做事必须“主敬”，即认真地把事做好。这是一种积极的、动态的入世精神。[③]

盛邦和认为，余英时作为当代海外卓有建树的历史学家，以丰富的史料，对中国文化演进历史、内在规律作实证描述和客观考察，创建独到的文化建设观。更引人注目的是他提出一个“韦伯式的问题”，开发中国文化矿藏，寻觅支持中国经济发展的伦理原因，在学术界发大音响。他在这方面所作的贡献主要体现于他的名著《中国近世宗教伦理与商人精神》。[④]唐文明认为余英时的观点扑朔迷离，余英时一方面要澄清自己的研究具有鲜明的史学性质，即注重对历史事件的客观的经验解释，不受任何先入为主的理论偏见影响；另一方面，无论是“资本主义萌芽论”还是韦伯的观点，显然在此书中不仅是起到外缘的作用，尤其后者已然是一个指导性的研究范式了，无论从发问到寻求证据、得出结论，韦伯观点始终在一侧蠢蠢欲动。[⑤]杭之在评论此书时，也认为许多学者都误解了韦伯命题，以比附的方式提出了许多形式主义的命题和论断。从方法论角度看，韦伯的观点对余英时的研究不只是启示性的观点，而且是主导性的观点。不夸张地说，如果把韦伯的观点和理论

① 余英时：《中国近世宗教伦理与商人精神》，合肥：安徽教育出版社，2001年，第152—153页。

② 余英时：《中国近世宗教伦理与商人精神》，参见余英时：《士与中国文化》，上海：上海人民出版社，1987年，第499页。

③ 余英时：《中国近世宗教伦理与商人精神》，合肥：安徽教育出版社，2001年，第157—158页。

④ 盛邦和：《解体与重构：现代中国史学与儒学思想变迁》，上海：华东师范大学出版社，2002年，第418页。

⑤ 唐文明：《尘埃未定的历史——评余英时〈中国近世宗教伦理与商人精神〉》，参见万俊人编：《清华哲学年鉴2003》，保定：河北大学出版社，2004年，第312页。

架构抽掉，本书只剩下一些中国历史文献的整理爬梳。[①]在全书的论证过程中，不但随处以新教伦理，特别是加尔文派的伦理，与中国的宗教伦理相比照，而且还着重地批判了韦伯关于中国宗教的看法。[②]

唐文明还认为，余英时把中国近世宗教与新教的入世转向相类比，有不妥之处。禅宗的入世是一种没有张力的入世，个人是否能成正果端赖于他在现世中的修行，而基督新教的入世是一种充满张力的、仍然非常晦暗的入世，个人能否得救并不依赖于自己在尘世的修行，而是由上帝随意决定的。对于新儒家来说，这个问题更为复杂，因为儒家向来就是主张入世的，故断不可言新儒家的入世转向。余英时在此做了一个转折。他首先断言儒家向来明确标榜自身的入世情怀，但在中唐之际儒家已非常地脱离实际。然后他又认为，正是在禅宗入世转向的影响下才发展出新儒学，彰显其入世的经义。唐文明说，余英时所说的儒家脱离实际应是指儒家过分执著于官场仕途而不关心民间社会，新儒家是在与佛教、道教争夺民间和人心而诞生的，争夺民间与争夺人心不等同于一种入世转向。[③]

杭之针对余英时在本书中提出的四个关键问题进行商榷：其一，有关“理想型”（ideal type）的认识与运用；其二，韦伯论旨中“天职”“俗世内的制欲”（inner-worldly asceticism 余英时译为“入世苦行”）等观念的意涵；其三，上帝预选说的意涵及这意涵下的“俗世内的制欲”；其四，这种意涵下的“俗世内的制欲”与儒家伦理的比较。[④]杭之认为余英时所说的“理想型”和韦伯的原义有着根本的出入。[⑤]杭之认为，韦伯的“理想型”的一个要点是单

① 杭之：《评余英时〈中国近世宗教伦理与商人精神〉》，参见杭之：《一苇集》，台北：允晨文化实业股份有限公司，1987年，第206页。

② 余英时：《中国近世宗教伦理与商人精神》，合肥：安徽教育出版社，2001年，第61页。

③ 唐文明：《尘埃未定的历史——评余英时〈中国近世宗教伦理与商人精神〉》，参见万俊人编：《清华哲学年鉴2003》，保定：河北大学出版社，2004年，第313—314页。

④ 杭之：《评余英时〈中国近世宗教伦理与商人精神〉》，参见杭之：《一苇集》，台北：允晨文化实业股份有限公司，1987年，第212页。

⑤ 余英时说：“所谓‘理想型’，最简单地说，即是通过想像力把历史上的事象及其相互关系连结为一整体。这样建立起来的‘理想型’，其本身乃是一个乌托邦，在真实世界中是找不到的。但是，从另一方面看，‘理想型’超越了经验而同时又包括了经验。它本身不是历史的本相，但为历史本相提供了一种清楚的表现方式；它本身也不是一种假设，但其目的则在引导出假设的建立。我们必须先建构‘理想型’，以与实际的历史经验相比较，然后才能看出一组历史事象中的某些构成部分是特别有意义的。所以‘理想型’的建构一方面是以特殊的历史经验为对象，另一方面又以具有普遍意义的问题为核心。……由于‘理想型’中的普遍性永远离不开特殊的历史经验，史学家在研究过程中便不得不根据特殊的经验对象而不断地创造新的‘理想型’；同时，一切已建构的‘理想型’也不能不随着新的研究成果的出现而不断地受到修正。”参见余英时：《中国近世宗教伦理与商人精神》，合肥：安徽教育出版社，2001年，第64页。

面地强调一个或若干个观点，其建构的目的并不是要凸显文化现象之类特征或平均特征，而是在一定的价值关联下强调社会、文化现象的独特的个别特征。余英时的“理想型”则是强调“观其大略”“识其大体”或普遍性。这一根本性的出入非常重要，它影响了余英时在此书中如何去重构韦伯式问题的方向，使他忽略了新教伦理的独特的个别特征，而是“观其大略”地强调新教伦理与其他文明中共同存在的普遍性。①杭之认为，在误解“理想型”含义的前提下，余英时重构韦伯式的问题恐怕与韦伯理论不相干，很大程度上曲解了韦伯的“天职”、“入世苦行”、上帝预选说等观点。可以说，“本书有关韦伯部分的论旨大多是在误解韦伯之脉络意义的情形下所作的比附”。②

四、经验研究缺失

“韦伯命题”既是韦伯所关注的主要问题和长期思考研究的产物，又是韦伯在同韦尔纳·松巴特和拉什法尔、布伦塔诺、齐美尔等的论战中提出来的，充满着对松巴特的《现代资本主义》、拉什法尔的《加尔文主义与资本主义》等著作的诸多批判。马尔科姆·麦金农把这些学者对韦伯命题的批评史划分为三个阶段：韦伯与卡尔·菲舍尔及费利克斯·拉什法尔的论辩属于第一阶段；松巴特、布伦塔诺和齐美尔属于第二阶段；韦伯去世后，萨缪尔森、罗伯逊、托尼、特雷弗-罗珀等人对韦伯命题进行了大量批评，属于第三阶段。③20世纪50年代以后，随着韦伯著作的大量翻译出版及学术界对韦伯研究兴趣的日趋增加，学者发表很多同韦伯命题有关的争鸣文章，出版了一大批论战性的学术著作。80年代初还出现了“科恩——霍尔顿之争”，1990年大西洋两岸学者在美国华盛顿举行韦伯新教伦理的研讨会，会后出版了《韦伯的新教伦理：由来、根据和背景》一书，将韦伯新教伦理的研究推向一个新的阶段。④

韦伯关于中国儒家伦理的断言深刻地影响了韦伯同时代及其以后的西方汉学研究乃至东亚史研究。可以说韦伯身后半个世纪的中国研究，基本上是

---

① 杭之：《评余英时〈中国近世宗教伦理与商人精神〉》，参见杭之：《一苇集》，台北：允晨文化实业股份有限公司，1987年，第221—222页。

② 杭之：《评余英时〈中国近世宗教伦理与商人精神〉》，参见杭之：《一苇集》，台北：允晨文化实业股份有限公司，1987年，第238页。关于唐文明、杭之对余英时的批评，亦见梁德阔：《儒家伦理与徽商精神》，上海大学博士论文，2010年，第20—21页。

③ 马尔科姆·麦金农：《命题长在：对批评家的批评》，参见哈特穆特·莱曼、京特·罗特编：《韦伯的新教伦理：由来、根据和背景》，阎克文译，沈阳：辽宁教育出版社，2001年，第219页。

④ 王泽应：《韦伯新教伦理命题的世纪论争与理性反思》，《南通大学学报》（社会科学版）2010年第3期。

以韦伯思想为主流思想。[①]最近50年来，东亚地区（通常被视为儒家文化圈）经济的迅猛发展，对韦伯的论断提出强有力的挑战。1983年著名社会学家金耀基率先指出：韦伯命题遭到东亚地区经验事实的挑战，儒家伦理不但不是阻碍经济的因素，反而有促进经济的作用。[②]曾任教于美国哈佛大学的著名学者杜维明尝试以"两种资本主义形成模式"来解释韦伯理论与东亚崛起之间的矛盾。余英时对由韦伯理论引申出来的儒家伦理与东亚经济奇迹的关系问题，则持有一种相当谨慎的态度。他认为，这不能机械地套用韦伯的理论，贸然提出儒家伦理与东亚近几十年资本主义的兴起有什么关系这样的问题，因为严格地说这个问题的存在尚待证实。[③]苏国勋指出，由于时代的局限，韦伯像他那个时代的大多数欧洲思想家一样具有"欧洲中心论"的思想倾向，这导致他在论述包括中国宗教在内的东方宗教时显露出极高的睿智和洞见，同时也含有许多曲解和误读。[④]

思辨的逻辑和实践的逻辑是社会科学研究中的两种不同理论路径，思辨的路径以一些抽象的本质作为自己的出发点，将社会行动的逻辑还原为抽象本质之间的关联；实践的路径则是从实践的具体情境出发考察社会行动，将社会行动看作由多种因素相互交织的复杂互动过程。思辨理性与实践理性的差异最早是由亚里士多德提出来的，思辨理性的对象是永恒的事物或支配自然事物的不变原理与形式；实践理性的作用范围是人类的世界，主要是人类的行为，在此所要达到的目标是行为能够符合中庸之道。关于经济伦理的研究，韦伯是思辨的逻辑，而余英时是实践的逻辑，相比较而言，实践的逻辑是更为恰当的研究方式。韦伯的研究中有一个抽象的逻辑起点，这就是严格的预定论所造成的神学的形而上学的处境；与此相反，余英时的出发点则是具体的情境，既包括思想的情境，又包括社会生活的情境。[⑤]

诚如马克斯·韦伯所言，《新教伦理与资本主义精神》的全部论证是建立在神学家、作家的议论上面的，没有引用过一个企业家的实例。换句话说，

---

① 马敏：《商人精神的嬗变：近代中国商人观念研究》，武汉：华中师范大学出版社，2001年，第7页。

② 转引自马克斯·韦伯：《儒教与道教》，登泰、张恩富编译，北京：人民日报出版社，2007年，第226页。

③ 辛华、任菁：《内在超越之路——余英时新儒学论著辑要》，北京：中国广播电视出版社，1992年，第245页。

④ 苏国勋：《韦伯关于中国文化论述的再思考》，《社会学研究》2011年第4期。

⑤ 张以明：《思辨的逻辑与实践的逻辑——韦伯和余英时的经济伦理研究的不同理论路径》，《学习与探索》2006年第4期。

这部书仅提供了“新教伦理”方面的证据，但没有举出资本家怎样运用“新教伦理”的证据。[①]美国学者林格也说：“我同意说韦伯几乎没有提供关于早期现代企业家态度的直接证据，他是通过那些企业家的灵魂司牧之眼看到他们的动机。”还说：“要解释《新教伦理》虽然有其经验上的缺陷，却仍然比它的批判者们更具有长久意义，我倾向于认为，这是基于其引人注目的‘确证性’，也就是说，它在意义层面上的妥当性。”[②]

余英时说，这种研究方式从历史社会学的观点看也许是可以接受的，但是从严格的史学家观点而言，则究嫌美中不足。[③]历史学家要避免理论先行地对历史经验做出过分主观的解释，而是要从经验事实出发，对历史事件的前因后果与来龙去脉做出一种客观的阐释。史学家要想建立信仰与行为之间的关联，除依靠具体的经验证据之外，实别无他途可走。证据充分而论证不足，其结果可能是比较粗糙的史学；论证满纸而证据薄弱则不能成为史学。[④]余英时不同意空泛地从韦伯的未定之论中推演出更多空疏的论断而陷入“理论争辩”，他说：“无论是接受还是否定韦伯的理论，我们最后还不能不诉诸经验性的证据，而不宜停留在理论争辩的阶段。所以我们现在已面临一个新的阶段，即历史学家和社会学家必须根据经验事实来重新建构问题，以进行各种专题的研究。”[⑤]

杜维明也认为儒家资本主义学说应该成为一个实证化的课题，他说：“作为一个中国思想史的研究者，我想到儒学和现代化的精神可能很有联系就感到很兴奋。可是，我很希望对这个问题有更加成熟的探讨。由于在儒学研究之外，又受了西方社会科学的训练，我极希望见到对于这个课题的扎扎实实的实验性的研究。我既不想全盘接受这样一种联系的想法，也不想把这个问题束之高阁。我仍旧处在这一番探讨的初级阶段。”[⑥]但台湾学者杨国枢、郑伯埙却感慨：这个命题实际上缺乏足够的操作意义，很难进行实证性研究。[⑦]

① 余英时：《中国近世宗教伦理与商人精神》，合肥：安徽教育出版社，2001年，第73页。

② 弗里茨·林格：《韦伯学术思想评传》，马乐乐译，北京：北京大学出版社，2011年，第148—149页。

③ 余英时：《中国近世宗教伦理与商人精神》，合肥：安徽教育出版社，2001年，第73页。

④ 余英时：《中国近世宗教伦理与商人精神》，合肥：安徽教育出版社，2001年，第74—75页。

⑤ 辛华、任菁：《内在超越之路——余英时新儒学论著辑要》，北京：中国广播电视出版社，1992年，第242页。

⑥ 杜维明：《新加坡的挑战》，参见杜维明：《杜维明文集》（第2卷），武汉：武汉出版社，2002年，第88页。

⑦ 杨国枢、郑伯埙：《对后儒家假说的一项微观验证》，参见杨国枢：《中国人的心理与行为：本土化研究》，北京：中国人民大学出版社，2004年，第464—530页。

笔者需要进一步指出的是，余英时著作概括了儒、释、道三教的发展和社会变迁，以及三教对明清商业发展的推动作用，[①]偏重中国近世宗教伦理的阐述，仅使用少量的商人资料。《中国近世宗教伦理与商人精神》的下篇是“中国商人的精神”，“本篇的讨论以商人的精神凭藉和思想背景为主要对象……至于商业发展的本身，此篇则完全不拟涉及。”[②]就全书内容而言，余英时与韦伯也是在宗教教义中争论，缺少对商人精神的实证化研究。诚如他自己所说：“这次重印曾作了修正和补充。在补充的部分，最重要的是新资料的发现。其中最值得指出的是1985年8月出版的《明清徽商资料选编》。这是一本内容极其丰富的材料书，其中所收集的资料，有不少是海外所看不到的孤本或稿本。但是可惜我一直到最近才有机会读到这部书，因此没有能够充分加以利用。大体上说，这部材料书全面地证实了本书的基本论点，使我对自己的看法更具信心。”[③]

其实，徽商资料远远超过《明清徽商资料选编》所涵盖的内容。从明代成化、弘治之际徽州商帮的形成到清代道光中叶徽商的衰落和解体的四百余年中，徽商执商界牛耳达三百年之久。徽商足迹“几遍宇内”乃至日本等国，留下了丰富的史料。徽商资料主要分散在方志、文集、史著、宗谱、小说、杂著等文献资料里，也存在于各种文书、碑刻、信函、帐簿中，还有耄耋老人的口碑传说里。尤其是自20世纪50年代以来，在徽州地区陆续发现的数十万件的徽州文书，被誉为“中国历史文化第五大发现”，更是引起了学界的高度关注。[④]

那么，按照余英时的研究思路，徽商的经验研究是否能够证明余英时的观点，从而可以对韦伯的“中国命题”进行检验。自从20世纪80年代初余英时提出这个观点后，他本人没有凭借徽商资料继续研究，徽学研究者也一直没有回应，不无遗憾。这项研究肯定是有价值的，恰好也是本书的研究旨趣所在：“韦伯式问题”的徽商经验研究。

第二节　徽州概况

宋元明清四代，徽州辖“一府六县”，即徽州府和绩溪、黟县、歙县、休

① 余英时：《中国近世宗教伦理与商人精神》，合肥：安徽教育出版社，2001年，第57页。
② 余英时：《中国近世宗教伦理与商人精神》，合肥：安徽教育出版社，2001年，第191页。
③ 余英时：《中国近世宗教伦理与商人精神》，合肥：安徽教育出版社，2001年，第78—79页。
④ 梁德阔：《儒家伦理与徽商精神》，上海大学博士论文，2010年，第6—7页。

宁、祁门、婺源。徽州虽处万山丛中，交通不便，但徽州文化“以其整体性、独立性和重要历史学术价值，逐渐形成一门独立的地方学——徽学，被誉为与藏学、敦煌学相并列的中国三大地方显学之一”[①]。

一、地理位置

徽州位于安徽省南部，地处皖、浙、赣三省交界处，素有“吴越分源”之说。据地方志记载，西周以前，徽州属《禹贡》所说的扬州之域。春秋时属吴，吴灭亡后属越，越灭亡后属楚。秦统一中国，始置黟、歙二县，属会稽郡，后又属鄣郡、丹阳郡。汉末，孙权派部将贺齐平定黟、歙山越，分歙县为始新、新定、黎阳、休阳、歙五县，连同黟县共六县设新都郡。晋改称新安郡。唐初改新安郡为歙州，属江南西道。唐代宗年间（766年），新置祁门、绩溪二县，从此奠定了徽州“一府六县”的行政格局，即歙州府和绩溪、黟县、歙县、休宁、祁门、婺源六县，范围包括今黄山市的黟县、歙县、休宁县、祁门县、屯溪区、徽州区及黄山风景区，安徽省宣州市的绩溪县和江西省的婺源县。宋宣和三年（1121年）改歙州为徽州，属江南东路。元代属江浙行省。明代直隶南京。[②]1987年，安徽省撤销徽州地区、屯溪市和黄山市（县级），设立黄山市（地级）管辖屯溪区、黄山区、徽州区3区；歙县、休宁、黟县、祁门4县，市政府建在屯溪，“大黄山市”由此而来[③]。

二、文化模式

早在东周时期，古徽州山区就已有人类居住，称为古越人（亦称山越人），相传为禹之苗裔。文化特征是以鸟为图腾，习水便舟，巢居，纹身断发，同水而浴，凿齿贯耳。善铸铜，并以印纹陶为其文化代表。最早进入徽州的中原汉人始于汉代，大规模移民在南北朝、唐末和五代，高峰达三次。大规模移民不仅改变了徽州人口的数量结构，而且带来了中原地区巨大的财富、广博的文化、显赫的地位和精湛的技艺。大量中原汉人的涌入，迫使地狭人稠的徽州人自南宋时期就大举外出经商，这种仰给四方的“外向型”经济和“儒贾”特征，使业已构成的新文化圈源源不断地主动地汲取荆楚、淮扬、杭严、饶赣等四面八方的文化精华，充实、丰富、完善、提炼了自己的

① 陈强：《徽州文化的历史定位与研究现状》，《安徽日报》1999年2月11日。
② 翟屯建：《黄山年鉴2010・历史沿革》，合肥：黄山书社，2010年，第27—32页。
③ 薛莹：《论旅游区域与行政区域的关系：以黄山市为例》，《经济地理》2003年第6期。

地区文化。[①]

悠久的历史渊源通过与中原文化的交流与发展，孕育了独树一帜的地域文化——徽文化。徽文化体系完整、内容丰富、特点鲜明，主要包括徽商、新安理学、徽州朴学、新安教育、新安画派、新安医学、徽派篆刻、徽州刻书、徽派版画、徽派建筑、徽州三雕、徽剧、徽菜等。此外，还有徽派盆景、徽州漆器、徽州竹编、文房四宝、徽州民俗、方言等，这些都是徽州文化的重要内容。徽文化传承了封建社会以孔子为代表的儒家学说，进而发展形成了程朱理学，对封建社会各方面都产生了极大的影响。它自南宋崛起，至明清，其发展已达到顶峰。

大概在东晋时代，徽州人就开始外出经商，奋战商场了。及至明清，徽商除了经营传统的茶、竹、木、瓷土、生漆等土特产以及徽墨、歙砚、澄心堂纸、汪伯玄笔等“文房四宝”外，还重点经营盐业、典当、布业和海外贸易等诸多行当，“无徽不成镇”，足迹不仅遍及国内城市乡村，还远至海外日本。“一等生业，半个天下”，歙县的盐商、休宁的典当商、婺源的木商、祁门的茶商、全都以其巨额的财富和鲜明的地域特征而闻名遐迩。“徽商是徽州文化的酵母”，在明清时代，“海内十分宝，徽商藏三分”，随着新安商贾财力如日中天，孕育出新安理学、徽州朴学、新安教育、新安画派等诸多文化事象，徽文化呈现出空前辉煌的一瞬。

新安理学是程朱理学的正宗流派，奠基人程颢、程颐及理学集大成者朱熹，祖籍均系徽州。新安理学的核心是伦理纲常，同时也倡导“穷理之要，必在于读书”的重学思想，“天理为义，人欲为利”“正其义不谋其利，明其道理不计其功”的思想和“修内政”“正君心”“攘夷狄”的节义思想。徽州朴学也就是徽派考据学，其主要代表人物是婺源的江永和屯溪的戴震。它作为乾嘉学派中的皖派，直接继承了汉古经学，把经学研究从纯考据的藩篱中解救了出来。徽州刻书始于中唐，盛于明，万历年间达到鼎盛。徽州刻书有坊刻、官刻、家刻和书院刻。著名的坊刻有歙西鲍宁耕读书堂，家刻有歙县汪启淑的飞鸿堂。

徽派建筑集徽州山川风景之灵气，融风俗文化之精华，风格独特，结构严谨，雕镂精湛，不论是村镇规划构思，还是平面及空间处理、建筑雕刻艺术的综合运用，都充分体现了鲜明的地方特色。尤以民居、祠堂和牌坊最为

① 单德启：《冲突与转化：文化变迁·文化圈与徽州传统民居试析》，《建筑学报》1991年第1期。

典型，被誉为“徽州古建三绝”，为中外建筑界所重视。徽派篆刻始于明朝的何震，其后著名的有汪关，以程邃为首的“歙中四子”和以黄士陵为代表的“黟山派”。徽派篆刻讲究用笔运刀，刀随意动，章法整齐活泼，一改当时篆刻庸俗怪异、擅改篆字型义、趋向屈曲乖谬的风格。徽派版画是画家、刻工、印刷通力合作的产物，它肇端于墨模镂刻，于明万历年始兴，以明代胡正言印刷的《十竹斋书画谱》《十竹斋笺谱》为最高成就。徽派版画以歙县虬村黄姓为中心，有“徽刻之精在于黄，黄刻之精在于画”之说。徽派版画以白描手法造型，典雅静穆，抒情气息浓厚。

据《徽州地区简志》记载，新安医学“肇自北宋，盛于明清，从宋代至清末，涌现出著名医家543人，撰、辑医籍460多部，其中部分医籍东传朝鲜、日本”。著名的有宋代张杲撰写的《医说》十卷，它是我国现存最早载有大量医史人物传记和医学史料的书籍，也是第一部较为完整的新安医学著作；祁门汪机撰《石山医案》三卷，“学宗的丹溪之医理，临床不拘一格，精于望诊、切脉”；歙县江辑《名医类案》十二卷，搜集上自扁鹊、仓公、华佗，下迄元明诸名医验效验案，内容十分丰富，是我国第一部汇集名医医案之专著。”

新安画派开先河的为元代的程政，明朝开始形成新安画派风格。明末清初，江韬（渐江）、查士标、孙逸、汪元瑞“海阳四家”异军突起，有力地冲击了王时敏、王鉴、王翚、王原祁“四王”画派在中国画坛的统治地位。他们主张师法自然，寄情笔墨，大胆创新，给明末清初画坛带来新的生气。近代的黄宾虹、汪采白，主张“先师古人，再师造化，而以自然而归”，丰富和发展了新安画派。

徽菜发端于南宋年间，是全国八大菜系之一。徽菜重油、重色、重火功，而且选料精良，制作考究，尤其注重原料的产地、季节、鲜度、部位、品种等，擅长炒、炸、烧、炖、溜、焖，加上火腿佐味，冰糖提鲜，料酒除腥引香，使徽菜的风味更加鲜明。徽剧是徽州艺人在明清时期吸收弋阳腔和西秦腔等基础上衍变而成的，到清中期，徽剧风靡全国，已经形成了一个唱、念、做、打并重的完美剧种，清道光年间徽剧与汉剧结合，产生了京剧。

唐宋以来，徽州人文兴盛，名人辈出，有父子宰相，叔侄状元、连科进士等。唐代文学家吴少微、宋代理学家朱熹、明代新安医学创始人汪机、珠算发明家程大位、明末清初新安画派创始人渐江、医学家汪昂、清代理财家王茂荫、哲学家戴震、物理学家郑复光，以及近代著名画家黄宾虹、人民教育家陶行知、革命音乐家张曙、白话文倡导者胡适等一批历史名人，都出自古徽州这块钟灵毓秀之地。据不完全统计，古徽州地区现有文物古迹4 900多处，其中列为国家和省重点文物保护的有45处，素有"礼仪之邦""文物之海"的美誉。

徽文化既是地域文化，又是中华正统文化传承的典型，体现了中华传统文化的精华。说它是地域文化，是因为它具有宗族文化和儒商文化的地域特色。中华传统文化，本源于中原地区。但明清时期，文化中心已经移往东南一带，在一般人的心目中多以苏、杭为其中心地。但考究起来，中华正统文化的传承与创新，最具代表性的当属徽州。徽州文化虽然糅合了一些地方性的因素，但其保留正统文化的原典最多，发展光大的成份亦众，成为中华优秀文化传承的典型。它植根于本土"小徽州"，伸展于中华大地，尤其伸展于以江南（苏州、松江、常州、镇江、江宁、杭州、嘉兴、湖州、太仓）和淮扬地区，以及芜湖、安庆、武汉、临清等城市为基地形成的所谓"大徽州"，由大小"徽州"互动融合形成的博大精深的文化。[①]

三、形成动因

徽州文化地理格局形成的原因有多个方面，其中自然环境、经济基础、宗法制度、人口因素等起着重要作用。

（一）依山傍水的自然环境

徽州古村落大都依山傍水，这是受中国古代大地有机说和风水生气观的影响。大地有机说与"自然感应"观有着密切的联系，《说文》曰："感，动人心也，从心，咸声。"这是"感"字的本义。《管子·心术上》说："感而后应，非所设也。"说明了物与物之间的感应关系。之后的许多思想家如郭璞、王廷相、邢云路、杨喧、王夫之等人都用"气有潜通"、"气以虚通"、"一气牵系"、气的"吸"与"摄"、气的"往来施受"解释过物与物之间的感应关系。几乎每部风水著作都是以生气为主旨，以"生气"为寻找目标发生发展的。清代叶泰的风水著作《山法全书》曰："生气之所在，其形色土石亦有可见者，其形则生动而不蠢死，其色则光彩而不暗晦，其土则湿润而不发散，其石则细腻而不燥焰。"说明了大地中生气的广泛存在。并指出："龙者何？

① 叶显恩：《徽州文化的定位及其发展大势——〈徽州文化全书〉总序》，《黄山学院学报》2005年第2期。

山之脉也……土乃龙之肉，石乃龙之骨，草乃龙之毛。”生气预示着生机，代表着昌盛，在《易经》中属于大吉。徽州境内多为山地、丘陵和少量山间盆地，具有山岭环峙的特征；徽州境内水系纵横，湖泊、河流密集，形成“山居十之八，水居十之二”[①]的地域景观。

徽州特有的自然环境，对于古村落的形成和发展起到培育、滋润和催化的作用。徽州古村落或背山临水，或枕山面水，或依山傍水，而且开窗见山，槛外是水，家家户户都有山水相伴。黟县的屏山村、东西两侧都是山，村居沿着南北向的溪水弯曲有序地排列，错落有致的民居与小溪、小桥结合，构成典型的江南村镇“小桥流水人家”的景色。黟县宏村背依古木参天的雷岗山，面临蜿蜒而至的朱泉河。村中心开挖的一个月塘，如一面明镜，将周围的宗祠建筑映衬得格外引人注目。村头的南湖，景色更胜，远有起伏的青山，近有浓荫的古树，粉墙黛瓦，鹅鸭悠游。宏村因其独特的山水组景而被国内外旅游者誉为“世界上最美的村庄之一”。

徽州村落园林早在宋代就开始营造，融新安绘画、诗歌、雕刻等地方文化于一炉，创造出独具一格的村落“水口园林”文化，至今尚存“西干园”“果园”“檀干园”“竹山书院”“半舫圃”“婆罗园”等处。清代诗人方西酬在《新安竹枝词》描述：“故家乔木识梗楠，水口浓郁写蔚蓝，更着红亭供眺听，行人错认百花潭。”歙县唐模村“镜亭”上的一幅长联，最能反映徽州古村落生活空间的意境追求：“看紫霞西耸，飞布东横，天马南弛，灵金北倚，山深人不觉，全村同在画中居”。此外，歙县的唐模村、潜口村、呈坎村，黟县的西递村、碧山村，休宁的临溪村等，充分体现了水的特色，或有溪水穿村而过，或傍村而过，或引水入村，实现了“山为骨架，水为血脉”的环境构想，创造出一个充满生机与活力的聚落空间体系。

这种依山傍水的自然环境也促进了耕读文化的产生和兴盛。在中国传统的农业社会里，人们信奉的是“耕可致富，读可荣身”的生活理念。村落选址常根据堪舆九星，“山岳配天”“上应天星”之说来选择山峰形如文笔或笔架，以求家族文运昌盛。正如清代高见南的《相宅经纂》所云：“凡都省府州县乡村，文人不利不发科甲者，可于甲、巽、丙、丁四方位上择其吉，立一文笔尖峰，只要高过别山，即发科甲。或于山上立文笔，平地建塔（或阁），皆为文笔峰。”黟县西递在水口建文昌阁、奎星楼、文风塔，就是求本村本族

① 同治《祁门县志》卷二〇，《水利志》。

兴文运、发科甲。

(二)“富甲一方”的徽商经济

自明中叶至清中叶，徽商保持了三四百年的鼎盛辉煌时期，执商界之牛耳，素有“无徽不成镇”之说，按照近代著名学者胡适的解释：“那就是说，一个地方如果没有徽州人，那这个地方就是个村落。徽州人住进来了，他们就开始设立店铺，然后逐渐扩张，就把这个小村落变成个小市镇了。”①徽商不仅以从商人数多、活动范围广而驰誉四海，而且以商业资本大雄踞商界。谢肇淛指出：“富室之称雄者，江南则推新安，江北则推山右。”“新安大贾，鱼盐为业，藏镪有至百万者，其它二、三十万则中贾耳。”②实际上，二三十万资本的徽商只能算是下贾，仅以歙县盐商为例，万历《歙志》记载：“《传》之所谓大贾者……皆燕齐秦晋之人，而今之所谓大贾者，莫有甚于吾邑。虽秦晋间有来贾维扬者，亦苦朋比而无多。”③歙县盐商“以盐策祭酒而甲天下者，初则黄氏，后则汪氏、吴氏，相递而起，皆以数十万以汰百万者”。④这说明在当时拥有数十万乃至百万资本的盐商，已不是少数。

徽商雄厚的经济实力为徽州建筑兴盛提供了物质基础。徽商在家乡修祠堂，建园第，造楼宇，立牌坊，建书院，置族产和修路筑桥，或“扩祠宇、置义田、敬宗睦族”⑤，造福桑梓。徽商不惜用大量的资金来追求“基址恢宏，规模轩冕，华其居屋”⑥，以至居室装饰精巧典雅，雕饰精美。明清时期徽州商业资本迅速发展，祠堂建筑也日益普遍，规模越建越大，各族都有宗祠，其下各支、房也多有分祠，以至于大户也建有家祠。如歙县桂溪通族有祠以祀始迁祖，其下十三个支系各建支祠以祀其门祖。又如黟县西递村共分九大支，建有大小祠堂三十余所。这在当时乡村中实属罕见。

徽商“贾而好儒”，大力兴办书院，设义学，推动着书院、学观、文会、社学等文化建筑的兴建。如歙县鲍肯园“以私财白金三千两益之，于是城内之紫阳书院成。又出白金八千两自置两准生息，以复城外之山间书院”⑦。又如徽商舒大信“修东山道院，旁置屋使余楹为族人读书地。邑人议建书院，

① 胡适：《胡适的自传》，参见陈金淦编：《胡适研究资料》，北京：北京十月文艺出版社，1989年，第157页。

② 谢肇淛：《五杂俎》卷四，《地部二》。

③ 万历《歙志》。

④ 王世华：《富甲一方的徽商》，杭州：浙江人民出版社，1997年，第52页。

⑤ 民国《歙县志》卷一，《舆地志·风俗》。

⑥ 歙县《汪氏通宗世谱》卷一二。

⑦ 歙县《棠樾鲍氏宣忠堂支谱》卷二一，《中宪大夫肯园鲍公行状》。

大信存二千四百金助之”。[①]身在乡间村野的徽人大多能熟背诗书，精通礼乐。明洪武年间“徽州府所为社学三百九十四所”，至清代“社学已有五百六十二所”，[②]再加上书院、文会、私塾等就更多了，以至于“虽十家村落，亦有讽诵之声。”[③]徽州地区山水发育，享有“山水奇秀，称甲天下”之誉，适宜耕读文化，理学大师朱熹与本地山水合璧，从而号称“理学文章山水幽”。文化教育的兴盛，促进了徽州文化和礼制性建筑的兴建。

徽商在家乡兴办公益事业，他们广置族田、义田，救济本族和家乡穷人；还赞助家乡的各种建设，在修城、筑路、架桥、修建书院等方面不惜余力。如两淮盐商鲍志道捐银3 000两倡复古紫阳书院。乾隆五十九年（1794年）又捐银8 000两，并以此银之利息“按月一分起息，每年应缴息银九百六十两，遇闰月加增八十两，由府学教授按年分两次具文赴司请领”，以为歙县紫阳书院的膏火费。[④]徽州地处山区，山高水急，筑桥修路是一件积德行善、造福于家乡的义举，徽商往往不惜斥巨资予以慷慨资助。明代歙县徽商许岩保“性好善，葺路建亭，不遗余力，时造万年桥，岩保输资三百缗”[⑤]。清代乾隆三年（1738年），歙县富商汪士嘉独立捐资创建岑山、杨村两石桥，乾隆六年（1741年）再次斥资修葺长生桥等公益设施。[⑥]徽商们不仅捐资建桥，而且还在道路建设上不遗余力地出钱出力进行支持与捐助。在祁门大洪岭山路两旁的石刻上有近十通关于徽州黟县、祁门、歙县和休宁商人捐资修路的芳名录，包括351家商号和个人的捐赠情况，总计捐钱5 306千文、纹银213两2钱和元银123两4分。[⑦]他们的种种“惠及乡闾”的质行义举，尽管耗费了不少商业资本，但赢得了家乡人的赞誉。

（三）“宗庙为先”的宗法礼制

古村落精神空间的形成是以礼制为前提。礼制要求每一个人都必须严格遵守封建等级的社会规范和道德约束，不可僭越。它成为稳定传统社会的无形法则，也成为左右中国传统聚居空间的礼制基础。礼制空间表现的是一种精神，一种对家族和祖宗至高无上的崇拜和绝对的服从，表现在居

① 嘉庆《黟县志》卷七，《人物志·尚义》。
② 康熙《徽州府志》卷九，《学校》。
③ 道光《休宁县志》卷一，《风俗》。
④ 道光《歙县志》卷二，《营建志·学校》。
⑤ 道光《歙县志》卷八，《人物志·义行》。
⑥ 道光《歙县志》卷八，《人物志·义行》。
⑦ 道光《清道光七年孟冬祁门县大洪岭修路乐输芳名碑》。

住建筑中则是大家族聚族而居和男女有别、内外有别、尊卑有别、上下有别的基本居住形态，这是构成或稳定中国传统社会的历史法则，自始至终都在控制着汉民族的社会行为和生活方式。自宋以后，徽州宗法制度经程朱理学的浸透和影响，主要表现以“敬宗收族”和“管摄天下人心”为目的的宗族观念，以及建祠堂、修族谱、立族规和置族产等宗族活动上，提倡尊祖祭先，从而推动着徽州礼制建筑的兴建，“祠堂之制，今巨族世家多之，惟新安为盛”。[①]

徽州古村落多为一村一族，族有族长，族长下有支、房长之设，每房之下有数量不等的小家庭，从而组成了以族长为核心，以祠堂为象征，以血缘关系相联系且等级森严的宗族组织。村落内的每户小家庭按其血缘关系的远近，分别属于不同的房系、支系，构成乡村聚落内在的网络结构。村落的领域界限和分布，往往也是由宗族势力所决定的。族与村、血缘与地缘的结合，是乡村聚落形成的内在关联因素。血缘的亲疏远近，是划分聚落内部空间的标准，村落内部不同的建筑方向、位置关系和联系紧密程度，都是血缘亲疏的一种反映。[②]如休宁茗洲吴氏村落，自元代迁居至此，宅屋群体排列规则，每列巷道设有门道，按房系嫡居住，他姓人不许混杂其间。

在这样的宗族制度下，祠堂作为家族重要的公共活动中心，也成为聚落成员的精神生活中心。在聚落布局上，祠堂必然成为聚落中起主宰作用的、规模最宏大的建筑，是民宅组团和整个聚落空间形态的核心，一切其他建筑都以此为核心而布局，正如清代《宅谱指南·宗祠》中所言：“自古立于大宗子之处，族人阳宇四面围位，以便男妇共祀其先，切不可近神坛寺观。”宗祠建筑成为礼制空间的核心体，其他居住建筑为围合体，核心体与围合体的关系是社会伦理与家庭秩序的象征。祠堂的平面型制采用以享堂和寝堂为主要核心，并在其形成的中轴线，对称布置厢房、冥室，以及天井、庭院等次要部分，这种轴线明确、对称方正、主次分明的布局方式，正是宗法观念的具体体现。男尊女卑、阳贵阴贱、左尊右卑等一系列规则在祠堂空间划分上皆有鲜明的烙印。在建筑形体处理上，徽州祠堂往往以其宏丽的规模、高耸的形象成为村中心的标志性建筑。祠前建牌楼作为整个祠堂建筑空间序列中第一道象征性的大门，以它高耸的形象，在人们心理上对祠堂产生一种神秘、压抑、肃穆、恐惧之感，以收到“祭祀务须以诚敬”之效果。同时，牌楼又

① 歙县《桂溪项氏族谱》卷一。

② 陈伟：《徽州传统乡村聚落形成和发展研究》，中国科学技术大学博士论文，2000年。

是高贵、庄严的象征，宗族以此来炫耀家族的政治地位。

徽州盛行佃仆制，在村落选址上佃仆村庄呈现零星、无规律地分布在大庄园的边缘，导致甬道式宅居组团的出现。甬道是密集的宅居之间极为狭长的交通空间，提供仆人来往于堂前屋后，而不必在厅堂中穿越。凡相邻两宅对着甬道所设的侧门，均不直接相对，总保持一定的错位。甬道两端各有直通户外的大门，以及通往宅后的次门，其空间只供相邻两户共享，并不作为公共通道。这种宗族的土地私有观念，在一定程度上维系着村落内在构成和外在形态，以至于长期稳定地保存并且缓慢地变迁着。

《黄帝宅经》强调的“人伦之轨模”，在徽州民居建筑中体现得最充分。几千年来，徽州民居建筑都是在礼制和伦理的双重限制下发展定型的。为了体现儒家思想的主次分明、秩序井然的空间位序，徽州民居空间在轴线上是以厅堂为中心的基本几何关系，以“前公后私”“前下后上”“正高侧低”为空间位序的基本原则。主厅堂在整个民居院落中地位最重要，位序最高。为了烘托主厅堂（正厅、中堂）的地位，往往在前面再加造前厅（下厅、下堂），有的居民在正厅之后也设置后厅（上堂），这样主厅堂、前厅、后厅就组成了一组核心空间，加强了中轴线的地位，此做法在徽州地区也被称为“三堂”，即上堂、中堂、正堂。中堂往往等级最高，开间最大，空间最宽敞。厅堂正中供奉祖宗牌位，其下置一桌两椅，为家庭中最尊者位置，其他成员亦按主次分座两侧。厅堂是长辈主持家法、训诫子弟、宣扬家规的场所。在其起居生活中，“男治外事，女治内事；男子昼无故不处私室，妇女无故不窥中门”[①]等伦理观念，严格地界定了宅居内部空间范围，以中门为界，前庭是会见男宾之处，后庭为女眷活动之室。

(四) 中原士族的三次南迁

徽州曾是古越人聚居地，后因战乱，成为中国历史上三次南迁人口的重要迁栖地。在4世纪初西晋末的“永嘉南渡”、9世纪末唐朝的“黄巢之乱”、12世纪初北宋的“靖康之变”的三次朝廷更迭战乱中，中原士族大规模迁徙徽州，经过与当地古山越人的冲突和融合，使这里成为一个以中原汉人为主的移民社会。据记载，程氏宗族“当永嘉之乱，佐琅琊王起建业，为新安太守，有善政，民请留之，赐第于郡西之黄墩，遂世居焉”[②]。绩溪胡氏“唐同光三年（925年）乙酉以明经登第……遂不仕，隐居上川，倡明经学，为世儒

① 朱熹：《家礼》卷一，《通礼》。

② 程尚宽：《新安名族志》。

宗"[①]。祁门倪氏"为唐大司马康民后，以功成告退，卜居伊川"[②]。

南迁的中原大族将中原文化移植到徽州，成为当地主流文化。南迁的衣冠巨族本来就有着强烈的宗法观念、严密的宗族组织，迁入徽州后，出于生存的需要和文化的传承，他们极力维护、强固原有的宗法制度，聚族而居、尊祖敬宗、崇尚孝道、讲究门第成为徽州社会风尚。至南宋，徽州作为朱熹的桑梓之地，读朱子之书，取朱子之教，秉朱子之礼，蔚然成风，由此成为闻名遐迩的礼仪之邦，有"东南邹鲁"之称。至明代，徽州民居造形、色彩、布局等有了统一格调和风貌，形成自己独特的体系，在中国建筑史上独树一帜。具有很高文化素养的徽州人将自身思想情感、文化属性和价值观念通过民居等建筑形式、建筑风格和建筑装饰体现出来，从而使得徽州民居等建筑不仅具有很高的实用价值，而且具有深刻的文化寓意。

现在的徽州民居是一种中原汉族和当地越族两方面建筑文化交融而转化的一种新型的地方传统建筑文化。从住宅空间模式分析，由于徽州古越为"巢居"，即非常适合于山区丘陵地带湿热气候的所谓"高床楼居式"干栏建筑，因而在两汉时已高度发达的北方中原一带的单层四合院，即所谓"地床院落式"并没有完整不变地移植到徽州，徽州民居实际是"地床"+"高床"+"天井"的新型厅井楼居式民居。这种新模式汲取了"院落式"的特征，院落改造为狭小的天井；汲取了"地床式"特征，住宅主要活动在一层，只不过原来四合院内正房和东西厢房合并为正厅和两侧卧房；汲取了"楼居式"的特征，普遍构筑二三层，而在一层亦架设木地板留通气层，并开设通气孔以防潮湿；汲取了干栏巢居开敞的堂屋和挑台特征，将正中厅堂扩大并做成半开敞式，与天井空间连成一片。[③]

从住宅结构构造模式分析，干栏巢居为穿斗式木构架，北方四合院为抬梁式构架，而徽州民居恰恰将这两种结构混合运用，各取其长。中间开敞式厅堂因跨度大、多装饰而采用抬梁式木构架，两侧私密性卧室因跨度小便于分隔而采用穿斗式木构架，这种混合木构架既满足了住宅使用空间功能划分，又发挥了两种木构架的材料力学性能。从门的造型模式分析，至今西南一带巢居聚落——云南竹楼，广西、贵州干栏木楼寨子都有寨门，追根溯

① 绩溪《上川明经胡氏宗谱》卷七，《始祖明经府君传》。

② 倪望重：祁门《氏族谱》卷首，《建本重休支谱序》。

③ 单德启：《从传统民居到地区建筑——单德启建筑学术论文自选集》，北京：中国建筑工业出版社，2004年，第71页。

源，初民的寨门就是一根横木被支架起来，上面装饰若干木雕鸟，其初衷是一种图腾崇拜和民族信仰；而北方中原四合院民居的大门是建筑的有机部分，是屋宇，如王府门、广亮门、金柱大门、蛮子门、如意门等，为主人身份地位的标志。徽州民居大门汲取了汉越两种文化，大量村口石牌坊大门，其造型既有"鸟居"信息又有"屋檐"的造型特征，如黟县西递村口胡文光恩荣石牌坊四柱五楼的形象。[①]

第三节 徽商与儒学

徽州人主要从事业儒和服贾这两项职业，"其俗不儒则贾，相代若践更"[②]。徽州以"东南邹鲁"驰誉遐迩，"远山深谷，居民之处，莫不有学有师。"[③]以至"十户之村，不废诵读"[④]。《歙志》记载：徽州"人文郁起，为海内之望，郁郁乎盛矣。"被称为"文献之邦"。然而徽州又以"商贾之乡"闻名全国，"大抵徽俗，人十三在邑，十七在天下"[⑤]。汪道昆也说："新都业贾者什七八。"[⑥]还有人说："徽人十九为商。"[⑦]又有"无徽不成镇"之谚。

一、徽商的儒学渊源

徽州文化是一种移民文化，南迁的中原士族将儒家文化移植到徽州，成为当地主流文化。徽州是理学大师朱熹的故乡，徽州人奉朱子之学为圭臬，进而发展为新安理学，体现了儒家文化的精华。在氤氲儒学氛围中崛起的徽商，自然与儒学有不解之缘。

（一）士族后裔

徽州的世家大族多是"中原衣冠"，民国《歙县志·舆地志·风土》记载："邑中各姓以程、汪为最古，族亦最繁，忠壮、越国公之遗泽长矣。其余各大族，半皆由北迁南，略举其时，则晋、宋两南渡及唐末避黄巢之乱，此三朝为最盛。又半皆官于此土，爱其山水清嘉，遂久居之，以长子孙焉。"这

① 单德启：《从传统民居到地区建筑——单德启建筑学术论文自选集》，北京：中国建筑工业出版社，2004年，第72页。

② 汪道昆：《太函集》卷五，《诰赠奉直大夫户部员外郎程公暨赠宜人闵氏合葬墓志铭》。

③ 道光《休宁县志》卷二。

④ 嘉靖《婺源县志》卷四，《风俗》。

⑤ 王世贞：《弇州山人四部稿》卷六一。

⑥ 汪道昆：《太函集》卷一六，《阜成篇》。

⑦ 转引自张海鹏、王廷元主编：《明清徽商资料选编》，合肥：黄山书社，1985年，第51页。

些中原士族迁徙徽州后，既继承了封建士大夫和仕宦的儒学渊源，又“阀阅之家也不惮为贾”[①]，从而形成徽州望族。

中原的封建士大夫和仕宦迁徙徽州的动因可以分为躲避战乱、留念山水、居官任职三个方面[②]。一是躲避战乱。徽州地区四周封闭而环境优美，被视为理想的避难场所。从地理环境来看，徽州自古以来就是一个独立的单元，它处在万山之中，崇山峻岭，环峙而立，形成自然的地理屏障。《新安名族志》记载，汪氏宗族于“建安二年（197年），因中原大乱，南渡江，孙策表授会稽令，遂家于歙，是为新安汪氏始迁之祖”[③]。唐黄巢起义，徽州士族有歙县郡城程氏、沦坑方氏、休宁古林黄氏、祁门善和程氏、桂溪项氏、篁墩戴氏等迁徙至徽郡。[④]北宋末年发生了“靖康之变”，又有许多封建士大夫和仕宦迁徙至徽州地区。婺源俞氏“自宋绍兴丁巳由歙之黄墩，迁居于婺源龙胜，又自明成化戊子迁居龙溪”[⑤]。祁门倪氏“为唐大司马康民后，以功成告退，卜居伊川”[⑥]。

二是留念山水。徽州古村落与山水相伴，李白有诗《清溪行》曰：“清溪清我心，水色异诸水。借问新安江，见底何如此？人行明镜中，鸟度屏风里。”歙县的唐模村、潜口村、呈坎村，黟县的西递村、碧山村，休宁的临溪村等，都充分体现了水的特色，或有溪水穿村而过，或傍村而过，或引水入村，实现了“山为骨架，水为血脉”的环境构想，创造出一个充满生机与活力的聚落空间体系。徽州望族大多居住在优美的自然环境之中，黟县西递明经胡氏宗族是：“岭霞东蔚，涧水西流；虎阜前蹲，罗峰遥峙；天马踊泉之胜，犀牛望月之奇；左环右抱，外密中宽。”[⑦]桂溪项氏宗族是：“西南诸山，林壑深茂；前后文笔峰，曾峦拥翠，溪流环绕。”[⑧]绩溪盘川王氏宗族是：“狮山拱峙，澄水潆洄，古木参天，良田盈野。”[⑨]

三是居官任职。在徽州居官任职的封建士大夫往往会携家徙居徽州，康

① 唐顺之：《唐荆川文集》卷一五，《程少君行状》。

② 赵华富把中原士族迁徙到徽州的原因概括为逃避战乱、向往徽州山水、宦游徽州、隐居徽州四个方面，在此基础上，本文概括为逃避战乱、留念山水和居官任职三个方面。参见赵华富：《徽州宗族研究》，合肥：安徽大学出版社，2004年，第12—26页。

③ 程尚宽：《新安名族志》。

④ 陈栋：《新安大族志》。

⑤ 婺源《龙溪俞氏家谱》卷首，《旧跋》。

⑥ 祁门《氏族谱》卷首，《建本重休支谱序》。

⑦ 赵华富：《徽州宗族研究》，合肥：安徽大学出版社，2004年，第63页。

⑧ 歙县《桂溪项氏族谱》卷一，《旧谱序跋》。

⑨ 绩溪《盘川王氏宗谱》卷首，《盘川王氏族谱》。

熙《徽州府志》解释为："有爱其山水幽奇，遂解印终身不返；亦有乐其高山万仞，爰弃官以家其间者矣。"[①]歙县棠樾鲍氏，"其先青州人"，"永嘉末，青州大乱，子孙避兵江南"。东晋咸和间，鲍弘"任新安郡守，因占籍郡城西门，继于郡西十五里牌营建别墅"。[②]休宁倪干倪氏"其先宣城人"。晋朝，倪玄鉴"仕琅琊王管记参军，始迁新安"。后裔倪注"姑迁休宁赤丘，子孙蕃盛，遂名其地曰倪干"。[③]

望族在文献记载中又被称之为甲族、大族、大姓、名族、世家、巨族等。《新安大族志》共列81个姓氏，《新安名族志》共列84个姓氏，《休宁名族志》共列53个姓氏[④]。中原望族迁徙到徽州，多以篁墩为基地，程氏为中心，不同程度地维系了600余年。唐、五代徙入徽州的48个氏族中，竟有41.66%都曾聚居在篁墩。从东晋到唐末，程氏祖孙相继显名于东晋、南朝者达270年之久，对徙入的中原士族有荫护之力，因此篁墩成为许多中原士族迁入徽州的前期栖止地，再由此相机深入徽州腹地。[⑤]

（二）"文公阙里"

朱熹（1130—1200年），字元晦、仲晦，晚年自称晦庵，后称晦翁，号遁翁、云谷老人、沧海病叟，别号考亭、紫阳，祖籍徽州婺源松岩里人，生于福建尤溪，侨居建阳。绍兴十八年（1148年）朱熹中进士，先后被授予左迪功郎、武学博士、朝奉郎、朝散郎，历任泉州同安主簿、知南康军、秘阁修撰、漳州知府、湖南转运副使、潭州知府、湖南安抚、焕章阁待制兼侍讲等职；在庐山白鹿洞书院、建阳武夷书院等地讲学时间达数十年之久。朱熹自幼聪明颖异，青年时师事李侗，为程颢、程颐的四传弟子。朱熹治学，"博极群书，自经史著述而外，凡夫诸子、佛老、天文、地理之学，无不涉猎而讲究也"[⑥]。他继承和发展了二程的理学，建立了一个完整的理学体系，史称程朱理学。

朱熹是理学集大成者，也是孔子之后中国封建社会地位最高、影响最大的思想家之一。宋宁宗在《除朱熹为焕章阁待制侍讲诰》中说："朱熹发六经

① 康熙《徽州府志》卷二，《舆地志·形胜》。

② 程尚宽：《新安名族志》前集。

③ 程尚宽：《新安名族志》后集。

④ 赵华富：《徽州宗族研究》，合肥：安徽大学出版社，2004年，第45页。

⑤ 史铎：《关于徽商起源于东晋的外因论与内因论》，参见安徽省黄山市徽州学研究会编：《徽学·徽商研究专辑》1990年第2期。

⑥ 黄宗羲、全祖望：《宋元学案·晦庵学案》。

之蕴，究百氏之派。”[①]对朱熹作了很高的评价。宋理宗进一步察觉到朱熹思想对巩固封建统治的重大作用和意义，他特赠朱熹为太师，追封信国公，后改封徽国公，用祭祀孟子的礼仪祀朱熹。[②]宋度宗诏赐婺源为“文公阙里”，这是封建朝廷赐予思想家朱熹的一项与“孔子阙里”相等的荣誉。从宋代晚期到清末为止的七百年中，朱熹思想始终是代表封建统治阶级的官方御用哲学。他著的《四书集注》，被明清两代封建朝廷指定为封建知识分子必读的教科书。他的注解被认为是正统观点的标准答案，明经取士都以朱熹“宋儒传注为宗”[③]。

朱熹祖籍是徽州婺源[④]，寄籍福建建阳，属于朱瓌婺源潋溪派。朱熹在徽州的姻亲主要有歙县祝氏、黟县汪氏和婺源程氏。朱熹的外祖父祝确是一个大商人，他所经营的商店、客栈占徽州府城的一半，号称“祝半州”。[⑤]朱熹曾两度回徽州祭扫祖墓并拜望宗族长老。第一次是绍兴二十年（1150年）春，当时朱熹年仅21岁，此次回婺源祭祀扫墓省亲所需费用就是张敦颐代为赎回的田租。淳熙三年（1176年）四月，朱熹再归婺源扫墓，此时正值朱熹中年，学术思想兴盛之际，故他尽一切力量来阐明义理，培养人才。据《新安学系录》记载，直接师从朱熹的徽州及门弟子就有程洵、滕璘、滕珙、吴璥、吴昶、汪会之、祝直清、程永奇、程珙、李季子、汪楚材、董铢、程端蒙、孙吉甫、叶味道、祝穆、汪莘、胡舜卿十八人。[⑥]

徽州人以朱熹为荣，建祠堂、石坊、书院等以纪念。宋庆元六年（1200年），朱熹去世，徽州士子在州学里绘像祭祀。嘉定七年（1214年），郡守赵师端又在郡学讲堂之北建朱文公祠。淳祐六年（1246年），郡守韩补又以朱熹号“紫阳”，在郡城南门外紫阳山建书院纪念，宋理宗赐额“紫阳书院”。婺源县乡士对朱熹祖居多方保护，宋理宗亦赐额“文公阙里”。明万历年间，在徽州士子的提倡和徽商的大力资助下，篁墩修建了三夫子（程颢、程颐、朱熹）阙里祠和程朱阙里石坊。

以朱熹思想作为指导思想，是徽州人坚定不移的信念。赵汸在《商山书

① 婺源《茶院朱氏家谱》，《除朱熹为焕章阁待侍讲诰》。
② 陈邦瞻：《宋史纪事本末》卷八〇，《道学崇黜》。
③ 佚名：《松下杂抄》卷下。
④ 朱熹生于福建，祖籍婺源属安徽省，1952年划归江西省。
⑤ 许承尧：《西干志》卷四，《祝外大父祝公遗事》。
⑥ 翟屯建：《徽州朱氏》，黄山市政协文史资料委员会编：《徽州大姓》，合肥：安徽大学出版社，2005年，第109—113页。

院学田记》指出：（徽州）“其学所本，则一以郡先师子朱子为归。凡六经传注，诸子百家之书，非经朱子论定者，父兄不以为教，子弟不以为学也。是以朱子之学虽行天下，而讲之熟，说之详，守之固，则惟新安之士为然。”休宁《茗洲吴氏家典》说：“我新安为朱子桑梓之邦，则宜读朱子之书，服朱子之教，秉朱子之礼，以邹鲁之风自待，而以邹鲁之风传之子若孙也。”徽州人把朱熹看作孔孟道统真传之人，因而加以顶礼膜拜。

遍布全国各地的徽州会馆都尊奉朱熹，无一例外。苏州的徽郡会馆“敬奉先贤朱夫子”。景德镇“建新安会馆”，“奉朱子入祠”[①]。蓼六“仿汉皋、金间例，为会馆，以祀朱子”[②]。星沙“会馆、文公祠，倡修整饬”[③]。吴江县盛泽镇的徽宁会馆，正殿三间供关帝等神，而殿东“行馆”供朱熹：“正供威显仁勇协天大帝神座，东供忠烈王汪公大帝神座，西供东平王张公大帝神座。殿之东建造行馆，供奉紫阳徽国朱文公。”[④]历任御史、翰林院编修、实录馆纂修、顺天乡试同考官的程邦宪对该馆的供祀描述为：“中为殿以祀关帝，东西供忠烈王、东平王。朔望香火，岁时报赛惟虔。殿东启别院，奉紫阳朱文公。以皖人有迁居隶籍于吴，及侨居而遂家焉者，俾其子弟有所矜式，故谨祀焉。”[⑤]在汉口紫阳书院，徽商通过崇祀朱子“阛阓贸易之人，咸知尊道乐义”“必也从事于伦常日用之间，不悖孝弟忠恕之道”。徽商通过祭祀朱熹，可使子弟犹如在本乡读书，有所敬重和示范。《徽歙竹枝词》云：“文庙偏东朱子祠，祠于此地最相宜”。徽属各地的孔庙之偏东处，皆设有朱子祠。

（三）新安理学

新安理学是程朱理学的正宗流派，奠基人是程颢、程颐及理学集大成者朱熹。徽州是“程朱阙里”，“程朱之学大明于天下，天下之学宫莫不崇祀程朱三夫子矣。乃若三夫子肇祥之地又举而合祀之，则独吾歙……朱学原本二程，二程与朱之所自出，其先世皆由歙黄墩徙，故称程朱阙里。”后来，“程朱三夫子，一自婺入闽，一自中山徙洛，其先世出歙之黄墩。”[⑥]

① 光绪《婺源县志》卷三二，《人物・义行》。

② 嘉庆《黟县志》卷七，《尚义》。

③ 光绪《婺源县志》卷三四，《人物・义行》。

④ 苏州历史博物馆等编：《明清苏州工商业碑刻集》，南京：江苏人民出版社，1981年，第355页。

⑤ 苏州历史博物馆等编：《明清苏州工商业碑刻集》，南京：江苏人民出版社，1981年，第357页。

⑥ 赵滂编：《程朱阙里志・序》。

《丰南志》也说：“歙大邑也，而新安名郡也，世称程朱阙里，彬彬乎文物之乡也。”[①]新安理学的核心是伦理纲常，同时也倡导“穷理之要，必在于读书”的重学思想；阐明“天理为义，人欲为利”“正其义不谋其利，明其道理不计其功”的利欲观念和讲究“修内政”“正君心”“攘夷狄”的节义思想。

周晓光认为，从12世纪到18世纪，徽州理学发展经历了三次大的变迁：从朱学一统到朱学与心学并存、从朱学与心学并存到朱学全面复兴、从朱学全面复兴到徽派朴学兴起。[②]南宋时期，徽州学者大多是朱熹及门、再传或私淑弟子，他们奉朱子之学为圭臬，形成了徽州朱学一统时期。赵吉士说：“新安自紫阳峰峻，先儒名贤比肩接踵，迄今风尚醇朴，虽僻村陋室，肩圣贤而躬实践者，指盖不胜屈也。”[③]《婺源县志》称：“新安大好山水，婺源尤沐紫阳之泽，而比户弦诵，有东南邹鲁风，其视他邑为近古。”[④]民国《歙县志》称：“吾歙承紫阳学风，夙重理学。旧志纪儒林，自宋始迄于清初，薪传有自，派别綦严。”[⑤]嘉庆《黟县志》称：“黟之科第、仕宦，在宋为盛。”[⑥]南宋以降，因朱熹出于婺源，而“黟之视婺，不啻邹之视鲁”，故“闻风而私淑者”多。[⑦]元代，朱子之学被“定为国是，学者尊信，无敢疑贰”。[⑧]仁宗皇庆二年（1313年），朝廷定科举取士法，第一、二场考题都限用朱熹《四书集注》，[⑨]所谓“设科取士，非朱子之说者不用”[⑩]，即指当时的情形，出现了天下士人群起读朱熹之书的“盛况”。

明代中后期，王阳明的心学兴起，对理学造成很大冲击。光绪《婺源县志》说：“盖有明中叶后，学术渐漓，大率谓学有宗旨，重在体认，而诋程朱之格物、轻朱子之传注为支离、为务外。又复和合朱陆两家而一之，虽紫阳故乡亦不免染，其余波溺焉不返。”[⑪]《紫阳书院志》中记载：明中后期，徽

① 吴吉祜：《丰南志》第七册，《读吴氏诗文存书后》。

② 周晓光：《徽州传统学术文化地理研究》，合肥：安徽人民出版社，2006年，第75页。关于新安理学的详情参见该书第75—115页。

③ 赵吉士：《寄园寄所寄》卷一一，《泛叶寄·新安理学》。

④ 光绪《婺源县志》卷首，《春岫序》。

⑤ 民国《歙县志》卷七，《人物志·儒林》。

⑥ 嘉庆《黟县志》卷五，《选举志》。

⑦ 嘉庆《黟县志》卷一四，《舒荣都：重建徽国文公朱夫子祠堂记》。

⑧ 虞集：《道园学古录》卷二九，《跋济宁李璋所刻九经四书》。

⑨ 宋濂：《元史》卷八一，《选举一》。

⑩ 汪文麟：《上饶县志》卷一五，《儒林一》。

⑪ 光绪《婺源县志》卷首，《旧凡例一乾隆甲戌》。

州“文成之教盛行，讲会者大多不诣紫阳。”[①]《还古书院志》也称当时徽州“闽洛绝响，遵者寥寥”，而“新建之说，沦人骨髓”。[②]这里所谓的“文成之教”和“新建之说”，就是指王阳明的心学。明末休宁学者汪佑曾经感叹：“自阳明树帜宇内，其徒驱煽薰炙，侈为心学，狭小宋儒。嗣后新安大会，多聘王氏高弟阐教，如心斋、绪山、龙溪、东廓、师泉、复所近溪诸公，迭主齐盟。自此新安多王氏之学，有非复朱子之旧者矣。”[③]这表明徽州讲坛已劲吹王学之风了。

清初，徽州曾一度复兴朱熹的理学，但很快就被徽派朴学取而代之。康熙八年（1669年），施璜等人制订了《紫阳讲堂会约》，会约核心是“崇正学”，明文规定：“务经明行修，宗尚周程张朱之学，讲论悉符于践履，著述必本乎躬行，德孚闾闬，望重学林者，会长敦请赍院，阐印圣宗，以为后学标准。如侈谈二氏家言，为三教归一之说，及阳儒阴佛者，不得入会。”[④]这其实是复兴朱学的一道宣言，之后，徽州书院“春秋集讲，文物衣冠，彬彬一堂，尽去旧习，化为尊孔宗朱坛席”。[⑤]

二、徽商的崇儒表现

“贾名而儒行者，谓之儒贾。”[⑥]儒贾即是儒商。徽商在经商过程中通常会继续保持读书好学、吟诗作画、热爱文化的传统，徽商“居常屈首抱几，自六经以及百氏无所不窥；凡金石古文、名家法帖、手摹指画，务得其真，无所不习；绘事则自皇唐以迄胡元，名品则自宗器以迄玩物，无论百金之价，什袭之珍，无所不购”[⑦]，彰显了“贾而好儒”的特色。

（一）贾服儒行

戴震说：徽商“虽为贾者，咸近士风”。[⑧]这是对徽商崇儒的准确描述，他们或是“先儒后贾”，或是“先贾后儒”，或是“亦贾亦儒”，从而形成“贾而好儒”的重要特色。[⑨]

---

① 施璜等：《紫阳书院志》卷一二，《汪县尹》。
② 施璜：《还古书院志》卷七，《吴抑庵先生》。
③ 施璜等：《紫阳书院志》卷一六，《会纪》。
④ 施璜等：《紫阳书院志》卷一五，《会规》。
⑤ 施璜等：《紫阳书院志》卷一二，《列传》。
⑥ 汪道昆：《太函集》卷五二。
⑦ 汪道昆：《太函集》卷五九。
⑧ 戴震：《戴震集·文集》卷一二，《戴节妇家传》。
⑨ 张海鹏、王廷元主编：《徽商研究》，合肥：安徽人民出版社，1995年，第381页。

第一种情况是"先儒后贾"。徽商弃儒服贾，多是因为家遭变故，为生计所迫。如歙县人江羲龄自幼习儒，后"以亲老家贫，弃儒服贾，以为供养"①。歙县潭渡人黄长寿因父亲年老才去经商，他"以儒术饬贾事，远近慕悦，不数年赀大起"。②金榜题名、光宗耀祖固然是徽州宗族子弟的最高追求，但能业儒入仕的人毕竟是少数，"士而成功也十之一，贾而成功也十之九"③。这个悬殊的比例，势必会使一些人弃儒服贾。歙县人江春，"性警敏，少攻制举，为王已山太史弟子"。就是因为乡试未中，"遂弃贴括经商扬州"。④休宁人程祖德，"连举未第，退事于商"⑤。休宁人汪可训起先业儒，"终不得志……遂辍帖括"，而去经商。⑥休宁人吴天衢，"初业制举，屡试郡邑弗售，乃弃儒而商"。⑦婺源人董荣宠，"困于名场，遂弃儒而服贾，积株累寸，而家道日丰。"⑧

第二种情况是"先贾后儒"。徽商往往有解不开的入仕情结，一部分人经商致富后弃贾从儒。程晋芳"治盐于淮，时两淮殷富，程氏尤豪奢，多畜声伎狗马"，而他"独愔愔好儒，罄其赀购书五万卷，招致多闻博学之士与其讨论。"他一"见长几阔案心辄喜，铺卷其上而事不理"，把生意上的事情都交给家奴打理，以至负债累累。直到四十多岁，他才中了进士，最后参加了《四库全书》的编纂工作。⑨歙县人江登云，十六岁随兄外出经商，大获成功后却殊不自得，决心"志功名，为国家作栋梁材"，于是弃贾业，入武庠，"连第进士，膺殿廷选，侍直禁卫""后官至南赣都督"。⑩歙县人方罔卿"少从父兄为商，请改业为儒，罔卿之兄不许，强而后可"。⑪休宁人汪錞因"父卒，家中落，弃儒服贾四方"，后来他"复习举子业，读书江汉书院，癸卯、庚戌登两榜，甲寅考授中翰……擢吏部文选司主事，历考功验封司员外"⑫。这是因为大多数徽商"本为儒，去而从贾，非其志

① 歙县《济阳江氏族谱》卷九。
② 歙县《潭渡黄氏族谱》卷九，《望云翁传》。
③ 吴吉祜：《丰南志》第五册，《百岁翁状》。
④ 许承尧：《歙事闲谭》卷一八，《江鹤亭江橙里》。
⑤ 休宁《率东程氏家谱》。
⑥ 休宁《西门汪氏宗谱》卷六。
⑦ 新安《休宁名族志》卷三。
⑧ 婺源《董氏宗谱》，《荣选公夫妇合传》。
⑨ 昭连：《啸亭杂录》卷九。
⑩ 歙县《济阳江氏族谱》卷九。
⑪ 佘华瑞：《岩镇志草·逸事》。
⑫ 康熙《休宁县志》卷六，《人物·宦业》。

也”[①]，一旦他们致富后，重新业儒极有可能，求其次也会“亦商亦儒”。

第三种情况是“亦贾亦儒”。黟县人郑作虽四处经商，却“挟束书，弄扁舟，孤琴短剑，往来宋梁间”，完全是一个书生形象。难怪熟悉他的人都说他“虽商也，而实非商也”[②]。黟县商人朱光宅“尤重学问，一时根柢朴学之彦与夫辞章胜流，皆乐数晨夕文酒相娱。兄弟三人夙夜比偕相与讨论古今，规过奖善”[③]。休宁商人金鼎和，“躬虽服贾，精治经史，有儒者风”[④]。休宁人汪志德“虽寄迹于商，犹潜心于问学无虚日。琴书棋画不离左右，尤熟于史鉴，凡言古今治乱得失，能历历如指诸掌”[⑤]。婺源人洪庭梅“迨遨游江湖，不屑屑权子母计，携书数箧，晨夕长吟”[⑥]。婺源人王鸿崟“挟策走吴楚，业渐裕”，他“性耽书史，老不怠，著为家训，杨郡伯跋其简，程为‘贤哲格言’；张邑侯礼致宾筵，沐恩优老之典”[⑦]。

（二）结交鸿儒

徽商喜欢结交文士，供养着一批文人墨客。明朝文坛一代盟主王世贞曾对他的朋友说：徽商见到苏州文人，就像苍蝇追逐羊肉一般。而他的朋友却答道：苏州文人见着徽商，也像苍蝇追逐羊肉一般。王世贞无言以对，只好一笑了之。[⑧]从这则故事中可以看出当时苏州徽商与文人之间的关系。扬州也不例外，江春在明代文人康海的读书处建起了康山草堂，此外，他还筑有江园、深庄、乐园等别业。江春建筑这些园林，既供自己享用，也用来聚会文人，吟风弄月，显示其风雅。乾隆三十一年（1765年）十二月十九日，他邀集了一批文人在寒香馆悬像赋诗，以纪念苏东坡诞辰七百周年，钱陈群、曹仁虎、蒋士铨、金农、陈章、郑板桥、戴震、金兆燕以及吴敬梓的儿子吴烺都参与其中，成为一时盛会。袁枚在给他写的墓志铭中记载：他“性尤好客，招集名流酒赋琴歌，不申旦不止；邗江地当冲要，公卿士大夫下至百工伎艺，得珍怪之物及书法名画，无不从从然屡及公门，如龙鱼之趋大壑”。[⑨]

---

① 歙县《溪南江氏族谱》，《故处士沙南江公墓志铭》。

② 歙县《郑氏宗谱》，《明故诗人郑方山先生墓图志》。

③ 同治《黟县三志》卷一五，《艺文志·人物》。

④ 康熙《休宁县志》卷六，《人物·笃行》。

⑤ 歙县《汪氏统宗谱》卷四二，《行状》。

⑥ 婺源《墩煌洪氏通宗谱》卷五八。

⑦ 民国《重修婺源县志》卷二九，《人物·孝友》。

⑧ 周晖：《二续金陵琐事》。记载：“凤州公同詹东图在瓦官寺中。凤州公偶云：‘新安贾人见苏州文人如蝇聚一膻’。东图曰：‘苏州文人见新安贾人亦如蝇聚一膻’。凤州公笑而不语。”

⑨ 转引自朱万曙、谢欣：《徽商精神》，合肥：合肥工业大学出版社，2005年，第34页。

有的文人（如蒋士铨、金兆燕）就常年吃住在康山草堂的秋声馆里。

马曰琯、马曰璐[1]两兄弟乐与文人交往。马氏兄弟祖籍祁门，自其祖父马承运在两淮经营盐业，马氏家族遂迁入扬州，成为两淮著名的盐商家族。《清稗类钞》记其“业盐居维扬”“为群商领袖”。[2]马氏兄弟虽然是商人，却以藏书家和诗词创作而著称，四方名士过访，“款留觞咏无虚日”或“适馆授餐，终无倦色”。故四方名士过扬“以不踏其户为阙事”。全祖望、厉鹗、符曾、金农、陈章、姚世钰等皆馆其家。文学家厉鹗年届六十尚无子嗣，马氏为之割宅蓄婢。史学家全祖望曾患恶疾，马氏“出千金为之励医师”。姚世钰客死扬州，马氏替他料理后事。《清稗类钞》载有马曰琯为郑板桥还债修宅事情，郑板桥罢官后，常住马家。正如袁枚在《扬州游马氏玲珑山馆感吊秋玉主人》一诗中所说：“横陈图史常千架，供养文人过一生。”马氏兄弟与经过扬州的四方名士结成“邗江诗社”，诗酒酬和。乾隆初期，扬州诗文之会盛况，由此而发。

（三）崇尚文化

明中叶以后，徽州画家辈出，盛极一时，并自成新安画派。据姚翁望《安徽画家汇编》统计，明清以来，徽州有画家767人，实际人数也许更多。[3]黄宾虹说他的家乡“潭渡自明以来，书画名家均在江浙以上”[4]。人们习惯地将渐江、汪之瑞、孙逸和查士标称为新安四家，尤对渐江给以极高评价。渐江的成就离不开徽州盐商之后吴羲的关心和资助，他在吴羲家中苦心研习倪云林真迹达数月，他们保持着一生的友谊，传世名作《晓江风便图》就是渐江送给吴羲的。徽商的收藏热情促进了新安画派的发展，咸同时期，歙县潭渡人黄崇惺曾撰有《草心楼读画记》，记录祖上所收藏过的大量名人书画，当年在潭渡诸如张择端的《清明上河图》、吴道子的《黄氏先圣像》、阎立本的《孔子事迹二十四图》、李龙眠的《白描十八应真渡海长卷》等历代珍品可谓比比皆是。那时郑板桥、金农的作品在潭渡却被用来粘墙补壁，不加爱惜，可见徽商收藏的富有。[5]

---

① 马曰琯，字秋玉，号嶰谷；马曰璐，字南斋，号半槎。马曰琯有诗集《沙河逸老小稿》六卷和词集《嶰谷集》一卷，马曰璐有《南斋集》六卷、《南斋词》一卷、《韩柳年谱》一卷和《丛书楼书目》一卷。

② 徐珂：《清稗类钞》第三十四册，《鉴赏类》。

③ 转引自张海鹏、王廷元主编：《徽商研究》，合肥：安徽人民出版社，1995年，第510页。

④ 转引自张海鹏、王廷元主编：《徽商研究》，合肥：安徽人民出版社，1995年，第510页。

⑤ 转引自张海鹏、王廷元主编：《徽商研究》，合肥：安徽人民出版社，1995年，第513页。

“没有徽商就没有徽班”[①]。明清时期，徽班有民间职业班、业余班和徽商组建的“家班”之分，地位显赫、艺高一筹的是徽州富商出于应酬交结和家庭娱乐目的而组建的家班。如清乾隆年间进京献艺的“庆升班”是徽商曹文埴的家班，为恭迎圣驾在扬州演出徽剧技压群芳的“春台班”，也是徽州大盐商江春的家班。江春蓄养的春台班规模很大，排场也超出其他戏班，如在戏具方面，春台班就“聚众美而大备”[②]。道光年间，陶澍整顿两淮盐务时发现，“德音、春台二班，频年盐务并未演戏，仅供商人家宴，亦每年开销三万两”。[③]这已是江春死后的事情，更不能比它们主人在世时的投入。春台班作为“四大徽班”之一，进京演出后获得了新的发展，与其他徽班一同催生了京剧的诞生。

三、徽商的儒学反哺

徽商是酿造徽州文化的“酵母”[④]，他们为徽州文化昌盛提供了经济基础，铸就了徽州文化的辉煌。宋元以来，徽州教育非常发达，科第蝉联、累世簪缨、人文荟萃。明清时期，徽州地区“自井邑田野，以至远山深谷，居民之处，莫不有学有师，有书史之藏”[⑤]，“虽僻村陋室，肩圣贤而躬实践者，指盖不胜指也”[⑥]，人文之盛，无以出其右者；方志也称徽州“人文郁起，为海内之望，郁郁乎盛矣”[⑦]，徽州素有“东南邹鲁”和“文献之邦”之称。

（一）重视教育

宋元以来，徽州就是一个教育比较发达的地区。明代中叶以后，徽州教育更加兴盛。当时除按照定例设府学、县学外，徽州地区还另设有社学和塾学，以教乡里子弟。[⑧]据康熙《徽州府志》记载，当时徽州有社学562所，县塾5所，各家族的塾学就更多，以至“十户之村，不废诵读”[⑨]。婺源《董氏宗

---

① 严世善、赵熙祥：《徽商与徽班》，《徽州社会科学》1993年第3期。

② 李斗：《扬州画舫录》卷五。

③ 陶澍：《陶文毅公全集》卷一一，《请删减盐务浮费及摊派等款附片》。

④ 张海鹏：《徽商：酿造徽州文化的“酵母”》，《东方讯报》1994年3月22日。亦见张海鹏：《求实集——张海鹏史学论文选》，合肥：安徽教育出版社，2006年，第143页。

⑤ 道光《休宁县志》卷二。

⑥ 赵吉士：《寄园寄所寄》卷一一。

⑦ 万历《歙志》。

⑧ 张海鹏、王廷元主编：《徽商研究》，合肥：安徽人民出版社，1995年，第504页。

⑨ 嘉靖《婺源县志》卷四，《风俗》。

谱·凤游山书屋记》记载：徽州"一村一家，亦各有书屋。书屋者，即古所谓家塾也。族师掌之，尤为子弟讲习养心之地。学业之造成，人文之聿起，皆由此始"。宋元以来，徽州成为全国书院最多的一个地区，御史张讷奏言："天下书院最盛者，无过东林、江右、关中、徽州。"[①]民国《重修婺源县志》说："闻诸故老，婺在昔四郊书院常相望，乡先正集徒讲学声相闻。"[②]其实，不仅婺源县如此，其他县情况也一样，《徽州府志》说："歙在山谷间，垦田盖寡，处者以学，行者以商。学之地自府县学外，多聚于书院。书院凡数十，以紫阳书院为大。"[③]据李琳琦统计，明清时期徽州共存书院89所。[④]

若要业儒入仕，没有经济基础是不可能实现的。正如《两淮盐政全德记》所云："大之郡邑，小之乡曲，非学，俗何以成；非财，人何以聚。既立之师，则必葺其舍宇，具其斎粮，及夫释菜之祭，束脩之礼，是不可以力耕得之也。"[⑤]汪道昆也指出："夫养者，非贾不饶；学者，非饶不给。"[⑥]清人沈垚认为非营商者，"子弟无由诗书以致通显"。他说："古者士之子恒为士，后世商之子方能为士。此宋元明以来之大较也。天下之士多出于商。"[⑦]甚至徽州六县的财力大小还会影响到各县教育发展程度，徽州知府何达善指出："歙、休多巨贾，豪于财，好言礼文，以富相耀"，"故文风科第绝胜他邑"；而"婺源则朴遬纤啬，颇多务本"，故"文风科第逊于歙、休"。[⑧]

因此，徽商对徽州教育的兴盛功不可没，主要体现在以下几个方面[⑨]：一是徽商设置塾学。塾学又称私塾、塾馆、书塾等，是由私人创建的蒙养教育机构。明代，歙县吴氏宗族设家塾于吴氏祠堂，延师以教宗族子弟。[⑩]黟县商人汪文宗，"建光德楼，读书其中……常手录先贤格言以训乡邻子弟，一时志学之士，咸就正焉"[⑪]。嘉庆十九年（1814年），黟县宏村汪氏宗族建以文家

① 道光《徽州府志》卷三，《营建志·学校》。

② 民国《重修婺源县志》，《学林传赞》。

③ 道光《徽州府志》卷三，《营建志·学校》。

④ 李琳琦：《徽商与明清徽州教育》，武汉：湖北教育出版社，2003年，第48页。

⑤ 道光《徽州府志》卷三，《营建志·学校》。

⑥ 汪道昆：《太函集》卷四二，《明故程母汪孺人行状》。

⑦ 沈垚：《落帆楼文集》卷二四。

⑧ 民国《重修婺源县志》卷一，《旧志序》。

⑨ 李琳琦认为，徽商对徽州教育机构的创设、维护的贡献主要表现在四个方面：一是亟置塾学；二是广设义学；三是捐修官学；四是创建书院。此外，徽商还为士子提供束脩、膏火费用，及扶持与资助士子科举考试。本书采纳了李琳琦教授的观点，详情参见李琳琦：《徽商与明清徽州教育》，武汉：湖北教育出版社，2003年，第96—118页。

⑩ 史铎：《徽州教育纪》，《徽学通讯》第13—14期。

⑪ 嘉庆《黟县志》卷六，《人物·儒行》。

塾于南湖。[①]祁门商人汪中理建翼经堂，“同弟中琦读书于此，乡族子弟多从之”[②]。歙县商人佘文义，捐资办“义塾以教族之知学者”[③]。据赵华富调查，一个较大的徽州宗族往往有家塾数所，多至一二十所。[④]

二是徽商不吝资财捐修官学。明清时期，徽州的府学、县学之所以能保持着“美奂美仑、壮伟宏丽”之态，离不开徽商的慷慨捐输修葺。如徽州府学，明弘治十四年（1501年）知府彭泽“撙浮费及盐榷，商旅给符，所入之赀恢拓基址，再移射圃于东，置亭扁曰‘观德’，创馔堂及绘饰圣贤像，增创号舍一百余间”；康熙五十四年（1715年），歙绅商项宪捐资重修明伦堂两庑及仪门，其子项絪毕其役；雍正三年（1725年）项絪之子道晖重修尊经阁，学宫前“东南邹鲁”坊毁于暴风，道辉又捐资重建；乾隆三十四年（1769年），众绅商捐资重修学宫；嘉庆十二年（1807年），歙县盐商鲍漱芳等又加以重修，用去白银14000余两；嘉庆十六年（1811年），鲍漱芳子鲍均又重建尊经阁及教授、训导两衙署。又如歙县县学，乾隆五年（1740年）徐璟庆修；乾隆十六年（1751年）徐士修修；乾隆五十二年（1787年）项士瀛重建文庙，其祭器、乐器亦重修，并捐白银200两生息以为诸器岁修之用；嘉庆十九年（1814年），鲍均又呈请重修，“自大成殿以下无处不加修整，所费不赀，向来重修学宫未有若斯之美盛也”[⑤]。休宁、黟县、绩溪、婺源和祁门的县学也是如此，不再枚举。

三是徽商倡建、捐输书院。正如清代人双庆在《紫阳书院增建学舍膏火记》中所言：书院“必得有力而好义者为之倡，然后有所凭借，以观厥成”[⑥]，徽商就是这样的“有力而好义者”。如明歙县商人方迁曦，“励志经营……家业益以丕振。……常念方氏入国朝以来，官学继美无间，近世兹寖有愧，乃谋诸族，肇建书屋于金山隈，俾后嗣相聚相观，以振儒业”[⑦]。清初，在扬州的歙县盐商就曾集体致书告老还乡的清朝大臣曹文埴，“谓书院之人才日盛，思欲拓其学舍，以增其人；厚其廪给，以励其志”[⑧]。曾任两

① 史铎：《徽州教育纪》，《徽学通讯》第13—14期。

② 同治《祁门县志》卷一一，《舆地志·古迹》。

③ 转引自唐力行：《商人与文化的双重变奏——徽商与宗族社会的历史考察》，武汉：华中理工大学出版社，1997年，第33页。

④ 赵华富：《徽州宗族研究》，合肥：安徽大学出版社，2004年，第429页。

⑤ 转引自李琳琦：《徽商与明清徽州教育》，武汉：湖北教育出版社，2003年，第98—99页。

⑥ 民国《歙县志》卷一五，《艺文志》。

⑦ 歙县《方氏会宗统谱》卷一九。

⑧ 民国《歙县志》卷一五，《艺文志》。

淮总商的徽州盐商汪应庚，捐银五万两修建江甘学宫，并"以二千余金制祭祀乐器，又以一万三千金购腴田一千五百亩，悉归诸学，以待岁修及助乡试资斧"。[①]

四是徽商提供束脩、膏火之费。清祁门商人马光泽，为"东山书院输膏火银五百两"；郑国恂，"二次捐金八百为（东山书院）生童膏火"。[②]清婺源俞大凰，"家始贫，以负贩供菽水……家稍裕，尝蓄余金付子生殖以待义举，嘉庆九年邑兴紫阳书院，大凰子将所殖金输一千两以助膏火"[③]；清休宁商人汪国柱为嘉庆时本邑新迁的海阳书院"捐千金以助膏火"[④]。乾隆末至道光初，府属紫阳书院的膏火来源：先是依赖徐士修所捐银一万二千两；后歙商鲍志道又捐银八千两，"添补经费"；继之歙商"程光国暨其子振甲董理其事，逐年捐资添补以给支销"；往后鲍志道之孙鲍均又捐银五千两、黟县绅商又捐银一万一千两等。[⑤]

（二）资助科举

徽商为子弟科举考试聘请名师。歙县许晴川经商致富后，"五子咸延名师以训"[⑥]。歙商许万竹有四子，"公课以儒业，宾名师以训之"，目的也是"擢高第有俟焉"[⑦]。歙商江之鳌，"课子延名师，朝夕敬礼"[⑧]。歙商吴炳不仅为其子等"延名师家塾，谆谆以陶侃惜分阴之义相警"，而且见其子等"所业进，则加一饭；所业退，则减一饭。"[⑨]歙商凌珊对其子弟业儒的心情十分迫切，他"恒自恨不卒为儒，以振家声。殷勤备脯，不远数百里迎师以训子侄……每日外来，闻咿唔声则喜，否则嗔，其训子侄之严如此"。[⑩]盐商鲍柏庭提出"富而教不可缓也"的思想，在徽商中具有代表性，他"延名师购书籍不惜多金。尝曰：'富而教不可缓也，徒积资财何益乎！"[⑪]婺源董桂芬，"筑室延师课子侄"[⑫]。休宁商人汪可训，"有子五人，岁延名师督之

① 汪客吟：《汪氏谱乘》。
② 同治《祁门县志》卷三〇，《人物志·义行》。
③ 光绪《婺源县志》卷三三，《人物十·义行六》。
④ 道光《徽州府志》卷一二，《人物志·义行》。
⑤ 民国《歙县志》卷二，《营建志·学校》。
⑥ 歙县《许氏世谱》卷六，《贺晴川许公六十寿序》。
⑦ 歙县《新安歙北许氏东支世谱》卷五。
⑧ 歙县《济阳江氏族谱》卷九，《清故处士之鳌公传》。
⑨ 凌应秋：《沙溪集略》卷四，《文行》。
⑩ 凌应秋：《沙溪集略》卷四，《文行》。
⑪ 歙县《歙县新馆鲍氏著存堂宗谱》卷二。《柏庭公传》。
⑫ 光绪《婺源县志》卷四〇，《人物·质行》。

学”[①]。休宁汪文璧，少有大志，多闻强记，经商的父亲特地为他“延名士为师”[②]。

徽商兴办文会，为子弟考前研讨、切磋制艺提供帮助。[③]明清时期，徽州地区以研讨八股、切磋制艺为目的的文会组织遍布城乡各地，如“歙城市乡镇，各立文会”[④]，就是经济文化发展比较落后的黟县，也是“乡村多有斯文之会”[⑤]。这些文会绝大多数都是由徽商独立创设或主要由徽商出资兴办，如歙县商人张明侗，“立飞霞文会，延师以教里中子弟”；婺源商人余章锦，“输租立文社，以振文风”。[⑥]又如绩溪曹雅苑，“兴萃升文会，捐腴田”；胡元龄，“倡建文会于崇山，凡有文誉者招集之”。[⑦]光绪《婺源县志·人物》有更多记载。文会的主要功能是集一乡、一族之士“偕攻制义”，通过“同类相求、同朋相照、同美相成”[⑧]，共同提高，从而保证徽州士子在科举竞争中的优势。

徽商为应考士子捐输科举资费。[⑨]明清时期，科举考试的用度颇为不菲，据明代王世贞介绍：“余举进士，不能攻苦食俭，初岁费将三百金，同年中有费不能百金者。今遂过六七百金，无不取贷于人。”[⑩]及至清代，科举费用肯定又会大大超过明代，清人沈垚说“今人读书断不能不多费钱”[⑪]。徽州士子的科举费用大多依赖于徽商的资助。[⑫]以休宁县为例，康熙十四年（1675年），商人程子谦“捐银一千两，置学田取租为诸生科举费”[⑬]。嘉庆初，商人汪国柱见“本邑士子乡试艰于资斧，捐金五千二百有奇，呈请申详，定立规条，存典生息，以为试资”；商人徐名进，得知汪国柱的善举后，“亦乐输五千以继其美”。[⑭]除盘费之外，休宁商人还为应考士子提供“卷资”，如吴立志“倡同余启铿、汪永绥、吴日鑫捐赀取息，以为县、府、院童子试卷并县

① 休宁《西门汪氏宗谱》卷六，《太学可训公传》。
② 李维桢：《大泌山房集》卷六五。
③ 李琳琦：《徽商与明清徽州教育》，武汉：湖北教育出版社，2003年，第109页。
④ 江登云：《橙阳散志》卷一一，《艺文志下》。
⑤ 民国《黟县四志》卷三，《风俗》。
⑥ 民国《歙县志》卷九，《人物志·义行》。
⑦ 嘉庆《绩溪县志》卷一〇，《人物志·孝友》。
⑧ 江登云：《橙阳散志》卷一一，《艺文志下》。
⑨ 李琳琦：《徽商与明清徽州教育》，武汉：湖北教育出版社，2003年，第111页。
⑩ 王世贞：《觚不觚录》。
⑪ 沈垚：《落帆楼文集》卷九，《与许海樵》。
⑫ 李琳琦：《徽商与明清徽州教育》，武汉：湖北教育出版社，2003年，第112页。
⑬ 道光《徽州府志》卷三，《营建志·学校》。
⑭ 道光《徽州府志》卷一二，《人物志·义行》。

复试卷及乡试卷资。”①

徽商为应考士子捐建考棚、试院和会馆。②清嘉庆、道光年间，徽属各县，除歙县因是府治所在地，其县试借府试院进行，无须考棚外，其他专为县试而设的考棚相继建立。如休宁县考棚在“海阳书院西首”，嘉庆十二年（1807年）邑绅商刘启伦营造。黟县考棚建于道光五年，合邑绅商共捐资银三万余两。③道光六年（1826年），婺源县建考棚，商人孙有爔“倡输千金。工告竣，费缺，复捐五百金”④。道光十年（1830年），祁门县考棚由知县王让同邑绅商洪炯“邀集四乡劝捐购地，在学宫之左创建”⑤。绩溪县考棚的建造材料不详。为了给远赴南京、北京参加乡试、会试的士子提供一个较为舒适的寓所，徽商又煞费苦心地捐建试馆、会馆。如同治年间，歙县商人就曾以12 300余缗的巨资，在南京建造歙县试馆，作为士子乡试住宿之所。⑥明清时期，徽州在北京设立的会馆有近十所，它们是徽州会馆、徽州全馆、休宁馆、休宁东馆、歙县会馆、黟县会馆、婺源会馆、婺源新馆、绩溪会馆等。⑦会馆作为“公车下榻之所”⑧，其主要目的就是为本邑、本府的士子入京参加科举服务。会馆由本邑或本府入仕官员和商人捐资创设，但以商人出资为多。如北京歙县会馆，在明嘉靖四十一年（1562年）创建时的36人全部都是商人。⑨

正是在徽商的大力资助下，徽州出现了“人物之多，文学之盛，称于天下”⑩的壮观景象，以至“名臣辈出”。据统计，徽属六县中举人者在明为298名，清有698名；中进士者明有392名，清有226名。⑪蟾宫折桂、游历魁台，在徽州流传不少科举佳话。如“连科三殿撰，十里四翰林”⑫，又如歙县许承宣、许承家兄弟，于康熙朝皆中进士，一授编修，一授庶吉士，均属翰林

① 道光《徽州府志》卷三，《营建志·学校》。

② 李琳琦：《徽商与明清徽州教育》，武汉：湖北教育出版社，2003年，第114—118页。

③ 同治《黟县三志》卷一〇，《政事·考棚》。

④ 光绪《婺源县志》卷三五，《人物十·义行八》。

⑤ 同治《祁门县志》卷一八，《学校志·试院》。

⑥ 《南京歙县试馆账簿》。

⑦ 王日根：《乡土之链——明清会馆与社会变迁》，天津：天津人民出版社，1996年，第64—76页。

⑧ 光绪《婺源县志》卷五九，《艺文三》

⑨ 李琳琦：《徽商与明清徽州教育》，武汉：湖北教育出版社，2003年，第117—118页。

⑩ 嘉庆《休宁县志》，《风俗》。

⑪ 张海鹏、王廷元主编：《徽商研究》，合肥：安徽人民出版社，1995年，第505页。

⑫ 许承尧：《歙事闲谭》卷一〇，《科举故事》。

院，故有同胞翰林说。[①]还有“兄弟九进士，四尚书者，一榜十九进士者”[②]；“一科同郡两元者”[③]；等等。如果不是徽商有较雄厚的物质基础，也就不会有徽州较发达的教育，更不可能一县之内出现如此多的科举人才。

（三）热衷刻书

明清时期，徽州刻书铺比比皆是，刻书业十分兴盛。徽州地区的刻书业大约起于唐末宋初，至北宋已有所成，经过宋至元的发展，徽州已成为全国四大刻书中心之一。徽州所刻之书，不论种类、数量、质量，还是编辑、审定、校核、印刷、装帧等，都在我国图书事业史上占有极其重要的地位。正如明人谢肇淛所评：“宋时刻本以杭州为上，蜀本次之，福建最下。今杭州不足称矣，金陵、新安、吴兴之地剞劂之精者，不下宋本。”[④]明人胡应麟也曾有评：“余所见当今刻本，苏常为上，金陵次，杭又次之。近湖刻、歙刻骤精，遂与苏、常争价。”[⑤]徽州刻书业不仅刻本精到，还采用了大量精美绝伦的版画插图，明末胡正言又发明了“饾版”与“拱花”新工艺，更将徽州的刻书业推到了登峰造极的黄金时代。[⑥]

汪道昆是明代后期徽州府重要的刻书家，其刻书堂号为大雅堂，以所刻书精、刻书良著称于世。汪廷讷为明后期重要的戏曲作家，是以刻制插图本图书称誉于万历时代的私家刻书大家。汪廷讷在金陵开设环翠堂书坊，今传世的刻书有40余种120余卷，大都为精善本，列入国家级善本书目中。[⑦]明代歙县丰南人吴勉学的刻书规模之大和数量之多为徽州首屈一指，据乾隆《徽州府志》记载：吴氏“尝校刻经、史、子、集数百种，雠勘精审”。明代歙县西溪南人吴养春是商人刻书家，其收藏及刻书堂号为泊如斋。

清代祁门人马曰琯、马曰璐兄弟是刻书大家也是藏书家。丛书楼、小玲珑山馆分别是马氏兄弟常用的刻书堂号，家设刻印工场。时传马氏兄弟与人举行诗会，诗成即发刻，三日内尚可易改，不数日便遗送全城。[⑧]四库全书开馆，搜求天下遗书，乾隆三十八年（1773年）马曰琯之子马裕进呈776种，为全国献书超过500种的4家之首。《四库全书总目》著录马家藏本373

① 许承尧：《歙事闲谭》卷七，《文苑》。
② 赵吉士：《寄园寄所寄》卷一一。
③ 徐卓：《休宁碎事》卷一，《万青阁偶读》。“两元”指康熙辛未状元戴有祺、会元张瑗。
④ 谢肇淛：《五杂俎》卷一三。
⑤ 胡应麟：《少室山房笔丛》卷四。
⑥ 张海鹏、王廷元主编：《徽商研究》，合肥：安徽人民出版社，1995年，第542页。
⑦ 徐学林：《徽州刻书》，合肥：安徽人民出版社，2005年，第64页。
⑧ 李斗：《扬州画舫录》卷八。

种5 529卷，其中经部57种670卷，史部123部1 658卷，子部43种731卷，集部150种2 470卷。乾隆三十九年（1774年），弘历皇帝在阅过各家进呈书目后，奖励马家《古今图书集成》一部，继又赐给《平定伊犁御制诗》32咏、《平定金川得胜图》一部。[①]

清代徽州刻书有异于别处或比较典型的特色是家族刻书，主要以江、鲍、黄、程、巴、吴六大姓氏为最盛。[②]歙商江春家有随月读书楼，藏金石图籍，又刻有《随月读书楼时文》。歙商鲍志道及其弟鲍方陶、长子漱芳、次子勋茂，均收藏金石书画甚多，且从事刊刻。歙商黄晟设亦政堂、槐荫草堂从事刻书。歙商程梦星家有筱园，他收集图籍书画甚多，曾延请芜湖韦谦恒为其校书五年。程晋芳购藏书籍五万卷，招四方名士，相与讨论。歙商巴廷梅祖孙四代工篆刻书法，收藏亦甚多。休宁吴氏累世积书，时人称藏书世泽之永莫过吴氏。与家族刻书相联系的是家族藏书，据《安徽藏书家传略》统计，明清两代徽州六邑的藏书家多达130人，其中八成以上与经商活动有明显联系。当乾隆开四库馆，征集天下遗书时，全国献书五百种以上的四大家：汪、鲍、范、马，除范氏天一阁主人系浙江宁波人外，其余三家均系皖籍徽商。[③]

① 徐学林：《徽州刻书》，合肥：安徽人民出版社，2005年，第109页。
② 刘尚恒：《明清徽商的藏书与刻书》，《安徽师大学报》（哲学社会科学版）1990年第1期。
③ 张海鹏、王廷元主编：《徽商研究》，合肥：安徽人民出版社，1995年，第542页。

第二章　徽商的“超越性动机”

韦伯认为，中国人缺乏一个内在的价值核心，没有“由内而外的、由某种中心的、自主的价值立场”①，换句话说，即没有超越的宗教道德的信仰。在“自然与神、伦理要求与人类性恶、原罪意识与救赎需求、此世的行为与彼世的报偿、宗教义务与社会—政治的现实”之间没有任何的紧张性。②儒教将与此一世的紧张性降至绝对的最低点，认为这个世界是所有可能的世界中最好的一个，人的本性被赋予伦理性的善。③中国人的宗教性义务总是针对具体的个人，适应既定的社会关系，但从来不对一个超世的上帝，也就是说，从来不对某一神圣的“事业”或观念去尽恭顺之道。与之相反，新教与世界有着一种巨大的、激烈的紧张对立④。

第一节　“入世”与“出世”

韦伯把世界宗教分成政治性宗教和救赎性宗教两大类。在他看来，儒教属于前者，因此缺乏对既存世俗秩序的超越性。而南亚及西方宗教大多属于后者，拒斥并且超越既存世俗秩序。他进而又把救赎性宗教分为两类：其一是神秘主义，有弃世隐逸倾向，典型的例子是印度教、佛教和道教；其二是苦行主义，具有征服世界积极入世的倾向，以犹太教和基督教为代表。正是根据这两种分类标准，韦伯把儒教和新教视为世界宗教理性化进程的两个极端。儒家是位于最低端的顺世政治宗教，而新教是位于最高端的苦行救赎宗

---

① 马克斯·韦伯：《中国的宗教：儒教与道教》，康乐、简惠美译，桂林：广西师范大学出版社，2004年，第315页。

② 马克斯·韦伯：《中国的宗教：儒教与道教》，康乐、简惠美译，桂林：广西师范大学出版社，2004年，第319页。

③ 马克斯·韦伯：《中国的宗教：儒教与道教》，康乐、简惠美译，桂林：广西师范大学出版社，2004年，第311页。

④ 马克斯·韦伯：《中国的宗教：儒教与道教》，康乐、简惠美译，桂林：广西师范大学出版社，2004年，第310页。

教，后者因其救赎性而超越于既存世俗秩序，又因其苦行倾向而积极入世，按照上帝的旨意重构世界。[①]

一、新儒家的“彼世”与“此世”

余英时指出，新儒家的“彼世”与“此世”既相反而又相成。可以用各种不同的语言来表示这两个世界：以宇宙论而言，是“理”与“气”；以存有论而言，是“形而上”与“形而下”；在人文界是“理”与“事”；在价值论领域内则是“天理”与“人欲”。[②]“饮食之间，孰为天理，孰为人欲?”朱熹回答：“饮食者，天理也；要求美味，人欲也。”这里“人欲”（又称作“私欲”）有两重涵义：一是正当的生命欲望，这是符合天理的，所以说“人欲中自有天理”；另一涵义则是不正当的和过分的生命欲望，这是和天理处于互相对立的地位的。“明天理、灭人欲”一语中的“人欲”便属于后一类。[③]

新儒家的“彼世”与“此世”存在着紧张关系，这与韦伯的说法相反。朱熹说：“人只有个天理人欲。此胜则彼退，彼胜则此退，无中立不进退之理。凡人不进便退也。”[④]朱熹把天理和人欲（私欲）的关系描写成一种长期的拉锯战争。这种紧张也并不限于天理与人欲之间，还可以推广到“理”与“气”的一般关系上，“又问：若气如此，理不如此，则是理与气相离矣。曰：气虽是理之所生，然既生出则理管他不得。如这理寓于气了，日用间运用都由这个气。只是气强理弱……圣人所以立教，正是要救这些子。”这个“理弱气强”的观点最能显出新儒家伦理与“此世”之间的紧张是何等巨大、何等严重。[⑤]又由于理世界与气世界不即不离，无从截然分开，新儒家伦理又不容许人仿效道家的“逃世”，更不容许人模仿佛教的“出世”。这是一种“连体孪生”式的紧张，自生至死无一刻的松弛。“圣人立教”就是要人助“理”以制“气”。[⑥]在余英时看来，中国儒家文化根本不缺少韦伯所说的“以行动化解紧张”的原初动力。

韦伯认为儒家对“此世”的一切秩序与习俗都采取“适应”的态度，事

---

① 商伟：《对〈礼与十八世纪的文化转折：儒林外史研究〉讨论的回应》，《中华读书报》2013年4月24日。

② 余英时：《中国近世宗教伦理与商人精神》，合肥：安徽教育出版社，2001年，第142页。

③ 余英时：《中国近世宗教伦理与商人精神》，合肥：安徽教育出版社，2001年，第144页。

④ 黎靖德：《朱子语类》卷一三。

⑤ 余英时：《中国近世宗教伦理与商人精神》，合肥：安徽教育出版社，2001年，第145页。

⑥ 余英时：《中国近世宗教伦理与商人精神》，合肥：安徽教育出版社，2001年，第145页。

实上，儒家对"此世"决非仅是"适应"，而主要是采取一种积极的改造的态度，其改造的根据即是儒家所持的"道"或"理"。[①]韦伯说儒家认为"此世"是一切可能的世界中最好的世界。以新儒家而言，这是不符事实的。《朱子语类》卷一曰："问：天地会坏否？曰：不会坏，只是相将人无道极了，便一齐打合，混沌一番，人物都尽，又重新起。"朱熹在这里明确表示"此世"并不必然是一个最好的世界。"此世"好坏完全在乎于人，如果"人无道极了"，则这个世界也可以整个毁灭掉而重新出现一个新的世界。可见，朱熹对"此世"是极为不满的。[②]戴震说宋儒"理得于天而藏于心"，"理"虽有"天"的远源，但"天"已不再管事，一切价值问题都收归人的"心"中，由"分殊之理"来处理。[③]《语类》卷一说："天地别无勾当，只是以生物为心"，天生万物之后，即"以此心普及万物，人得之遂为人之心，物得之遂为物之心"，这也就是所谓"理一分殊""物物一太极"。[④]由此可见，在新儒家伦理中，"此世"对每一个人都构成更大的负担，也造成更深刻的紧张。

余英时说："在外在超越的西方文化中，道德是宗教的引申，道德法则来自上帝的命令。上帝的观念一旦动摇，势必将产生价值源头被切断的危机。在内在超越的中国文化中，宗教反而是道德的引申，中国人从内心价值自觉的能力这一事实出发而推出一个超越性的观念。"[⑤]《礼记·曲礼》中有如下表述："是故圣人作礼以教人，使人以有礼，知自别于禽兽。"强调的是礼具有外在强制的约束力。孔子则希求通过内心道德的修炼自省，由内心控制情感，以超越外在礼的控制，变成一种自觉自愿的行动。这样比较原始的带有宗教神秘性的礼仪就转变为一种日用伦常人情世故，伦理规范就较易和心理欲求融为一体。"礼"的原始外在规范增加了一个内心自觉欲求的维度，这是个具有划时代意义的事件。[⑥]说得再明确一点，"礼"与"仁"的二元结构使中国尽早完成了"脱魅化"的过程，使"礼"摆脱了原始巫术的禁锢形态，具备了人文的特质。[⑦]

陆王心学体系的建立，为"此世"到"彼世"找到了直接简单的方法。

---

① 余英时：《中国近世宗教伦理与商人精神》，合肥：安徽教育出版社，2001年，第143页。
② 余英时：《中国近世宗教伦理与商人精神》，合肥：安徽教育出版社，2001年，第146页。
③ 余英时：《中国近世宗教伦理与商人精神》，合肥：安徽教育出版社，2001年，第148页。
④ 余英时：《中国近世宗教伦理与商人精神》，合肥：安徽教育出版社，2001年，第147页。
⑤ 余英时：《中国思想传统的现代诠释》，南京：江苏人民出版社，2003年，第28页。
⑥ 李泽厚：《中国古代思想史论》，北京：人民出版社，1985年，第20—21页。
⑦ 杨念群：《"二元礼"践行困境的历史根源》，《中华读书报》2013年4月10日。

朱熹之功在于建立了中国人的信仰世界，他的“理”实际上是一个信仰光源，是中国式的“彼岸”世界。朱熹之弊在于他没有找到一个通向“信仰”与彼岸的方法与道路，他所设计的“格物致知”方法，难以实行。怎样使天理到达人心呢？朱熹主张要先求于外，由外至内。所设计的精神通道是：格物——求理。这样，求“理”的方法就显得烦琐，向“理”的道路总觉得壅塞。而王阳明的精神路径则通捷得多：“致良知”——“天理”，或者说是“直观本心”即可得到达“天理”。强调只要“心”里“有”，“天理”的光线就可以直射心扉，使内心精神通彻透明。理在我心，不必外求。与朱熹比较，王阳明也在建立中国人的彼岸世界，但是这个彼岸不是遥不可及，而是扪心可悟，垂首可见。如果说朱熹所设的彼岸远在天边，王阳明的彼岸即在心头，一个有信仰的人可以不假它物，直接与天理相通。[①]但王阳明的“致良知”不同于韦伯所说的“因信称义”，加尔文教的“信”是“有效信仰”，即由“客观效果”加以证实。王阳明的“致良知”倒类似于路德教的因信称义，即通过“冥想”达到“神秘合一”。

中国传统儒学主张积极入世，具有“兼善天下”的进取精神，倡导“明道救世”，以天下为己任。这种精神体现在政治上，是“为学”不离“求治”；体现在学术上，是“经世致用”；体现在文学上，是贯穿古今的“文以载道”思想。[②]所以，儒家所设计的理想人格，都具有强烈的忧患意识和经世情怀。他们与人民同呼吸、共患难，视民之饥若己之饥，视民之溺若己之溺，深体民瘼，洞察时艰，把人民的忧患放在心头，将个人安危置之度外。他们在不同的历史条件下，或忧君国之衰败，或忧民族之危亡，或忧黎民之痛苦，或忧道学之中绝。如《孟子·尽心上》所说：“故士穷不失义，达不离道。穷不失义，故士得己焉；达不离道，故民不失望焉。古之人，得志，泽加于民；不得志，修身见于世。穷则独善其身，达则兼善天下。”此番议论，反映了儒家的理想主义。[③]

而由“兼善天下”引申出的“兼济天下”，也成为众多的儒家知识分子的人生追求。范仲淹在《岳阳楼记》中所传达出的“居庙堂之高，则忧其民，

① 盛邦和：《余英时：一个“韦伯式的问题”》，《福建论坛》（人文社会科学版）2001年第2期。该文作者认为，与朱熹比较，王阳明的心学更与基督教新教所主张的“因信称义”相近，在建立现代性信仰世界方面所做的贡献更大一些。这种说法不正确。

② 都培炎：《“五四”时期马克思主义与传统儒学的关系》，《中共党史研究》1998年第5期。

③ 转引自王钧林等：《斯文在兹——儒学与中国传统文化》，济南：齐鲁书社，2006年，第287页。

处江湖之远，则忧其君”的宽广胸怀，以及“先天下之忧而忧，后天下之乐而乐”的国家责任感，既是其人生的写照，也映衬出中国古代知识分子的风骨与节操。顾炎武在《与人书》中曾指出：“君子之为学，以明道也，以救世也。”“凡不关于六经之旨，当世之务者，一切不为。”他提出的为“当世之务”，成为后来崇尚“经世致用”者为学、为文的宗旨。潘耒曾称赞顾炎武：“事关民生国命者，必穷源溯本，讨论其所以然。”由此再联系顾炎武的“天下兴亡，匹夫有责”，可以看出，这既反应了一种济世胸怀，也表达了一种把天下、国家、生民之事都作为“当世之务”的“实务”态度。凡此种种，莫不是“乐以天下，忧以天下”的博大而崇高的忧患意识。这种忧患意识正是中华民族居安思危，自强不息，蹶而复起，穷且弥坚的精神动力所在。“殷忧启圣”，一代又一代儒学名士，集时代忧患、民族忧患于一身，在国家民族危难之际，挺身而出，成为大厦栋梁，中流砥柱。①

二、道教的“即世而超越”

对人的生命的终极意义和怎样依此生活的解释是宗教教义的核心问题。道教的基本教义是追求长生不死，肉体成仙。为了长生不老，道教徒们的一项重要工作就是探索不死之方。他们认为，欲长生不老，必须安神固形，性命双修。性功修心，命功练形。

道教以老子《道德经》为理论基点，围绕着人应当如何修身养性才能达到升玄之境而建立了以“道”为核心的信仰体系。所谓新道教是指战国时初步形成于齐国稷下学宫的黄老学派，及至汉初体现出对早期黄老学说有所推进的《淮南子》与马王堆帛书《经法》《十六经》《称》《道原》等著作所反映出的思想派别。②道教信仰是人对超越有限存在的无限整体之“道”的体悟和把握。这种体悟和把握既超越世俗之人的经验之外，又是生活于具体时空中的世俗之人通过日常的修道来实现的，因此，出世与入世就构成了道教的宗教生活中之两极。③

道教所谓的“出世”是指修道者对尘世无所眷恋，或隐于山林中而清静修道，或处于万丈红尘中而不乱心。“学仙之法，欲得恬愉澹泊，涤除嗜欲，

① 转引自王钧林等：《斯文在兹——儒学与中国传统文化》，济南：齐鲁书社，2006年，第288页。

② 吕锡琛：《道家、方士与王朝政治》，长沙：湖南出版社，1991年，第7—8页。

③ 孙亦平：《“即世而超越”：论道教的出世与入世——读马克斯·韦伯〈儒教与道教〉》，《深圳大学学报》（人文社会科学版）2011年第2期。

内视反听，尸居无心"[①]。道教追求自然清静，得道成仙，引导修道者或离群索居于山林，或隐匿于尘世，以保全自己的本真与纯朴，表现了"出世"的生活取向。道教所谓的"入世"，即要修道者到人间社会中去体味凡人凡心，通过体察人世疾苦及生命局限，既使自身获得超越尘世的动力，也要发挥自己的道术来有益于社会大众。[②]如金元时期出现的全真道就特别倡导"存神固气"之"真功"与"济贫拔苦"之"真行"的"功行俱全"。

在出世与入世方面，韦伯认为，道教更表现为逃遁世俗之外的出世倾向。

> 道教认为，只有从现世中隐退，尤其是从俗世的高官厚爵中隐退的人，才能够受到圣人的指引。对现世的绝对冷淡和追求长寿是隐居者追求的一个重要目的。像所有的神秘主义者一样，道教徒过着一种与世隔绝的生活，以此保持他在世间的善良与谦恭。[③]

这是因为出世取向与终极根源"道"的内涵精神是一致的。

> 在老子的学说里，道同神秘主义者典型的寻神联系了起来。道本身是永恒不变的，因而具有绝对的价值。道既是秩序，又是产生万物的实际理由，它是一切存在的永恒原型的完美化身。一言以蔽之，它是唯一的神圣的总体。完全如同一切冥想的神秘主义一样，一个人只有将自我绝对虚无化，摆脱世俗的利益及热情，直到完全的无所作为时，方能及于道。[④]

韦伯指出，以老子为代表的早期隐士追求长寿和获得神秘主义体验的做法是道教形成出世生活取向的来源。出世倾向的结果是轻视入世取向，"对大多数的神秘主义者以及老子而言，想要借助冥想达到内心与神合一这种状态，势必会导致对作为宗教救赎源泉的入世文化的鄙薄。"[⑤]韦伯认为，

---

① 王明：《抱朴子内篇校释》，北京：中华书局，1985年，第17页。

② 孙亦平：《"即世而超越"：论道教的出世与入世——读马克斯·韦伯〈儒教与道教〉》，《深圳大学学报》（人文社会科学版），2011年第2期。

③ 孙亦平编：《西方宗教学名著提要》，南昌：江西人民出版社，2002年，第229页。

④ 马克斯·韦伯：《儒教与道教》，洪天富译，南京：江苏人民出版社，1995年，第208页。

⑤ 马克斯·韦伯：《儒教与道教》，洪天富译，南京：江苏人民出版社，1995年，第208页。

在老子的学说里，压根儿不存在神与创造物之间的对峙——因确定有一位全然超越于生物界与外在于俗世的人格性造物主兼世界统治者而被保证的对峙。同样地，对老子而言，人性之善乃是个不言而喻的出发点。他最终并不真正地漠视或甚至拒绝俗世，而只是要求将俗世的行动降到最低点。①

可以说，韦伯对道教认识还停留在对老子学说的泛泛而论上，道教在出世与入世中倡“即世而超越”，表达了立于人世间以追求“得道成仙”的信仰特色。其实，道教自古以来即以“尊道贵德”为基本教义，“道”通过“德”不仅存在于事物之中，而且也是人的生命存在之根本。②“德者，人之所得也。夫三才万物资道妙用，各得生成，无不遂性，故谓之德。”③道教所信仰的超越世俗的神圣之“道”与世俗生活中的人伦日用之事并非完全隔绝，而是相即不离的：“德者，道之用也，道不立则德无以生，德不崇则道无以明。道以虚通为义，德以剋获受名。道能通物，物能得道。物得其所得，故谓之德。”④“德”使“道”在万物中得以显现，又使万事万物乃至于人都因生命中蕴含着“道”而有了根基，人更因追求得道而使生命活泼向上。正是由于作为先天地生的宇宙本源和主宰之“道”，既超越于人又内在于人而存在，因此，道教强调“一切众生，皆含道性”，这是人得道的基本前提。“得道之所由，由有道性，如木中之火，石中之玉。道性之体，冥默难见。从恶则没，从善则显……恶则乖道，多善则合真，合真则道性显，乖道则道性没也。”⑤由此出发，道教在出世与入世的辩证中倡导“即世而超越”。⑥

三、“内圣外王”

传统儒学是“内圣外王”之学，所谓“内圣”，即每个人都要通过道德修养和道德实践挺立其内在的道德人格，以达致仁、圣境界为极限。所谓“外

① 马克斯·韦伯：《儒教与道教》，洪天富译，南京：江苏人民出版社，1995年，第150—151页。

② 孙亦平：《“即世而超越”：论道教的出世与入世——读马克斯·韦伯〈儒教与道教〉》，《深圳大学学报》（人文社会科学版）2011年第2期。

③ 杜光庭：《道德真经广圣义》卷四，北京：文物出版社，1988年，第334页。

④ 杜光庭：《道德真经广圣义》卷四，北京：文物出版社，1988年，第456页。

⑤ 黄永武：《敦煌经卷·道教义·敦煌宝藏》第十册，台北：台湾新文丰出版公司，1981年，第641页。

⑥ 转引自孙亦平：《“即世而超越”：论道教的出世与入世——读马克斯·韦伯〈儒教与道教〉》，《深圳大学学报》（人文社会科学版）2011年第2期。

王”，即在政治上推行王道，以达到治国平天下的目的。王道是儒家的政治理想，其内涵用孔子的话来界定是“为政以德”，用孟子的话来界定是“以德行仁”。[①]圣人除了内在心性修养达到高峰之外，还要求外在事功上有相当大的成就，也就是内圣与外王的高度统一。

孔子的“修己安人”说。在《论语·宪问》中，孔子谈及君子时，曾和子路有一段对话，“子路问君子。子曰‘修己以敬。’曰：‘如斯而已乎？’曰：‘修己以安人。’曰：‘如斯而已乎？’曰：‘修己以安百姓。’”孔子以“修己”为出发点，通过“修己”达到“内圣”，再以“修己以敬”推广到“修己以安人”“修己以安百姓”，把“修己”之“内圣”与“安人”、“安百姓”之“外王”有机结合起来。孔子提倡“为己之学”，其中包含了“修己”与“安人”两方面。“修己”即加强自身的道德修养，属于“内圣”功夫；“安人”或“安百姓”即治国安民，用于“外王”事业。以孔子所见，要想成为“君子”，就必须由“修已”推广到“安人”。把“修已”的“内圣”功夫与“安人”的“外王”事业有机地结合起来，强调“外王”为“内圣”的延伸，即政治为道德的延伸。[②]

孟子对孔子的“内圣外王”理想作了进一步阐发。他从性善论出发，认为人生来就具有仁、义、礼、智四端之善心，在内圣上强调“修身”，“立命”，涵养“浩然之气”，培育大丈夫人格；在外王上，倡导实行王道政治的理想，提出了“仁政”学说。孟子提出了“天下之本在国，国之本在家，家之本在身”（《孟子·离娄上》）的思想，认为只有真正“修身”，才能做到“老吾老以及人之老，幼吾幼以及人之幼”。收到“修其身而天下平”（《孟子·尽心下》）的社会效果。

荀子虽然侧重于“外王”，仍也主张“圣”与“王”结合起来，提倡“圣王合一”。他说：“天下者，至重也，非至强莫之能任；至大也，非至辨莫之能分；至众也，非至明莫之能和。此三至也，非圣人莫之能尽。故非圣人莫之能王，圣人备道全美者也，是悬天下之权称也。”（《荀子·正论》）与孟子相比，荀子更侧重于“外王”，但也并非不讲“内圣”，而是主张以“圣”而“王”，提出“非圣人莫之能王”，即认为圣必王，王者必圣，圣即王，王即圣。

汉代董仲舒提出“天人相与”的理论，他所主张的“外王”事业，是大

① 王钧林等：《斯文在兹——儒学与中国传统文化》，济南：齐鲁书社，2006年，第250页。
② 王新婷等编：《中国传统文化概论》，北京：中国林业出版社，1997年，第68页。

一统的王权政治，认为王权受命天子，要求王者法天之所为以行王道。至于“内圣”功夫，董仲舒同样也重视个人的道德修养，遵循由“内圣”到“外王”的途径。

宋明时期，理学家则是“内圣”胜于“外王”，大大地拓展了内圣之学。理学的开山祖师周敦颐认为，圣人之道就是“仁义中正”，包含内在的德行与外在的事业，强调德行与事业的统一。程颢、程颐提出以成圣作为做人的最高理想，并以所谓“道统”传承者自居，以确立儒学“圣圣相传”的一贯之道。朱熹认为王道是行仁义而顺天理，霸道则假仁义以济私欲，而孔孟之道就是“王者之道”的具体表现，因此要求大家都来“做儒家事业、圣学功夫”。心学大师王阳明吸纳佛教思想来阐发“内圣外王”之道，提出“圣人之道吾性自足，不假外求”“人人胸中各有个圣人”“个个心中有仲尼”。

“修身齐家治国平天下”是一个人实现“内圣外王”的主要途径。如何达到“内圣外王”呢？《中庸》提出“慎独”，《大学》提出“明明德”“修身齐家治国平天下”，以“内圣”作为“外王”之本。

> 大学之道，在明明德，在亲民，在止于至善。知止而后有定，定而后能静，静而后能安，安而后能虑，虑而后能得。物有本末，事有终始，知所先后，则近道矣。古之欲明明德后天下者，先治其国，欲治其国者，先齐其家，欲齐其家者，先修其身，欲修其身者，先正其心，欲正其心者，先诚其意，欲诚其意者，先致其知。致知在格物，物格而后知至，知至而后意诚，意诚而后心正，心正而后身修，身修而后家齐，家齐而后国治，国治而后天下平。

《大学》进一步把“内圣外王”具体化，提出三纲领、八条目之说。所谓“三纲领”，即“大学之道，在明明德，在亲民，在止于至善”。把内心之道德修养与外在治理国家融为一体，以“内圣”作为“外王”之本。“明明德”是指发扬光大自身的“明德”。“亲民”即“新民”，即以自明其明德，当推己及人，使人民弃旧自新。换言之，即以己德去教化人民。“止于至善”，是说君民上下修身养性，达到仁义的境界，执著而不放，“至于是而不迁”，这是圣人的最高道德境界。所渭“八条目”，是指格物、致知、诚意、正心、修身、齐家、治国、平天下。前五目属于“内圣”范围，后三目属于“外王”范围。“格物而后知至，知至而后意诚，意诚而后心正，心正而后身修，身修而后家齐，家齐而后国治，国治而后天下平。”这是一条由“内圣”到“外王”的具体途径。①

修身，即个人的身心修养。孟子提出要立志养气，说：“志，气之帅也；气，体之充也。”他所提倡的养气，就是要培养自己的浩然之气。孟子解释说：“这种浩然之气，是充塞于天地之间的一股正气”，它“至大至刚”，是道义的不断积累的结果，即“集义所生”。它又“配义与道”（《孟子·公孙丑上》），即道德积累到一定阶段，则达到与天地合德的最高境界。具体说，就是“要居天下之广居，立天下之正位，行天下之大道。得志，与民由之；不得志，独行其道。”（《孟子·滕文公下》）

修身被看作齐家、治国、平天下这个链条中的出发点。孟子说：“天下之本在国，国之本在家，家之本在身。”（《孟子·滕文公下》）北宋周敦颐也说：“治天下有本，身之谓也；治天下有则，家之谓也。本必端，诚心而已；则必善，和亲而已。”②泰州学派的创始人王艮把身看作是治天下之本，又是天地万物之本，他说：“治天下有本，身之谓也。”又说：“身也者，天地万物之本也，天地万物，末也”。其观点不仅把人身在天下国家乃至天地万物中的地位推到极至，而且很典型地反映了儒家“内圣外王”救民赎世的思想。

重视身心修养是儒家各派共同的传统，他们提出了各种严格的修养方法。程朱理学家提出“涵养需用敬，进学在致知”。要做到事事合乎“天理”，必须保持一种敬畏、恭敬的心理状态，同时，要不断“格物”，即研究、体验人生与万事万物的和谐与秩序，用道德、伦理、圣经、贤传等知识来浸润充实自己，以达到“致知”。个人修养的根本要求是“存天理，灭人欲”。克制个人私欲，特别是名利物质欲望，以使自己的言行合乎天理。陆王心学派多半反对这种谨小慎微、缩心胸、缚手脚的办法，而提倡“先立乎大”，从思想深处去解决私欲与仁体的问题。

齐家（即家庭治理）又是国家治理的准则与基础。家庭关系也映照着国家各方面的关系。《大学》说：“所谓治国必先齐其家者，其家不可教而能教人者，无之。故君子不出家而成教于国；孝者，所以事君也；悌者，所以事长也；慈者，所以使众也。”又说：“一家仁，一国兴仁；一家让，一国兴

① 转引自王钧林等：《斯文在兹——儒学与中国传统文化》，济南：齐鲁书社，2006年，第282页。

② 转引自真德秀：《大学衍义》卷一五。

让。”“宜其家人，而后可以教国人；宜兄宜弟，而后可以教国人。其为父子兄弟足法，而后民法之。此之谓治其国在齐其家”。

儒家讲究“内圣外王”，讲求入世，他们体道穷理、砥砺情操、修养道德、高扬人格，是为了干预或从事国家治理，关心国计民生。这与道家以养生求真、修养身心而求长生久视和佛家色空世界以求枯槁寂灭完全异趣。庄子说：“道之真以治身，其绪余土苴以治天下国家。”（《庄子·至乐》）认为道的精华部分用来修身养性，用点剩余或糟粕来治理国家也就足够了。儒家却完全不是这样，许衡主张“立身草莱，心存当世”。范仲淹提出“居庙堂之高，则忧其民；处江湖之远，则忧其君”。吕本中认为“独善一身之道，乃兼善天下之道。”宋儒张九成甚至说：“饮食起居，皆宰相事业。”明人蔡请在《省身法》中提出：“若是真道德性命，须见於治家之法与夫当官之政。不然徒见於皇皇多故，而在身无受用之实，在心无洒落之趣。”又说：“以笃实信天下，以大节梳天下，以器量包天下，以学识周天下，以规模驾天下，以事业副天下。呜呼！岂不真烈烈然大丈夫哉！”王艮以一介布衣，学道有成，立定志向：“出则必为帝者师，处则必为天下万世师。”他说：“出不为帝者师，失其本矣；处不为天下万世师，遗其末矣。进不失本，退不遗末，止至善之道也。”①

儒家“内圣外王”的理想人格有助于造就现代儒商。从“内圣”层面上，可以从儒家的理想人格中汲取有益于市场经济发展的伦理道德思想。依据儒家“己所不欲，勿施于人”“己欲立而立人，己欲达而达人”“老吾老以及人之老，幼吾幼以及人之幼”的“仁爱”思想，在企业经营上，要求尊重人的价值，推行“人格化管理”。所谓“人格化管理”，既要求管理者本身具有高尚道德人格，也要求对被管理者人格的充分尊重。在现代企业中，儒商推行的“爱的管理”和“人情化管理”，也是儒家“仁者爱人”思想的具体运用和发挥。②

从“外王”层面上，也可以从儒家的“内圣外王”之道中汲取民族之魂。儒家一向提倡修身齐家治国平天下的经世济民之学，具有强烈的参政意识和忧患意识。宋代范仲淹的“先天下之忧而忧，后天下之乐而乐”，明清之际顾炎武的“天下兴亡，匹夫有责”等名言，都是儒家的经世意识和参与心态的真实写照。现代企业家依据儒家的经世思想，提出“服务于社会，奉献

① 王艮：《王心斋先生遗集》卷一。

② 葛荣晋：《儒家思想和市场经济发展》，《教学与研究》1996年第2期。

于人类，把得之于社会的还之于社会”的经营理念，即是这种“经世济民之学”在企业宗旨中的具体体现。总之，现代儒商既具有商人的“善于运筹，精于操作”的精明，又具有学者的渊博知识和哲学智慧，还具有社会活动家的历史使命感和社会责任感。①

在韦伯看来，儒家的理性主义相当不彻底，这种不彻底性表现在儒家伦理中缺少一种形而上过渡到形而下的工具，即儒学缺乏实现自己经世抱负的有效手段，儒家的“内圣”之学无法从自身中开出西方式的“外王”来。形上世界蕴含在形下世界，这是中国传统的人文模态。《尚书·泰誓》说“民之所欲，天必从之”，《蔡仲之命》说“皇天无亲，唯德是辅”，《左传》说“夫民，神之主也”。内在超越必然是每一个中国人自己的事，所以教会的组织化程式成了多余，系统的教条依循变为价值无涉，仪式的象征性也失去指代。禅的“不愿说破”，儒的“余师自得”，道的“得意忘言”，民族文化的“人文精神”便是一种具体表现——价值追求无需向外，上帝“启示”已经融化于每个人内在超越所必经的心路历程。

第二节 强固宗族

美国学者斯图尔特认为：“祖先崇拜是中国人民真正的宗教。”②宗族制度的完备和宗法观念的强固是徽州地区一个颇为特殊的社会现象，徽州“堪称为正统宗族制度传承的典型”③。从中原地区迁入徽州的封建士大夫和仕宦，本来就有聚族而居的传统和强烈的宗法意识；移民到徽州后，为了生存竞争和对付土著居民，他们的宗法意识得到进一步加强。这些名门望族非常重视儒家文化教育，尤其崇祀程朱理学，“我新安为朱子桑梓之邦，则宜读朱子之书，服朱子之教，秉朱子之礼，以邹鲁之风自待，而以邹鲁之风传之子若孙也。”④朱熹不仅从理论高度论证了宗法制度是“天理之自然”，而且还在《家礼》中对近代宗法制度进行了具体设计。明清时期，“富埒封君”的徽商又为徽州宗族社会发展提供了强有力的经济资助。

---

① 王钧林等：《斯文在兹——儒学与中国传统文化》，济南：齐鲁书社，2006年，第239页。

② 斯图尔特：《中国的文化与宗教》，闵甲等译，长春：吉林文史出版社，1991年，第77页。

③ 叶显恩：《徽州和珠江三角洲宗法制比较研究》，参见《’95国际徽学学术讨论会论文集》，合肥：安徽大学出版社，1997年。

④ 休宁《茗洲吴氏家典》。

一、徽州“最重宗法”

聚族而居是徽州社会的一种普遍现象。据陈去病记载：“徽州多大姓，莫不聚族而居。”[①]程且硕也说：“徽俗，士夫巨室，多处于乡，每一村落，聚族而居，不杂他姓。”[②]这除了宗法原因外，还与徽州的地理形势有关，“徽居万山环绕中，川谷崎岖，峰峦掩映，山多而地少。遇山川平衍处，人民即聚族居之”[③]。徽州与其他地区相比，“寓内，乔木故家相望不乏，然而族大指繁，蕃衍绵亘，所居成聚，所聚成都，未有如新安之盛者”[④]。

唐宋以来，徽州地区就形成许多以姓氏命名的街巷和村落。据《新安名族志》记载，休宁有余头村、黄村、汪村、陈村、查村、吴田、叶村、石磴张村、渭南胡村、许村、朱紫巷、毕村、梅结宋村、汪祁、苏家巷、余家坞、韩家巷、洪家山、曹村、汪干、洪方、罗墩、朱塘、杨冲、倪干、汪溪等；祁门有程村、胡村、宋家山、李源、叶家埠、曹村、王家山、廖家巷、康村、韩溪、王源、王源中村、叶村、章溪、饶家坞等；歙县有刘村、鲍屯、罗田、余岸、余家山、黄家坞、郑村、曹溪、王充、胡村、绍村、黄墩溪南、吴村、叶村、宋村、许村、杨村、王村、蒋村、徐村、黄屯、谢村、江村、江家山、舒塘、洪源、朱方等；婺源有方村、陈家巷、谢源江村、施村、韩家巷、马家巷、江湾、韩溪、汪口、王川、王封镇头等；黟县、绩溪有李村、韩村、叶村、南山叶村、江村、谢村街、万村、卢村、欧村、汪村、周村、胡里镇、周川、冯村、程里等。[⑤]这既是聚族而居的写照，又是聚族而居的结果。

“徽州聚族居，最重宗法。”[⑥]徽州“乡落，皆聚族而居，多世族，世系数十代，尊卑长幼犹秩秩然，罔取僭忒。”[⑦]徽州人赵吉士指出：

> 新安各姓，聚族而居，绝无杂姓搀入者。其风最为近古。出入齿让，姓各有宗祠统之。岁时伏腊，一姓中千丁皆集。祭用文公家礼，彬

① 陈去病：《五石脂》。

② 许承尧：《歙事闲谭》卷八，《春帆记程》。

③ 吴日法：《徽商便览·缘起》。

④ 歙县《重修古歙东门许氏宗谱》卷九，《城东许氏重修族谱序》。

⑤ 转引自赵华富：《徽州宗族研究》，合肥：安徽大学出版社，2004年，第33—34页。

⑥ 嘉庆《黟县志》卷三，《风俗》。

⑦ 民国《重修婺源县志》卷四，《风俗》。

彬合度。父老尝谓，新安有数种风俗胜于他邑：千年之冢，不动一抔；千丁之族，未尝散处；千载之谱系，丝毫不紊。[①]

嘉靖《徽州府志·风俗》亦说：

家多故旧，自唐宋以来数百年世系比比皆是。重宗义，讲世好，上下六亲之施，无不秩然有序。所在村落，家构祠宇，岁时俎豆。其间小民亦安土怀生。即贫者不致卖鬻子女。婚配论门第，治裢裳装具，量家以为厚薄，其主仆名分尤极严肃而分别之，臧获辈即盛资富厚，终不得齿于宗族乡里。

民国《歙县志·风土》亦说：

邑俗旧重宗法，聚族而居。每村一姓或数姓，姓各有祠，支分派别，复为支祠，堂皇闳丽与居室相间，岁时举祭礼，族中有大事亦于此聚议焉，祠各有规约，族众公守之；推辈行尊而年齿高者为族长，执行其规约。族长之能称职与否则视乎其人矣。祠之富者皆有祭田，岁征其租以供祠用，有余则以济族中之孤寡，田皆族中富室捐置。良法美俗兹其一也。

乾隆《绩溪县志·序》指出，徽州人“皆聚族而居，奉先有千年之墓，会祭有万丁之祠，宗祠有百世之谱。”这种以尊祖、敬宗、睦族为基本特征的宗法制度，造成了徽州“重宗义，讲世好，上下六亲之施，无不秩然有序”以及族人之间“相亲相爱，尚如一家”的社会风尚。[②]

徽州宗法制度的核心是世系昭穆。[③]昭穆就是宗庙和坟地的左右位次，左为昭，右为穆。古代宗庙或墓地的辈次排列，以始祖居中，二世、四世、六世位于始祖的左方，称昭；三世、五世、七世位于右方，称穆。昭穆世次是宗族的一个最重要特征。歙县《方氏族谱》说：

---

① 赵吉士：《寄园寄所寄》卷五，《泛叶寄·故老杂纪》。

② 转引自张海鹏、王廷元主编：《徽商研究》，合肥：安徽人民出版社，1995年，第453页。

③ 赵华富：《徽州宗族研究》，合肥：安徽大学出版社，2004年，第41页。

一家之人，高曾祖考，子孙玄庶，门分户别，众而为族。族至千百，称为故旧。然必喜庆相贺，忧戚相吊，疾病相问，患难相扶，乃为之族。苟昭穆紊而名分失序，亲疏隔而情爱不通，方圆相合而判然不相联属，秦越相视而邈然不相关系，则路人而已矣，何族之有？①

歙县《重修古歙东门许氏宗谱》也说：

祠中神主向次龛座，不序昭穆，殊为失次。考宗庙之礼，原所以序昭穆。是子孙入祠坐次，且悉照宗昭穆为序，而祖宗坐位昭穆先乱，何以示子孙乎？今议：龛座中列为始祖，并所奉不祧之主坐次。余悉以世次，分左昭右穆，相循而坐，此正名根本，千古不易之论也。②

因此，徽州宗族都把“奠世系，序昭穆”当做宗族头等大事。

为了“奠世系、序昭穆”，每一个宗族首先要确立自己的始祖，即一世祖。③始祖是宗族的“木本水源”，程一枝在《宗法志》中说：“人之生也，本之为祖，统之为宗，散之为族。祖也者，吾身之所自出，犹木之根也；宗族也者，吾身所同出，犹木之支干也，是皆生理之自然，而不可忽者矣。”④歙县《托山程氏家谱》说：“万物本乎天，人本乎祖。人之有祖，犹木之有根，水之有源也。”《新安歙西溪南吴氏世谱》说：

物本乎天，人本乎祖。夫水木犹有木源，人而可不知其有祖乎？故能尊祖，则能敬宗，能敬宗，则能睦族，苟能行之，则千载之辽邈犹一日也，百世之禅代犹一人也。

歙县《橙阳散志》也说：

水有源，木有根，人之于祖亦然。吾徽敦本追远，视他郡较盛。聚族而居，一姓相传，历数百载，衍千万丁。祠宇、坟茔，世守勿替。间

① 歙县《方氏族谱》卷七，《家训·注》。

② 歙县《重修古歙东门许氏宗谱》卷八，《规约·书宗祠条规后》。

③ 赵华富：《徽州宗族研究》，合肥：安徽大学出版社，2004年，第41页。

④ 程一枝：《程典》卷一九，《宗法志》。

有贸迁远地者，一旦归来，邱垅无恙，庐舍依然。语云：歙俗千年归土。谅哉言也。[①]

没有始祖也就没有宗族。所以，在徽州宗族的谱牒中，大都有“祖先考辨”一项，其目的就是为了确立始祖。

徽州宗族一般都把始迁祖当作始祖，这是采纳周代始封君为始祖的遗意。[②]《新安黄氏大宗谱》记载：“士庶人始其迁祖，崇始迁也。祠而祀之，准古别子之义而起为礼者也。”[③]也有“以有功德者为始祖”，绩溪《华阳邵氏宗谱·新增祠规》记载，徽州“士大夫家皆以始迁及有功德者为始祖，其嫡长世世继之为大宗，以准古之别子”。徽州宗族始祖大多是高官显宦、道高德隆者，也许与这方面有关。[④]

徽州宗族族规十分强调族员之间患难与共，和睦相处。“族之人，其初一人也。一气流传至于云，仍不可穷也，是可无敦睦之义乎？”[⑤]如《绩溪东关冯氏家谱·祖训》规定：

族属支分派别，自祖宗视之则皆其子孙也，所以必族中和睦而祖考之心乃安。睦族之道在敬者慈幼，同忧共戚，庆吊必通，患难必救，困穷必周，鳏寡必救。婚娶无力者必助之赀，子弟可造者必加培植。如有卑幼不法，及被欺陵（凌）过甚，无可奈何之事，自当凭宗族尊长理论，不得私相斗殴；至于争产致讼，与他姓且不可，况在一本所生者乎，各族尤当戒之。

《休宁古林黄氏重修族谱·祠规》指出：

睦族之要有三：一曰尊尊。尊行者也，则当恭顺退逊，不敢触犯；二曰老老。分属虽卑，而齿迈众者，老也，则扶保护，事以高年之礼；三曰贤贤。有文有行为族之彦贤也，此乃本宗之桢干，宜亲炙之，忘年忘分以爱敬之。又有四务：一曰矜幼弱，二曰恤孤寡，三曰周窘急，四

① 江登云：《橙阳散志》卷一二，《艺文志三·存志户墓祀序》。
② 转引自赵华富：《徽州宗族研究》，合肥：安徽大学出版社，2004年，第41页。
③ 歙县《新安黄氏大宗谱》卷二，《横槎祠堂记》。
④ 赵华富：《徽州宗族研究》，合肥：安徽大学出版社，2004年，第42页。
⑤ 歙县《重修古歙东门许氏宗谱》卷八，《许氏家规》。

曰解忿竞。

《休宁宣仁王氏族谱·宗规》当睦条记载：

衣食窘急，生计无聊，虽或自招，数亦蹇产，则周之。量己量彼，可为则为，不必责其报，不必求人知也。……为义田、义仓、义学、义冢，教养同族，使生死无失所，皆豪杰所当为者。

该规还说睦族“有四务”，其中“恤孤寡”规定：“鳏、寡、孤、独，王政所先，况吾同族，得于耳闻目击者乎，”对这些族人必须恤之，“贫者恤之善言，富者恤之金帛，皆作德也”。[①]

在这种社会风尚下成长起来的徽商，具有强烈的宗族认同感，将强宗固族看成是自己应尽的职责和义务。他们终生勤劳，尽管有这样或那样的世俗目的，然而这些目的常常同宗族传宗接代的血脉承传、家庭责任、道德原则和精神追求结合在一起，以致他们所具有的种种商业道德，也能够使他们为增加财富而牺牲自己的贪图。尤其每个家族长子均有担负家族兴衰的使命与责任，所谓“长子如父，其义至也”，父亲的责任就是长子的义务，长子在家庭、宗族的角色扮演在《家礼》《大明礼札》都有一定说明。于是经商致富后，他们大都自觉地将一部分商业利润用于宗族事务的消费之中。

二、编纂宗谱

徽州宗族十分重视宗谱的编纂。[②]他们认为，家谱对宗族的作用如同历史对于国家的作用，“立族之本，端在修谱。族之有谱，犹国之有史；国无史不立，族无谱不传”[③]。《歙西溪南吴氏世谱》说：

家之有谱，犹国之有史也。国而非史，则君臣之贤否，礼乐之污隆，刑政之臧否，兵机之得失，运祚之兴衰，统绪之绝续，无由以纪；家而无谱，则得姓之源流，枝派之分别，昭穆之次序，生卒之年月，嫁

① 休宁《宣仁王氏族谱》，《宗规》。

② 关于徽州谱牒情况，可参考赵华富：《徽州宗族研究》，合肥：安徽大学出版社，2004年，第214—251页。

③ 绩溪《盘川王氏宗谱》卷首，《凡例》。

娶之姓氏，出处之显晦，无由以见，国何以治，而家何以齐哉？[①]

宗谱对一个宗族的维系和发展至关重要，金焘在《金氏家谱·叙文》中说：“江南新安故多巨室，四姓十六族比于崔、卢、王、郑。若其本支，百世垂条布叶，燕翼蝉联。虽游宦化居，不常厥所，而溯流寻源，莫不厘厌可考，则谱牒是赖。”[②]

编纂谱牒也是尊祖、敬宗和孝道的重要体现。[③]它通过明族属、叙昭穆、辨亲疏、示劝惩而达到“尊祖、敬宗和孝道”的目的。“孝莫大于尊祖，尊祖莫先于合族，合族之道，必修谱以联之。”[④]《棠樾鲍氏宣忠堂支谱》也说：“家谱之兴，所以收族而导之尊祖敬宗也。”[⑤]编纂谱牒是“收族之道，尊祖敬宗之本也”[⑥]。要想辨昭穆和明世次，最好的方法就是修宗谱。《明经胡氏存仁堂支谱》说：

族师法废，而五服以降，遂不相亲。一姓之中，至不相识，甚至高曾而上不能举其讳字，昭穆之间无以详其辈则，数典而忘，君子耻之。然则谱系之修，将以补族师之阙，而救末俗之偷，其所系顾不重哉！[⑦]

《重编棠樾鲍氏三族宗谱·棠樾鲍氏族谱序》说：

古者，诸侯世国，大夫世家，有宗子世禄，则可以统摄其族人。去古既远，无世禄，宗子则必作谱以敬宗收族。否则昭穆混淆，亲疏莫辨，由高曾而上，旁枝别派，漫不可知，虽再从昆弟，徙居异夔，庆吊靡闻，遂至相视如秦越。是故世家宦阀，急于修谱，敦孝弟以睦宗族，由睦族以善州乡，此感彼化，风淳俗美，皆由于作谱，以致然也。

朱熹说：“人家三代不修谱，则为不孝矣。”[⑧]他在《婺源茶院朱氏世谱序》

① 歙县《歙西溪南吴氏世谱》。

② 休宁《金氏家谱》，《叙文》。

③ 赵华富：《徽州宗族研究》，合肥：安徽大学出版社，2004年，第244页。

④ 歙县《虬川黄氏宗谱》，《虬川黄氏重修宗谱序》。

⑤ 歙县《棠樾鲍氏宣忠堂支谱》卷二一，《鲍氏两翁传》

⑥ 歙县《托山程氏家谱》，《托山程氏重修本支谱后序》。

⑦ 黟县《明经胡氏存仁堂支谱》卷首，《前朝谱序》。转引自赵华富：《两驿集》，合肥：黄山书社，1999年，第285页。

⑧ 歙县《托山程氏家谱》，《谱说》。

中称：

> 因阅旧谱，感世次之易远，骨肉之易疏，而坟墓之不易保也，乃更为叙次，定为婺源茶院朱氏世谱，并书其后，如此仍录一遍，以族人十一以下，来者未艾，徽建两族自今岁当以新收名数更相告语而附益之，庶千里之外两书如一，传之永远，有一不忘宗族之谊。

可见朱熹对“尊祖、敬宗、睦族”的重视和支持。《平阳汪氏宗谱》要求族人：“谱之修，为人第一件事。苟代远年湮，生卒莫考，何从汇稿？今议嗣后三十年一小修，五十年一大修。”[①]在这种宗法社会风气中成长起来的徽商，大多热衷于捐资编纂谱牒。

徽商资丰后，输资修撰宗谱家牒蔚然成风。嘉靖间休宁人程宪资雄于乡，聘同邑刘弦斋为之辑谱牒。[②]绩溪人章必泰善贾，“收族访谱”“遍告四方诸族”“厥后诣浦城，查阅统宗会谱与西关谱有无异同，并录艺文之未备者以归”。[③]歙人许世积以商起家，归后“修统谱，讲乡约”[④]。歙县棠樾鲍氏宗族大盐商鲍志道“由困而亨”“修宗祠，纂家牒”。[⑤]蜀源鲍氏宗族盐商鲍光甸，“幼通经艺，长往扬州营盐策。……于族中置祠产义田，修谱牒”[⑥]。岩镇郑氏宗族盐商郑鉴元居扬州，“先世业盐，鉴元总司鹾事十余年，修洪桥、郑氏宗祠，又尝修族谱”[⑦]。歙县城关汪氏宗族商人汪嘉树，“年十六服贾以养亲，曾两修支谱”[⑧]。婺源龙腾俞氏宗族商人俞铨，“幼失怙，性耻书史，后经商赀裕，为支祖立祀田祭扫，修葺本支谱牒”[⑨]。梅溪槎坑吴氏宗族商人吴永钥，“往汉镇业贾，值水灾，钥雇舟救援，全活甚众。尤笃根本，修祀厅，葺宗谱，所费不下五百金”[⑩]。孙有爔，“弃儒就贾，赀渐饶。建祖祠，立主田，修祀典，葺宗谱”[⑪]。胡正鸿“成童后，父命服贾。……若修谱牒，葺祖

① 民国《平阳汪氏宗谱》卷一，《家规》。

② 休宁《率东程氏宗谱》卷四，《克己处士墓志铭》。

③ 绩溪《西关章氏族谱》卷二四，《家传》。

④ 许国：《许文穆公集》卷一三，《世积公行状》。

⑤ 歙县《棠樾鲍氏宣忠堂支谱》卷二一，《鲍肯园先生小传》。

⑥ 民国《歙县志》卷九，《人物志·义行》。

⑦ 民国《歙县志》卷九，《人物志·义行》。

⑧ 民国《歙县志》卷九，《人物志·义行》。

⑨ 光绪《婺源县志》卷三五，《人物志·义行》。

⑩ 光绪《婺源县志》卷三五，《人物志·义行》。

⑪ 光绪《婺源县志》卷三五，《人物志·义行》。

茔，费皆独任"[1]。鲍起元在汴梁经商，闻宗谱付梓，"喜不自胜，乐输多金，从事其囊"[2]。

明代中叶以后，徽州人修缮族谱、营建祠堂成风，这一方面固然是徽商有钱，注重弘扬宗族的地位，强化宗族的作用；另外一方面也是起着联络族众感情、建立经营网络的需要。[3]正如休宁人程敏政说：

> 族之有谱，非徒以录名讳、备考实而已，一家之礼乐实系焉。……乐者为同，礼者为异；同则相亲，异则相敬。故曰礼乐之说管乎人情矣。夫谱成而族之位尊秩然彪分，可谓异矣。异而后有敬，曰此诸父也，此诸兄也，不敢忽也。谱行而族之情睦熙然春洽，可谓同矣。同而后有亲，曰此当爱也，此当恤也，不敢蠡也。[4]

这一点，日本学者臼井佐智子曾给予了分析：

> 徽商编纂家谱还有个重要原因，是借以收集情报、保护人才、扩大商业网络，以确保经营目标的实现。就收集情报的目的而言，同一祖先的意识会起到很大作用，特别是对提高互相信赖的程度起到重要作用。还有祠堂的兴建，便于祭祖，便于同族人聚在一起，提供交往的机会。修建祠堂又有这种意识：对于成为官僚的家族予以积极支持，或支持一个家族成为官僚。实际上，商人和官僚在一个家族中并存。从而祠堂也成了官商一体的情报中心。在实际效应上，官僚的产生减轻了商税的负担，为商人营商在政策上提供方便。另一方面，商人也支持着官吏的活动。家谱成了商人居营地域的一个网络。[5]

侨居徽商对编纂族谱投入很大财力，不可否认，他们也有编织人际关系网络的目的，宗谱成了徽州人行商的联络图，以及他们取得可靠商业信息的重要来源。乾隆时方士庭，"侨居广陵，未能即归故里。乃建宗祠、置祭田于扬，

---

① 光绪《婺源县志》卷三五，《人物志·义行》。
② 歙县《重编棠樾鲍氏三族宗谱》卷一〇一，《希圣公派》。
③ 臼井佐智子：《徽商及其网络》，《安徽史学》1991年第4期。
④ 程敏政：《篁墩文集》卷三四，《休宁流塘詹氏家谱序》。
⑤ 臼井佐智子：《徽商及其网络》，《安徽史学》1991年第4期。

聚族之商于扬者，恪修祀事”。[①]

徽州至今保存下来的谱牒种类和数量之多，全国任何地方都不能与之相比。宋明以后，徽州谱学高度发达，撰刻的郡谱有：陈栎的《徽州大族志》（元延祐三年，即1316年）、郑佐等的《实录新安世家》（明嘉靖二十八年，即1549年）、程尚宽等的《新安名族志》（明嘉靖三十年，即1551年）；撰刻的县谱有：曹嗣轩的《休宁名族志》（明天启五年，即1625年）；撰刻的统宗谱有：《许氏统宗世谱》《汪氏统宗世谱》，等等；撰刻的分支谱有：歙县《棠樾鲍氏宣忠堂支谱》、歙县《程氏孟孙公支谱》，等等。徽州名门望族所修之谱，不仅刻印工精，且卷帙浩大。如乾隆十八年（1753年）刊印的《休宁古林黄氏重修族谱》八卷，每卷长51公分，宽31.5公分，共重约15公斤。又如《新安武口王氏世系谱》合计40册，卷帙盈箱。[②]

近代人赵万里曾说：“传世明本谱牒，大都是徽州一带大族居多，徽州以外绝少。”[③]北京图书馆馆藏善本族谱共有427部，而属徽州地区的竟占一半以上。[④]美国学者居密通过调查后认为，明清至民国期间徽州所修谱牒现尚存有623种之多。[⑤]据李琳琦统计，仅安徽省图书馆、安徽省博物馆、黄山市博物馆、歙县博物馆、中国社会科学院历史研究所图书馆收藏的徽州谱牒就有600余部，如果再加上国家图书馆、上海图书馆等国内其他图书馆、博物馆的收藏，以及海外一些图书馆的收藏（特别是日本和美国），现存的徽州谱牒总计应在千部以上。[⑥]

三、建设祠堂

祠堂是尊祖敬宗活动的场所。[⑦]尊祖是宗法制的首要原则，“祖也者，吾身之所自出，犹木之根也。有生之道，莫先于尊祖”[⑧]。程一枝说：“观于郡国诸大家，曷尝不以宗祠为至哉！”他认为，“举宗大事，莫最于祠，无祠则无宗，

---

① 歙县《汪氏谱乘·序》。

② 翟屯建：《明清时期徽州刻书简述》，《文献》1988年第4期。

③ 赵万里：《从天一阁说到东方图书馆》，《大公报·图书副刊》1934年第12期。

④ 北京图书馆编：《北京图书馆古籍善本书目》，北京：书目文献出版社，1987年，第492—534页。

⑤ 居密：《安徽方志谱牒及其地方资料的研究》，《汉学研究》1985年第2期。

⑥ 李琳琦：《徽商与明清徽州教育》，武汉：湖北教育出版社，2003年，第13—14页。

⑦ 关于徽州祠堂情况，可参考赵华富：《徽州宗族研究》，合肥：安徽大学出版社，2004年，第140—207页。

⑧ 程一枝：《程典》卷一九，《宗法志》。

无宗则无祖，是尚得为大家乎哉?"[①]《新安歙西溪南吴氏世谱·续刻溪南吴氏世谱序》说："创建宗祠，上以奉祀祖宗，报本追远；下以联属亲疏，惇叙礼让，其晟典也。"歙县《金山洪氏宗谱》说："祠之时义大矣哉！人本乎祖，昉于一人之身，而渐而为千百人之身，而渐而为亿万人之身，求其合族众而咸知尊祖，尊祖而敬宗，敬宗而睦族，非祠曷由臻此。"[②]《窦山公家议》也说："追远报本，莫重于祠。予宗有各族之祠，予家有合户之祠，有书院之祠，有墓下之祠，前人报本之义至矣!"[③]兴建祠堂，正是为了尊祖，以此来追本报恩。

在宗祠举行的祭祖活动能够缓和宗族成员间的矛盾，起到睦族的功能。歙县《托山程氏宗祠记》曰："子孙千亿，其初兄弟也，又其初一人也，犹水之千溪万壑而源同，木之千枝万干而根同。"[④]这就模糊和冲淡了宗族成员之间的矛盾。特别是在祠堂举行的"散胙""散福"和"合食"（又曰"会食""堂食""燕饮之会"）活动，使宗族成员之间蒙上一层温情脉脉的血缘亲族关系的面纱，大家欢聚一堂，同饮共餐，共同享受祖宗的德泽，对缓和宗族内部矛盾，加强宗族团结起了很大作用。[⑤]绩溪《金紫胡氏家谱·亶然堂重订规谱序》要求："共大宗者，岁一合食；共高祖者，再；共曾祖者，三。凡合食必于宗祠，期在忌日、生辰斋祭之后，俾敦宗睦族，知自厚于人道，而贫富贵贱无自于相耀，夫乃恍然知其本支勃兴有所自来矣。"金紫胡氏宗族子弟胡匡宪说：

> （族人）未见彼我相形、优绌相去至于甚悬绝者，以故群聚宴会以从酬酢往来间，逾百年如一日，合一百六十人之心如一人之心。虽其中间有勃谿于一时者，个旋踵而烟消云散，各以藏怒宿怨为羞由是而思先人购建亶然堂，所以萃涣合离诒孙燕子者，岂不深且远哉![⑥]

程一枝说："岁为燕饮之会，以洽族人，其时以春秋祀日，其物以时祀之余。"[⑦]《古歙城东许氏世谱》认为祭祖活动可以起到睦族作用，"许之先尝建

①程一枝：《程典》卷一九，《宗法志》。
②歙县《金山洪氏宗谱》卷二，《世祠引》。
③万历《窦山公家议》卷三，《祠祀议》。
④歙县《托山程氏家谱》卷二一，《托山程氏宗祠记》。
⑤赵华富：《徽州宗族研究》，合肥：安徽大学出版社，2004年，第194页。
⑥绩溪《金紫胡氏家谱》，《亶然堂重订规谱序》。
⑦程一枝：《程典》卷一九，《宗法志》。

有宗祠，以奉其先世主，岁时会祀，元旦、腊社会食。故虽亲尽服竭，而敦睦之道赖是不废，以迄于今。”①

徽州祠堂很多。《金紫胡氏家谱·嘉庆重修家谱序》说：“（徽州）祠宇之绵亘连云者，远近相望，不可枚举。”民国《歙县志》记载：“邑俗旧重宗法，聚族而居，每村一姓或数姓；姓各有祠，支分派别，复为支祠。”②据县志记载，婺源有祠堂618座、祁门有祠堂193座、黟县旧有祠堂404座、绩溪有祠堂192座、休宁康熙年间有祠堂71座。③另据文献记载，黟县西递明经胡氏宗族有祠堂26座，④南屏叶氏宗族有祠堂11座，⑤歙县江村江氏宗族有祠堂31座，⑥婺源游山董氏宗族有祠堂23座，⑦呈坎前、后罗氏宗族有祠堂15座。⑧比较著名的祠堂有潜口汪氏金紫祠、郑村郑家宗祠、棠樾慈孝祠（男、女祠）、唐模的许氏宗祠等，特别是呈坎罗氏祠堂（宝纶阁）和绩溪胡氏宗祠，被人们称为当世国宝。徽州祠堂大都规模宏大，雄伟壮观，如歙县溪谷南吴氏敦本祠堂：“……中祠为堂，堂后为寝，皆五达。旁为左右翼，亦如之。改承祠务，为敦本祠署。其堂曰‘敦本’。左偏为居室二区，举家之无居者。其后为塾，最后为处士祠。……右偏为书室二区，召举宗之廪者。其后为廪，以廪粢盛。最后为厨，以共鼎赂。”⑨如此规模宏巨的建筑群，若不依赖本族商贾资助，无论如何也是营造不起来的。⑩

徽州还出现了商贤祠，表明商人在徽州有一定的社会地位。歙县潜口处士汪佩“以服贾起家”，客死大梁，汪族认为他生前义举卓著，“遗金授能”，遂为其建专祠供奉，“前堂后寝，缭以周垣，笾豆囊衣，各得其所。”⑪按明代庙制，品官可立祠祭祀祖先神主，庶民在居所设祖宗牌位，称为影祭。汪佩非祖非官，论其身份只是庶民，当然没有资格建祠。可诸族效仿无改，建商

① 歙县《古歙城东许氏世谱》卷七，《许氏宗祠重置祭田记》。

② 民国《歙县志》卷一，《舆地志·风土》。

③ 参见民国《重修婺源县志》卷七，《建置五·祠堂》；同治《祁门县志》卷九，《舆地志·祠堂》；同治《黟县三志》卷一一，《政事·祠堂》；嘉庆《绩溪县志》卷七，《祀典志·族祀》；康熙《休宁县志》卷二，《建置·祠堂》。

④ 赵华富：《徽州宗族研究》，合肥：安徽大学出版社，2004年，第149页。

⑤ 黟县《南屏叶氏族谱》卷一，《祠堂》。转引自赵华富：《徽州宗族研究》，合肥：安徽大学出版社，2004年，第150页。

⑥ 江登云：《橙阳散志》卷八，《舍宇志·祠堂》。

⑦ 赵华富：《婺源县游山董氏宗族调查研究》，《徽学》2002年第00期。

⑧ 赵华富：《徽州宗族研究》，合肥：安徽大学出版社，2004年，第150页。

⑨ 汪道昆：《溪谷南吴氏敦本祠碑》。

⑩ 刘森：《从徽州明清建筑看徽商利润的转移》，《江淮论坛》1982年第6期。

⑪ 吴吉祜：《丰南志》第八册，《溪南吴氏祠堂记》。

贤祠之风复兴。如溪南吴氏以"吾宗以饶富倾郡，即千金之子何可胜道哉"为由，经族众公议，推举南宋商贾"两浙运干公（即吴起隆）为祖，其下各以昭穆祔焉。"[①]建造了吴氏宗祠，实际上是一所商贤祠。[②]徽州家族将商贾与品官置于平等的地位上，这就更加刺激了徽商对宗族的捐输热情。

徽州祠堂多是商贾力捐宗族而修建。新馆鲍氏宗族自始迁祖传六世未建祠，"神无所依，族无所聚。时则有若集公、概公、乐公、宋公、橐公、檀公、善烨公、善耀公八公，各以盐策致富，皆倜傥有志，相谋捐赀巨万，建立宗祠，并置祭田"。[③]鲍氏宗祠就是由侨居杭州的歙县新馆鲍概等八位商人捐资建设。歙县盐商郑鉴元，"修洪桥、郑氏宗祠，又尝修族谱，举亲族中婚葬之不克举者。建亲乐堂于宅后，子孙以时奉祀"[④]。歙商江之洪对于祖祠坟墓事务，"捐修不吝"；他的两个儿子江时琏、江时琮，"皆善承父志"，本支祠堂被火烧毁，他们二人亦"捐金重建"。[⑤]歙商江希贤对"宗党戚属多所施予"，为家乡"修祠宇造桥梁"等"懿行"举不胜举。[⑥]歙商江政观对于宗族事务"倾囊不吝""族有为债所迫者，脱裘代偿之。本支祠毁，倡义重建，并纂谱牒以联宗族"。[⑦]歙商江允和倡建宗祠，"营埋历代祖棺""捐金不吝"。[⑧]歙商江蕃在广陵业鹾期间，"尝修宗祠，设义学，创建忠义节孝诸祠"。[⑨]绩溪商人王中梅经商富裕后，诸子弟请求他建第宅，他愤然说："记有之，君子将营宫室，宗庙为先。今祠宇未兴，祖宗露处，而广营私第，纵祖宗不责我，独不愧于心乎？"[⑩]于是建设祠堂。婺源商人程邦灿，"父见食指繁，命析箸，灿请缓，率弟建家祠，始议分"[⑪]。休宁竹林汪氏宗族所建宗祠，共耗"银三万八千二百三十两零五钱四分"，商人汪丕捐"银二万三千两"，商人汪缨捐"银一万零九百二十两五钱四分"。[⑫]这方面的文献资料，在徽州方志、谱牒中俯拾可得。

---

① 吴吉祜：《丰南志》第八册，《溪南吴氏祠堂记》。
② 刘淼：《从徽州明清建筑看徽商利润的转移》，《江淮论坛》1982年第6期。
③ 歙县《歙新馆著存堂鲍氏宗谱》卷三，《重整祠规序》。
④ 民国《歙县志》卷九，《人物志·义行》。
⑤ 歙县《歙北江村济阳江氏族谱》卷九，《皇清敕赠儒林郎州司马之洪公传》。
⑥ 民国《歙县志》卷九，《人物志·义行》。
⑦ 民国《歙县志》卷九，《人物志·义行》。
⑧ 歙县《歙北江村济阳江氏族谱》卷九，《清处士允和公传》。
⑨ 民国《歙县志》卷九，《人物志·义行》。
⑩ 绩溪《盘川王氏宗谱》卷三，《中梅公传》。
⑪ 光绪《婺源县志》卷二九。
⑫ 休宁《竹林汪氏宗祠记》。

再以徽商捐建江村江氏祠堂为例。江氏宗族在明清两代共建祠堂27座，它们分别是赉成堂、伯固门、悠然堂、惇叙堂、笃本堂、千里门、东皋堂、居敬堂、安义堂、明善堂、惇庆堂、敦善堂、德新堂、宝箴堂、滋德堂、荣养堂、展锡祠、茂荆堂、聚顺堂、太守昌公祠、都御史江公祠、忠公堂、以舟公祠、御史祠、乐野翁祠、桂林公祠、烈女祠。[①]众多祠堂是江村商人资金鼎力相助的结果。据史料记载，江村商人江应全“尝独建合郡节烈祠”。[②]江滽对于“本门支祠之建，不惜多金，以妥先灵。”[③]江彦生尝“修葺宗谱，建乐善堂以奉祭祀”。[④]江以深曾“捐三百余缗”建宗祠“寝室神座。”[⑤]江希武“偕伯兄输田为基并捐资”建宗祠。[⑥]江演曾“捐金修葺宗祠，增置祭田义塾”。[⑦]江承炳曾“捐金助建宗祠，置田为族党祭祀、凶荒之备”。[⑧]江注曾“偕诸弟侄共捐二千余金，修葺本门支祠”。[⑨]江村商人对宗族祠堂建设作出了重要贡献。

四、设置族田

徽州宗族重视族田设置。[⑩]朱熹在《家礼》中规定：“初立祠堂，则计见田，每龛取其二十之一，以为祭田。亲尽则以为墓田。后凡正位祔者，皆仿此。宗子主之，以给祭田。上世初未置田，则合墓下子孙之田，计数而割之。皆立约闻官，不德典卖。”[⑪]因婺源是“文公阙里”，所以徽州人把朱熹的话奉为经典，他们认为“祠而弗祀，与无同；祀而无田，与无祀同”[⑫]，提倡和鼓励族众出资出力设置族田。明清时期徽州地区族田的数量很大，远非他郡可比。据叶显恩统计，到1950年，族田在徽州地区的有些村中甚至占全部土地的75%；撇开最高的情况不说，一般村中的族田都要占总耕地面积的

① 江登云：《橙阳散志》卷八，《舍宇志・祠堂》。转引自孙长城、刘其民：《徽州济阳江姓的发展：以歙县江村为例》，《合肥学院学报》（社会科学版）2006年第4期。

② 民国《歙县志》卷八，《人物志・孝友》。

③ 歙县《歙北江村济阳江氏族谱》卷九，《明处士滽公传》。

④ 歙县《歙北江村济阳江氏族谱》卷九，《明处士晋公传》。

⑤ 歙县《歙北江村济阳江氏族谱》卷九，《明处士以深公传》。

⑥ 歙县《歙北江村济阳江氏族谱》卷九，《明处士希武公传》。

⑦ 民国《歙县志》卷九，《人物志・义行》。

⑧ 民国《歙县志》卷九，《人物志・义行》。

⑨ 歙县《歙北北江村济阳江氏族谱》卷九，《皇清后候选州司马注公传》。

⑩ 关于徽州族产情况，可参见赵华富：《徽州宗族研究》，合肥：安徽大学出版社，2004年，第268—329页。

⑪ 朱熹：《家礼》卷一。

⑫ 歙县《重修古歙城东许氏世谱》卷七，《朴庵翁祭田记》。

14%左右。[①]

族田包括义田、祭田和学田。义田租主要是为周济鳏寡孤独和贫困族人而设，有的兼用之于奖励节义。徽州宗族非常重视对鳏寡孤独和贫困族人的周济工作，几乎所有族规家法在这方面都有规定。[②]绩溪华阳邵氏宗族《家规》恤族条记载：

> 族由一本而分，彼贫即吾贫。苟托祖宗之荫而富贵，正宜推祖宗之心以覆庇之，使无所失，此仁人君子之用心也。若自矜富贵，坐视族人贫困，听其鬻妻质子，而为人仆妾，以耻先人，是奚翅贫贱羞哉？即富贵亦与有责也。[③]

《许氏家规》抚孤恤寡条规定：“今后凡遇孤儿寡妇，恩以抚之，厚以恤之，扶持培植，保全爱护，期于树立，勿致失所；为之婚嫁，为之表彰，伯叔懿亲不得而辞其责也。”[④]

歙县棠樾鲍氏宗族义田田租的分配和使用具有典型性。鲍氏宗族义田共1 249.44亩，分成两部分，即“体源户”和“敦本户”。据现存在棠樾鲍氏敦本堂墙壁上的《公议体源户规条》规定，其分配原则是：

> 一、发谷日期，每月定于初一日，如次年正月，即先期于头年十二月二十五日预发。二、每人每月给谷三斗，闰月如之。三、谷系给本族鳏、寡、孤、独四穷之人，须合例者，不得徇情滥给。四、四穷及废疾与例相符应给谷者，执事之人知会督总，给与经摺。孤子注明年庚，以备查考，再行给谷，以专责成。五、四者之外，有自幼废疾不能受室委实难于活命者，一例给发。

敦本户义田田租用于每年青黄不接时平粜给族人，也据该墙上的《公议敦本户规条》规定，基本原则是：

---

① 转引自张海鹏、王廷元主编：《徽商研究》，合肥：安徽人民出版社，1995年，第466页。

② 赵华富：《徽州宗族研究》，合肥：安徽大学出版社，2004年，第296页。

③ 绩溪《华阳邵氏宗谱》卷一八，《家规》。

④ 歙县《重修古歙城东许氏世谱》卷七，《许氏家规》。

一、自宋住居本村者（即鲍荣的后裔），方准籴。二、族人贸易来去无定，届期亲身报名，准籴；期后来者，不补。三、有佣人者，不准籴。如出嫁女归宁在家，及妻之母相依者，不以佣人论。女与妻母准籴。此外，另有亲戚及帮工者，即与佣人无别，该户概不准籴。[①]

这些义田多由商人捐助。道光二十五年（1845年），鲍志道弟鲍启运由扬州回乡省墓，倾资力购买田产，名曰“体源户”。初置田540亩，塘7亩2分，地17亩。道光三十年，又续置田166亩，塘2亩3分，地2亩4分6厘，至此，体源户共有田706亩，塘9亩5分，地20亩4分6厘，每年共计收时租谷6 457斗5升，硬租谷7 251斗2升5合。咸丰初，鲍启运又立“敦本户”，共买田503亩，塘8亩5分。至此，体源户与敦本户田产，仅鲍启运一人就捐置1 200余亩。[②]

祭田租主要是为了祭祀祖先，有的兼用于赡济族众。祭祖因地点的不同，有墓祭与祠祭之别，故祭田可细分为祠田和墓田，广义的祭田包括二者。祭田随着祭祖制度的发展而发展，其设置在宋代就具有一定的普遍性，元代规模进一步扩大，明清时期开始普及。徽州宗族祭田可以说源远流长，早在宋代，许多宗族即设有祭田。明代中期，随着民间祭祖礼制的改革，徽州出现大兴祠堂建设和祭祖活动的热潮，促进了祭田的长足发展。[③]在明清以来徽州的方志、谱牒和文书契约中，祭田资料很多，明代祁门商人李秀“为贾真州，赀致大千，往往以济人为事。邑学宫圮，议修复，秀捐金佐用……家祠未建，秀独立创成。助祭田，祀祖先。其他为善于乡，济贫乏、赈岁饥、修造桥梁道路，善迹可纪者甚多”。[④]歙商江承东在回乡探亲之时，“搜罗旧籍”，把“高曾以下无后者一一营葬立碑”，并“捐输祭田于支祠”。[⑤]歙商江裕瑸曾“置买宗祠祀田”，又“置义田百亩”帮助族中贫乏之人，种种义行“无不乐输”。[⑥]据赵华富统计，徽州宗族祭田共62例，其中宋代4例，元代3例，明代11例，清代31例，朝代不明13例。[⑦]

学田租系供族人读书及应试等费用。宗族为了使族人接受教育，进入或

---

① 歙县《棠樾鲍氏宣忠堂支谱》，《义田》。
② 歙县《潭渡孝里黄氏族谱》，《家训》。
③ 赵华富：《徽州宗族研究》，合肥：安徽大学出版社，2004年，第290页。
④ 康熙《祁门县志》卷四，《孝义》。
⑤ 民国《歙县志》卷九，《人物志·义行》。
⑥ 民国《歙县志》卷九，《人物志·义行》。
⑦ 赵华富：《徽州宗族研究》，合肥：安徽大学出版社，2004年，第295页。

保持上流社会地位，从而光宗耀祖和扩大势力，往往设置族学。宋元以来徽州的宗族学校十分发达，史载，宗族创办的义塾、书屋、书院星罗棋布，遍布城乡各地，"远山深谷，居民之处，莫不有学有师，有书史之藏"[①]。族学经费大都来自于学田，徽州是徽商根之所在，徽商对宗族怀有深厚的感情。他们致富后，慷慨捐置学田，为本族士子学习、应考提供条件。如绩溪曹雅苑，"兴萃升文会，捐腴田"；胡元龄，"倡建文会于崇山，凡有文誉者招集之"。[②]清康熙十四年（1675年），商人程子谦"捐银一千两，置学田取租为诸生科举费"，又"尝买腴田为祖祠公业，积息以给族子之赴试者"。[③]清歙县曹景宸，"置义田五百余亩于休宁，以给族人寡妇并助族中乡会试考费"。[④]据赵华富统计，徽州宗族学田共36例，其中元代5例，明代12例，清代16例，年代不明3例。[⑤]

徽商捐置土地是徽州族田的重要来源。明清时期，徽商购置族田十分慷慨，如：明代祁门商人胡天禄，"输田三百亩为义田，以备祭祀及族中婚嫁丧葬、贫无依者之资"[⑥]；歙县商人罗元孙，"尝构屋数十楹、买田百亩，以设义塾、以惠贫宗"[⑦]。以歙县鲍氏族田为例，盐商鲍志道捐置"宣忠户"田，共计田税53亩，塘税2分6厘，每年计时租谷1251斗5升，硬租谷221斗。后续置西沙溪护坟地2分7厘4毫，交租钱48文。[⑧]乾隆五十八年（1793年），他又以置祀产敬设冬祭及附葬银两为名，由宣忠堂支三房输银1 000两，"先兑二百两，为二房庄仆完婚之计，其八百两俟捡葬时兑交公收。""嘉庆八年冬月，照议开穴捡葬，找出银八百两，公同收置田亩税入宣忠户内，归祠轮管征租，以充公用。"[⑨]据统计，这次所置田税共计31亩，塘税二分八厘四毫，每年共计收时租谷643升，硬租谷137斗，与鲍志道所捐祭田合为宣忠户祠产。嘉庆五年（1800年），鲍志道妻汪氏捐置"节俭户"田，该田产以所谓"节俭所蓄，捐为公产"而得名，共计田99亩，塘、地1亩1分，每年收时租谷1 140斗6升，硬租谷1 144斗8升2合，雇佃仆68户，其中鲍姓宗人仅有4

①道光《休宁县志》卷一，《风俗》。

②嘉庆《绩溪县志》卷一〇，《人物行·孝友》。

③康熙《徽州府志》卷一五，《人物志·尚义传》。

④民国《歙县志》卷九，《人物志·义行》。

⑤赵华富：《徽州宗族研究》，合肥：安徽大学出版社，2004年，第302页。

⑥赵吉士：《寄园寄所寄》卷九。

⑦康熙《徽州府志》卷一五。

⑧刘淼：《徽商鲍志道及其家世考述》，《江淮论坛》1983年第3期。

⑨张永诠：《先祠记》，《祔葬银两公置祀产敬设冬祭缘由》。

户。汪氏置节俭户共用本利银2 000余两，“每年租谷归宣忠堂司祠与司年分管，房长稽查”。①

随着商品经济的发展，人们的宗法血缘观念逐渐趋向淡薄。②宋代张载说：“自谱废弛，人不知来处，无百年之家，骨肉无统，虽至亲恩亦薄”。③明代又有进一步发展，万历《歙志·风土》用前后对比的手法记载了徽州宗族风气的变化：

> 国家厚泽深仁，重熙累洽，至于弘治盖綦隆矣。于是家给人足，居则有室，佃则有田，薪则有山，艺则有圃。催科不扰，盗贼不生，婚嫁依时，闾阎安堵。妇人纺织，男子桑蓬，臧获服劳，比邻敦睦。诚哉一时之三代也！岂特宋太平、唐贞观、汉文景哉？诈伪未萌，讦争未起，芬华未染，靡汰未臻……
>
> 寻至正德末、嘉靖初，则稍异矣。出贾既多，土田不重；操资交捷，起落不常；能者方成，拙者乃毁；东家已富，西家自贫；高下失均，锱铢共竞；互相凌夺，各自张皇。于是诈伪萌矣，讦争起矣，芬华染矣，靡汰臻矣……
>
> 迨至嘉靖末隆庆间，则尤异矣。末富居多，本富尽少；富者愈富，贫者愈贫；起者独雄，落者辟易；资爰有属，产自无恒；贸易纷纭，诛求刻核；奸豪变乱，巨滑侵牟。于是诈伪有鬼蜮矣，讦争有戈矛矣，芬华有波流矣，靡汰有丘壑矣……
>
> 迄今三十余年，则迥异矣。富者百人而一，贫者十人而九；贫者既不能敌富，少者反可以制多；金令司天，钱神卓地；贪婪罔极，骨肉相残；受享于身，不堪暴殄；因人作报，靡有落毛。于是鬼蜮则匿影矣，戈矛则连兵矣，波流刚襄陵矣，丘壑则陆海矣……④

管志道也说：“开国以来之纪纲，惟有日摇一日而已，纪纲摇于上，风俗安得不摇于下！于是民间之卑胁尊，少凌长，后生侮前辈，奴婢叛家长之变态百出，

① 刘淼：《徽商鲍志道及其家世考述》，《江淮论坛》1983年第3期。

② 李文治、江太新：《中国宗法宗族制和族田义庄》，北京：社会科学文献出版社，2000年，第58页。

③ 张载：《张子全书》卷四，《宗法》。

④ 万历《歙志》，《风土》。

盖其所由来渐矣"。[①]清代前期，或谓"侮老犯上，谓之鸱鸮"[②]；或谓"子弟凌兄长，捍仆侵家长，而有司不问"[③]；或谓"贵贱尊卑之差等动辄紊乱"[④]。

宗族血缘关系松懈，更具体反映在兄弟之间争夺遗产和父子之间分财异居。[⑤]这种互相凌夺、骨肉相残的现象，在为尊者和亲者讳的族谱中虽然不得其详，但是在族谱对族人的劝导中却透露着个中信息。祁门《方氏族谱·凡例》中，列有"友兄弟"和"代父职"二则：

> 兄弟犹手足也，毋得伤情失谊以贻父母之忧。然阋墙之变有二：非听信乎枕边，即溺情于财产。夫争财之心生，足致败亡之祸；枕边之言人，顿起离间之端，家门之大不幸也。嗣后余族兄弟当念同气连枝之重，思古人推梨让枣之义，勿启争端为外人笑。
>
> 凡代父职掌家务者，无论冢子、庶子，择其贤能者，使之每日钱谷出入都要至公至慎。登载账簿切不可存私利己，伪陈增除以欺父兄，更不宜大秤小斗并用，以伤阴骘。若有犯者，一经败露，举家责罚。纵不败露，天地鬼神讵能瞒昧乎？

这二则《凡例》说明，在商品经济的冲击下，兄弟阋于墙是普遍的现象，古人的推梨让枣之义已难得见到。兄弟"争财之心生"，各自"存私利己"，已使三代共居、共财的直系家庭难以维持。这是因为封建社会农民与地主之间的阶级矛盾，首先反映在同族人之间的贫富不均上。早在宋代郑至道就曾经指出过："我富而族贫，则耕田佃地荷车肩担之役，皆其族人"。[⑥]清初顾炎武从等级关系上说：这家有人"一登科第，则为一方之雄长，而同谱之人至为之仆役"。[⑦]

在族人利害关系相互对立的条件下，单纯依靠宗法伦理说教来实现睦族已难做到，只有凭借经济力量的维系才是一种行之有效的办法。早在明

① 管志道：《从先维俗议》卷二，《太昆先哲遗书》。

② 李光地：《戒子孙》。参见《皇朝经世文编》卷五八。

③ 陆陇其：《风俗策》，参见《皇朝经世文编》卷五八。

④ 魏象枢：《请颁礼制疏》，参见《皇朝经世文编》卷五八。

⑤ 李文治、江太新：《中国宗法宗族制和族田义庄》，北京：社会科学文献出版社，2000年，第61页。

⑥ 转引自李文治、江太新：《中国宗法宗族制和族田义庄》，北京：社会科学文献出版社，2000年，第59页。

⑦ 顾炎武：《日知录》卷二三，《集释道》。

代，人们已经注意到义田对维护宗法宗族制的作用，曾经有不少人提到过。到清代有关这方面的议论更多了，如顾炎武说：“先王宗法之立，其所以养人之欲，而给人以求，为周且豫”。他认为“给人以求”重在建置义田赡族，范氏义田“至今裔孙犹守其法，范氏无穷人”。[①]清代中叶，钱大昕作《陆氏义庄记》，称古代行宗法“无贫富之殊”，而“自宗法不行，士大夫无以收其族，昭穆即远，视为路人……即有敦本好礼能施惠于三族者，一时遂赖以济，而不能经画可久之计，论者不无遗憾焉”。钱氏这段话说明当时人们的宗法观念趋向松弛，宗法伦理传统已难以维持，要想实现睦族就必须效法范氏义庄法，“创立义田以赡宗族”[②]。这种关系方苞说得更加清楚：“范氏之家法，宗子正位于庙，则祖父行俯首而听命，过衍辨讼，皆于家庙治之，故范氏之子孙越数百年，无受罚于公庭者。盖以文正置义田，贫者皆赖以养，故教法可得而行也”。[③]方苞特别重视义田的作用，他又说：“惟范氏有义田以养其族人，故宗法常行，无或敢犯”。[④]方苞认为，只有建置族田义庄，通过经济关系实现“收族”“睦族”，宗法宗族制度才可以源远流长。

第三节　报效国家

三纲五常是封建道德的核心，而“君为臣纲”又是三纲五常的第一条，要求臣民忠于封建皇帝和国家。徽州宗族将皇帝的“圣谕”视为金科玉律，有的宗族祭祖时还在祠堂“特加宣诵，各宜体行，共成美俗”[⑤]。在封建特权的庇护下，徽商获得盐业的垄断经营权，迅速致富，他们积极纳税捐输，募勇抗倭，以示忠君报国。同时，封建王朝的榨取勒索也使徽商不堪重负，嘉庆以后，徽州盐商逐渐走上困顿的道路，及至道光时期，徽商已陷入无可挽回的衰败境地。

一、忠　君

韦伯认为，自秦以后，中国就不存在真正的封建制，取而代之的是以俸

---

① 顾炎武：《日知录》卷六，《庶民安故财用足》。
② 钱大昕：《潜研堂文集》卷二〇，《陆氏义庄记》。
③ 方苞：《方望溪先生文集》卷一四，《仁和汤氏义田记》。
④ 方苞：《方望溪先生文集》卷八。
⑤ 休宁《宣仁王氏族谱》，《宗规》。

禄为基础的家产官僚制。家产制作为国家政治制度是家族制的延伸和扩大，皇帝是家长，官吏是由皇帝派遣到各地实行官吏和征收赋税的家臣，整个国家都是皇帝的家产。[①]

（一）“君为臣纲”

“三纲五常”是儒家道德的核心内容。孔子提出“君君、臣臣、父父、子子”之说，要求君仁臣忠、父慈子孝，以便维护君臣父子的名分，即所谓正名，当作治国的根本。荀子论述了君臣之间的尊卑主从关系，《君道》云：“君者，何也？曰，能群也。”《富国》云：“无君以制臣，无上以制下，天下害生纵欲。”《致士》云：“君者，国之隆也；父者，家之隆也，隆一而治，二而乱。”《议兵》云：“臣之于君也，下之于上也。”不言而喻，他是主张君权。董仲舒在《春秋繁露·基义》中说：“王道之三纲，可求于天。”他把君臣、父子、夫妇关系纳入了神学体系中，并给予尊卑贵贱、相从相扶的神学说明，为后来的“君为臣纲、父为子纲、夫为妻纲”说奠定了基础。《白虎通·三纲六纪》云：“三纲者何谓也？谓君臣、父子、夫妇也。六纪者，谓诸父、兄弟、族人、诸舅、师长、朋友也。故《含文嘉》曰：‘君为臣纲，父为子纲，夫为妻纲。’”三纲的思想明确起来了。该书进一步解释说：“纲者张也，纪者理也；大者为纲，小者为纪，所以张理上下，整齐人道也。”强调君臣、父子、夫妇之间的尊卑主从关系。

徽州族规家法对“君为臣纲”作了相应的规定。《休宁宣仁王氏族谱·家规》《休宁古林黄氏重修族谱·祠规》等开篇就是《圣谕当遵》；歙县《仙源吴氏族谱》开卷就是《圣谕广训》。徽州宗族认为，遵守“圣谕”，按“圣谕”行事，是“忠”的重要表现。他们把封建皇帝的“圣谕”作为制定族规家法的纲领，把族规家法视为“圣谕的注脚”[②]。《休宁宣仁王氏族谱·宗规》认为皇帝的“圣谕”“包尽作人道理，凡为忠臣，为孝子，为顺孙，为圣世良民，皆由此出，一切贤愚皆通此义”[③]，因此，宗族子弟要以皇帝的言行作为行动的楷模，努力报效国家。婺源武口王氏宗族《庭训八则》忠字条要求入仕的宗族子弟“公尔忘私，国尔忘家”[④]；这个宗族的《西皋祠训》还进一步要求他们：“事君，则以忠，当无二无他以乃心王室，当有为有守而忘我

① 吴建华：《质疑韦伯的中国社会信任观》，《中州学刊》2006年第1期。
② 休宁《宣仁王氏族谱》，《宗规》。
③ 休宁《宣仁王氏族谱》，《宗规》。
④ 婺源《武口王氏统宗世谱》卷首。

家身；为大臣，当思舟楫霖雨之才；为小臣，当思奔走先后之用；为文臣，当展华国之谟；为武臣，当副干城之望”[①]。绩溪《明经胡氏龙井派祠规》训忠条要求入仕的宗族子弟，“在位而恪供乃职，始不负于朝廷，乃有光于宗祖”[②]。休宁《茗洲吴氏家典·家规》规定：“子孙有发达登仕籍者，须体祖宗培植之意，效力朝廷，为良臣，为忠臣，身后配享先祖之祭，有以贪墨闻者，于谱上削除其名”，为整个家族所不耻。对皇帝的忠诚与否直接关系到在家族中的地位，如果背叛的话，会被取消家族成员的资格。[③]

这些族规家法主要针对读书入仕者而言，毕竟只有他们才有机会去做官报效君王；而一般的百姓是不可能也没有机会作出什么出格叛逆的事情来，他们只有按时按量地输赋才是尽忠的表现。绩溪华阳邵氏宗族《家规》忠上条要求宗族成员，“忠上之义，担爵食禄者，固所当尽；若庶人不传质为臣，亦当随分报国，趋事输赋，罔敢或后，区区蝼蚁之忱，是即忠君之义。”[④]休宁宣仁王氏宗族《宗规》赋役当供条记载：“我族子侄，务将一年本等差粮，须先办纳明白，讨经手印押收票存证，上不欠公钱，下不贻私议，何等自安，此良民职分，所当尽者。”[⑤]黟县环山余氏宗谱《家规》重输纳条规定：“朝廷赋税，须要应时完纳，无烦官府迫比。倘拖欠推捱，致受笞扑挛系，毋论于体面有伤，且非诗礼之家、好义急公者所宜。各有钱粮之族丁，悉宜深省。”[⑥]休宁茗洲吴氏家典《家规》记载：“朝廷国课，小民输纳，分所当然。凡众户已户每年正供杂项，当予为筹画，及时上官，毋作顽民，致取追呼。亦不得故意拖延，希冀朝廷蠲免意外之恩。”[⑦]就徽商而言，他们对国家的最大报效就是完成赋税，大力捐输，广行善事。

（二）接　驾

皇帝是封建政治势力的象征和最高代表，徽商不惜花巨资搞好接驾活动，既是忠君表现，也反映了他们对封建政权的积极报效。据史籍记载，清代康熙、乾隆二位皇帝曾多次南巡，每次扬州都是翠华莅止之地。当皇帝巡幸扬州时，徽州盐商都实心报效，捐出了百万以上的巨款，承办南巡差务。至于临时

---

① 婺源《武口王氏统宗世谱》卷首。

② 绩溪《明经胡氏龙井派宗谱》卷首。

③ 转引自赵华富：《徽州宗族研究》，合肥：安徽大学出版社，2004年，第367—368页。

④ 绩溪《华阳邵氏宗谱》卷一八，《家规》。

⑤ 休宁《宣仁王氏族谱·宗规》。

⑥ 黟县《环山余氏宗谱》卷一，《余氏家规》。

⑦ 转引自赵华富：《徽州宗族研究》，合肥：安徽大学出版社，2004年，第368—369页。

供应及所捐之款，更是不可胜计。[①]王守基在《盐法议略·长芦盐务议略》中说：“若夫翠华莅止，情殷瞻就，供亿丰备，尤为前所未有。……盖盐商际遇之隆，至此而极矣；盐商奢侈之弊，亦至此而深矣！”[②]乾隆在扬州暂住时间，诸多商人争先供奉，这让乾隆留恋不已，认为在扬州过得最舒心。扬州徽商的巨额财富也给乾隆留下深刻印象，他回京之后，有皇子早晨起床迟而耽误了读书，乾隆责备他说：“汝欲逸乐，何不作淮南商人子，而必生吾家耶！”[③]

盐商江春不仅精于商业，还深谙官商结合、交接官府之道。[④]歙县江村人江春出身于盐商世家，祖父江演和父亲江承瑜不仅经营盐业致富，而且都是两淮盐业的中坚人物。江春年轻时也曾致力于科举考试，但在二十二岁时，因乡试不利放弃科举，协助父亲在扬州经营盐业。父亲去世后，江春因为“练达明敏，熟悉盐法”，被推举为总商，他的盐号叫“广达”，时人称为江广达。他担任总商四十余年，“辅志弊谋，动中款要，每发一言，定一计，群商张目拱手，画诺而已”[⑤]。可见他在当时威望很高。江春担任总商的几十年间，修建工程、赈济灾害、军需开支，乃至皇太后的生日庆典等朝廷事情接连不断，这些事情都需要大量银两，但国库银两有限，乾隆就在盐商身上打主意。两淮盐务官每次为朝廷筹措经费都要咨询江春，江春也“每遇灾赈、河工、军需、百万之费，指顾立办。”从乾隆三十八年到四十九年间，江春和其他盐商捐献给朝廷的银两达1 120万两。[⑥]

乾隆皇帝南巡到扬州时，江春“承办一切供应”，并且千方百计取悦乾隆皇帝。一天，乾隆皇帝到大虹园游玩，看到一处景色非常美，就对左右侍奉的人说：“这个地方很像南海的琼岛（此处当指北京北海公园），可惜没有塔。”江春听说这件事后，用万金贿赂乾隆的贴身随从，得到南海琼岛之塔（北海公园的喇嘛塔）的图纸。江春一拿到图纸，就纠集工匠，运输砖石，仅仅一夜功夫，就按照图纸修建了模样相似的新塔。第二天，乾隆再次游园，

① 王世华：《论徽商与封建政治势力的关系》，《安徽师范大学学报》（哲学社会科学版）1995年第1期。

② 转引自周晓光、李琳琦：《徽商与经营文化》，上海：世界图书出版公司，1998年，第118页。

③ 汤殿三：《国朝遗事纪闻》第一册，《高宗南巡遗闻五则》。记载：“扬州之富，以淮南盐商名。……高宗之幸郡也，诸商皆争自输金为御供，凡有可悦上意者，无不力致之，故上谓：行在以来，莫若扬州适意者。车驾还京后，有皇子晏起以误读。上责之曰：‘汝欲逸乐，何不作淮南商人子，而必生吾家耶！’”

④ 关于江春的社会网络亦见陈凤秀：《徽商江春社会网络的构建及其影响》，《安庆师范学院学报》（社会科学版）2012年第4期。

⑤ 袁枚：《诰封光禄大夫奉宸苑卿布政使江公墓志铭》。

⑥ 嘉庆《两淮盐法志》卷四四，《人物·才略》。

看到这座高塔，大吃一惊，还以为是假的，走近一看，果然是用砖石砌成的真塔，乾隆得知其中缘故，不由自主地感叹：“盐商的财力确实大啊！”[①]乾隆六次下江南，江春有幸接驾，并个人捐银30万两，因而得到乾隆的嘉奖，为他亲笔题写“怡性堂”的匾额，并封他为内务奉宸苑卿，授以布政使之衔，还赏戴孔雀翎，让其他商人羡慕不已。

徽州盐商汪石公太太也极力讨好皇帝。汪坦，字硕公，被误传为“石公”，娶张方颐之女为妻。汪坦接替汪焘成为两淮八大总商之一，仅数年即去世，妻张氏主持门户，人称“汪石公太太”，又因语音之误而被称为“黄十公太太”。《清稗类钞》记载：“汪石公者，两淮八大盐商之一也。石公既歿，内外各事，均由其妇主持，故人辄称之曰汪太太。”[②]在乾隆巡幸扬州之前，汪石公太太与两淮盐商于扬州城外数百亩荒地上建筑许多亭台园榭，酷似杭州的西湖风景，以供乾隆御览。[③]乾隆行宫建造在扬州城北的天宁寺，天宁寺距离小金山大概有三里路，所以他经常到小金山游玩。远看小金山很优美，只是近看则无物，乾隆感到遗憾。汪石公太太听说后，连夜雇数千个瓦工和木工，拆城内大屋移建之。第二天，皇帝看见后惊讶不已，得知汪石公太太一夜之间建造“三贤祠”，自愧财力不如。[④]

当然，徽商的政治投资也是为了保护他们的商业利益。明清实行官督商销榷盐制度，商人只要向政府交纳足数银两，就可获得“盐引”，到指定产盐区向灶户买盐，再运到指定地点去销售。这样，盐商实际上就获得了垄断经营权。徽州盐商资本所以高达几百万、上千万，其奥妙也在这里。这种垄断经营权当然受惠于政府。饮水思源，盐商对封建政府和皇帝特别感恩戴德也就在情理之中了。[⑤]徽商要同各种各样的人物打交道，买卖之际，难免发生纠纷。而一涉及官司，那么平时与官府有没有交往，其结果就不一样了。[⑥]为了避免败诉，交结官吏就必不可少。两淮盐差李煦在向康熙上的一条奏折中

① 徐珂：《清稗类钞》第二册，《园林类·大虹园之塔》。记载：“高宗巡幸至扬州，时江某为盐商纲总，承办一切供应。某日，高宗幸大虹园，至一处，顾左右曰：‘此处颇似南海之琼岛春阴，惜无塔耳！’江闻之，亟以万金赂近侍，图塔状。既得图，乃鸠工庀材，一夜而成。次日，高宗又幸园，见塔巍然，大异之，以为伪也，既至，果砖石所成，询知其故，叹曰：‘盐商之财力伟哉！’”

② 徐珂：《清稗类钞》第二十四册，《奢侈类》。

③ 汤殿三：《国朝遗事纪闻》第一册，《高宗南巡遗闻五则》。记载：汪石公太太和其他盐商“先数月，在北城外，择荒地数百亩，仿杭之西湖风景，建筑亭台园榭，以供御览。”

④ 汤殿三：《国朝遗事纪闻》第一册，《高宗南巡遗闻五则》。

⑤ 王世华：《论徽商与封建政治势力的关系》，《安徽师范大学学报》（哲学社会科学版）1995年第1期。

⑥ 张海鹏、王廷元主编：《徽商研究》，合肥：安徽人民出版社，1995年，第324页。

说：“商家原属懦弱，平居安保无事，设遇家庭交际之间偶有小嫌，一经衙门，必致借端勒诈，不得不预为之计，以勉应其求也。”[①]歙商鲍绍翔在浙江江山县经营盐业，富裕后，“顾人多忌之，辄藉端欺凌，争讼不休者凡数家”，官司持续十余年，后来还是因为鲍氏平常与官宦交谊甚密，官司才最终没有输。他晚年忆起此事，感慨万千，谆谆告诫后人：“余每逢强敌，必有相与成之者，天下事知非可以一手一足自持也，汝曹当深念之。”[②]在诉讼中，能够“相与成之”人当然非官莫属。[③]

徽商不惜耗费巨资攀附封建官员，也为了寻找政治保护伞。[④]明万历年间，歙商汪士明面对榷税“诛求新安倍虐”，叹曰：“吾辈守钱虏，不能为官家共缓急，故掾鱼肉之，与其以是填掾之壑，孰若为太仓增粒米乎？”[⑤]他痛苦地说出徽商攀援封建势力的缘由。明末《士商要览·买卖机关》中有一条为“是官当敬”，其下注云：“官无大小，皆受朝廷一命，权可制人，不可因其秩卑，放肆慢侮。苟或触犯，虽不能荣人，亦足以辱人，倘受其叱挞，又将何以洗耻哉！凡见官长，须起立引避，盖尝为卑为降，实吾民之职分也。”[⑥]

震撼徽州大地的“黄山大狱”发生在明朝后期，宦官魏忠贤为了邀功请赏，制造假案，把徽商吴养春害得家破人亡。吴氏有祖传黄山山场2 400亩，家资累万，富堪敌国。吴家的财富让魏忠贤眼红，他唆使吴家佣人吴荣罗织罪状，嫁祸吴养春兄弟。天启六年八月，由北镇司奉旨“对黄山山场二千四百亩经管人吴养春罚脏银六十万两和对山场木值银三十二万两一并没收”。不明诬陷真相的吴养春，认为朝廷只是想敲诈钱财而已，于是不惜代价找人疏通关系，挽救危难。岂料，同年十二月，工部营膳司主事吕下问奉旨来徽州“办案”，下令通邑富户清查承买山地、山木之数，限期缴纳银两；并宣布吴养春兄弟被钦点为“罪犯”，由锦衣卫捉拿关进北镇司大狱。自此，吴养春兄弟不仅万贯家财丧尽，而且被关进狱中的亲族八人，仅剩三人生还；其妻汪氏因到处求情无效而被迫投环自尽，两个女儿也自缢死亡，老母气绝身亡。[⑦]

---

① 故宫博物院明清档案部：《李煦奏折》，北京：中华书局，1976年，第258页。
② 转引自张海鹏、王廷元主编：《徽商研究》，合肥：安徽人民出版社，1995年，第324页。
③ 张海鹏、王廷元主编：《徽商研究》，合肥：安徽人民出版社，1995年，第324页。
④ 张海鹏、王廷元主编：《徽商研究》，合肥：安徽人民出版社，1995年，第322页。
⑤ 转引自张海鹏、王廷元主编：《徽商研究》，合肥：安徽人民出版社，1995年，第323页。
⑥ 寺田隆信：《山西商人研究》，张正明等译，太原：山西人民出版社，1986年，第299页。
⑦ 转引自汪明裕：《古代商人》，合肥：黄山书社，1999年，第156—157页。

没有政治势力的保护，商人连立足都很困难，更遑论垄断经营了。因此，徽商行媚权势，实在不是生性如此，而是形势使然。

（三）皇　帑

皇帑是清皇室以高利贷资本的形式对两淮盐业的一种商业投资，绝大多数属于无本之息。在两淮盐商的巨大资本中，有"借帑"一项，谓之"帑银"；用盐商的话说，就是"万岁发的本钱"，所以又称"皇帑"。①对此，清朝统治者美其名曰："商人资本不继，每请借帑以资营运"②，其实大谬不然，皇帑实际上是清皇室对两淮盐业的一种商业投资。③皇帑最早出现在康熙四十二年（1703年），这年借给淮商帑银一百万两，年利一分，十年完本付息。④

如果说康熙时两淮盐商处于复苏时期，借帑还多少含有扶植盐商的意义，那么到乾隆以后情况就大不同了，"借帑"实际上成为皇帝所占的干股。⑤例如，乾隆十三年（1748年）七月，乾隆要两淮盐政每年在"盈余闲款"内解银十万两，长芦盐政解银五万两交内务府"以备行幸赏赐"之用。但据当时两淮盐政吉庆奏称："两淮公费并无余剩可以奏解之款"，结果只好由众淮商"情愿每年公捐银十万两，公领生息，以五年为率，连每年息银归入本内，一并营运"。五年以后，"留银六十万两，永作本银生息"⑥。这就是说，淮商先每年送一笔钱给皇帝，以后再将其"借回"，并按本付息，利上滚利，五年后除六十万两永作本银外，余银解缴内库，供皇帝享用。又如，乾隆五十年（1785年）的"借帑"，其为皇室的干股更是一目了然。这一年淮商为庆祝乾隆"御宇"五十年，总商江广达等"恭进一百万两"，作为大礼，"以备赏需"。乾隆下令将其中"四十万两交商人江广达、江正大领借，俾资营运，照例生息"⑦。总商江广达等所"借"的四十万两，正是他们"恭进"之银，一道谕旨，就变成了皇帝的投资。以上事实说明，在两淮的巨大商业资本中，皇帝、内务府等处的投资占有不小的份量，成为直接服务于皇室经

① 李煦：《两淮众商代题再借皇帑折》。参见故宫博物院明清档案部编：《李煦奏折》，北京：中华书局，1976年，第219页。

② 嘉庆《两淮盐法志》卷一七，《转运·借帑》。

③ 王思治：《清史论稿》，成都：巴蜀书社，1987年，第58页。

④ 李煦：《两淮众商代题再借皇帑折》。参见故宫博物院明清档案部编：《李煦奏折》，北京：中华书局，1976年，第219页。

⑤ 王思治：《清史论稿》，成都：巴蜀书社，1987年，第58页。

⑥ 嘉庆《两淮盐法志》卷一七，《转运·借帑》。

⑦ 嘉庆《两淮盐法志》卷一七，《转运·借帑》。

济的封建性商业经营。[①]

但是，不管盐商是盈是亏，"帑利"必须得到保证，这就不能不成为盐商的一项沉重负担，有时皇帑会使盐商倾家荡产。[②]由于清朝的皇室和地方衙门都把盐商作为贷款生息的对象，而且任意制定贷款利率，同时盐商所借的帑本数额都很大，欠款的现象也非常普遍，特别是在物价腾贵、天灾频繁、成本骤增、引盐滞销导致盐业市场急骤萎缩的情况下，皇帑就使盐商陷入了负债日重的境地。而封建政府对拖欠帑项的容忍也是有限度的，到了一定的时候，清代统治者为了避免国家收入不致毁弥一空，就不得不采取严厉的措施，对亏欠皇帑严重的盐商实行抄家清产，彻底取消这些盐商的运销资格，从而导致盐商的经营破产和身家覆败。如果抄家清产之资仍不敷帑息的话，还命令"一商亏缺，众商公赔"[③]。乾嘉时期盐商在封建国家的帑息盘剥之下，已经从"盐利渐微"到"无利可得"，再到积欠课帑，最后走到被"参革"和抄家清产的困顿境地。[④]由此可见，清政府所施行的借贷制度非常残酷。

皇帝、盐官与盐商之间的另一项重要经济关系，就是"余银交公"问题。所谓"余银"，即"正额银粮之外"的多余之银。[⑤]这是一笔为数甚大的巨款。李煦在给康熙的《请再派盐差以补亏空折》中说："伏思巡盐所得余银，每年约五十五、六万两不等"。如此大数目的余银，其中二十一万两是供江宁、苏州"现年织造钱粮"，一部分供盐政"备办差使，以及日逐盘费"，一部分"代补商人积欠"；其余之款，"臣不敢私自入己，请允每年解送进京，以备我万岁公项之用"[⑥]。这说明余银主要用于皇室的各种奢侈耗费。因为属内务府管辖的江宁、苏州两织造所生产的绫罗绸缎并非商品，全是供皇室享用和赏赐之需。至于所谓"备办差使"，则是按照皇帝的旨意，造办各种赏心悦目的玩物，并有"造办局"专司其事，如"备办常贡及特交器物装修""承造传办玉器"[⑦]等。[⑧]也有余银落入盐官腰包，再加上

---

①转引自王思治：《清史论稿》，成都：巴蜀书社，1987年，第60页。

②王思治、金成基：《清代前期两淮盐商的盛衰》，《中国史研究》1981年第2期。

③永瑢：《为议覆长芦盐政西宁代东商请借内帑银两事》。

④转引自刘德仁、薛培：《略论清政府对盐商的控制与利用（续）》，《盐业史研究》1998年第3期。

⑤嘉庆《两淮盐法志》卷首一，《制诏》。转引自王思治：《清史论稿》，成都：巴蜀书社，1987年，第60页。

⑥故宫博物院明清档案部编：《李煦奏折》，北京：中华书局，1976年，第159页。

⑦嘉庆《两淮盐法志》卷二五，《课程・经费上》。

⑧转引自王思治：《清史论稿》，成都：巴蜀书社，1987年，第61页。

盐官的贪污所得的“规礼”，动辄成千上万两。[①]这些公开的好处与私取，能使盐官在很短的时间内成为暴发户。例如，康熙年间的李陈常“原属贫寒之家”，任巡盐御史不过一年，“今有好田四五千亩，市房数十处，又有三处当铺，皆有其本钱”[②]。一年之内，竟挣得偌大家当。李煦说李陈常已“大改操守”“家道富足”，然而他自己和曹寅两家历任盐政多年，又何尝不是如此。[③]

二、课　税

徽商积极缴纳课税，他们“宁奉法而折阅，不饰智以求赢”[④]，将缴纳商税作为报效封建政府的最主要方式之一。如在明代，尽管茶税较轻，仅为3.3%，然而以徽州茶商为主体的皖南茶商，每年向明政府缴纳的茶税都有数十万贯，有的年份还达到过57万余贯。[⑤]入清以后，清政府在江西发放茶引，其中征收茶课的事务大部分都由徽商代为操办。[⑥]从中可见徽州茶商在缴纳课税方面与封建政府积极合作的态度。

盐课是封建政府的一项重要财政收入，有时占国家财政收入之半，而其中两淮盐课又占一半。[⑦]自明代以来，“国家财赋，所称盐法居半者，盖岁计所入，止四百万，半属民赋，其半则取给于盐策。”[⑧]明代“天下六运司，惟两淮运司为雄，治策三分司……商灶渊薮，盐利甲东南之富，国家国用所需，边饷所赖，半出于兹。”[⑨]入清后，“佐司农之储者，盐课居赋税之半，两淮盐课又居天下之半。山海天地之藏，其有关于国计民生者，与农桑等。”[⑩]因而乾隆时两淮巡盐御史李发元称：“两淮岁课当天下租庸之半，损益盈虚，动关国计。”[⑪]清最高统治者顺治、康熙一再声称：“盐课钱粮，关系军国急

① 李煦：《革除两淮规礼并催旧盐捆运出场所折》。参见故宫博物院明清档案部编：《李煦奏折》，北京：中华书局，1976年，第208页。

② 李煦：《密访李陈常巧饰清官大改操守折》。参见故宫博物院明清档案部编：《李煦奏折》，北京：中华书局，1976年，第196页。

③ 王思治、金成基：《清代前期两淮盐商的盛衰》，《中国史研究》1981年第2期。

④ 吴吉祜：《丰南志》第四册，《寿吴廷简太史母七十序》。

⑤ 转引自周晓光：《清代徽商与茶业贸易》，《安徽师范大学学报》（人文社会科学版）2000年第3期。

⑥ 赵尔巽、柯劭忞：《清史稿》，《食货志五》。

⑦ 朱宗庙：《明清时期扬州盐商与封建政府关系》，《盐业史研究》1998年第4期。

⑧ 陈子龙等：《明经世文编》卷四七四，《户部题行盐法十议疏》。

⑨ 嘉庆《两淮盐法志》卷五四。

⑩ 嘉庆《两淮盐法志·序》。

⑪ 嘉庆《两淮盐法志》卷五。

需""盐课关系国赋，最为紧要"[①]。由此可见清朝财政对盐课的依赖程度。陶澍指出：

> 溯查国初，淮纲正课原只九十余万两，加以织造、铜斤等款，亦只一百八十余万两。迨后盐规、匣费、节约等项，多由陋规改为额款，加增一百余万。再加外支、兵饷、养廉、巡缉、辛工、书院、义举、办公等费，与发交内外各衙门及地方公务各息本，按月生息，而科则数倍于原额。乾隆年间已及四百余万，至嘉庆二十年后，而淮纲每年正杂内外支款，竟需八百余万之多。[②]

"两淮鹾务攸关六省民食。为引一百六十九万余道，为课四百余万两，加以外资各款，每岁不下三百余万两。"[③]淮盐销售"通计不过十数郡，而八九百万正杂之课出焉。"[④]从陶澍的奏折内容可以推断，乾隆时期盐商纳税已增加四倍多，而到嘉庆时期竟增加近九倍。对清政府来说，盐课确系"损益盈虚，动关国计"。

清代的盐税名称有五大项目，即灶课、杂课、引课、包课、税课五大名目，徽州盐商主要交纳的应是引课和杂课。灶课是对盐的生产者（盐民）所征收的课税。主要有两项：即对制盐的灶丁征收人丁税，既要按丁交银，还要按丁纳盐；对于晒盐的盐滩，按亩征收土地税。包课是各省偏远地方，对居民自制土盐所课的税。税课是把盐税摊入田赋或叫包商交纳一定数额的税，属于盐的正税。[⑤]灶课与徽商关系不大，而税课、包课实施的范围比较小。引课是按盐引征课的正税，这是盐税的主要部分，清朝统治者"惠恤商民，疏通引法"的目的就在于"以裕国课。"[⑥]每引盐课，清初甚轻，如淮南盐征银六钱七分，淮北盐五钱五分。随着清代封建政权统治的不断稳定，盐税的数额也在不断地增加。包世臣在道光九年（1829年）说："两淮正引一百九十余万道，除摊课不行盐之三十万道，计实运纲食引盐一百六十余万道，

①嘉庆《两淮盐法志》卷首，《制诏》。

②陆言：《陶文毅公全集》卷一四，《覆奏办理两淮盐务一时尚未得有把握折子》。

③陶澍：《恭报接受两淮盐政印务折子》，参见陶澍：《陶澍集》，长沙：岳麓书社，1998年，第26页。

④陆言：《陶文毅公全集》卷一五，《查覆楚西现卖盐价折子》。

⑤刘德仁、薛培：《略论清政府对盐商的控制与利用（续）》，《盐业史研究》1998年第3期。

⑥嘉庆《两淮盐法志》卷首，《制诏》。

实征正课银一百八十余万两。”[①]此时，淮南盐每引增为一两一钱七分，淮北盐一两五分。

杂课也称为附加税，是衙门官吏所征收的浮费，沿久成例，按额交纳，成为陋规。清初两淮的杂课名目只有织造、铜斤等项，此后杂课项目日益繁多，其中包括织造、河工、铜脚、盐官养廉等，清初长芦盐区陋规计十九项之多，共计银十一万一千两有奇。[②]盐税的各种附加、苛捐、规费等，本不属于盐课的正税，但由于各地的征收办法并未统一，名目极其混乱，而且征收数目不小，故相沿成习列为正税。杂课除以上名目以外，乾隆四十七年（1782年）又实行盐斤加价，每斤有加价数文者，有加一文或半文者，其初本为例外，后乃习以为常，积累起来，为数甚巨，约达7 104 900余两，较康熙时增加一倍有余。[③]此后，盐斤加价就成了封建王朝进行勒索的重要手段。

乾隆时期两淮盐商输纳实际包括正项、杂项、杂费、捐输、帑息及对官吏胥役的私人输纳六个部分。按照《淮鹾备要》归类，两淮盐商的输纳包括正项、杂项、杂费三大部分。依据《淮鹾备要》统计，两淮盐商缴纳的正项课银共计219.727 23万两。它是由“奏销考核正课款目”和“不入奏考正课款目”两大类组成。如下表所示：[④]

销考核	奏销正课	明代沿袭正纲	94.644 36	212.141 83
		清代新增引课	116.510 95	
	附入奏销正课		0.562 24	
	入考核正课		0.424 28	
不入奏销考核正课			7.585 37	

奏销考核正课款目是正项课银的主体，由“奏销”和“考核”两部分组成。“奏销”包括三个方面，若再加上“入考核正课款目”，则“奏销考核正课款目”共包括四个方面的内容：第一，由明代沿袭的“淮南北正纲引课银”每年合计94.644 36万两，入奏销正课。明额岁行大引盐70.518万引，征余课银60万两。此外，尚有旧额引价（即正额盐引价）每引0.5两，共银35.259万两。故由明代沿袭下来的“淮南北正纲引课银”为95.259万两。但在清代，该数额几经演变，后被定为银94.644 36万两。这也即清代史料所

① 包世臣：《安吴四种》卷五，《小倦游阁杂说》。
② 王守基：《盐法议略》，《长芦盐法议略》。
③ 萧一山：《清代通史》（中），上海：商务印书馆，1932年，第333页。
④ 汪崇筼：《乾隆朝两淮盐商输纳的探讨》，《盐业史研究》2003年第2期。

称:"国初淮纲正课原只九十余万两"。第二,清代新增25项引课银,每年合计116.510 95万两,入奏销正课。第三,附入奏销正课款目。这是由食盐融销升课而引起的,包括江甘食盐融销升课额征银0.400 38万两和淮北食盐融销升课额征银0.161 86万两,每年共计银0.562 24万两。第四,入考核正课款目。它包括卤税额征银0.006万两、续援额征银0.151 68万两、积余额征银0.045万两、盐政节省经费额征银0.21万两、全裁公费领征银0.009 6万两、全裁心红纸张额征银0.002万两,每年共计银0.424 28万两。上述四个方面构成奏销考核正课银,每年共计212.141 83万两。不入奏考正课款目是指一些不入奏销考核,而"另行报解充公"的正课银。不入奏考正课款目每年共计银7.585 37万两,分为四条,即经费额征银1.889 79万两、解费额征银3.839 29万两、脚价额征银1.636 08万两、归纲纸殊积余额征银0.220 21万两。综上所述,由"入奏考"与"不入奏考"两大类构成的正项课银,每年总计为219.7272万两,其中包括奏销考核正课212.141 83万两,不入奏销考核正课7.585 37万两。这也即清代史料所称"正项课银219万两"。[①]

三、捐　输

起初,捐输和报效只是个别商人针对国家特殊经济需要,专门来表示"踊跃急公"的义举,随着封建国家大型非常财政支出的出现,清政府就通过各种手段或命令或求助向各地盐商进行摊派。雍正之时,捐输和报效之事还只见于个别地区,到乾、嘉两朝,则淮、浙、芦、东各商都不甘落后,每次所捐数万以至百万两不等。[②]

徽州盐商在所谓"报效捐输"项目上耗费了巨额财富。由于盐业专卖商利用国家赋予的垄断地位获利丰厚,自然清王朝凡遇有非常之需,就往往劝令盐商出资相助。早在明代万历年间,歙商吴养春一次就为明王朝捐输30万两。到了清代,盐商捐输的资金数量更大。《清史稿·食货志》说:

> 或遇军需,各商报效之例,肇于雍正年芦商捐银十万两,嗣乾隆中金川两次用兵,西域荡平,伊犁屯川,平定台匪,后藏用兵,及嘉庆初川、楚之乱,淮、浙、芦、东各商所捐,自数十万,百万以至八百万,

① 汪崇筼:《乾隆朝两淮盐商输纳的探讨》,《盐业史研究》2003年第2期。
② 刘德仁、薛培:《略论清政府对盐商的控制与利用(续)》,《盐业史研究》1998年第3期。

通计不下三千万，其因他事捐输，迄于光绪、宣统间，不可胜举。[①]

由于徽商是两淮、两浙盐商的中坚力量，可推知上述捐输、报效多出自徽州盐商。凡遇军需、河工、灾赈，两淮盐商即以“捐输”、“报效”为名，向政府提供动辄数百万两的巨额经费。据嘉庆《两淮盐法志》统计，从康熙十年到嘉庆九年（1671—1804年）的一百多年间，盐商在捐输、急公济铜、佐修河工、城工、灾赈、报效等名目下，捐输的财物共有：银两，米21 500石，谷329 460石，每次捐输，多则数百万两，少则十数万两。[②]有些两淮盐商的原籍虽无明确记载，但据各方面的史料判断，可以断定为徽州人。在清代，北方为西商的势力范围，南方为徽商的天下。据光绪《两淮盐法志》的记载统计，由明嘉靖到乾隆期间移居扬州的客籍商人共80名，其中徽人占60名，山西、陕西各占10名。徽商在两淮已经取代山西商人而处于绝对的优势，这些捐输多由徽商出面首创应合乎情理。[③]

凡遇军需、河工、灾赈等，都少不了徽商对封建政府的捐输报效。明万历年间，因为“国家兴作，鸠工征材，赉用不足”，歙商吴时佐“率诸兄弟上钱三十万，天子旌之。”[④]徽商汪士明深有体会地说：“吾辈守钱虏，不能为官家共缓急，故掾也鱼肉之，与其以是填掾之壑，孰若为太仓增粒米乎？”于是他“应诏输粟，实边过当”。[⑤]徽商程维宗财大气粗，他甚至修建了几个庄园，用庄园所产来专门纳税、捐输、行善，“从事商贾，货利之获，多出望外……有庄五所：其曰‘宅积庄’，则供伏腊；曰‘高远庄’，则输二税；其洋湖名曰‘知报庄’，以备婚嫁；其杭坑名曰‘尚义庄’，以备凶年。……故税粮冠于一县……徭役之重皆公任之。”[⑥]

徽商还积极为清军镇压农民起义捐输。清嘉庆元年（1796年），川楚陕爆发大规模的白莲教起义。五月，起义军一部进入湖北孝感县，汉口戒严。这时，徽州盐商汪必相等主动“倡募乡勇，随官军防御”。后来由于人众粮寡，汪必相又“独捐米一千五百石，以济军食”。朝廷闻知，特赐孔雀翎。汪必相

① 赵尔巽、柯劭忞：《清史稿》卷一二三，《食货志》。

② 嘉庆《两淮盐法志》卷三、七。转引自叶显恩：《徽商利润的封建化与资本主义萌芽》，《中山大学学报》（哲学社会科学版）1983年第1期。

③ 转引自叶显恩：《徽商利润的封建化与资本主义萌芽》，《中山大学学报》（哲学社会科学版）1983年第1期。

④ 吴吉祜：《丰南志》第四册，《光禄兄六十寿序》。

⑤ 李维桢：《大泌山房集》卷六九，《汪内史家传》。

⑥ 休宁《率东程氏家谱》卷三。

受宠若惊，又续捐米2万石以助军需，真可谓不遗余力。嘉庆四年（1799年），白莲教起义失利，徽州盐商感到由衷高兴。他们考虑到大功告成以后，政府“抚辑赏赍，需用较繁”，于是总商洪箴远、程俭德率领众商“情愿公捐银三百万两，以备善后之用”，投桃报李，嘉庆帝下旨赏收200万两，并将该商众等交部照例分别给予议叙，以示优奖。第二年正月，盐商又捐银200万两，嘉庆赏收100万。旨下，商情恳切，坚持捐输，嘉庆又收50万。七月再捐100万，赏收50万。六年五月，由于清军镇压农民起义连获大胜，盐商再公捐200万。嘉庆八年，又捐200万，赏收100万。在这几次捐输中，徽商鲍漱芳等三人“遇事奋勉”，嘉庆还格外加恩，“先行交部优叙”。太平军兴起后，清政府在皖南筹饷，婺源商人黄文“迭捐巨赀”，查时茂也“捐巨赀为倡”。同治初年，左宗棠率军驻皖南进剿太平军，查时茂又“踊跃输助”。当太平军围攻金陵时，清军屯兵安炮，堵截上游，正在金陵的徽州木商程开绂“输木作筏，约费数千金。后官军克复镇江，两次采木，制云梯，造浮桥，绂皆捐助”，江苏巡抚以“储材报国”匾额赠之。①

为了表扬徽商的“报效捐输”，封建政府往往通过“急公议叙”形式使他们获得虚职。凭借“急公议叙”取得官爵的现象，早在宋代已经出现。明代，据吴士奇的《征信录·货殖传》记载：“近（万历年间）国有大役，宗人（吴养春）有持三十万缗佐工者，一日而五中书之爵下”。万历二十九年（1602年）七月，两淮税监鲁保“进银内库”，其中“税银一万六千九百三十九两，引价银五万六千两，补解银七百五十两，输献吴时修等银九万两”。②明代的“输献”与清朝前期的“捐输”“报效”很相似，其用途主要是军费开支和工程费用等。明代捐纳得官途径尚未广开，所授官爵多为虚职，商人也并不汲于求实职，他们目的只是在取得虚职空衔后，可以享有税收豁免特权和一定的社会地位。

到了清代，捐纳制盛行。徽州盐商往往不惜重资，捐输报效，助军助赈。官府出于实际需要，大力鼓励富民出钱报效国家，作为回报，政府赏予虚衔。徽商许光国“一世业淮鹾。……岁饥，捐资赈救，两赐顶戴，康熙三十年受封儒林郎。”③歙县商人汪朔周“业盐籍扬州……尝捐资修范公堤，岁荒赈粥，事闻，给七品顶戴。”④这些儒林郎、七品顶戴之类的官职，很显然

① 转引自张海鹏、王廷元主编：《徽商研究》，合肥：安徽人民出版社，1995年，第320—321页。
② 万历《明神宗实录》卷三六一。
③ 姚文田：《重修扬州府志》卷五二，《笃行》。
④ 乾隆《歙县志》卷一三，《义行》。

都是他们用金钱买来的。“急公议叙”或者“捐输”“报效”，只是有议叙授官的可能，议叙官职的大小，除了要看捐输钱数的多少，还要看皇帝的态度如何，没有严格标准。清代的捐纳制规定了官职的价格，监生也可以捐资获得。为了能跻身于绅衿行列，徽商不得不付出一笔商业利润，正如一位商人哀叹：“捐监援职，计费匪轻”[①]。

在连续不断的捐输、赈灾、助饷后，许多徽州盐商因贴尽老本而濒临破产。乾隆中后期盐务总商江春，“为总商四十年，国家有大典礼及工程灾赈，兵河饷捐，上官有所筹画，春皆指顾集事”。由于江春捐输报效频繁，他财力日渐消乏。乾隆三十九年（1775年），皇帝“怜江广达家产消乏，加恩赏借库银三十万两，令其作本生息，以为奉瞻之计。”官场消费是徽州盐商开支的重要方面，有人估计该项费用占其利润比例应不低于40%。[②]可见所谓捐输报效，也是商人不得已的贿赂。有些商人一时不能完纳盐官授意的认捐款数，便采取加息挂欠的方法，即认捐之款转化为欠官的帑银，照加利息，分摊为一定的年限，逐年连同课税一起交纳。

四、抗　倭

从元末明初到明中叶，倭寇频繁侵犯中国东南沿海，给中华民族带来巨大灾难。[③]沈一贯说：“自嘉靖壬子来，寇蹂躏我浙直山东，以至福建、广东，沿海万里，直入腹里维扬徽太杭嘉金衢之间，至窥南京，裂国家幅员之半而焚掠之，所在为墟。”倭寇每到一处，“毁民居，劫库藏”，“所历地必掠，所掠地必焚，相望若烽燧然”。他们“焚燔庐舍，掳掠女子财帛”，这种破坏延续了十余年，“东南元气，于是大伤”，人民利益损失严重。[④]在这空前的民族灾难面前，东南沿海军民掀起了轰轰烈烈的抗倭斗争，徽商也毅然参加到当时的斗争行列。

在国难当头之际，有些徽商毅然弃贾从戎。休宁程良锡原是个商人，曾

① 徽州《阄书契底》，转引自叶显恩：《徽商利润的封建化与资本主义萌芽》，《中山大学学报》（哲学社会科学版）1983年第1期。

② 转引自方竞：《从徽商的消费形态看传统商人的历史命运》，《合肥学院学报》（社会科学版）2005年第4期。

③ 关于徽商抗倭斗争的事迹，本部分史料转引自张海鹏、王廷元主编：《徽商研究》，合肥：安徽人民出版社，1995年，第340—345页；王世华：《富甲一方的徽商》，杭州：浙江人民出版社，1997年，第192—196页；王世华：《论徽商的抗倭斗争》，《安徽师大学报》（哲学社会科学版）1986年第1期。

④ 转引自王世华：《富甲一方的徽商》，杭州：浙江人民出版社，1997年，192页。

“挈重资，贾浯溪，昼则与市人昂毕货殖，夜则焚膏繙书弗倦”。后又“尽读阴符黄石公诸书暨孙吴兵法，日与诸豪士试剑校射。群英咸集，乃跃马三试之，皆中鹄贯革，海宁诸武胤咸吐舌推毂”。他三次应武试，都因故未中。于是感叹：“丈夫贵立功名垂竹帛耳，岂必科目显哉?”正是怀着“立功名，垂竹帛”的抱负，他毅然弃商从戎，例授宣州卫指挥佥事。当时正值倭寇猖獗之时，巡抚陈公将他调到前线防御，刚到葑门，与倭寇猝然相遇。程良锡毫不畏惧，“抽矢先登”，并指挥将士以强弩射倭，立毙倭寇17人。倭寇仍未退却，“君乃奋剑贾勇，驱壮士馘斩剧贼六人，城危遂解”。由于他屡立战功，上级迭行嘉奖。嘉靖三十五年（1556年），程良锡受命防守胜敦，“倭见旗鼓一新，不敢窥伺”。总督胡宗宪深为器重，又调他移守太仓，令其邀击倭寇归路。在此后的日子里，他屡立战功。五月，倭寇于三江口焚劫，他率家丁迎击，“倭遂溃裂，一方得安”。六月，他同总兵俞大猷出海追贼到茶山，手斩悍黠剧贼三人，“身被重伤，尚奋勇力战”。以后又一直转战浙江、福建沿海一带，大有斩获，以致“倭畏君威，闻风无不披靡”。每战他必奋勇当先，而且善抚士卒，故人们称赞他有“古名将风”。[①]

在倭寇兵临城下时，有些徽商挺身而出，亲自组织群众，领导抗倭斗争。嘉靖三十四年（1555年），倭寇从浙江窜到徽州。倭寇潜入歙县境内，守令惊慌失措，竟然下令拆毁民房，以防止倭寇火攻。许谷先是坚决反对：“未拒守而先毁夷，脱有漏言，示弱已甚。”继而他自告奋勇，组织群众拒守东门。在守歙期间，许谷也充分发挥了自己的才能：“盛军容，昼旌旗，夜火鼓，践更者以期至，失期有诛。”倭寇知道有备，“闻先声而退二舍”[②]。当倭患临近休宁时，因城内素无守军，人们纷纷襁负老幼入山。程锁对大家说：“吾以岩郡阻上游，寇未必至。至则境内皆倭也，何避焉?”于是他亲自组织里中少年，召集三老豪杰，分据形胜，列五营。程锁亲自领导中军，中立一强干者为之长。他军纪严明，毫不迁就，“既歃，法不用命者一人，乃归伍；明日再至，法失伍者一人，乃归伍；又明日三至，法哗者一人，乃归伍”。接连处罚三人，产生了极大影响，“由是悉遵约束，人人幸自坚”[③]。

---

① 休宁《率东程氏家谱》卷一一，《明威将军程天宠甫小传》。转引自张海鹏、王廷元主编：《徽商研究》，合肥：安徽人民出版社，1995年，第345页。

② 歙县《重修故歙东门许氏宗谱》卷九，《许本善传》。

③ 汪道昆：《太函集》卷六一，《明处士休宁程长公墓表》。转引自王世华：《富甲一方的徽商》，杭州：浙江人民出版社，1997年，第195—196页。

后来“寇略郡东，寻遁出境”，第二年直逼芜湖。芜湖无城可守，县官束手无策，歙商阮弼毅然负起守土之责。他倡议捐资召募强壮少年，合土著壮丁数千人，刑牲而誓，阮弼并做了战前动员：“寇邪？虎邪？虎而嵎，手可搏；虎而翼，矢可加。如其寇也，则业已穷。虽张，吾侪直醢之以谢天子。”数千人同仇敌忾，誓与倭寇决一死战，倭寇知道有防备，吓得连夜逃跑了，使芜湖避免了一场浩劫。[①]后来，为了纪念阮弼的功劳，人们把芜湖西门称为“弼赋门”。

徽商慷慨捐资筑城，以便防御倭寇入侵。休宁故无城，县大夫委托巨商程锁筹备修城事宜，程锁慨然应允。除了他自己捐资外，又“区别诸室受工，莫不唯唯”。宗人程甲家贫，难以筹款。县大夫询及程锁，他说：“某贫，宜不胜任，锁幸有余力，毋以一夫烦君侯，请代之。”[②]立捐500缗而告成事。嘉靖年间，“海寇四逸，（休宁）林侯议筑城为御，佥谓非君（休宁商汪福光）不就，乃延以为倡。君毅然曰：‘侯为吾民，民可自为乎！’即日鸠工伐石，首建城洞一所，寻造城楼及城若干丈，计费凡数千金”。[③]歙商吴烈夫也是如此，“倭数窃发，邑侯以旧城狭隘，乃营新城以广之，公欣然赴义。”[④]嘉靖三十四年，倭患孔棘之时，“有司募民出粟筑城郭，以备不虞”，歙商汪忠浩“即应募不辞”[⑤]。徽商不仅在捐资助修徽州县城时，能“欣然赴义”“应募不辞”，就是在寄居地筑城时，他们也能“慨然分任”，助一臂之力。休宁商邵鸾贾于松江，“尝以岛夷（倭寇）发难，同诸父老白当路，筑邑城，顾输财筑城若干丈”[⑥]。休宁商程瓖商游吴越，“郡有倭寇侵扰，邑侯营城，部分版筑，求免者众，翁慨然分任，竟亦卒事”[⑦]。

徽商还捐资募勇守城，或输财助饷抗倭。嘉隆年间，歙商凌珊在瓜洲经商，“嘉靖庚戌（1550年），倭寇猖獗，掠江南北诸郡，公在瓜洲围城之中。城旦夕破，守者计无所出。公奋然曰：‘是非重赏无得死力者以保危城。’即解千金装，散诸少年以为倡，从而解者各有差。诸少年踊跃登陴。倭奴疑有

---

① 汪道昆：《太函集》卷三五，《明赐级阮长公传》。转引自张海鹏、王廷元主编：《徽商研究》，合肥：安徽人民出版社，1995年，第344页。

② 汪道昆：《太函集》卷六一，《明处士休宁程长公墓表》。

③ 休宁《西门汪氏宗谱》卷六。

④ 吴吉祜：《丰南志》第五册。

⑤ 歙县《汪氏统宗谱》卷三一。

⑥ 徐卓：《休宁碎事》卷一二。

⑦ 休宁《率东程氏家谱》卷四。

备，胥遁"[①]。凌珊的慷慨解囊，对保住瓜洲城起了重要作用。嘉靖年间，休宁商程元定贾于嘉定，"值倭围嘉城，捐金募勇士，为诸室先。受甲登陴，城卒能保"[②]。休宁商汪新曾挟重资游吴楚间，而多居货于豫章。"公捐金数百助军饷御倭难"[③]，为表彰他的功劳，朝廷以恩例拜其为南昌卫大挥使。嘉靖三十五年（1556年），巡抚阮鹗被倭寇围于桐乡县，"倭围之数重，城中粮绝，旦暮且破"，歙商程次公"首输千金，以佐军实，为士民先，卒保桐乡。城完，次公力也"[④]。

第四节　回馈社会

徽州是徽商的桑梓之地、父母之邦，徽商对家乡怀有深厚的感情，他们致富后，首先想到的就是在家乡兴办公益事业。徽商不仅在家乡的公益事业中留下了美好的"名声"，而且随着他们经商足迹所至，还把"膏泽"洒遍经商社区。[⑤]在徽商的家乡和侨寓地，他们对兴办义学、筑桥修路、筑堤浚河、救灾济荒等公益事业都倾注了巨大的热情，不仅慷慨解囊，而且出谋划策。他们还置义冢、造救生船、设药局，开我国近代慈善事业之先河。魏丕信认为，对于中国民间捐输这种"善行"，"人们必须把他们视为一种更一般性的公共社会的'利他主义'传统，其中无疑吸收了浓厚的佛教概念。"[⑥]这种观念就是"阴德"说法。"阴德"是广弘善法不图今世回报，由于此种善行主要靠代际累积无限顺延惠及子孙，是一种迟来的"惠及"。

一、乐善好施

仁爱道德是儒家伦理的核心。孔子以"仁"为核心构筑了他的伦理思想体系。《论语》中关于弟子问仁的记载很多，孔子所答，因人而异。

> 子贡曰："如有博施于民而能济众，何如？可谓仁乎？"子曰："何事

---

①凌应秋：《沙溪集略》卷四。

②嘉庆《徽志补遗》。

③休宁《西门汪氏大公房挥金公支谱》卷四。

④汪道昆：《太函集》卷一七。

⑤张海鹏、王廷元主编：《徽商研究》，合肥：安徽人民出版社，1995年，第432页。

⑥魏丕信：《18世纪中国的官僚制度与荒政》，徐建青译，南京：江苏人民出版社，2003年，第111页。

于仁，必也圣乎！尧舜其犹病诸！夫仁者，己欲立而立人，己欲达而达人。能近取譬，可谓仁之方也已。”（《论语·雍也》）颜渊问仁，子曰：“克己复礼为仁。一日克己复礼，天下归仁焉。”仲弓问仁，子曰：“出门如见大宾，使民如承大祭。己所不欲，勿施于人。在邦无怨，在家无怨。”司马牛问仁，子曰：“仁者其言也讱，曰：其言也讱，斯谓之仁已乎？”子曰：为之难，言之得无讱乎？樊迟问仁，子曰：“爱人。”（《论语·颜渊》）

在这些条文中，“克己复礼”“出门如见大宾，使民如承大祭”，都是引用前人成语，均是《左传》所载。而“己欲立而立人，已欲达而达人”和“爱人”是孔子自己提出来的。“爱人”二字比较简要，“己欲立而立人，已欲达而达人”可以说是“爱人”的具体规定。仁的最深、最高层次是“搏施于民而能济众”，就是“子贡问仁”的那一条。孔子的仁爱道德的特点是由己推人、由近及远。孟子说：“老吾老，以及人之老；幼吾幼，以及人之幼。”（《孟子·梁惠王》）唐代韩愈提出的“博爱”和宋代张载提出“民胞物与”思想，可以说是孔孟仁爱道德的发展。韩愈在《原道》中提出“博爱之谓仁”，博爱即为广泛的爱，爱一切的人。张载在《西铭》中提出“民吾同胞，物吾与也”的著名命题，认为人与人的关系应是兄弟关系。

徽州族规家法要求宗族成员要彰善瘅恶。[①]歙县泽富王氏宗族《宗规》认为，所谓“善”就是：“恤寡怜贫而周急，救灾拯难而资扶，居家孝悌而温和，处事仁慈而宽恕，凡济人利物之事皆是也。”并告诫族人：“爱子孙者，遗之以善；不爱子孙者，遗之以恶，慎之勿纵。”[②]婺源《武口王氏统宗世谱·庭训八则》说：“尚义之与任侠，大是不同。任侠者，近于慷慨，然亦不无过举；尚义者，审事几揆轻重，非穷理尽性不能。”歙县东门许氏宗族《许氏家规》彰善瘅恶条规定：

立彰善、瘅恶二匾于祠，善可书也，从而书诸彰善之匾；恶可书也，从而书诸瘅恶之匾。屡善则屡书，而善者知所劝；屡恶则屡书，而恶者所知所惩，使其惩恶而为善，则亦同归于善，是亦与人为善之意

① 赵华富：《徽州宗族研究》，合肥：安徽大学出版社，2004年，第381—382页。
② 歙县《泽富王氏宗谱》。

也。树德务滋，与众旌之；积恶不悛，与众弃之，人何不改恶趋善哉！[①]

歙县呈坎先贤罗荣祖在《重修家谱叙》中说：

吾族子孙蕃衍，历年滋远，无（非）祖宗积善余庆也。后之人，谨勿亏孝敬之行，以伤蠹此善根；谨勿贼骨肉之恩，以湮塞此善源；谨勿怀奸饰诈犯义侵礼，以斵丧此善根基，则仁积而弥厚，泽流而益深，此祖宗之望也。子子孙孙，尚冀识之。[②]

歙县姜氏宗族《谱系》说：“遗金不如存德，遗业不如善良。”绩溪《明经胡氏龙井派祠规》重义条记载说：“仁人正谊不谋利，儒者重礼而轻财。然仁爱先以亲亲，孝友终于任恤。辟家塾而教秀，刘先哲具有成规；置义田以贩贫，范夫子行兹盛举。”[③]徽州宗族将“善”的规定法规化，变成宗族成员必须恪守的行为规范。

在徽州宗族的族规家法中，大都有“恤族”“救灾”的规定。[④]如绩溪《华阳邵氏宗谱》卷首《新增祠规》恤灾规定：

族由一本而分，彼贫即吾贫。苟托祖宗之荫而富贵，正宜推祖宗之心以覆庇之，使无所失，此仁人君子之用心也。若自矜富贵，坐视族人贫困，听其鬻妻质子而为人仆妾，以耻先人，是奚翅贱羞哉？即富贵亦与有责也。[⑤]

歙县东门许氏宗族《许氏家规》救灾恤患条规定：

人固以安静为福，而灾危患难亦时有之，如水火、盗贼、疾病、死丧。凡意外不测之事，此人情所不忍，而推恩效力、固有不容于己者、其在乡党邻里，有相周之义焉，有相助相扶持之义焉，况于族人，本同一气者乎？今后，凡遇灾患，或所遭之不偶也，固宜不恤财、不恤力以

① 歙县《重修古歙东门许氏宗谱》卷八。
② 歙县《罗氏历代祖宗谱》。
③ 绩溪《明经胡氏龙井派宗谱》卷首。
④ 赵华富：《徽州宗族研究》，合肥：安徽大学出版社，2004年，第389—390页。
⑤ 绩溪《华阳邵氏宗谱》卷一八，《新增祠规》。

图之，怜悯、救援、扶持、培植以示敦睦之义。此非有所强而迫也，行之存乎入耳。[①]

《扬州府志》说：淮扬一带徽商“高资之室，取多用弘，有慷慨扶济之心，无悭啬纤鄙之态，一旦水旱兴作，民命利害所系，能用其有余以次（资）助公家之急。”[②]所谓“扬州慈善，向以盐商出款为大宗。”[③]“博施好义之风，扬人最盛。”[④]

徽州宗族采取种种不同举措来表彰宗族成员的“义行”。[⑤]在徽州的地方志和谱牒当中，《义行传》占据了极大篇幅。民国《歙县志》共十六卷，其中《人物志·义行》有一卷，共列人物传记445篇。民国《重修婺源县志》全书共70卷，其中《义行》多达六卷，编入人物传记数以千计。[⑥]这些《义行传》或《义行》表彰了宗族子弟的乐善好施。休宁《商山吴氏宗法规条》规定：

凡有孝子顺孙、义夫节妇、名宦功德及尚义为善者，宗正、副约会族众，告祠，动支银一两，备办花红鼓乐，行奖劝礼，即题名于祠。其堪奏请表扬者，合族共力举之。

《新安程氏阖族条规·祠规条目》规定：

凡有孝子顺孙、义夫烈士、恤孤怜寡、敦谊睦族、救灾恤患一切有善可风者、小则众共声举，登簿表扬，散胙之时，另席中堂，以斯文陪之；大则鸣众徽棹，揳以旌其闾。

绩溪华阳邵氏宗族《新增祠规》规定：

三代以还，全人罕觏，苟有一行一节之美，如孝子顺孙，义夫节

① 歙县《重修古歙城东许氏世谱》卷七，《许氏家规》。
② 雍正《扬州府志》卷一〇，《风俗》。
③ 民国《江都县新志》卷二，《建设》。
④ 徐谦芳：《扬州风土小记》。
⑤ 赵华富：《徽州宗族研究》，合肥：安徽大学出版社，2004年，第375页。
⑥ 赵华富：《徽州宗族研究》，合肥：安徽大学出版社，2004年，第376页。

妇，或务学而荣宗，或分财而惠众，是皆祖宗之肖子，乡党之望人，族之人宜加敬礼，贫乏则周恤之，患难则扶持之，异日修谱则立传以表扬之。①

歙县东门许氏宗族《许氏家规》表彰节义条规定：

节义者，天地之正气，士人之德行，非所望于妇人女子者也。……吾宗以忠义传家，而立节守义者亦多。今特疏名于簿籍，第其事势之难易，列为二等，剂量胙之厚薄，每祭必颁行以分之，用示优待之意，抑亦表彰之义也。②

绩溪明经胡氏龙井派的《祠规》重义条规定：“倘有好义子孙，捐义产以济孤寡，置书田以助寒儒，生则颁胙，殁给配享，仍于进丰之日，祠内酌办祭仪，请阖族斯文迎祭以荣之，以重义也。”③徽州族规家法中关于“义”的规定，对徽商产生了深远影响，他们经商致富后，都乐意为宗族和家乡修宗谱、筑祠堂、置族田、建书院、修桥铺路、兴修水利、赈灾济贫、抚孤恤寡等，所谓“郡中多贤豪为名高第，于所传之非堇堇于财役，要以利为德于当世，富而仁义附焉”④。

二、兴办义学

徽商不惜斥巨资在家乡兴办义学。义学又称义塾、义馆，是为孤寒子弟而设立的教育机构，不仅不收束脩，而且还提供膏火之费。明代，徽州私人创办义学蔚然成风。如歙县呈坎商人罗元孙，“尝构屋数十楹，买田百亩，以设义塾、以惠贫宗”；休宁商山人吴继良，“尝构义屋数百楹、买义田百亩，建明善书院、设义塾”。⑤歙县商人汪光晁，“设义馆以教无力延师者”⑥。入清以后，徽州私人创办的义学更是遍布城乡。如歙县商人洪世

① 绩溪《华阳邵氏宗谱》卷一八，《新增祠堂规》。

② 歙县《重修古歙城东许氏世谱》卷七，《许氏家规》。

③ 绩溪《明经胡氏龙井派宗谱》卷首。

④ 休宁《西门汪氏大公房挥佥公支谱》卷四，《明威将军南昌卫指挥佥事新公墓表》。

⑤ 康熙《徽州府志》卷一五，《人物志四·尚义传》。

⑥ 道光《安徽通志》卷一九六，《义行》。

沧，“捐赀二千金入宗祠，以其息设两义塾”[①]。歙县商人吴景松，“创崇文义塾，斥万金购市屋七所，收其租直以资族中子弟读书”[②]。黟县商人李彬彦，“设义塾，多所课族党孤寒子弟”[③]。黟县商人汪廷兴，“尝捐白金三百立义学”[④]。婺源商人程耀廷，“倡兴义学，输田若干亩”[⑤]。嘉靖间休宁商汪福光“筑庠宫文峰之垒”[⑥]；祁门商马禄助修县儒学，“输金三百以佐其费”[⑦]；休宁商查杰“建尊经阁，整明伦堂，竖文笔峰，三裨益于黉序……其他乡社塾舍，未易缕指”[⑧]；休宁商汪洪“建丁峰，浚泮池，造奎星楼”[⑨]；绩溪商章必泰，不仅鼎力资助东山书院，而且还捐白银200两用于绩溪县考棚的建设[⑩]。还有合族、合村集体创建的义学。如婺源县的芳溪义学、碧溪义学即是如此。芳溪义学在南乡三十四都，由潘梦庚、潘常采、潘常栈、潘大镛等创始，“太白潘姓合族捐输田租，岁贴束修考费。”[⑪]碧溪义学在南乡二十五都坑口，“咸丰八年，方龙藻、方彬、欧阳阆峰、方邦杰、方锡芬等创始，及合村捐建，并置田租、津贴束脩。”其中创始人和捐助者多为徽商。翻开明清徽州方志、宗谱，其中的“义行”“尚义”等项，大都记有徽商“设义塾”“立义学”之举。

徽商在侨寓地也积极捐资助学。如歙县两淮盐运总商汪应庚一次就捐资五万余金，重建扬州和江都的府县学宫，“以二千余金制祭器、乐器，又出一万三千金购腴田以所入供岁修。”[⑫]徽商在外地所建书院也有很多，如景德镇新安书院、文昌宫，饶州紫阳书院，杭州崇文书院、紫阳书院，扬州江甘学宫等。马氏兄弟出资修建的扬州安定、梅花两书院，饮誉海内，掌院山长多是蒋士铨、赵翼、姚鼐等知名学者。“四方来肄业者甚多”，徽商子弟或故乡贤才来此进修者为数更多，如汪中、凌廷堪等。

汉口紫阳书院是徽商在侨寓地建设的最大的书院。正如乾隆时期徽州学

---

① 民国《歙县志》卷九，《人物志·义行》。
② 民国《歙县志》卷九，《人物志·义行》。
③ 民国《黟县志》卷七，《人物·尚义》。
④ 嘉庆《黟县志》卷七，《人物·尚义》。
⑤ 光绪《婺源县志》卷三五，《人物十·义行八》。
⑥ 休宁《西门汪氏谱》卷六，《益府典膳福光公暨配金孺人墓志铭》。
⑦ 康熙《徽州府志》卷一五，《尚义》。
⑧ 休宁《西门查氏祠记》，《查灵川公暨配汪孺人行状》。
⑨ 休宁《西门汪氏宗谱》卷六，《题义官洪公卷》。
⑩ 绩溪《西关章氏族谱》卷二四，《家传》。
⑪ 民国《重修婺源县志》卷六，《学校》。
⑫ 许承尧：《歙事闲谭》卷一三，《汪上章事略》。

者王恩注所说：“我徽士侨寄远方，所在建祠以祀朱子，而唯汉镇最巨。”[①]汉口紫阳书院的“明宫斋庐，觐飨式时，严严翼翼，自门阙堂阶以达寝室，复庙重檐，莫不餍饮心目”[②]。由于工程浩繁，耗资巨大，所集经费旋集旋散，执事的徽商们不得不为筹资奔走呼号，焦心劳瘁。《汉口紫阳书院志略》中收集了数篇“劝输文”“劝输启”，从中可以窥见当时募资艰难状况。康熙三十七年（1698年），书院经过五载经营，规模虽已“巍然大观”，但“涂墍丹雘，所需尚繁”，而此时经费却即将告罄，于是执事者不得已颁布《再劝乐输文》。文中说：

> 有志者事成，力倦者终辍。今紫阳书院之举，志亦坚矣，而终未成，则非倦于力也，辍于力之不能继也。辍于力之不能继则非一人之责，凡我同郡力可有为而未经为，或为之而未竟其力者之责也。[③]

呼吁同郡有力者再行捐输，免使书院之业中途而废。

书院经营到第十个年头，即康熙四十二年（1703年），由于“岁序迁流，力疲心瘁，资斧既不充囊，朋辈又皆星散”，再一次陷入经济危机。据同年颁布的《再劝乐输启》介绍，“今门堂楼室巍然可观，惟涂垩丹雘，一切阶壁傍庑尚未完备……用是分项计赀约略三千余金，今除已注承认外，仍缺千金。”因为“势不能停工辍作任一篑之终亏”，执事诸徽商再次号召：“诸乡台先生以如云如雪之襟期，遂希圣希贤之盛举，各随愿力，署簿慨输，将芳名与贞珉并垂，而胜事同汉江俱永。”[④]经过又一次的募捐，书院的主体建筑才得以完工。

又十年后，由于书院“历年久远，风雨飘摇，栋梁剥落，且地形坎洼，积水漫溢。”因而，“若不及令修葺，难免前功堕毁。”[⑤]对损坏如此严重的紫阳书院，旅汉徽商虽也早有议修之举，但终因“筑室道谋不成，且以物力维艰，又各因他故，未暇。”[⑥]此时，恰逢“世家新安，而通籍于吴”的兵部尚

① 董桂敷：《汉口紫阳书院志略》卷七，《重修紫阳书院后序》。转引自李琳琦：《徽商与明清徽州教育》，武汉：湖北教育出版社，2003年，第249—252页，下同。

② 董桂敷：《汉口紫阳书院志略》卷七，《新安通衢记》。

③ 董桂敷：《汉口紫阳书院志略》卷八，《再劝乐输文》。

④ 董桂敷：《汉口紫阳书院志略》卷八，《再劝乐输文》。

⑤ 董桂敷：《汉口紫阳书院志略》卷八，《募修汉镇新安书院序》。汉口紫阳书院又称新安书院、汉江书院。

⑥ 董桂敷：《汉口紫阳书院志略》卷八，《募修汉镇新安书院序》。

书兼都察院右都御史毕沅持节来楚，任总督湖广等处地方军务，于是众士商共谋修葺之举。毕沅慨然应允，并于乾隆六十年（1795年）亲撰《募修汉镇新安书院序》，希望“同乡诸老体昔贤缔造之难，为后起观型之劝，交相乐助，共破悭囊，鸠工庀材，刻期告竣，俾馆舍如旧，规式一新。”[①]在毕沅的倡始下，书院的修葺、扩建工作终于在嘉庆初年告竣。

在汉口紫阳书院创建的过程中，旅汉徽商，特别是其中的执事者的事迹至为感人。一些人因操劳过度而积劳成疾，如汪文仪，“自任事以来，目萦心算，惟矢真诚，骨瘁神枯，了无退悔”[②]。一些人因呕心沥血而撒手人寰，如吴蕴予，“身入书院之中，家置浮云之外。一呼四应，工师来自故乡，九鼎片言，木石聚于江岸。经权有道，出入无私。正当大举之时，忽有外氛之集，披肝沥胆，沐雨栉风。爰是九载工程，托钵之金钱无济，屡书告急，太仓之粒粟难分，遂罄橐而输工，呕心以下世”[③]；余南宜，“志切匡时，心存卫道。……天不憖遗，伤于劳瘁”[④]；吴润苍，“向任书院事最久，勤慎明敏，为诸君所推服，以嘉庆壬戌年（1802年）卒于督工之次。”[⑤]更多的是因一心为公而致使私业中落，正如时人所言：“大抵新安人在汉各有生业，不难于捐赀急公，而难于出身任事。益奉公者必废私，故创造书院之人，生业多致中落”[⑥]。如余本立，因“协力承肩，同心任事，迨至三君（指汪文仪、吴蕴予、余南宜）继没，犹能双手完工”，结果是自身“穷渐不支”[⑦]；戴良玉，总理书院西厅之建，“慷慨任事”，然而“西厅成戴君之业败”[⑧]。这些主持创建汉口紫阳书院的徽商们，为汉阳紫阳书院建设鞠躬尽瘁。[⑨]

三、筑桥修路

筑桥是一件积德行善、造福桑梓的义举，徽商乐意资助。[⑩]正如徽州族谱

---

① 董桂敷：《汉口紫阳书院志略》卷八，《募修汉镇新安书院序》。

② 董桂敷：《汉口紫阳书院志略》卷七，《始建祠记》。

③ 董桂敷：《汉口紫阳书院志略》卷七，《始建祠记》。

④ 董桂敷：《汉口紫阳书院志略》卷七，《始建祠记》。

⑤ 董桂敷：《汉口紫阳书院志略》卷八，《重修书院首事纪绩》。

⑥ 董桂敷：《汉口紫阳书院志略》卷七，《西厅记》。

⑦ 董桂敷：《汉口紫阳书院志略》卷七，《始建祠记》。

⑧ 董桂敷：《汉口紫阳书院志略》卷七，《西厅记》。

⑨ 汉口紫阳书院的内容转引自李琳琦：《徽商与明清徽州教育》，武汉：湖北教育出版社，2003年，第249—252页。

⑩ 关于徽商筑桥义举，可参见卞利：《徽商与明清时期的社会公益事业》，《中州学刊》2004年第4期。

所说：徽商“济饥馁以粥，掩暴骼以棺，还券以慰逋负，散财以给窘乏。至于修道路、造亭桥，诸所善果靡不仗义为之，不少吝”[①]。明代歙商许岩保“性好善，葺路建亭，不遗余力，时造万年桥，岩保输资三百缗”。[②]明代绩溪商曹显应父子独资铺设了练江上的万年桥、七都的文济石桥、延福石桥、八都的羊须坑石桥，与他人合资建造曹溪石桥。[③]乾隆三年（1738年），歙县富商汪士嘉独立捐资创建岑山、杨村两石桥，乾隆六年（1741年）再次斥资修葺长生桥。[④]乾隆五十三年（1788年），徽州发生洪涝灾害，洪水冲毁歙县太白楼下的河西桥和齐云山下的登封桥，黟商胡贯三独资修建河西桥，耗银10万两，为此他不得不关闭12处当铺和钱庄；三年后，他又独力修建登封桥，至乾隆六十年竣工。衍庆桥是徽州人去江浙的必经之道，自万历三年（1575年）北岸徽商吴月山独自捐资创建后，历经二百余年，渐有倾圮。于是，道光十三年（1833年）北岸徽商吴德基斥资50余万缗加以重修。[⑤]横跨歙县练江之上的太平桥，也是徽商捐助建造和修缮的杰作，道光二十二年（1842年）黟县西递商人胡元熙联合徽商程祖治等集资白银十万两，用于太平桥的修缮，历时八年告竣。[⑥]盐商汪洪经商获得成功后，积极捐资“佐城筑、修桥道、构路亭”[⑦]。两淮总商鲍志道之妻汪氏，“重筑大母埸、七星墩、埸田水溪桥，诸道路至今里人能道也”[⑧]。康熙戊戌年间洪水暴涨，里中桥堤被冲塌数十丈，歙盐商吴之骏“倡集同人构造，凡两易寒暑始竣工”[⑨]。徽商孙有爔“侨金陵，捐助江南北沿会馆，独造万富庵河桥。时有孙善人之号”[⑩]。休宁商吴敏惠“业磋来杭，建城东土桥新坝，费万金，商民至今依赖，称吴公坝”[⑪]。

徽商不仅捐资建桥，而且还在道路建设上不遗余力。在祁门大洪岭山路两旁的石刻上，有近十通关于徽州黟县、祁门、歙县和休宁商人捐资修路的

---

① 休宁《方塘汪氏宗谱》,《周德堂记》。

② 道光《歙县志》卷八,《人物志·义行》。

③ 道光《歙县志》卷八,《人物志·义行》。

④ 道光《歙县志》卷八,《人物志·义行》。

⑤ 许承尧:《歙事闲谭》卷二七,《衍庆桥》。转引自卞利:《徽商与明清时期的社会公益事业》,《中州学刊》2004年第4期。

⑥ 转引自卞利:《徽商与明清时期的社会公益事业》,《中州学刊》2004年第4期。

⑦ 休宁《西门汪氏宗谱》卷六,《题义官洪公卷》。

⑧ 纪昀:《中宪大夫鲍公肯园暨配汪恭人墓表》。

⑨ 吴吉祜:《丰南志》第五册,《皇清诰封中宪大夫、大理寺寺副加五级进士捐斋太老姻台吴公行状》。

⑩ 光绪《婺源县志》卷三五,《人物志·义行》。

⑪ 转引自卞利:《徽商与明清时期的社会公益事业》,《中州学刊》2004年第4期。

芳名录，甚至远自安庆府的潜山、怀宁、太湖和望江等地的商号也参与了捐助修路的义举。关于此次重修大洪岭道路捐助的情况，在一通乐输碑上有着详细的记录。黟县叶义泰、苏丰裕、万和号、泰昌号、源兴号；歙县广裕号、同德号、同盛号和生源号；休宁义茂号、荣盛号、义兴号和公盛号；祁门开泰号、和丰号、和义兴号等在内共351家商号和个人参与捐赠，总计捐钱5 306千文、纹银213两2钱和元银123两4分。[①]至于市镇乡村之间的山路兴创，徽商的捐助记录比比皆是。明歙县商人朱永通捐资开凿浦口至渔梁码头的道路，“以利行人”。[②]清歙县商人江演热心公益事业，“郡北新岭峻险，行人艰阻，呈请当事，独立捐金数万，开通新路四十里，以便行旅。”[③]清婺源商人余源开经商成功后，斥资筑桥修路，“里东韦石岭欹仄难行，独立修平，并置租煮茗济渴。他如创义祭、建石桥及考棚、城垣，均输助襄成。”[④]祁门商人汪琼因“南溪流激撞，善复舟”，慨然“捐金四千，伐石为梁，别凿道引水迤逦五六里，舟行始安”[⑤]。

徽商也在经商地捐资筑桥修路。歙县商人刘正实在扬州经商期间，曾经捐输万金，用于龙门桥的兴修。[⑥]休宁商人邵鸾在上海经商，“乐恤客之急，数以责诸人云间（上海），故有金汇、薛家二梁圮坏，过者蛇行匍行经。公亟嘱工缮治……行旅称”[⑦]。由徽州迁至双林的吴逊铨，“凡里中修筑桥梁，里人必推公为首”[⑧]。婺源商人金玉成“往来白门、湘汉间，累巨赀……在金陵修桥梁十余处，道路十余里”[⑨]。经商四川的婺源商人詹文锡，曾经捐数千金劈开“惊梦滩”险道，使来往重庆的商旅行人免遭覆舟之苦，当地官员嘉其行，勒石更名为“詹商岭”。[⑩]歙县人许以仁在江西的吴城和丰城经商，看见道路倾圮就发动好义之士修治。[⑪]歙县商人鲍志道修整了扬州自康山西至钞关

① 《清道光七年孟冬祁门县大洪岭修路乐输芳名碑》。转引自卞利：《徽商与明清时期的社会公益事业》，《中州学刊》2004年第4期。

② 道光《歙县志》卷八，《人物志・义行》。

③ 道光《歙县志》卷八，《人物志・义行》。

④ 光绪《婺源县志》卷三五，《人物志・义行》。

⑤ 道光《安徽通志》卷一九六，《义行》。

⑥ 康熙《重修扬州府志》卷五二，《人物志・笃行》。

⑦ 吴子玉：《大鄣山人集》卷四四，《邵公墓志铭》。

⑧ 同治《纂民国补・双林镇志》卷二〇，《人物・寓贤》。

⑨ 光绪《婺源县志》卷二九，《人物・孝友》。

⑩ 光绪《婺源县志》卷二八，《人物志・孝友》。转引自卞利：《徽商与明清时期的社会公益事业》，《中州学刊》2004年第4期。

⑪ 民国《歙县志》卷九，《人物志・义行》。

北一带低洼积水的道路。盐商鲍朴考虑到"邗沟以江介故多沱瀸之水为患，则与叔兄共造石梁，而人得无病涉"[①]。徽商在修路的同时，还修筑亭阁供陆路运输商人及行人休憩。黟县商人苏源"尝往来浮梁、乐平，于南村岭上建凉亭，施茶于三星庵，行人便之。又于邑之西武岭建如心亭，修亭至花桥三十里，于陶岭归路修石桥，计十八洞"。[②]

徽商还在经商地捐资浚河。祁门商人郑璥，"商于瓜渚，见运河为官民要道，遇粮运辄阻商行，激捐金别浚一河，使官运无碍，商不留难，至今赖之"[③]。他另开一河，使粮食得以畅顺流通。鲍漱芳为了疏通芒稻河，他独自捐银6万两，以佐工需。在疏浚沙河闸时，他又出资5 000两。[④]盐商汪仁晨，"少孤贫服贾淮安，洞悉鹾务利弊，而于场海支河尤考核详审。嘉庆十九年，黄河漫口运道艰阻，仁晨建议放水入场河冲刷积淤入海，事竣北盐舟运通利。南河工料亦得全数运贮，至今为利。"[⑤]歙商江演，"浚扬州伍佑东河二百五十里及安丰串场官河，盐艘免车运之劳，商民受益"。[⑥]徽商汪尚广"客武林时，开商籍，浚运河，立义仓，修道路"[⑦]，同样乐于行善。

徽商还斥资修建其他商品流通基础设施。[⑧]码头是客商货物堆放、起运、中转的场所，也是客商聚集之地。明清时期苏州是"聚卖交易甚大，极繁华之地"，众多徽商在此经商，并于光绪二年修建了安徽码头，内设义渡船、凉亭、晒场、茶亭等。[⑨]徽商余观德，"创修（畅州）小东门水仓，乙卯间以修通龙头关河道，建太平码头"。[⑩]查杰在南京设置码头，"置石会渡，砌石埠于姑孰"[⑪]。徽商还在广大市镇中出资设立义船，为商人经营和百姓生活提供方便。金辑熙曾在苏郡经商，"独修齐门吊桥，靡费千金，及造德邑坑口渡船，

① 鲍应鳌：《瑞芝山房集》卷一一，《处士鲍季翁行状》。

② 嘉庆《黟县志》卷九，《人物·尚义》。

③ 同治《祁门县志》卷三〇，《人物·义行·补遗》。

④ 王芑孙：《渊雅堂全集》卷一，《例授通奉大夫盐运使衔加二级议叙加十级又加十级鲍君墓志铭》。记载："……适当事奏疏芒稻河，君独斸银六万两，出私财倡众浚府东旧有沙河。又浚泰州城中两市河，别浚仪征之天池"。

⑤ 民国《歙县志》卷九，《人物志·义行》。

⑥ 江登云：《橙阳散志》卷三〇，《人物·义行》。

⑦ 民国《黟县志》卷九，《人物志·义行》。

⑧ 黄彩霞、王世华：《徽商对商品流通基础设施的投入及其社会影响》，《甘肃社会科学》2007年第1期。

⑨ 苏州历史博物馆等编：《明清苏州工商业碑刻集》，南京：江苏人民出版社，1981年，第315页。

⑩ 李斗：《扬州画舫录》卷九，《小秦淮录》。

⑪ 道光《安徽通志》卷一九六，《义行》。

又输百金为善后计”[①]。徽商长年在外经商，穿梭于水陆，目击了风波险恶，为减少伤亡，他们还大量设立航标，投资救生局，制造救生船。徽商吴昂，“侨居芜湖，大江西有隘矶，石骨嶙峋，水涨落不时，行揖误触，其害不测。邑人议造台矶上用为标识，以费重迄无成议……昂白县官，独力建造，垒石为台，台上立庙建旗‘永宁’，商舶利赖，尸祝不绝”[②]。吴昂在大江中设航标，使舟船免除了触礁之险。航行途中时有覆溺的危险，徽商设置救生局和救生船以拯救落水者。金荣生“初侨居金陵，目击风涛危险，赍五百金于下关，立局救生，好义者因襄成之”[③]。歙商闵世璋“以盐策起家，后侨扬州，设救生船舣江上，以防风波之变，每遇舟覆，即令两岸渔舟吃棹往拯，救生者予一金，死者半之……”[④]他有区别地奖励救生人员，提高了工作人员的积极性。洪德税“客京口，见江流风飙，折揖摧舟，慨然捐金数百，买田三十亩，糈渡江拯溺者，名救生渡”[⑤]。各类保安设施的设立，有力地保障了商贾的生命财产安全。[⑥]

四、救灾济荒

徽商积极捐助灾荒。有些徽商“处家至俭，一布袍屡浣不易，一茧被数十年不更制，非筵宴，尝蔬茹，无脓鲜之奉，有齐晏子之风”[⑦]，而一旦需要赈灾苏解民困，则能“惟以济人利物为怀”[⑧]，“扶危持困，创不朽之举，辄捐千万缗无所吝”[⑨]。万历十六年（1588年），徽州全境发生罕见的山洪，随后“疫大作”。面对这样的奇灾和瘟疫，徽商慷慨解囊。歙县江村商人江希文，“捐施医药，全活甚众”。歙县路口商人徐鲸和徐景鸿也纷纷“捐资籴赈”，徐鲸还因捐赈荣膺冠带。[⑩]盐运副使、婺源人汪道赐也“平粜施粥济饥，赖活无算。复施棺埋葬三百余冢”[⑪]。明末崇祯十四年

① 光绪《婺源县志》卷三四，《人物·义行》。

② 嘉庆《休宁县志》卷一五，《人物·尚义》。

③ 光绪《婺源县志》卷三四，《人物·义行》。

④ 闵尔昌：《碑传集补》卷五五，《义行》。

⑤ 光绪《婺源县志》卷三一，《人物·义行》。

⑥ 黄彩霞、王世华：《徽商对商品流通基础设施的投入及其社会影响》，《甘肃社会科学》2007年第1期。

⑦ 歙县《济阳江氏族谱》卷九，《清诰赠光禄大夫演公原传》。

⑧ 李斗：《扬州画舫录》卷六。

⑨ 歙县《济阳江氏族谱》卷九，《清诰赠光禄大夫演公原传》。

⑩ 道光《歙县志》卷八，《人物志·义行》。

⑪ 民国《婺源县志》卷三七，《人物志·义行》。

(1641年)，徽州发生大旱灾，歙县丰南商人吴孟嘉同叔震吉一道，"倡为捐粥食饿者，全活数千人。"[①]明代歙县商人汪泰护在灾荒之年，一次性就为里中捐粟600石，使饥民大部分能够幸存下来。[②]清初顺治四年（1647年），婺源发生奇荒，"米每石八金"，该县段莘商人汪思孝"尽出仓廪，活人无算"[③]。歙县江演，人颂其"慈祥深厚、重义轻财，虽平原、孟尝，可以不愧"，"广陵尝遭火患，延烧桓数十百家，输赀赈给，且不令受惠者知出何人"。[④]嘉庆十年（1805年），洪泽湖发生特大水灾，歙县商人鲍漱芳先集议公捐米6万石，麦4万石，并在各县路口烧饭，供灾民食用，存活数万人。[⑤]

雍正九年（1731年），海啸成灾，歙县潜口盐商汪应庚在伍佑、下仓等地烧饭赈济灾民达三个月；十年及次年，江都之水迭涨，沿江居民流离失所，汪应庚捐资安置，又运米数千石救济灾民。继之而起的是灾后疫病流行，他设立药局治疗，并运米数万石救济，使灾民度过冬季，直到第二年麦熟，"是举存活九万余人"。同时，扬州附近的丹徒、兴化两县受灾，汪应庚"输粟以济"。乾隆三年（1738年），两淮出现大旱灾，汪应庚独捐银47 310两救灾。赈灾期满，灾民未归之人甚多，汪应庚在两淮设立"八厂"烧饭，独立赈济一个月，用米3万石，以一两银子或一石米救济10人计算，这次救济人数近80万人。[⑥]

在灾害面前，徽商恪守商业道德，设店卖粮。明歙县商胡仁之在嘉兴设店卖粮，某年大饥，斗米千钱，与他合伙的人想在米中掺假以牟取暴利，但他坚持不肯，表示自己决不能昧着良心赚这违背天理的黑心钱，损坏信誉。[⑦]有一年，钱塘江发生水灾，米价飞涨，明代徽商黄公不愿在灾荒之年高价卖粮，依然按照平时价格销售。[⑧]乾隆十六年（1751年），徽州年荒米贵，歙县商人喻起钟将其在浙江兰溪储存的斛米运到徽州。有人对他说，此时应囤积

---

① 吴吉祜：《丰南志》卷三，《人物志·义行》。

② 道光《歙县志》卷八，《人物志·义行》。

③ 民国《婺源县志》卷三七，《人物志·义行》。

④ 歙县《济阳江氏族谱》卷九，《清诰赠光禄大夫演公原传》。

⑤ 民国《歙县志》卷九，《人物志·义行》。

⑥ 民国《歙县志》卷九，《人物志·义行》。转引自卞利：《徽商与明清时期的社会公益事业》，《中州学刊》2004年第4期。

⑦ 李维桢：《大泌山房集》卷七三，《胡仁家传》。记载：胡仁之"贾嘉禾，年饥，斗米千钱，同人请杂以苦恶，持不可。俄而诸市米家群蚁聚食，山独免。"

⑧ 吴子玉：《大鄣山人集》卷三八，《赠工部都水司主事枫林黄公行状》。

其货，“使价腾踊”，然后再抛售，则可获大利。然而，喻起钟不听劝说，且按当时的价格出售了这批粮食，以缓解乡里乏食之需。[①]明休宁商刘淮在嘉湖开店卖粮，灾荒之年，他没有将囤积的粮食高价卖出，而是考虑到老百姓的疾苦，以低价卖给当地人。[②]

有些徽商生意并不顺达，资本也不多，但在灾害面前他们也能慷慨捐赠，这种精神尤为可贵。[③]歙县槐塘人程德基，“贾于江西，赀仅中人。嘉庆三年，广信饥，捐赀倡议平粜，全活无数。其年秋旋里，复倡赈里中饥，发米独赢，并出千缗修商途山水冲坏之道路数十里”[④]。婺源梅溪人吴永钥是雇工出身，“后往汉镇业贾，值水灾，钥雇舟救援，全活甚众”[⑤]。休宁人吴光祖，“尝贾阳羡，值岁大祲，买谷百石平粜，贫民不能自存者，贷以值，谷尽又设粥以赈之，阳羡民目为‘休宁吴善人’”[⑥]。歙县溪南人吴季公随父策盐淮扬，热衷社会慈善事业，有一次，淮扬数百户居民房屋遭火，“顷时煨烬”，季公“为之衣食者可千人”。[⑦]

针对大灾之后可能或已经出现的疫病流行情况，徽商还为灾民购置药品，悉心救治。[⑧]雍正十年、十一年间，扬州“江潮迭泛，安集流移。时疫疠继作”，歙县盐商汪应庚亲设药局，“更备药饵，疗活无算。”[⑨]对因灾荒或疫病而死亡的灾民，徽商也慷慨解囊，置棺掩埋他们。婺源商人金荣生侨居金陵，在道光十一年（1831年）的水灾中，他不仅“散给衣食”于灾民，而且建义济堂以“掩骸瘗暴”。[⑩]对因自然灾害所引起的物价上涨，徽商也着力平抑物价。乾隆十六年（1751年），徽州府发生旱荒，粮价暴涨，“米价不特昂贵无比，且至无米可买，民情窘迫。”歙商程扬宗响应徽州知府的输银救灾呼吁，于次年一次性捐出60 000两白银“买谷积贮”[⑪]，平抑粮价。

徽商还十分重视灾后的重建工作。如嘉庆十年（1805年）黄淮大水后，

---

① 《松溪文集·代喻集美作先人行略》载：“有为谋者谓，宜居其货，使价腾踊，则获利可千金，府君（起钟）弗听也。”

② 吴子玉：《大鄣山人集》卷四五，《明故拜高年爵守泉刘公墓志铭》。

③ 方利山：《仁心济世，德厚风高——在灾害面前的徽商》，《黄山学院学报》2003年第3期。

④ 民国《歙县志》卷九，《人物志·义行》。

⑤ 光绪《婺源县志》卷三五，《人物·义行》。

⑥ 嘉庆《休宁县志》卷一五，《人物·乡善》。

⑦ 李维桢：《大泌山房集》卷七四，《吴季公程孺人家传》。

⑧ 卞利：《徽商与明清时期的社会公益事业》，《中州学刊》2004年第4期。

⑨ 道光《歙县志》卷八，《人物志·义行》。

⑩ 光绪《婺源县志》卷三四。

⑪ 民国《歙县志》卷一五，《艺文志·奏疏》。

黄河改道，由六塘改从开山归海，歙县盐商鲍漱芳集众输银300万两，以佐工需。[①]而道光十年（1830年）芜湖凤林、麻浦发生大水后，有数十万亩田受灾，歙商许仁倡捐巨万，用于修堤筑堰，并亲“董赈事，以工代赈”。次年春工竣，“夏水又至，漫圩堤丈许”，他一面安置灾民“赁船载老弱废疾置高垲，设席棚，给饼馒，寒为之衣，病为之药”；一面着手灾后自救，恢复生产，“为养耕牛，水落更给麦种”。[②]

徽商还设置义仓，防患于未然。歙县岩镇人罗福履在江苏如皋经商，乾隆四十九年（1784年），江北大旱，罗福履为了较好地解决难民生计，“建工赈之策，躬督之，活饥民数千”。“嘉庆十九年又旱，平价出所储麦，捐二万余金”。[③]婺源人齐兆传经商于浮梁，“嘉庆甲戌，大水”，他为乡里人作长久考虑，“独力创置义仓，里无饥人，不惜劳费”。[④]婺源人项国修贫苦出身，“贾于（江西）临川，家渐裕。道光间岁歉，村人告粜无门，修恻然创立义仓，首捐谷百余石，复籍众力输助，得谷二百石，修独孳息20年，置田产、建仓廒，岁给贫户”，奠定了乡村社区救济的物质基础。徽商还积极协助官府建立社会救济机制，乾隆十六年大旱，徽州知府何达善劝邑绅捐助资金籴米济民，又商请在淮扬的歙商捐输，得六万金，用来买谷积贮，建成60多个义仓，为救荒提供了有力的保障。[⑤]

除了上述义举之外，徽商还设义冢，埋葬那些因为家贫无力购买墓地的穷人和客死异乡的人。雍正十一年（1734年），徽州盐商黄仁德等奉两江总督之命，捐资于四郊买地十六处作义冢；乾隆二十三年（1759年），徽州盐商黄源德等分别于南门外、北门外购置义地；乾隆四十二年（1778年）两淮总商江广达等捐资买西山空地70亩作义冢。[⑥]歙县商人佘文义积德行善，“置义田、义屋、义塾、义冢，以赡族济贫，所费万缗”[⑦]。“马唐场义冢一区，乾隆五年丰利场商人汪之衍置”。又“梁垛场义冢一区，乾隆八年商人黄禹卜置”。“何垛场义冢十四亩，在北关桥三里湾，雍正十二年商人黄郁周等

① 民国《歙县志》卷九，《人物志·义行》。

② 民国《歙县志》卷九，《人物志·义行》。转引自卞利：《徽商与明清时期的社会公益事业》，《中州学刊》2004年第4期。

③ 民国《歙县志》卷九，《人物志·义行》。

④ 光绪《婺源县志》卷三五，《人物·义行》。

⑤ 道光《徽州府志》卷三，《营建志·仓局》。转引自方利山：《仁心济世，德厚风高——在灾害面前的徽商》，《黄山学院学报》2003年第3期。

⑥ 铁保：《嘉庆两淮盐法志》卷五六，《雜纪·义冢》。

⑦ 许承尧：《歙事闲谭》卷一四，《佘公桥》。

置。”[1]徽商俞钰在南东经商时，“见义冢倾颓七十余所，雇工掩埋。上新河余家茶亭，亦输资修整”[2]。

徽商还在旅居地设置育婴堂等，救助被抛弃的孩子。乾隆年间，扬州育婴堂“分西门、双桥、便宜门，北来寺、高桥、广储门、琵卢庵、天宁门八处领养，选商十六人，每二人管办一处，一切事宜逐月承办”。所谓的“商十六人”，全部是徽商，育婴堂所有一切的开支事宜都由徽商办理。[3]歙县商人汪涛在台州经商，看到很多穷人抛弃无力抚养的子女，就专门修建一座育婴堂，挽救了很多幼小的生命。[4]徽州盐商江廷俊“慷慨好施，以缓急告知者靡不应。康熙中，浙遭闽变，道路流离，廷俊首先创捐，收赎子女，务使完聚”[5]。徽州知府刘汝骥指出：“婺事之有秩序者，以城乡集善局为最。发起人捐资提倡，赞助人协力维持。手续几经，规模乃具，其助育婴、种牛痘、收字纸、救火灾、施棺木，种种慈善之举，皆能按序实行。”[6]

徽商施财于佛寺、道观、牌楼、义庄的兴建。[7]歙县西干长庆寺塔，明万历、天启时修缮，均由黄备张氏所为。乾隆年间，塔刹被雷电击毁坠落练江中，商人程光国与郡绅缙“相与出百金，鸠工召匠而经营之。”[8]休宁齐云山的道教建筑虽为朝庭库府支钱，但徽商捐助时而有之。休宁查应光经商回故里，曾“助石梁，助文昌、毗卢两阁。”[9]大凡徽商“足迹所至，会馆、义庄遍及各行省。”如明代晚期徽商在北京建置北京会馆的同时，又在永定门外许石榴庄（旧名下马庄）建有北京歙县义庄一座。该义庄“规制甚宏，厅事高敞，周垣缭之，从冢殆六七千，累累相次。”兴建与扩建中曾得到明朝大学士许国和清代大学士曹振墉、潘世恩的赞助，但捐资则“取于茶商为多”[10]。

乐善好施是徽商的社会责任感的表现。徽商不仅周济族人，修路架桥，遇到饥荒年月，他们还开设粥厂散粮，受济者达到数十万人。徽商对他们的义行解释为：“起，凭宿泽渥食饮饶衣服。籍祖宗灵宠，侥幸发家，至不赀过

① 民国《歙县志》卷九，《人物志·义行》。
② 光绪《婺源县志》卷三三，《人物志·义行》。
③ 转引自刘淼：《清代前期徽州盐商和扬州城市经济的发展》，《安徽史学》1987年第3期。
④ 民国《歙县志》卷九，《人物志·义行》。
⑤ 嘉靖《黟县志》卷七，《尚义》。
⑥ 刘汝骥：《陶甓公牍》卷一二，《法制·婺源绅士办事之习惯·属诸事者》。
⑦ 刘淼：《从徽州明清建筑看徽商利润的转移》，《江淮论坛》1982年第6期。
⑧ 程瑶田：《重建太平十寺塔顶记》。
⑨ 休宁《西门查氏祠记·寿字廉玄岳老先生七衮叙》。
⑩ 许承尧：《歙事闲谭》卷一一，《北京歙县义庄》。

矣。过矣，积而不散，奈何琐琐碌碌为守金粟臧获邪？以赢济詘，佐司命所不逮，斯吾事也。”[①]徽商把“佐司命所不逮”作为自己的职责，由此可以解释他们热心慈善事业的缘由了。[②]

第五节 家国关系

“内圣外王”是儒家的理想人格，修身齐家治国平天下是儒生实现“内圣外王”的主要途径。个人嵌入宗族之中，而家与国在原始社会、奴隶社会、封建社会相应地经历了家国同源、家国一体、家国同构三个阶段。家与国是一个历史范畴，它们都是由原始社会氏族组织演变而来的。中国在经历了夏、商、周近两千年的宗法社会之后，春秋末期才逐渐进入宗法社会。在宗法社会里，由于受宗法制、分封制、井田制等多种因素决定，宗族与国家之间的关系总体上表现为“家国一体”；而到了宗法社会时期，这种“家天下”的格局被打破，宗族与国家只是在结构和功能上相似，国家通过乡绅自治来实现自己对宗族的统治。

一、家国同源

氏族组织是原始社会制度的基本特征。摩尔根（Lewis Henry Morgan）在研究易洛魁联盟的内部结构时，首次发现了易洛魁的氏族，并第一次把它作为古代社会组织的基层单位加以论述。他认为，氏族就是一个由共同祖先传下来的血缘亲属所组成的团体。它只包括由共同祖先传下来的一半子女；最初是由一个假定的女性祖先和她的子女所组成，并一直沿着女性承续下去；当财产大量出现后，世系传承转变为以男性为本位。在《古代社会》一书中，摩尔根明确指出，原始社会的基本单位是氏族，整个社会的组织结构为氏族、胞族、部落、部落联盟。不仅如此，摩尔根还进一步指出，氏族、胞族、部落和部落联盟还是历史发展顺序相承的几个阶段；部落联盟或部落联合的进一步发展，就是民族的出现，民族是由同一地域内的部落或部落联盟所组成。[③]摩尔根举出世界各洲许多民族存在氏族制度的例证，说明氏族制度是普遍流行的制度。这就是国家产生以前的原始时代的社会制度。马克思在

---

①方承训：《复初集》卷三一，《从伯义士起公传》。

②朱万曙、谢欣：《徽商精神》，合肥：合肥工业大学出版社，2005年，第150页。

③路易斯·亨利·摩尔根：《古代社会》，杨东莼等译，北京：商务印书馆，1977年，第16页。

他的早期著作中也曾有家庭在先、氏族在后的表述，在《古代社会》出版以后对此作了纠正。恩格斯高度评价了摩尔根的这一贡献，指出“摩尔根的伟大功绩，就在于他在主要特点上发现和恢复了我们成文历史的这种史前基础”[①]，“氏族，直到野蛮人进入文明时代为止，甚至再往后一点……是一切野蛮人所共有的制度。摩尔根证明了这一切之后，便一下子说明了希腊、罗马上古史中最困难的地方，同时，出乎意料地给我们阐明了国家产生以前原始社会制度的基本特征”[②]。

人类社会起初没有家庭，家庭是在原始社会氏族组织基础上逐渐发展起来的。在从猿到人的过渡时期中，人类为了能够生存，就必须“以群的联合力量和集体行动来弥补个体自卫能力的不足”。[③]对此，我国古书上有所记载，“古者……，兽处群居，以力相征”（《管子·君臣》），在两性关系上，“男女游杂，不媒不聘”（《列子·询问》），即处于没有婚姻家庭关系的杂乱性交时期。因而，人与人，人与群体之间没有亲属关系。庄子和韩非子，对上古先民的生活和住居做了进一步的描述：“古者禽兽多而人少，于是民皆巢居以避之，昼拾橡栗，暮栖木上”（《庄子·盗跖》）。《吕氏春秋》中也说：“昔太古尝无君矣，其民聚生群处，知母不知父，无亲戚兄弟夫妻男女之别……”，也反映了这种原始杂交状态所特有的现象。陈顾远在《中国婚姻史》中也提到这种现象，“顾艮生之初，男女虽有性的结合，实基于人类保存种之自然法则所致，尚不得以夫妻之名，亦不得以婚姻论。此种两性关系之表现，与其称为社会现象，无宁称为自然现象也。”[④]所以那时没有任何形式的婚姻和家庭，但是后来各种各样的家庭形式，正是从这种原始状态中产生出来的。美国人类学家摩尔根在《古代社会》一书中，划分了家庭在人类历史上依次发展的五个阶段：血缘家庭→群婚家庭→对偶家庭→父权制家庭→一夫一妻制家庭。血缘家庭，由嫡系的和旁系的兄弟姐妹集体互相婚配而建立，婚姻集团按照辈数划分；群婚家庭，由若干嫡系和旁系的姊妹集体地与集团之外的男子们婚配，也可以由若干嫡系和旁系的兄弟集体地与集团之外

---

① 恩格斯：《家庭、私有制和国家的起源》，中共中央编译局译，北京：人民出版社，1972年，第3页。

② 马克思、恩格斯：《马克思恩格斯全集》（第四卷），中共中央编译局译，北京：人民出版社，1972年，第15页。

③ 马克思、恩格斯：《马克思恩格斯全集》（第四卷），中共中央编译局译，北京：人民出版社，1972年，第39页。

④ 陈顾远：《中国婚姻史》，北京：《商务印书馆》，1936年，第1页。

的女子们婚配而建立；对偶家庭由一男一女通婚建立，但缺乏独占的同居，容易离异；父权制家庭是特殊形态，由一个男子与若干妻子结婚而建立；一夫一妻制家庭，一对配偶结婚而建立，绝对的独占同居。[①]恩格斯在《家庭、私有制和国家的起源》一书中认为，只有一夫一妻制家庭才称得上真正的家庭，以前的家庭形式只是氏族组织的不同表现形式。

国家也是在原始社会氏族组织基础上逐渐发展起来的。原始社会前期由于生产力水平很低，没有私有制、没有剥削和压迫，因而也就没有国家机构。人们按照血缘关系组成氏族、胞族、部落和部落联盟，这是为全体成员共同利益服务的社会组织机构。随着生产力的发展、阶级的出现，世界上许多民族冲破了血缘关系的支配，建立了以地区团体为基层单位的国家机关，但是在中国，部落联盟的酋长把自己统辖的部落直接扩展为国家，因而血缘关系不但没有被冲破，反而成为一种特殊的社会组织形式，成为奴隶社会中人们的政治关系、经济关系和其他社会关系的基础。国家由部落联盟直接扩展而成，父系氏族的家长专制权力也直接转化为国家君主的专制权力。这种权力在历史进程中经过儒家的强化，终于成为支配中国政治体制，支配君臣关系、父子关系、君民关系的强大力量。[②]国家同原始氏族组织相比较，具有三个特征：其一，按地域而不再以血缘为标志来划分和组织居民；其二，一种特殊权力机关的设立，这就是常任官吏、特殊的武装队伍，以及各种强制性的机关；其三，为了维持这种特殊的机关就需要征收赋税。上述三个特征是氏族组织不具有的，当这些特征完全具备时也就标志着国家的正式形成。[③]

二、家国一体

中国在氏族社会解体后，并没有出现像古希腊那样"一代比一代厉害"超出氏族范围的杂居情况。相反，仍然长期保持按照血缘关系在一块土地上聚族而居，从事生产、经济、祭祀等各种活动。随着劳动分工、社会阶层的分化，私有制和阶级对立已经形成，国家开始出现。此时，个体家庭并没有从宗族系统中游离出来，还不是一个独立的社会基本经济单位，它依附、从属于宗族。作为社会基本组织形式的宗族，不仅是一个纯粹由血缘纽带结合起来的生产、

---

① 路易斯·亨利·摩尔根：《古代社会》，杨东莼等译，北京：商务印书馆，1977年，第382页。

② 列宁：《列宁全集》（第三十一卷），北京：人民出版社，1972年，第6页。

③ 李秀林、王于、李淮春：《辨证唯物主义和历史唯物主义原理》，北京：中国人民大学出版社，1982年，第125页。

生活共同体，而且是一个由血缘纽带联合起来的经济的、政治的、军事的综合体。形成了家即是国，国即是家，家国不分的“家国一体”格局。

“家国一体”的结构形式主要体现在宗法社会中的政治、经济和思想观念三个方面：

在政治上，主要表现为西周时期的分封制。以今陕西周原地区、以姬姓为核心包含世代通婚的姜姓、姞姓的周人，在克商后实行分封制，周天子将全国土地分赐给子弟、同姓、亲戚及元功宿将，建立了一批诸侯国；在周天子的王畿之地及诸侯国内再向下逐级封赐土地和人民，形成诸侯、卿大夫、士的贵族等级制。由分封制建立起王朝对地方的统治。在分封制下宗法制更加系统，产生了脱离与天子、诸侯同宗关系的以国以邑为氏的宗族，随着人口繁衍，宗族不断扩大、分支，反映其内部关系的原则亦更加完善，即形成了具有全国性的西周宗法制。西周的分封制的思想可以追溯到商代的子姓商族制度，据殷墟商王甲骨卜辞记载，商朝的子姓是指“子某”（即王子）之族，一般在其父王卒后王族中分化出来，王子似为其族长，不称“子某”的同姓贵族多是“子某”的后裔。卜辞中多记为“多生”，意为“多姓”，即分族的族长。“王族”以时王与其亲子为主干、包含其他同姓近亲，其结构是商王族——子族——多生族。[①]此外，还有因通婚与子姓宗族联结的异姓宗族。

在经济上，“家国一体”结构形式还与西周的井田制有内在联系。“耕者九一”的井田制是西周固有的土地制度，按照《孟子·滕文公上》的说法，井田就是将面积一平方公里的土地，划成“井”字形的九个方块，每个方块一百亩（约为今31.2亩），正中的一块是天子、诸侯、卿大夫的“公田”，四周的八块是八家农民的“私田”。“公田”上的收获全部交给领主，“私田”上的收获归农民所有。井田制最重要的内容和本质：一是“乡田同井”的村社集体所有制；二是“八家皆私百亩”的份地制；三是八家“同养共田”的助法即劳役地租制。《春秋井田记》记载：“井田之义，一曰无泄地气；二曰无费一家；三曰同风俗；四曰合巧拙；五曰通财货。”进入奴隶社会后，土地归奴隶主国家所有，实际上是各级宗子所有。天子、诸侯、卿大夫，把“公田”据为自己的“藉田”。西周时，天子把村社作为采邑，分赐给各诸侯和卿大夫，实行分封制，使“公食贡，大夫食邑，士食田，庶人食力……”（《国语·晋语》）。这种村社组织形式和土地制度形式，既是当时国家社会、经济

① 常建华：《中国文化通志·宗族志》，上海：上海人民出版社，1998年，第19页。

的基础，同时也是宗族制下宗族大家庭组织的社会、经济基础。在这种土地制度下，个体家庭不能形成独立的家庭经济，因而社会的基本经济单位只能是聚居在一块土地上的宗族。这时，宗族家长既是地缘组织中的政治首脑、国家官吏，又是血缘系统中的天然首长，具有了双重身份。血缘关系与政治关系融为一体的聚族而居，形成了"家国一体"的社会结构。

在思想上，"家国一体"的社会结构与西周宗法制度密切相关。所谓宗法，依据北宋张载的《经学理窟·宗法》的说法和宗族制度的实际情形，可以理解为宗子（族长）之法，包括宗子的确立与继承，宗子权力的范围和行使。它注重嫡长子继承和大小宗差异，核心是维护大宗特别是宗子的绝对权力，建立起宗子（族长）与诸弟（含庶兄）及其家族（小宗）管辖与服从的等级秩序。宗法制可以如下表示[①]：天子世代相传，每世的天子都以嫡长子的身份继承父位为下一代天子，这叫做"大宗"。嫡长子可以主祭始祖，是土地和权力的法定继承者，又称为宗子。嫡长子的同母弟和庶兄弟封为诸侯，叫小宗。每世的诸侯也是由嫡长子继承父位，为下代诸侯，奉始祖为大宗，他的诸弟为卿大夫，为小宗。每世的卿大夫也是由嫡长子继承父位，仍为卿大夫，奉始祖为大宗。他的诸弟为士，为小宗。士的长子仍为士，其余为民。诸侯对天子为小宗，但在本国为大宗。卿大夫对诸侯为小宗，但在本族为大宗。在异姓诸侯中，也按照大小宗法制度统治。其共同点是宗统和君统合一，宗族制度与政治制度一致。周王既是国家政权的最高领导人，也是各姬姓家族的大宗子、总族长，他兼握政权与族权，集王位与宗子于一身。依次类推，各诸侯也是如此。宗法制思想在商代早有萌芽，可以把商代宗族制度的主要内容概括为区分直旁系的继承制、嫡庶制和大小宗制。[②]关于大、小宗的区别，《左传·定公四年》曰："帅其宗氏，辑其分族"，即宗族首领的大宗"帅"统领诸小宗"分族"。商人已有直、旁系的明确区分，直系即父子继制，旁系是指兄终弟及制。据《史记·殷本纪》记载，商朝后期特别是武丁之后，九王有七王传子，二王传弟，后者属于非正常情况，可见王位继承明显是直系相传，父死子继。父权制血缘宗族组织存立的重要原则是嫡庶制，卜辞中区分"帝介"的惯例，也就是与嫡庶很接近的一对范畴。"帝"是"嫡"的前身。

① 常建华：《中国文化通志·宗族志》，上海：上海人民出版社，1998年，第19页。
② 裘锡圭：《关于商代的宗族组织与贵族和平民两个阶段的初步研究》，《文史》1983年第17期。

三、家国同构

宗法社会到春秋时期开始衰落，春秋末期、战国初期逐渐解体，取而代之的是家族社会的出现。所谓家族社会，是指以家族为主体的家庭成为社会基本组织形式和经济形式，家族关系成为人们最重要的生活关系，家庭生活成为人们生活方式的基本内容的社会形态。家族社会中的家族通常包括两个部分：一是直系血缘亲属，如父子；二是旁系血缘亲属，如兄弟、叔侄等，还包括男子的已婚配偶。除了作为主体的家族外，还可能有非家族成员，如寄居人员以及婢仆等，尽管他们生活在别人家庭中，但同他们关系最密切的仍然是自己家族的成员，而不是寄居或服务的别人家庭。在宗法社会中，各级宗子的血族大家庭的“家”与国是一体的，而在家族社会中，家为家，国为国，家族内部结构和功能与当时的国家政权组织有着很大的类似性，可以用“家国同构”来概括。

家族社会中“家国同构”主要表现在以下几个方面：

首先，家族等级制度与国家阶级关系相对应。在阶级社会里，宗族组织不可避免地打上阶级的烙印，族人之间呈现不同的身分等级。与阶级关系不同的是，宗族组织内部的等级关系是依据经济、政治、血缘三重标准来划分的。[①]在经济上：与私有制结伴而行的族人之间贫富分化，必然要形成社会地位的高低区别。宗族内，那些殷家富户会靠经济实力争得某些宗族权力，具有特殊身分。如宗族某些职能机构的人选，常以殷实富裕作为重要标准；族人捐产入族，亦可获得宗族法所规定的各项特殊权利，包括入祀、分胙、议决宗族事务、参与族产管理等优先权。同时，在宗族内部还保留着奴婢制度，其中既有殷实家庭的私人奴婢，也有属于宗族公有的佃仆，他们不具备族人资格，与普通族众之间还存在着身分等级差别。在政治上：在宗族内，部分人通过中进士、得举人获得一官半职，享有某种特殊身分。那些通过乡试、府试的举人与秀才以及加入国学、府县学的监生和生员们在地方上自成势力，共同组成了乡绅集团，各地宗族均赋予本族乡绅某些特权，因为他们上达官府，下连乡里，具有较强的活动能力。另外，执掌宗族各机构权力的宗族领袖也享有特殊权利，他们可以利用手中的权力，提高自己在经济生活中的地位。在血缘上：尊长和卑幼构成宗族内部两大血缘性基本等级。程朱

① 朱勇：《清代宗族法研究》，长沙：湖南教育出版社，1987年，第13页。

理学更是强调伦常秩序的重要。在宗族内，尊卑长幼，嫡庶亲疏，不同身分的族人具有不同的地位。宗族赋予尊长一系列特权，如宗族福利、宗族事务管理方面的优先权、对卑幼的管教权以及与卑幼互犯时的宽免权等。富户、乡绅和尊长在宗族中的特殊地位和权利，正是国家政治权力中的阶级关系在宗族内部管理中的影响和延伸。

其次，家族管理机构与国家官僚机构相对应。宗族管理机构一般是始祖之下分若干房，族下繁衍则再细分若干房、支，作为一个宗族，设有宗祠（总祠、祖祠）、各房、支、分又有支祠。分别祭祀不同的"始祖"。宗祠有族长负责，族大人众，往往另设一些人员协助管理族务。宗族事务需要商量时，或由宗族各种人员商量决定，或由各房、支长的联席会议决定。如江苏宜兴任氏宗谱《宜兴筱里任氏宗谱》卷二记载："合议立宗子以主祼献，宗长以定名分，宗正以秉权衡，宗相以揆礼义，宗直以资风议，宗史以掌簿版，宗课以管粮，宗干以充干办"，这套宗族组织已类似朝廷。不过像任氏这样完整的宗族组织毕竟不算太多，大多数宗族是族长和各房、分长，联合管理族务的形式，如明代徽州祁门县程昌撰《窦山公家议》，记录了明人窦山公程新春所立宗族各种规章，其中的"管理议"规定：程氏全族的管理由五大房各出一人负责，为期一年轮换。每年七月十五日中元节交接。每年设《家议手册》一本。由管理人签押领取，记当年钱粮收支，发生和处理重大族务，遗留下一年的事情等。届期满之际，由各房家长同家众审查《手册》。

再次，家法与国法相对应。家法是指大家庭或家族制定的所谓法律，是一种与国法同时并存的社会共同体的自治法。在我国历史上，宗族法名目繁多，诸如家规、家法、家政、家范、宗约、宗式、宗训、族规、条规、禁约、条箴，等等。这些族内成文法的核心问题，就是确立族长的家长式统治地位。徽州宗族大都规定，当族内发生纠纷争执等事情时，由宗族族长、房长等主持审判，是解决争执的首要必经程序。族人不许不经宗族，径直向官府投诉，也不许自行解决，要听从宗族裁判。歙县南屏叶氏"祖训家风"中规定："族内偶有争端，必先凭劝谕处理，毋得遽兴词讼。"祁门县二十都文堂陈氏"家法"中也有："各户或有争竞事故，先须投明本户约正付理论。如不听，然后具投众约正副秉公和释。不得辄讼公庭，伤和破家。若有恃其才力，强梗不遵处理者，本户长转呈究治。"中国古代的家法作为一种共同体的自治法，它往往通过获得国家统治者的认可、并借助国家法律的强制性使自己具有法的特征。同时，它又利用弥漫于整个社会生活中的宗法因素，利用其温情脉脉的人情血缘关系，糅合法律规范的外在强制性和道德伦理信条的内在约束力，使自己区别于国家法律。在中国传统社会里，宗族法在维系宗族，使宗族成为封建统治的主要基础等方面，发挥了极其重要的作用。

最后，族权与政权的一致性。族权是以血缘关系为韧带形成的一种特殊的社会权力，它是从氏族社会家庭公社的父权中引申出来的，随着家庭制度的完善而膨胀起来，终于成为与政权、神权、父权比立而四的强劲的社会维系力量。族权一般有严密、固定的组织形式，族长是族权的人格化代表，如《休宁西门汪氏宗谱》即记载明天顺间有汪富宗者任族长。族长制是由朱熹《家礼》强调家长权威地位引申扩大而产生的。《重修古歙许氏宗谱》规定：族长“分莫逾而年莫加，年弥高而德弥邵，合族尊敬而推崇之，有事则必禀命焉。此宗族之遗意也。有司父母斯民，势分相临而情或不通。族长总率一族，恩义相维，无不可通之情。凡我族人，知所敬信”。也就是说，族长具有地方父母官所没有的“通”骨肉之“情”的特殊身份。这种特殊身份就是他可以代祖宗立言，替祖宗行事，凌驾于一族之上，对族众具有不可冒犯的权威。族长又有族正、宗正等称谓，主管族内的一切事务，包括主持祭祀礼仪，分配族产，维护家法宗规，解决族内争端等，但不具体经管族产，族产另设经管人，称祠正或司事，由族众推选产生。族长以下各门设门长，各房设房长，以管辖各门各房的具体事务。

在西周宗法制度下，族权与政权完全合一。秦汉以后，随着郡县制取代分封制，国家权力以下的政权与族权渐趋分离。到东汉末年以后，出现了以宗族为核心、俨然与政权分庭抗礼的“壁主”“宗部”“宗主”等族权组织形式。宋明以后，族权与政权结合的一个重要方面是昔日的宗子、族长、家长，以宗法地主身分成为乡里的头目。如秦汉时的“里正”“父老”“里老”“里父老”——即习称的“三老”，就是以封建村社家长身分执掌族权，并与封建统治的基层政权相结合的代表。还有北魏初年的宗主，以及三长制下的邻长、里长、党长，北齐北周的党族，隋代的族正，唐代的乡正、耆老、村正，五代的户长，北宋的保正，以及明清时的乡都头目，均非宗法地主莫属。尤其是明朝以后，封建统治者把一部分行政权、司法权和审判权交给族权去行使，并予以法律上的保证，使族权部分地具有了政权的性质。如清朝，在普遍存在聚族而居的农村社会，尤其是宗族势力较为强盛的江南农村，其基层政权组织保甲制度与宗族组织合而为一。[①]

在家族社会，国家与宗族之间有着很大权力空间，国家对宗族的统治是通过乡绅自治来实现的。有些学者曾提出中国传统社会组织的三个层次模型[②]：上层是大一统的官僚机构；中层是乡绅自治；下层是宗法家族组织。这三层都对儒家意识形态有高度的共识，儒家伦理成为上、中、下三个层次权威合法性的来源，从而把三个层次联为一体、相互协调。宗族与国家相互作用的媒介是乡绅自治。乡绅是由取得功名的士人、致仕的官宦和捐纳为官的人组成。对于国家而言，乡绅是儒家理念的执行者，中国自汉以来，逐步强化儒家意识形态的正统地位，用儒家意识形态选拔出一个士绅阶层，或"官于朝"或"绅于乡"。实行乡绅自治，能使得社会组织中的基层、中层和上层官僚机构有效的衔接整合。对于宗族成员来说，乡绅是基层社会的精英，能够较准确地把握国家统治者的意图以及各级官府的具体需要，因而能够更好地融洽宗族与官府的关系，对宗族的自身建设起到积极作用。乡绅不仅担当起教化、教育、互济、公益建设等自治职能，而且也担当起治安、司法、赋役等基层政权的管理职能，可以说，离开乡绅，国家所认可的保甲等官方组织将一事无成。

① 叶丽娟：《我国历史上宗族组织的政权化倾向》，《学术论坛》2000年第2期。

② 金观涛、刘青峰：《开放中的变迁——再论中国社会超稳定结构》，香港：香港中文大学出版社，1993年，第56页。

第三章　徽商的“理性化过程”

理性化既是韦伯研究的出发点，又是其评判中国社会与宗教的标准。韦伯指出，中国未能从儒家伦理中发展出具有现代理性的资本主义，主要是因为儒家缺乏“古典清教徒所特有的那种来自内心的、主旨性的、虔诚决然的、理性化的生活方式”[①]。儒家伦理将资产导向于追求一种“高尚的社会地位”，而清教徒的禁欲主义侧重于资本的增殖。在韦伯看来，新教徒通过选择有效手段达到既定目标，可以精确计算和预先算计，这是一种工具理性或形式理性；而儒教则是实质理性或价值理性，追求美德的、审美的和宗教的目标，不以个人功利为目的，这两种理性处于一种永远无法消解的紧张对立关系之中。

第一节　理性主义

理性主义在西方有着悠久的历史传统，从古希腊到近代一以贯之。即使在基督教占统治地位的中世纪，唯名论与唯实论的争论乃至阿奎那的学说，仍然透着一种理性主义的精神，不过有些扭曲变形而已。韦伯认为，近代西方资本主义的产生与发展，是自由劳动组织、资本计算、科学技术、法律、官僚制度等理性化的结果，而这一走向理性化的原动力则来自基督教新教伦理。向往来世的救赎而将生活理性化，乃是基督新教天职观念所产生的效果。

一、韦伯的“理性主义”

本迪克斯（R.Bendix）在《马克斯·韦伯思想肖像》中指出，“理性”（及与之相连的“合理性的”“理性化”“理性主义”）是韦伯思想中最核心的概

① 马克斯·韦伯：《新教伦理与资本主义精神》，康乐、简惠美译，桂林：广西师范大学出版社，2007年，第243页。

念，至少有三层含义[①]：第一，作为一种研究对象，理性是个人自由的表现，它最适合于资本主义时代，也最适宜于个人自身。第二，理性是合逻辑、明晰的同义词。社会科学要成为科学，必须是理性的，它的概念（如"理想类型"）不是对现实的描述，而是定义明确的分析工具。第三，最重要的含义是，理性化是世界历史的一种过程。在这方面，依据于社会生活的不同领域，理性化所指不同。比如，相比较于巫术，具有系统的教义教规、由宗教倡导者和专业化的教士进行布道的宗教形式，是宗教生活的理性化。又如，相比较于通过征服、掠夺、欺骗获得财富，而在对市场情况、生产技术、政府政策、法律、劳动力状况等了解分析的基础上，通过投资获得财富是经济活动理性化的表现。

韦伯认为社会学研究的对象是人的社会行为。某种行为的发生是因为它值得去做或有意义，因此，"行为"是指行动者赋予主观意义的行为，它必须服从于一定的目的，或者体现一定的意义。据此，他提出了社会行为的四种类型：以目的为趋向的工具理性和以价值为趋向的价值理性；此外，还有自觉或不自觉遵从风俗、习惯的传统行为；以及行为人受感情和情绪影响的"情绪化"行为。按照韦伯的观点，既然人类行为都是有意向的行为，因此行为一般是自觉的、有意识的结果，他的观点暗含着"理性人"的预设。[②]

韦伯的研究重点是现代资本主义社会，因此他主要精力用于研究工具理性和价值理性。工具理性"通过对外界事物的情况和其他人的举止的期待，并利用这种期待作为'条件'或者作为'手段'，以期实现自己合乎理性所争取和考虑的作为成果的目的。"他进一步解释："谁若根据目的、手段和附带后果来作为他的行为的取向，而且同时既把手段与目的，也把手段与附带后果，以及最后把各种可能的目的相比较，作出合乎理性的权衡，这就是目的合乎理性的行为。"[③]从他的论述中可以看出，工具理性主要是指选择有效的手段去达到既定目标，它是可以精确计算和预先算计的，或者说，工具理性是指人的行为合乎自己本性与愿望的选择，而不是受到他人或外在因素的影响。它与个人看得见的"利益"联系在一起，把个人财富与名誉的扩大作为目的，并为了达到目的而精心地计算、策划，以及合理地安排自己的行动。

① 转引自丁学良：《韦伯的世界文明比较研究导论》，《中国社会科学》1987年第1期。

② 王锟：《工具理性和价值理性——理解韦伯的社会学思想》，《甘肃社会科学》2005年第1期。

③ 马克斯·韦伯：《经济与社会》（上卷），林远荣译，北京：商务印书馆，1997年，第56—57页。

从某种程度上看，工具理性是一种更接近于人的本能的理性。在现实生活中，市场上商人的行为可以说是工具理性的典型例子，在那里，讨价还价、斤斤计较得到了充分的体现和展示。与工具理性相反，价值理性“通过有意识地对一个特定的举止的——伦理的、美学的、宗教的或作任何其他阐释的——无条件的固有价值的纯粹信仰，不管是否取得成就。”[①]从中可以看出，价值理性主要是以支持或确定终极目标为主，而不计算现实的利益得失。它不以个人功利为目的，为了追求美德的、审美的、宗教的目标甚至可以牺牲眼前的利益。[②]

另外，韦伯还提出过“形式上的合理”（形式理性）和“实质上的合理”（实质理性）的概念。其中前者是指超越个别的、具体的，因而是有实质的经验（包括人、事、物和情境等），以普通的、抽象的规则和可计算的程序为依归，在追求目标的过程中作出合理的安排的理性，主要表现为“它在技术上可能的计算和内在真正应用的计算程度”[③]。后者则不是为了解决日常问题而计算手段和目标的关系，而是建基于某些价值信条之上，以某种特定的终极的立场或方向为归依的理性。它并不考虑通过行动来实现可以预见的结果，而仅仅出于对义务、尊严、美、宗教谕令、虔诚等的信仰。[④]苏国勋指出，形式合理性具有事实的性质，它是关于不同事实之间的因果关系判断；实质合理性具有价值的性质，它是关于不同价值之间的逻辑关系判断。形式合理性主要被归结为手段和程序的可计算性，是一种客观的合理性；实质合理性则基本属于目的和后果的价值，是一种主观的合理性。从纯粹形式的、客观的行动和最大可计算的角度看，韦伯认为，科学、技术、资本主义、现代法律体系和行政管理是高度合理性的。但是，这种合理性是纯粹形式的，它与实质合理性处于一种永远无法消解的紧张对立关系之中。[⑤]

从韦伯的这一论述来看，所谓“形式理性”与“实质理性”与他所说的“工具理性”与“价值理性”基本上是相通的，在内容上也有大致的对等性，即“工具理性”对应于“形式理性”，“价值理性”对应于“实质理性”。“形式

① 马克斯·韦伯：《经济与社会》（上卷），林远荣译，北京：商务印书馆，1997年，第56页。

② 周建国、麻乐平：《理性、新教伦理、科层制与社会发展——马克斯·韦伯的社会发展理论》，《社会科学家》2002年第6期。

③ 马克斯·韦伯：《经济与社会》（上卷），林远荣译，北京：商务印书馆，1997年，第106页。

④ 周建国、麻乐平：《理性、新教伦理、科层制与社会发展——马克斯·韦伯的社会发展理论》，《社会科学家》2002年第6期。

⑤ 苏国勋：《理性化及其限制——韦伯思想论》，上海：上海人民出版社，1988年，第227页。

合理性"的实质是工具理性在经济行为中的典型体现。为了追求利润的最大化，资本主义在经济过程中选择了形式化的手段，其表现在：市场契约和贸易自由，生产资源的私人所有，成本核算，企业经营与家政分离，以及自由的劳动力市场，可能还包括合理配置资源的组织管理，即大企业的科层化和流水生产线等。这些都是资本主义经济行为中最有效率、成本最低的形式化手段。[①]但对等性并不等于一致性，二者还是有差异的，比如前者是在论述经济理性时提出的一对范畴，而后者则是在论述社会行动时提出的一对范畴。在韦伯的论述中，实质理性本身就是一个模糊不清的概念，它使得"价值理性"与"实质理性"之间的对应有时很难统一起来。但不管怎样，这两组概念之间确实存在一定的切合性，这在论述问题时可以把它们兼顾起来考虑和使用，韦伯用"实质合理性"概念来评判表现为"形式合理性"的资本主义经济。

二、新教的"理性主义"

通过比较世界各大宗教的内在教义和组织形式，韦伯认定只有西方宗教才具有实现理性化的条件。一是基督教中的"上帝"具有这样几个特征：上帝是一个具有人格的存在，而不只是一种非人格化的力量或原则（道）；他并非永恒地存在于世间，而是超越于现世之外；他从"无"中创造出世界，而不是利用世间已有的材料制造出新的物种或者通过生育繁殖"创造"出世界万物。这种超越性的人格上帝观具有双重含义：一方面，世界的意义不是人所赋予的，因此也不是人所能改变的。基督教使人认识到自己的无知，从而对"规律"或"法律"产生敬畏；另一方面，在基督教中，世界及其意义产生于人格化的上帝的"意志"，"规律"也来源于这种"意志"。但是，由于这种意志发自世人永远无法企及的上帝，所以人们无从得知其准确含义。这使得西方人具有尊重理性权威、而不是屈服于暴力的传统。二是在犹太教和基督教信仰中，上帝与人类曾经缔结了契约。在这种契约中，上帝要求人类过一种有节制的理性生活，作为自己给予人类以保护的条件。这种教义具有多方面的意义：其一，它使西方社会产生了尊重契约、诚实守信的传统，并为后来古典自然法学派的社会契约观提供了一种深厚的思想背景；其二，它开启了西方权利和义务观念的先河，在上帝面前，人类尚且享有要求保护的权利。当然，这种权利是以履行一定的义务为代价的。这种教义使西方人很早

① 王锟：《工具理性和价值理性——理解韦伯的社会学思想》，《甘肃社会科学》2005年第1期。

就认识到权力的有限性，认识到权力必须有一个合法的基础；其三，上帝与人类之间的契约是在非常遥远的古代缔结的，生活在此后各个时代的人们无法再去修改契约的条款，也无法准确理解契约条款的含义。因此，人们必须借助专家（或“先知”、预言家和牧师）的帮助才能确知自己对上帝的权利和义务。这种对专业人士的依赖和信任也为西方社会的理性化创造了条件。三是基督教教义受到斯多葛主义和早期自然法思想的很大影响，表现出一种追求对普遍法则的理性认知的倾向。四是基督教提倡信徒之间的平等，从而有助于打破传统的家族纽带和等级制度，从而促生一种普遍性的人际关系。①

由于以上几个方面的内在原因，基督教在具备适当外在条件的情况下必然会走上理性化的道路。其一，基督教教义中出现了一套解释世界的理论，这套理论由抽象的概念和严格的逻辑推理编织而成，排除了迷信和巫术的痕迹。其二，世界各大宗教按理性化的程度可以分为：巫术信仰；万物有灵论；文化宗教；伦理宗教以及救赎的普世宗教。基督教属于最后一种类型，是理性化程度最高的宗教。其三，在理性宗教中，韦伯又根据宗教所倡导的生活态度区分出了两种类型：拒世宗教和入世宗教。前者包括佛教和天主教；而后者则主要是指基督新教。前者虽然具有理性化的教义，但却与世俗的经济理性化和法律理性化格格不入，而后者则能融入社会理性化的整体进程之中。其四，韦伯指出，宗教理性化的主要动力有两种：一种是思想和精神方面的，主要是宗教职业人士和信众追求理性认知的努力；另一种则是物质利益，主要是市场对可计算和可预见的理性行为方式的要求。其五，基督教教会中产生了西方最早的一批知识分子和最早的职业化专家，这些人是推动宗教理性化的重要力量，也为西方人理性的处世态度和生活方式提供了一种模本。其六，基督教社团从组织上独立于国家和一切政治团体，这种独立的地位使它得以同封建君主之间保持一种相互独立和制衡的关系，从而保障社会不会为一种文化所左右，而保持一种多元性。正因为有了这种保障，宗教改革后形成的理性宗教才可能获得政治上支持，迅速发展和壮大。②

---

① 转引自郑戈：《多元社会中的法律与宗教——以韦伯社会理论为分析视角》，《太平洋学报》2007年第5期。

② 转引自郑戈：《多元社会中的法律与宗教——以韦伯社会理论为分析视角》，《太平洋学报》2007年第5期。

三、儒教的"理性主义"

韦伯主张以"理性主义"作为儒教与新教对比的准则。而要衡量某种宗教所体现的理性化程度，可以运用两个在很多方面互为关联的尺度。其一是这个宗教摆脱非理性巫术的程度；其二是这个宗教将上帝与世界之间的关系以及由此而来的这个宗教本身与世界的伦理关系系统地统一起来的程度。[①]后一种尺度实质是指这个宗教在多大程度上顺利实现了由神灵信仰到入世伦理的合理性转化。

就第一点而言，儒教摆脱巫术的程度远远低于新教。韦伯说，中国儒教的非理性巫术几乎渗透进一切领域，例如，皇帝基于他个人的资格，必须为神灵的善行、天降时雨及收获时的好天气负责；官方的或民间的宗教信仰，必须把对祖先的崇拜当作一项基本的任务；其他残存的泛神灵论的神灵形式，亦即关于人类崇拜和英雄崇拜的功能神祇信仰等。[②]这种现象的出现，主要原因在于道教的积极培植，因为道教本身即是一种绝对反理性的低下的巫术性长生术、治疗学与消灾术。而儒教尽管宣扬"不语怪力乱神""敬鬼神而远之"，怀疑巫术的真实性，且认为巫术在德行面前会显得软弱无力。但当其面对巫术的系统宇宙观时，总会表现出一种无可奈何的宽容态度，因为每一个儒教徒都明白，巫术信仰是中国政府权力分配基础的一部分，故而对巫术的任何一点触犯，都会危及儒教本身的权势与威力。这样，正统与异端对巫术的容忍与扶植，保证了巫术完整而持续的存在，这使得理性经济与技术无法产生。与此相反，新教则认为所有的巫术都是邪恶的，是对上帝与神的不恭和亵渎，因而应该遭到谴责与摒弃。禁欲主义的基督教已经达到了使世界挣脱魔法与巫术控制的最高阶段。[③]

就第二点而言，儒教合理地转化为积极的入世伦理的程度也远远不及新教。儒教对尘世事物持有一种肯定与随和的态度，这必然会导致对于整个世界的无条件适应，也就是说，适应那些由于宇宙和谐而产生的共同生活的社会要求。在这些社会要求中，虔敬地顺从世俗权力的固定秩序尤为重要。儒教这一无条件肯定与适应世界的伦理，其内在前提是非理性巫术从未间断的存在，而从巫术的存在中"只会得出传统牢不可破的结论，因为行之有效的

---

① 马克斯·韦伯：《儒教与道教》，洪天富译，南京：江苏人民出版社，1995年，第256页。
② 马克斯·韦伯：《儒教与道教》，洪天富译，南京：江苏人民出版社，1995年，第259页。
③ 转引自刘雪飞：《试析马克斯·韦伯的儒学观》，《齐鲁学刊》2011年第6期。

巫术手段，以及最终所有传统的生活样式，都是不可变更的——如果要避免激怒鬼神的话”。[1]儒教对于世界的无条件肯定与适应又使其自身缺乏“彻底的恶”或“原罪”意识，因而不会有从极恶或原罪中被拯救出来的渴望，也不会有新教观念中神与人、现世与彼岸间所具有的那种倾向变革的紧张关系，正如韦伯所言：“在儒家伦理中，自然与神祇、伦理要求与人之缺陷、原罪意识与救赎需要、现实行为与来世补偿、宗教责任与社会政治现实之间的任何紧张关系，都付诸阙如。因此，这里没有通过内在力量影响行为使之摆脱传统和习惯的杠杆。”[2]与此相反，由于新教对巫术、人与世界的彻底否定以及对于上帝与神的绝对信仰，而将世俗行为与超越的神启、上帝的旨意紧密联系起来，从而在非理性的某一点上陷入了强烈而严峻紧张关系。所以，韦伯说，儒教旨在顺应世界，而新教旨在改造世界。[3]

儒教和新教代表了两种博大精深但相互排斥的理性主义。两者都追求基于某种最终信仰对人类生活作出合情合理的安排。两者都提倡庄重自制，把一切个人的和人世的事务都变成审慎考虑的对象。这两种世界观都与财富积聚不相冲突。但是，如果不了解人们的内心目标，就不能理解这里所说的理性主义和对财富的贪求。儒家信徒的目标是谋取和维护“有文化的身份地位”，其手段是适应现实，接受教育和自我完善，举止文雅有礼，享用而不是积聚财富，提高审美修养而不是精于一技，尤其是把家庭伦理作为官场中的行为模式。而对于新教徒来说，理性主义和积聚财富则有另一种意义。有计划地控制人的本性和对日常生活的道德检查是侍奉上帝的手段，这些手段导致对世界的驾驭。新教徒作为“上帝的工具”，将禁欲行为与强烈的信仰和行动的热情结合起来，这与儒家的审美价值大相径庭。正是这种心态上的差别促成了资本主义在西方的巨大发展和在中国的相反情况。[4]在中国，物质福利是高于一切的生活目标，儒家政治和经济学说所精心探求的，便是如何增加人民的幸福。但是，由于缺少相应的经济心态，中国的经济政策无法实现这一目标。新教反对将追逐财富作为目标，然而却在无意中促成了一种经济心态和一种有条理的生活方式，从而导致财富的增长并损害了真正的信仰。因此，在人们的行为意图和实际结果之间，存在着一种“‘自然’关系的奇怪

① 马克斯·韦伯：《儒教与道教》，洪天富译，南京：江苏人民出版社，1995年，第257—270页。

② 张立文、李甦平主编：《中外儒学比较研究》，北京：东方出版社，1998年，第310页。

③ 转引自刘雪飞：《试析马克斯·韦伯的儒学观》，《齐鲁学刊》2011年第6期。

④ 莱因哈特·本迪克斯：《马克斯·韦伯思想肖像》，刘北成等译，上海：上海人民出版社，2007年，第107页。

颠倒”。这就是不期而至的吊诡后果。

第二节　徽商的贾道

明代商人已用“贾道”一词，表明他们对商业有了新的看法，即在赚钱以外，还有其他的意义。但“贾道”还有另一层意思，即怎样运用最有效的方法来达到做生意的目的，这相当于韦伯所谓“理性化的过程”。[①]

一、儒贾相通

徽商认为儒和贾是相通的。[②]业儒入仕固然可以“拾朱紫以显父母”，光耀门庭，此是为名；而经商创业以孝养父母、“垂裕后昆”，亦能“大振其家声”[③]，这是为利，其实“名亦利也”“利亦名也”，二者相通。歙商吴长公自幼业儒，父亲客死异乡，母亲令他继承父业弃儒从贾。吴长公深思熟虑后说：“儒者直孜孜为名高，名亦利也。藉令承亲之志，无庸显亲扬名，利亦名也。不顺不可以为子，尚安事儒？乃今自母主计而财择之，敢不唯命。”[④]吴长公在“名亦利”“利亦名”之间获得心理平衡，欣然从母命去经商了。有的徽商甚至“笑儒者龌龊，不善治生，一旦握符，莫如纵横”，认为“习儒而旁通于贾，异日为政，计然桑孔之筹，岂顾问哉？”[⑤]提倡儒者习贾以利“异日为政”，在“事道”上贾与儒是相通的。

徽州人还认为经商和读书一样也是功名。“徽俗，商者率数岁一归。其妻孥宗党全视其所获多少为贤不肖而爱憎焉。”[⑥]得功名者为贤为爱，失功名者为不肖为憎。对此，徽商有清醒的认识：如果子弟能够在科考中获取功名，固然最好；但如果子弟才力不够、读书无望的话，也不需要一味强求，而是应当教会他们经商的本领，不至于成为社会的寄生虫。歙县《仙源吴氏家

① 余英时：《中国近世宗教伦理与商人精神》，合肥：安徽教育出版社，2001年，第244页。

② 唐力行认为，贾儒相通表现在六个方面：其一，名与利相通；其二，义与利相通；其三，为贾为宦在事道上相通；其四，士商求取功名，与实现“大振家声”的目的相通；其五，贾儒相通表现为两种功名是可以互相转化的；其六，贾儒相通还表现为徽商力求集两种功名于一身。参见唐力行：《明清以来徽州区域社会经济研究》，合肥：安徽人民出版社，1999年，第119—122页。

③ 婺源《三田李氏统宗谱》，《环田明处士松峰李公行状》。李松峰（惟诚）说：“丈夫志四方，何者非吾所为？即不能拾朱紫以显父母，创业立家亦足以垂裕后昆。”

④ 汪道昆：《太函集》卷五四。

⑤ 吴吉祜：《丰南志》第四册，《从父黄谷公六十序》。

⑥ 蔡羽：《辽阳海神传》。

谱·家规》规定：“凡我子孙，能读书作文而取青紫者，固贤矣。苟有不能者，毋讵置之不肖，尤当从容化诲，则师取友，以俟其成。庶子弟有所赖而不至于暴弃。虽不能为显公卿，亦不失为才子弟也。”学会经商，就算他们一辈子都不能成为显赫的大臣公卿，但是也可称得上是人才和家族好子孙。

在儒家伦理“孝”“悌”面前，为贾和为儒的目的可以统一。明代歙商方勉弟曾辍学随父从贾，谈到孝悌之道时，他说：“吾兄以儒教致身，显亲扬名，此之谓孝；吾代兄为家督，修父之业，此之谓弟（悌）。”①儒孝和贾悌相通。嘉靖歙商黄锜也对其子黄溱说：“丈夫有志四方，立身扬名以显父母，孝之终也。昔范孟博登车揽辔即思澄清天下，吾爱之重之，愿汝曹效之。”②明确指出经商“立身扬名”与业儒“显亲扬名”，同样为“孝之终也”。在徽商看来，为儒、为贾的道路虽然不同，所达到的强宗固族的目标则可以一致。明代歙商吴佩常对妻子说：“吾家仲、季守明经，他日必大我宗事，顾我方事锥刀之末，何以亢宗？诚愿操奇赢，为吾门内治祠事。”③业儒入仕，能够为宗族争得名声和地位，从而“大我宗事”，而经商致富，将钱财用于宗族建设，亦可以“亢宗”。

明人汪道昆指出业儒和服贾两者之间的辩证关系。他说：“新都（徽州）三贾一儒……贾为厚利，儒为名高，夫人毕事儒不效，则弛儒而张贾；既侧身飨其利矣，及为子孙计，宁弛贾而张儒。一弛一张，迭相为用，不万钟则千驷，犹之能转毂相巡，岂其单厚计然乎哉！择术审矣。”④他既对邑人“张贾”与“张儒”迭相为用的原因、目的作了合乎实际的分析，也揭示了这里贾与儒之间相互作用的关系。⑤台湾学者陈其南也说：“家族的荣耀只能透过读书仕宦才能获得，即使从商以致巨富而无名秩，对传统中国人而言，仍然不算显祖扬名。这个终极的价值观念迫使大部分人投身于科举之业，但如果没有经济基础，那么读书仕宦之途也将为之堵塞。因此又使得大多数的读书人非得弃儒就商不可。经商致富之后，方可经由己身或其族裔专心获取功名，进而完成‘光宗耀祖’之人生理想。”⑥

在汪道昆看来，一家有几个儿子分别业儒和服贾最为理想。如徽商吴次

---

① 李维桢：《大泌山房集》卷七二，《方仲公家传》。
② 歙县《竦塘黄氏宗谱》卷五，《节斋黄君行状》。
③ 汪道昆：《太函集》卷七二，《溪南吴氏祠堂记》。
④ 汪道昆：《太函集》卷五二，《海阳处士仲翁配戴氏合葬墓志铭》。
⑤ 张海鹏、王廷元主编：《徽商研究》，合肥：安徽人民出版社，1995年，第382页。
⑥ 陈其南：《明清徽州商人的职业观与家族主义》，《江淮论坛》1992年第2期。

公有四个儿子，取名为大继、大纯、大缙、大绅，他老病时说：“大继当室。大纯佐之。大缙业已游成均、治经术，大绅从之。四者左提右挈，以亢而宗，而翁瞑矣。”[①]徽商金仲翁“呼二子前，命长子曰：‘茂，尔当室，第卒业子舍中。’命次子曰：‘芝，尔摄贾而儒，毋队世业。’”[②]吴太公也说：“伯子希周请服儒，命之儒。仲子希召请服贾，命之贾。”[③]徽商明白：经商能够为读书提供经济保证，而读书入仕则可以光大门楣，反过来为经商提供政治靠山。

有些经济困难的家庭无法保证所有子弟都读书，往往进行分工，以贾佐儒。如歙县人程长公，“其力贾以为养，而资叔力学以显亲，俱济矣”[④]。明歙县人许莲塘经商“维扬姑熟间”，“所得息金毫不自私……招延名师为诸弟师资，给诸弟无所不用其情，宁自处粗粝”[⑤]。清黟县人王康吉，“幼随父习商乐平”，“使季弟从名师游，并为购书至十二万卷”[⑥]。清婺源人王悠炽，“性好读书，以父体弱、兄患疾，远趁生意独肩任之，俾两弟文炽、鼎炽得肄业以成名”[⑦]。也有弟弟资助哥哥读书的，如王丁帜，“幼尝同兄笔炽业儒，以家道拮据，代父分任，使兄得一志于学。菽水之资、膏油之费，丁（帜）俱竭力营谋”；曹廷炳，“中年弃儒就商，积金以奉甘旨，佐兄读书”。[⑧]王国烈，其父生“有三子，性聪俊，少嗜学，以父命，两兄涛、照业儒，谓教必先养，遂佐家政，经商江右、湖广、樟树、安庆等地，奔走事厥考、长，艰险备尝，两兄得游庠，慰亲志者”，他经商供养两位兄长读书。王余庆弃儒从贾，也是为了供养兄长读书，他“初与兄有庆俱业儒，承父命去而服贾，支持家计，俾兄得专攻经业”。[⑨]

徽商深信他们的事业具有庄严的意义和客观的价值。徽商阮弼“以歙为菟裘，芜湖为丰沛，既而业大起”[⑩]。“菟裘”出自《左传》的典故：“使营菟裘，吾将老焉”，指退休养老之地；“丰沛”是汉高祖创业的根据地，

---

① 汪道昆：《太函集》卷五六，《吴田义庄吴次公墓志铭》。
② 汪道昆：《太函集》卷五二，《海阳处士金仲翁配戴氏合葬墓志铭》。
③ 汪道昆：《太函集》卷五七，《吴太公暨太母合葬墓志铭》。
④ 汪道昆：《太函集》卷四二，《明故程母汪孺人行状》。
⑤ 歙县《许氏世谱》第五册，《明故处士莲塘许君行状》。
⑥ 民国《黟县四志》卷六，《孝友》。
⑦ 光绪《婺源县志》卷三三，《人物十・义行五》。
⑧ 光绪《婺源县志》卷三八，《人物十一・质行五》；卷三九《人物十一・质行七》。
⑨ 民国《重修婺源县志》卷三〇，《人物七・孝友四》。
⑩ 汪道昆：《太函集》卷三五，《明赐级阮长公传》。

此处借指阮氏的商业基地。徽商李大鸿“亦永籍为公家之关中也”，“关中”是历代的帝都，这也是把商业和帝业相提并论。徽商黄球“幼负大志，壮游江湖，财产日隆”[①]。这“幼负大志”原来只用于士人，现在又转移到商人身上来了。[②]

二、以儒饰贾

关于贾与儒关系，汪道昆有一段精妙的议论：“余惟乡俗不儒则贾，卑议率左贾而右儒，与其为贾儒，宁为儒贾。贾儒则狸德也；以儒饰贾，不亦蝉蜕乎哉。”[③]他认为“贾儒”仍免不了“贪利”的恶名，只有“以儒饰贾”，即用儒家伦理道德约束经商行为，才能避免世人的诟病。在《史记·货殖列传》中，范蠡、计然提出“时用则知物，知斗则修备”的积蓄待乏的经营战略，“贵出如粪土，贱取如珠玉”的经营谋略；白圭重视市场行情的预测，强调“乐观时变”“敏于趋时”及“人弃我取，人取我予”的经营原则。

徽商从《史记·货殖列传》中汲取了不少有益的经验和方法。明代，休宁商查杰弃儒服贾后，他行计然、白圭之术，“藉其橐资，观时变……独往来吴、越、扬、楚间三十余年，业果骎骎起。向所共事，瞻望弗及”。[④]休宁商汪可训弃儒经商，两次“发货殖传读之”，从中汲取从商经验，于是“积五年，择人人得、任时时成、饰智智治，隆著拟封君矣”[⑤]。歙商黄莹“少读书，通大义，观太史公《货殖列传》……大悟若者不效世用一切狙诈术，惟静观盈缩大较，揣摩低昂，恒若执左契，诚一所至，业饶声起。”他还从中总结出一套商业理论：“论其有余不足则知贵贱，贵上极则反贱，贱下极则反贵。贵出如粪土，贱取如珠玉。”[⑥]黄莹最终富裕起来，应得益于他从史书中学到的商业经验。歙商许秩经商十余年，已成大贾，还常常读《货殖列传》，“一日读货殖传，见蜀民工于市易……于是买舟浙江，溯流而上，直达成都，历川峡之胜，迁厥物产于齐鲁间。如是往来者再，资用益饶。”[⑦]歙商程致和也是“行白圭治生之术，以美恶占岁，以弃取伺人。……趋时观变若猛兽鸷

---

① 谢国桢：《明代社会经济史料选编》（中册），福州：福建人民出版社，1980年，第96页。

② 余英时：《中国近世宗教伦理与商人精神》，合肥：安徽教育出版社，2001年，第244—246页。

③ 汪道昆：《太函集》卷六一，《明处士休宁程长公墓表》。

④ 休宁《西门查氏祠记》，《查灵川公暨配汪孺人行状》。

⑤ 休宁《西门汪氏宗谱》卷六。

⑥ 歙县《竦塘黄氏宗谱》卷五，《黄公莹传》。

⑦ 歙县《许氏世谱》第五册，《平山许公行状》。

鸟之发，以生以息，凡廿年而业振”[①]。

清代，《史记·货殖列传》仍是徽商必读的教科书。徽商章健德弃儒服贾，贵出贱取，“君慷慨有大略，节驵侩，贵出贱取，居数年遂以起其家”[②]。歙县盐商鲍直润因轻信他人，致使商业失利，后来他运用白圭的“人弃则我取”之术，终于大获成功。当时浙江江山县食盐销路不畅，众商折本，相继退出，而鲍直润则决定“尽质其田”，筹集资金，以江山作为自己的食盐销售地。家人竭力反对，鲍直润则说：“今江山口岸，众商星散，势将食淡，所谓人弃则我取。譬如逐鹿，他人角之，我踣其后，时不可失，吾意决矣。”后来的事实证明，鲍直润的决策是正确的，到道光末年，他终于成了腰缠万贯的大盐商，并“以盐务报效海疆军需，议叙盐课提举司提举衔，例授奉直大夫”。[③]休宁商汪叔义弃儒就贾后，不减儒之本色，在生意场上，他则是“犹握奇赢，拮据不遑，发无不中，动无不获，计然之术，孰有过于此者。”[④]

徽商善于从儒学经典中发现有价值的思想，用以指导经营活动，追求商业上的成功。徽商张光祖在商务活动中，“时或值大利害事，每引经义自断，受益于圣贤心法最多。”[⑤]徽商汪尚信早年“刻意经史”，后因科场失意而从商，“有商于四方者亦奉公筹画，为时良贾，以是家益振”。[⑥]歙商黄长寿“以儒术饬贾事，远近慕悦，不数年，赀大起”[⑦]，他用儒家的道德标准来规范自己的商业行为，被评价为“翁虽游于贾人，实贾服而儒行”。歙商黄镛少时“绩学业举，志存经世”，后来弃儒从商，转贩于闽、越、齐、鲁之间，他“克洞于天人盈虚之数，进退存亡之道”，所以获利甚多，“赀大丰裕”。[⑧]歙商叶天赐，“性聪颖，嗜学工诗，擅书法，家贫为人行贾”，他在经商中“料事十不失一，晚业盐策于扬”，终于成为扬州富商。[⑨]歙商黄文茂“雅好儒术，博览多通”，他“善于治生……任人择时，以此起富”。[⑩]歙商鲍建旌小本起家，历尽艰辛，终成巨贾，他的后人在总结他的人生经历时说：“（鲍建旌）

① 歙县《褒嘉里程氏世谱》，《奉祝致和程老先生六十荣寿序》。

② 绩溪《西关章氏族谱》卷二六，《章君健墓志铭》。

③ 歙县《新馆鲍氏著存堂宗谱》卷二，《中议大夫大父凤占公行状》。转引自李琳琦：《徽商与明清徽州教育》，武汉：湖北教育出版社，2003年，第150—151页。

④ 休宁《西门汪氏宗谱》卷六，《儒士叔义七秩寿序》。

⑤ 祁门《张氏统宗谱》卷八，《毅斋翁传》。

⑥ 歙县《汪氏统宗谱》卷三一。

⑦ 歙县《潭渡黄氏族谱》卷九，《望云翁传》。

⑧ 歙县《潭渡黄氏族谱》卷九。

⑨ 民国《歙县志》卷九，《人物志·义行》。

⑩ 歙县《竦塘黄氏宗谱》卷五，《黄公文茂传》。

自少至壮，以孑身综练百务，意度深谨，得之书史者半，得之游历者半”[①]。他的经商才能和见识，一半是从书史中得来，一半是从游历中得来。绩溪商人章策弃儒服贾，他“精管（仲）、刘（晏）术，所亿辄中，家以日裕。”[②]从儒家文化中学习商业知识，获得成功。所谓“以儒术饬贾事”、“每引经义自断”、“任人择时”等都是用儒道经商，儒家文化是徽商取之不尽、用之不竭的思想源泉。

三、儒道贾用

美籍华人学者余英时指出，“儒术”并非只指“儒家的道德而言”，而主要是指“儒学中‘治人’、‘治事’以至‘治国’的道理或知识。……换句话说，士人如何运用他们从儒家教育中所得来的知识以治理国家，商人便运用同样的知识来经营他们的商业。”[③]

徽商在商业经营活动中讲求仁爱之心。清代康熙、乾隆年间歙籍盐商吴鈵，平生“仁心为质，视人之急如己，力所可为即默任其劳，事成而人不知其德，其或有形格势阻，辄食为之不宁。”他一再告诫儿子：“我祖宗七世温饱，惟食此心田之报。今遗汝十二字：存好心、行好事、说好话、亲好人。”吴氏根据自己一生的切身体会，认为“人生学与年俱进，我觉厚之一字，一生学不尽亦做不尽也。”以“仁心”经商是吴鈵一生的追求，并将其作为“家训”而传诸子孙。[④]因为徽商诚信待人、义中取利，他们往往很快就会致富。婺源人洪胜，“慎取予，重然诺，有季布风，商旅中往往藉一言以当质卷。”[⑤]他在广丰经商，不数年而家充裕。徽商梅文义，“诚笃不欺人，亦不疑人欺。”他所获得利润反而比正常情况下多三倍，“往往信人之诳，而利反三倍”。[⑥]歙商江才遂在宛陵营盐，“待人接物，诚实不欺，以此致资累万”[⑦]。

徽商做生意追求薄利多销。江次公有一段话很有代表性，他教导从商的儿子说：“余闻本富为上，末富次之，谓贾不若耕也，吾郡在山谷，即富者无可耕之田，不贾何待？且耕者什一，贾之廉者亦什一，贾何负于耕？古人病

① 转引自张海鹏、王廷元主编：《徽商研究》，合肥：安徽人民出版社，1995年，第435页。
② 绩溪《西关章氏族谱》卷二六，《例授儒林郎候选布政司理问绩溪章君策墓志铭》。
③ 余英时：《中国近世宗教伦理与商人精神》，合肥：安徽教育出版社，2001年，第244页。
④ 吴吉祜：《丰南志》第五册，《显考嵩堂府君行述》。
⑤ 婺源《墩煌洪氏统宗谱》卷五九，《福溪雅轩先生传》。
⑥ 佘华瑞：《岩镇志草》，《里祀乡贤纪事》。
⑦ 歙县《济阳江氏族谱》卷九，《清布政司理问长遂公·按察司经历长遇公合传》。

不廉，非病贾也，若第为廉贾。”[①]在他的眼里，农耕只能获取什一之利，经商若也只取什一之利，就不会受到人们的诟骂，心理上也能得到平衡。其实，商家与顾客的关系决不是一方盘剥另一方的关系，而是互惠互利，相互依存。只取不予，贪图大利，一味只是“利用”、敲诈顾客，虽然能给自己带来暂时的利益，但却毁坏了双方长期合作的基石。[②]大多数徽商正是看到了这一点，才自觉地薄利经营。对此歙商鲍直润说得更明白：“利者人所同欲，必使彼无所图，虽招之将不来矣，缓急无所恃，所失滋多，非善贾之道也”。[③]很多徽商正是抱着这样的宗旨甘当商场上的廉贾。例如，明代在南京城内有当铺500余家，主要由徽州人和福建人经营。福建人用高利经营，利息三分四分，徽商则不同，“取利仅一分二分三分，均之有益于贫民”，竞争的结果是徽商赢得了顾客，“人情最不喜福建。”[④]

掌握市场信息是徽商立于不败之地的诀窍。为商贾者要熟悉市场供需关系，及时收集商业信息，以决定吐纳收放，选择经营项目和地域。歙商程季公在决定从贾时，做了一次远游：“东出吴会尽淞江，遵海走维场，北抵幽蓟。”这样，天下“万货之情”了然于胸。在这个基础上他做决策：“东吴饶木棉，则用布；维扬在天下之中，则用盐；吾郡瘠薄，则用子钱。”[⑤]即是说，在江南，由于棉织业发达，则做布生意；在维扬，由于地处天下之中，则经营盐业；徽州贫穷，则可经营典当业。实践证明，他这种决策完全正确。所以他不仅自己“加故业数倍”，而且带动同族一大批人致富。[⑥]周晓光、李琳琦认为，徽商获取信息的方式有：一是利用“伙计”充当耳目；二是在商品运销的各个重要口岸设立办事机构，互通行情；三是通过同业、同乡会馆和公所了解市场信息；四通过宗谊、族谊，联络各地的同宗、同族人氏，了解市场供需情况。“四方诸族”是他们取得可靠商业信息的重要来源[⑦]。

歙商阮弼初到芜湖经商，看到这里舟车辐凑，信息灵通，决定在此创业。当时市场均分行立业，唯独赫蹄（缣帛）无人经营，他乃决定经营此

① 汪道昆：《太函集》卷四五，《明处士江次公墓志铭》。

② 转引自张海鹏、王廷元主编：《徽商研究》，合肥：安徽人民出版社，1995年，第423—424页。

③ 歙县《新馆鲍氏著存堂宗谱》卷二，《中议大夫答父凤占公行状》。

④ 周晖：《金陵琐事剩录》卷三。

⑤ 汪道昆：《太函集》卷五二，《明故明威将军新安卫指挥佥事衡山程季公墓志铭》。

⑥ 张海鹏、王廷元主编：《徽商研究》，合肥：安徽人民出版社，1995年，第426—427页。

⑦ 周晓光、李琳琦：《徽商与经营文化》，上海：世界图书出版公司，1998年，第25—26页。

业：“鸠其曹，敛母钱，躬载橐而规便利。就绪捆载者，悉居之留都（南京），转运而分其曹，利且数倍。”后来彩色缣帛旺销，染人获利颇丰。阮弼能根据市场信息，果断决策，反映出他较高的经商谋略。[①]歙商黄五保也是依靠掌握商品信息和物价而致富的，“识古今事变……善察盈缩，与时低昂，以累奇赢致饶裕”[②]。所谓“盈缩”即是商品供求情况，“时低昂”即物价涨落。汪心如致富秘诀也是根据市场供需来决定吐纳收放和选择地点，“东抵东粤，北走燕京，凡征歉物转之必盈之，征赋物转之必贵之，所至操奇有声”[③]。

徽商想尽一切办法加速资金周转，追求高效益。徽商努力使有限的资金在尽可能短的时间内获得最大的商业利润，如徽州盐商将两淮的食盐溯长江西上运抵湖广后，决不放空船回航，而是将湖广的粮食作为回头货，顺流而抵苏浙。因此“淮商载盐而来，载米而去”，食盐经营与粮食经营相结合，就成了一举两得，获利甚丰的买卖。徽州的棉布、丝绸商亦是如此。他们将苏浙盛产的棉布、丝绸经运河、长江和海道运往东北、西南、东南各地后，又将这些地区的棉花、粮食、海货等顺便贩回苏浙，从而大大提高了单位时间里的资金利用率。正因为如此，“挟轻资以贾四方”的徽州商人，往往“骎骎乎五年而中，十年而上矣”；至于“一年给，二年足，三年大穰，为大贾矣”的事实也不乏记载。

徽商不再满足于些微小利，而是追求高效益、高利润、发大财的目标[④]。明代休宁商人查杰就曾发誓：“倘不唾手而倾郡县，非丈夫也”[⑤]。歙县商人黄莹在经营中，也是“不屑屑竞锥刀”，贪求小利，而是“务存大体”，追求高效益、高利润。[⑥]休宁商人程维宗也是“以一获十者常有之”的高效益而富甲一方。[⑦]为了追求高效益，徽州商人往往并不固守一地或一个行业。明代中叶歙县商人黄豹挟资经商于荆襄南楚，但获利甚微，他不满足微薄之利，果断地从荆襄撤资转徙淮南从事盐业。结果，仅三年的时间，黄豹就从一个小商人而变为拥资百万的“大贾”。[⑧]歙县商人吴良儒为了追求高效益，也多次

① 转引自张海鹏、王廷元主编：《徽商研究》，合肥：安徽人民出版社，1995年，第427页。
② 歙县《竦塘黄氏宗谱》卷五，《处士乐斋公行状》。
③ 休宁《西门汪氏宗谱》卷六。
④ 周晓光、李琳琦：《徽商与经营文化》，上海：世界图书出版公司，1998年，第14—15页。
⑤ 道光《安徽通志》卷一九六。
⑥ 歙县《竦塘黄氏宗谱》卷五。
⑦ 休宁《率东程氏家谱》卷三
⑧ 歙县《竦塘黄氏宗谱》卷五，《明故处士黄公豹行状》。

徒地转业。他先是在淞江经营棉布，后感到棉布没有盐的利润丰厚，于是离开淞江携带千金到浙江从事盐业，不久就成为浙江盐商的头领。当时盐业的利润以两淮为最，因为淮盐在当时产量最多、销地最广。吴良儒看到经营浙盐又不及经营淮盐，在高利润的吸引下，他最终又挟巨资从浙江转到了淮南。[①]

徽商还利用广告形式宣传商品，促进销售。现场表演，让顾客观看商品制作的全过程，给人以真实可信的感觉。旧时屯溪的"同德仁"药店为了宣传自制的名药百补全鹿丸，每年秋末冬初，都要向公众进行一次信誉性的制作表演。事前四处张贴"虔修仙鹿"的广告，并邀请外地客户前来观摩。表演之日，给鹿披红挂彩，绑在木架上，由四青年抬着吹吹打打，沿屯溪主要街道及近郊周游一圈，然后抬回店里，在鼓乐声中将鹿缢死，除毛剖腹洗净，剁碎蒸熟，配入32药料敲打拌匀，然后焙干磨成细粉，羼入蜂蜜制成药丸。这种有目共睹的制作表演，使大家了解药丸的制作过程，真实无欺，从而使该店"百补全鹿丸"的销路一直很好。[②]徽商汪氏在苏州阊门开设盖美号布店，用馈赠小利办法请衣工传颂益美号布质量上乘，扩大了销路，信誉二百年不衰。"衣工有以本号机头缴者给银二分。缝人贪得小利，遂群誉布美，用者竞市，计一年消布约以百万匹。论匹赢利百文，如派机头多二万两，而增息二十万贯矣。十年富甲诸商，而布更遍行天下。……二百年间滇南漠北无地不以益美为美也"[③]。清同治年间在杭州经营"胡庆余堂国药号"的胡光墉，在宣传推销方面，更是独具匠心。他"雇人穿着'胡庆余堂'字号的马甲，伫立杭城水陆码头、街巷，施药治病。一时声誉大振，成为与北京'同仁堂'并称的南北药业两巨头"[④]。

叫卖是一种古老的广告形式，在商界较为流行，旧时屯溪衣庄的叫摊就是典型代表。为吸引顾客，万隆、万源、大新等屯溪街上几家大衣庄，除根据季节勤换陈列各种款式的时装外，还在堂门前摆设一个叫摊。这是一个尺把高的木栅架，一米见方，两个比较精通业务的店伙计站在摊里，将一件件服装抖开，翻来复去地展现给顾客看，一个店伙计唱着徽州地方优美小调，一报服装的价格；二唱这件衣裤适宜什么人穿用；三唱布的品种和质量、衣

① 汪道昆：《太函集》卷五四。

② 周晓光、李琳琦：《徽商与经营文化》，上海：世界图书出版公司，1998年，第85—86页。

③ 许元仲：《三异笔谈》卷三。

④ 何警吾编：《徽州地区简志·人物》，合肥：黄山书社，1989年，第511页。

裤规格等。衣庄叫摊前总是围满了顾客和看热闹的观众，许多衣服就是在这种叫卖声中得以成交。衣庄叫摊是徽商的生意经，既可引来看热闹的顾客，推销商品，服装抖开重新折叠，又能透风防霉防蛀。①

明末戏剧家李渔在《闲情偶寄》中谈到“学技”与“学文”的关系时说：“学技必先学文……通天下之士农工贾、三教九流、百工技艺皆当如是观。……明理之人学技与不明理之人学技，难易判若天渊。然不读书不识字，何由明理？故学技必先学文。”②学技必先学文，文是技的基础，文理之道相得益彰。又如余英时所说：“不但明清时期‘弃儒就贾’的普遍趋势造就了大批士人沉滞在商人阶层的现象，而且，更重要的是商业本身必须要求一定程度的知识水平。商业经济的规模愈大则知识水平的要求也愈高。”③

“天职”观要求人们把职业劳动当作一种宗教信念来完成，赚钱工作当然也不例外，都获得了宗教信仰意义。另一方面，为了把事情做好，就需要“利用最有效的方法”，就进一步强调了理性化。余英时认为，中国的“贾道”实质上体现了和“天职”观一样的价值诉求。商人通过劳动赚钱牟利，赚钱活动本身也是具有“意义”的，而且也是讲究“取之有道”的。因此他说：“以世俗动机而论，中西商人大致相去不远。甚至中国人所谓‘为子孙后代计’的观念在西方也并不陌生。更值得我们重视的倒是超越型的动机。明清商人倒是没有西方清教商人那种特有的‘天职’观念，更没有什么‘选民前定论’。但其中也却确实有人曾表现出一种超越的精神。他们似乎深信自己的事业具有庄严的意义和客观的价值。”④

第三节　徽商的资本运作

早在明代，谢肇淛就指出：“富室之称雄者，江南则推新安，江北则推山右。”这是他比较各大商帮之后得出的结论；他还说：“新安大贾、鱼盐为业，藏镪有至百万者，其他二、三十万则中贾耳。”⑤徽州盐商有上百万家产，至于有二三十万家产的徽商则被视为中等商人。顾炎武也说：“新都（徽

① 周晓光、李琳琦：《徽商与经营文化》，上海：世界图书出版公司，1998年，第85页。
② 李渔：《闲情偶寄》卷一，《词曲部·结构第一》。
③ 余英时：《中国近世宗教伦理与商人精神》，合肥：安徽教育出版社，2001年，第246页。
④ 余英时：《中国近世宗教伦理与商人精神》，合肥：安徽教育出版社，2001年，第244页。
⑤ 谢肇淛：《五杂俎》卷四。

州）勤俭甲天下，故富亦甲天下"[①]。徽商的巨额财富与其成功的资本运作分不开，"他们还善于利用贷资经营、合资经营以及委托经营的方式，把他们的资本组合起来，形成规模庞大的资本集团，以便更有效地利用资本，在买贱卖贵的活动中，谋求更为丰厚的利润"[②]。韦伯也指出，资本主义发展的经济机制是资本积累、投资和扩大再生产。[③]

一、资本来源

关于徽商资本来源的研究起步较早。1950年代，日本学者藤井宏提出"新安商人的商业资本形成的方法"，他把徽商资本分为七种类型：共同资本、委托资本、婚姻资本、援助资本、遗产资本、官僚资本和劳动资本。[④]这种划分标准不统一，有的是社会资财，有的是徽商个人经营资本的形成方法，内容多有重复。而且藤井宏所用资料主要限于《太函集》[⑤]，没有清代徽商资料佐证，研究信度不高。张海鹏认为，徽商资本来源于个人劳动积累和封建剥削收入两个方面，主要还是徽商个人的劳动积累。[⑥]严格意义上说，这是考察徽商的资本积累而不是资本来源。关于明清商人资本的来源问题，学术界按照不同的划分标准进行研究。[⑦]事实上，明清商人资本的来源途径十分广泛，不同商帮的资本来源也会各有侧重。本书在吸收上述研究成果的基础上，侧重探讨徽商初始资本的来源，主要介绍劳动收入、亲族资助、借贷资本、合伙集资四种形式。

（一）劳动收入

劳动者的劳动收入一般来源于他们在农业、工业和商业中的劳动所得，但徽商不同于其他地域商人，他们的劳动收入绝大部分是为别人经商所得的

① 顾炎武：《肇域志》，《江南十一·徽州府》。

② 张海鹏、王廷元主编：《徽商研究》，合肥：安徽人民出版社，1995年，第18页。

③ 丁学良：《韦伯的世界文明比较研究导论》，《中国社会科学》1987年第1期。

④ 藤井宏：《〈新安商人的研究〉中译本序言》，《中国社会经济史研究》1984年第3期。

⑤ 藤井宏在《新安商人的研究》中的"序言"里指出："拙著《新安商人的研究》就是以《太函集》所提供的大量珍贵资料作为本书的骨架。"《太函集》是明人汪道昆所著。

⑥ 张海鹏还把徽商资本的组合形式分为自本经营与贷本经营；独资经营与合资经营；委托经营与非委托经营三种。参见张海鹏、王廷元主编：《徽商研究》，合肥：安徽人民出版社，1995年，第25、80页。

⑦ 参见封越健：《论清代商人资本的来源》，《中国经济史研究》1997年第2期；李珊：《关于清初商人和商业资本的几个问题》，《中华文史论丛》1983年第1辑；罗一星：《试论明清时期的佛山商人资本》，《广东社会科学》1985年第3期；钞晓鸿：《明清时期的陕西商人资本》，《中国经济史研究》1996年第1期；张喜琴、刘成虎：《山西典商的资本来源探析》，《中国经济史研究》2007年第2期，等等。

收入，从农业和手工业中获得劳动收入者不多见。通常，徽商在为他人经商几年后，积累了一定的经验和资金，然后自己独立经商，逐渐发财致富。

徽州盐商一般是通过当副手，分得红利，然后独立经营，发展成为大盐商。顾炎武说：徽州“大贾（资本）辄数十万，则有副手，而助耳目者数人……他日计子母息，大羡，副者始分身而自为贾。”[①]清代大盐商鲍志道虽是名门大族之后，但他幼时家道中落，穷到“无以为生”的地步，11岁时就远赴鄱阳学习会计，后来辗转于金华、扬州以及湖广各地，未能找到出路。20岁时，鲍志道再赴扬州辅佐吴太守经营盐业，由于他精明能干，使该盐商家业大起，他也因此积累了业盐的经验和资金。后来他就利用自己积攒起来的酬金独自经商，逐渐成为驰名遐迩的扬州巨商。[②]歙人闵世章是孤儿，从小家境贫寒。他9岁时辍学，长大后发愤自学，粗通文史。闵世章只身奔赴扬州，为一家盐商管理帐目。数年之间，他摸清了盐业的行情，于是自筹资金，独立行盐，后来他终于成为“累赀巨万”的大盐商。”[③]

佣工的劳动收入是徽商初始资本的重要组成部分。徽州人在进入商界前，大多经过一个学徒习商的过程，胡适在他的自传里写道：“我们徽州人通常在十二三岁时便到城市里去学生意。最初多半是在自家长辈或亲戚的店铺里当学徒。在历时三年的学徒期间，他们是没有薪金的；其后则稍有报酬。直到学徒期满，至二十一二岁时，他们可以享有带薪婚假三个月，返乡结婚。婚假期满，他们又只身返回原来的店铺，继续经商。”[④]在三年学徒期间，主要是干杂活，同时也学习经商的基本知识和技能；学徒生涯结束后，可升为“伙计”。“伙计”是雇佣者的通称，其分工和待遇各不相同，如茶号里的司帐、掌秤、水客等等。待经过数年或十几年的学习和实践，并积累了一定的资金后，许多人就独自开店经商，继尔成为中贾、大贾。[⑤]徽人胡秋浦13岁从其父“于东邑事舅氏生理凡八载，所得俸钱实不敷用。旋辞舅氏，游于汉阳，帮贸十有五年，因得创立油业”[⑥]，他显然是用“帮贸”收入作为资本才“因得创立油业”。祁县阎成兰“家贫佣工，后行商朔平、归化”；[⑦]婺源

① 顾炎武：《肇域志》，《江南十一·徽州府》。

② 歙县《棠樾鲍氏宣忠堂支谱》卷二一，《中宪大夫肯园鲍公行状》。

③ 许承尧：《歙事闲谭》卷二八。

④ 胡适：《胡适口述自传》，唐德刚译，北京：华文出版社，1989年，第2页。

⑤ 郑毅：《徽商胡沇源和他的茶庄世家》，《农业考古》2004年第2期。

⑥ 转引自封越健：《论清代商人资本的来源》，《中国经济史研究》1997年第2期。

⑦ 乾隆《祁县志》卷九，《人物》，转引自张海鹏、王廷元主编：《明清徽商资料选编》，合肥：黄山书社，1985年，第307页。

张大雾“幼佣工为生，长贩木售于西江”；[①]吴永钥“幼失恃，佣力供甘旨……后往汉镇业贾”；[②]燔光余“亲早世，家极贫，佣趁盐城，嗣贩木业”。[③]由伙计发展成为商人，在徽商中不乏其例。

徽商资本来源于农业劳动收入的不多，但也不是没有。明朝中叶，歙人吴荣让8岁丧父，家中只有薄田三四亩，祖父、祖母年事已高，唯母一人劳作，全家老少食不果腹，官吏又屡屡登门逼索赋税，更使他们难以应付。吴荣让自幼就为生计所迫，不得不依靠打柴艰苦度日。16岁时，他便跟随亲友远赴松江经营小本生意。起初，他的资本极少，但经过数年的努力，终于富了。吴荣让致富后，便在浙江桐庐县购置了大片荒山野地，招徕农民垦植，种植茶、漆、矿、栗等经济作物，获利甚厚。为时不久，吴荣让竟成为家产巨万的富翁，其宗族子弟前去投奔者不下数十人。[④]又如徽人张明礼与弟元、亨“服田之暇，远贸易于上洋”[⑤]。不过，因为徽州地区山多田少，徽商资本来源于农业收入的并不多。

（二）亲族资助

从父辈那里直接继承遗产获得经商资本，在徽商中比较常见。嘉靖、万历年间，歙商方景真“年踰舞象（15岁），出儒入商。问父故资，则世父董出入，几尽矣。父收余烬，将改图，虑景真少年，或生得失，则橐以授家监福，岁取息供需。景真脱妇装益之，贾齐鲁。”[⑥]这是遗产资本和婚姻资本相结合。明正德、嘉靖年间，两淮大盐商歙人黄莹观，其先世“世货鹾两淮，甲于曹藕”[⑦]。明嘉靖、万历时期，盐商吴彦先经商淮海，而其家“七世业盐策”[⑧]。汪道昆的两个弟弟，“席故资治盐策，都广陵”[⑨]。清乾隆年间，两淮总商歙人江春，家世业盐，寓居扬城，乾隆时继父为两淮商总，“身系两淮盛衰者垂五十年……”[⑩]。这些人正是在继承家业的基础上，顺其自然地走向盐业之道。

① 光绪《婺源县志》卷三四，《人物·义行》。

② 光绪《婺源县志》卷三四，《人物·义行》。

③ 光绪《婺源县志》卷三五，《人物·义行》。转引自封越健：《论清代商人资本的来源》，《中国经济史研究》1997年第2期。

④ 汪道昆：《太函集》卷四七。

⑤ 光绪《永济县志》卷一三，《义行》。

⑥ 汪道昆：《太函集》卷四〇，《儒侠传》。

⑦ 张海鹏、王廷元主编：《明清徽商资料选编》，合肥：黄山书社，1985年，第115页。

⑧ 吴吉祜：《丰南志》第五册。

⑨ 汪道昆：《太函集》卷一七，《阜成篇》。

⑩ 嘉庆《两淮盐法志》卷四四，《人物二·才略》。

徽商出卖土地筹措商业资本，在明代已经出现，清代更为普遍。正德十年，歙县人汪廷寿因买卖少本，卖田0.616 5亩，得银5两；嘉靖四十年，徽商吴镇因缺少店租，卖山；崇祯十三年，徽商李焕时贸易乏本，卖田约1.76亩，得银32两；休宁人金启昂“因生意乏本”，康熙四十三年将“承祖”田二十九号共租165砠8斤10两，作价215两卖与族叔；[①]胡率之“因开店缺少财本”，将“自己名下续置”田四号共计籼租45砠，作价49.5两卖与堂弟；[②]祁门人汪允彦因“在邑开店生理”，“将田凭中出当与叔名下本纹十两，每月每两贰分行息，其银约至年终本利一并奉还”[③]；乾隆三十二年（1767年），歙县人程鲍氏因丈夫做生意艰难，按照丈夫来信嘱咐，卖掉承祖分受已业田2亩，得银45两。[④]婺源县程焕铨“尝与兄弟业茶，亏折数千金，铨鬻己田抵偿”。[⑤]

徽商出卖房屋宅基充作经商资本，或偿还商业债务。黟县李邦从“因无银生意”，将“承父阄分”房一间作价30两卖与兄邦律；[⑥]金天锡同弟天钟“因经营乏本”，将“承祖父续置屋基一号”“尽行断骨”卖与族侄，作价161两；金高远“因乏本营运”，将“承祖基地一号”计地6步，作价10两卖与户兄；[⑦]歙县江君扬、江鸣珂“因向在六合开张布行，亏空客钱无措”，将“祖遗分受”楼屋一所作价九五银200两整卖与汪氏。[⑧]清代徽州文书中有不少商人出租房屋的记载，有的房租就转化为商业资本。如徽州何应斗“因往外”经商，将屋、粪窖、猪栏“出典与堂侄伯元名下，得受典价纹银贰拾两整”[⑨]；汪之伦为“店中生意营运”，将屋一间、菜园一处“当到叔足祖名下

① 《雍正休宁金氏置产簿》卷四五，参见王玉欣、周绍泉编：《徽州千年契约文书》（清民国编）第6卷，石家庄：花山文艺出版社，1991年，第319页。

② 《清康熙胡氏誊契簿》，转引自封越健：《论清代商人资本的来源》，《中国经济史研究》1997年第2期。

③ 《康熙祁门汪姓誊契簿》，转引自封越健：《论清代商人资本的来源》，《中国经济史研究》1997年第2期。

④ 转引自刘和惠、汪庆元：《徽州土地关系》，合肥：安徽人民出版社，2005年，第218页。

⑤ 光绪《婺源县志》卷三四，《义行》。

⑥ 《康熙黟县李氏抄契簿》卷二一、一二八，参见王玉欣、周绍泉编：《徽州千年契约文书》（清民国编）第六卷，石家庄：花山文艺出版社，1991年，第23、130页。

⑦ 《雍正休宁氏置产簿》卷九〇、九二、一一二，参见王玉欣、周绍泉编：《徽州千年契约文书》（清民国编）第六卷，石家庄：花山文艺出版社，1991年，第364、366、386页。

⑧ 《清乾隆汪氏誊契簿》，转引自封越健：《论清代商人资本的来源》，《中国经济史研究》1997年第2期。

⑨ 《顺治七年何应斗典屋契》，参见王玉欣、周绍泉编：《徽州千年契约文书》（清民国编）第一卷，石家庄：花山文艺出版社，1991年，第32页。

银式拾两正，其利每周年贰分五厘，银息共到上下半年送还"[①]；张羽侯因"店中缺用"，将屋八间当与族弟名下为业，当价九五银40两。[②]

婚姻资本是通过婚姻关系而获得的资本，它是由岳父家直接提供或者由妻子嫁妆转化而来的商业资本。许多徽商最初走上经商道路，与妻子的支持分不开，她们往往慷慨拿出自己心爱的嫁妆，变卖后交给丈夫经商，自己在家省吃俭用，含辛茹苦，表现出可贵的奉献精神。休宁人汪应亨欲外出经商，苦无资金，其妻金氏便将自己一直珍藏着的丰厚嫁妆全部拿出变卖，支持丈夫经商，自己在家中却过着十分清贫的生活。[③]歙人江才欲经商，家底又薄，其妻郑氏毅然摘下自己的首饰，作为丈夫经商的资本。[④]明初歙人吴烈夫也是依靠妻子的妆奁之资外出经商，以致"累金巨万，拓产数顷"。[⑤]汪道昆祖父汪玄仪之妻劝玄仪行商并提供资本。[⑥]歙商程长公妻汪氏，在长公困穷时，"脱橐中装以与长公"[⑦]。休宁人金赦妻戴氏劝夫为商，取得其同意，于是"戴乃脱装，具资斧，仲（指金赦）从父贾淮海，起盂城，父授之成贾，骎骎起。"[⑧]

（三）借贷资本

明清时期，商人借本经营现象很普遍。早在明永乐年间，已有记载："商人本钱未必皆其所有，有先捐数倍之利告假于富室"[⑨]。清代也是如此，即使在商人辈出的徽州地区，借本经商者也不乏其人，"虽挟资行贾，实非己资，皆称贷于四方之大家，而偿其什二三之息。但以运资于其手，则俨若如其所有，而以为此民资也。冤哉民也。是所挟之资，非资也"[⑩]。方承风也说："黟俗尚贸易，凡无资者，多贷于大户家，以为事业蓄计"[⑪]。按照资本来源的途径，徽商借贷资本可以分为私人资本借贷、公帑官项、金融和民间组织

① 转引自封越健：《论清代商人资本的来源》，《中国经济史研究》1997年第2期。

② 《康熙四十七年张羽侯当屋契》，参见王玉欣、周绍泉编：《徽州千年契约文书》（清民国编）第一卷，石家庄：花山文艺出版社，1991年，第158页。

③ 许承尧：《歙事闲谭》卷一八，《歙风俗礼教考》。

④ 康熙《泰兴县志》卷一，《风俗》。

⑤ 乾隆《镇洋县志》卷一，《风俗》。

⑥ 汪道昆：《太函集》卷四三，《先大母状》。

⑦ 汪道昆：《太函集》卷四二，《明故程母汪孺人行状》。

⑧ 汪道昆：《太函集》卷五二，《海阳处士金仲翁戴氏合葬墓志铭》。

⑨ 《明太宗实录》卷二四。

⑩ 康熙《徽州府志》卷八。

⑪ 方承风：《训导汪庭榜墓志铭》，转引自张海鹏、王廷元主编：《徽商研究》，合肥：安徽人民出版社，1995年，第69页。

放贷三种形式。

贷资经营在徽州盐商和木商中是常见现象，这是因为盐业和木业都是大宗贸易，需要雄厚资本。歙人王大善，其世父业盐失败，他到扬州，“称贷筹什一，业以大兴”[①]。歙县鲍尚志曾为人“司鹾务”，其舅氏程明远借给他二百金“自营，弗较息”，鲍尚志“乃往丹阳贩米”，后又业盐。[②]婺源人孙徽五尝贩木湖南，不幸失火，木材尽为灰烬，“时，同侣贷五金市木者二十余人”都因此而无力还债。孙徽五遂焚毁债券，不使二十余人受累。[③]婺源木商黄振甲，在常州经营木材贸易，时值咸丰、同治年间战火之后，木商损失甚大，黄乃“检积券约数千缗……尽举而焚之”[④]，黄振甲也是一位贷资给其他木商的大贾。

徽州茶商也需要借贷经营。茶叶贸易向来是徽商经营的一项“巨业”，茶商为了及时地采购到大批价廉物美的茶叶，往往要在茶叶采摘之前发放定金，完纳茶课，茶叶采摘之后，又要补足茶价，加工包装，远途运输，沿途纳税，凡此种种无一不需垫支巨额的资金，所以经营茶叶贸易者，也往往需要借贷资金以济不足。[⑤]婺源人查奎有族人贩茶入粤，因遭牙行坑骗而赔尽本钱不得归家者，“奎以一千五百金贷之”。[⑥]婺源人程锡庚“尝在广东贷千金回婺贩茶。”[⑦]婺源人王锡夔，“有族某借银五百两，业茶进粤”[⑧]。明代歙商汪伯龄，年轻时就从父兄入蜀贩茶，临行时“称贷以益资斧”，后来卒成巨贾。[⑨]徽商胡梧也“假资置湖绢，往来扬州，又置茶，皆获利”[⑩]。

清政府为了某种政治、经济目的经常发帑支持一些商人经商。清初，盐商资本匮乏，不得不“请借帑以资营运”[⑪]，为此康熙曾几次批准拔给银两，其中最大也是最早的一笔是康熙四十二年（1703年）借给两淮总商的100万

① 程恩泽：《程侍郎遗集》卷八，《王君元长墓志铭》。

② 歙新馆《鲍氏存著堂宗谱》卷二，《鲍尚志行状》。转引自张海鹏、王廷元主编：《明清徽商资料选编》，合肥：黄山书社，1985年，第70页。

③ 光绪《婺源县志》卷二三，《人物・义行》。转引自张海鹏、王廷元主编：《明清徽商资料选编》，合肥：黄山书社，1985年，第187页。

④ 光绪《婺源县志》卷三三。

⑤ 张海鹏、王廷元主编：《徽商研究》，合肥：安徽人民出版社，1995年，第71页。

⑥ 光绪《婺源县志》卷三四。

⑦ 光绪《婺源县志》卷三四。

⑧ 光绪《婺源县志》卷三四。

⑨ 汪道昆：《太函集》卷五三。

⑩ 俞正燮：《癸巳存稿》卷一五。

⑪ 嘉庆《两淮盐法志》卷一七，《转运十二・借帑》。

两帑本银，利息按一分计，十年完本付息。[①]据盐商称，“自借皇帑之后，靠万岁洪福，生意年年俱好，获利甚多”[②]。据汪士信统计，整个乾隆时期朝廷及各衙门向两淮盐业发放的生息银两累计为209.98万两，至嘉道时期可统计的帑本已达银780万两。[③]甚至一些官僚也将自己的资本贷给商人，谋取厚利。嘉靖年间活跃于两浙盐业界的休宁商人王全，“诸豪贾借资贵人（即宦官），往往倾下贾。承事（指王全）主退让，耻于贵人权。于是荐绅大夫，皆愿请交承事。”[④]即说宦官以金贷与盐商，在当时比较流行。嘉靖、万历年间，国子监学生嘉谊把全部资金授予歙商方景真，支持方景真从事长芦盐业。[⑤]至于清代，官僚资本更是大量地渗入徽商资本。雍正时，经商于武陵（今湖南常德）的徽州木商方某“贷旗员王银五万金”。[⑥]歙商王某与锦衣卫千户高舍人相识，终纳舍人之女为妾，这高舍人“独任侠，游诸中贵人，乃从中贵人贷万金，出贾淮上（两淮）。”[⑦]可见徽商与宦官资本结合是不可否认的。

民间组织向商人放贷。据王珍研究，徽帮在杭州开设的木行最盛时多达百余家。木行一般都向木商发放贷款，收取利息。木商运到木材后，必须在提供贷款之行发卖，由该行提取3%至5%的佣金。[⑧]杭州木行如此经营，其他地区的情形也应大致如此。茶栈一般都通过茶行向茶号发放贷款，茶号藉此款项预付茶农部分茶价，藉以保证货源之充足。[⑨]宗族组织也放贷，刘淼认为：“宗祠提供的地租收入，完全有可能转向商业尤其是盐业经营”，盐商鲍氏在扬州用于结交官府、送礼行贿的文房四宝和各种物品，其资金来源很可能是由祠租余谷转化而来。[⑩]除资助族人经商外，有的宗族还从事商业活动，商业帐簿中就记有宗族祀会的资本，如徽商吴春熙正记

---

① 故宫博物院明清档案部编：《李熙奏折》，北京：中华书局，1976年，第219页。

② 故宫博物院明清档案部编：《李熙奏折》，北京：中华书局，1976年，第220页。

③ 汪士信：《乾隆时期徽商在两淮盐业经营中应得、实得利润与流向试析》，《中国经济史研究》1989年第3期。

④ 汪道昆：《太函集》卷四五，《明承事郎王君墓志铭》。

⑤ 汪道昆：《太函集》卷四〇，《儒侠传》。

⑥ 方树梅：《滇碑传集》。转引自张海鹏、王廷元主编：《明清徽商资料选编》，合肥：黄山书社，1985年，第70页。

⑦ 汪道昆：《太函集》卷四六，《王母高氏墓志铭》。

⑧ 王珍：《徽州木商述略》，《徽州社会科学》1991年第2期。

⑨ 王珍：《徽商与茶叶经营》，《徽州社会科学》1990年第4期。

⑩ 刘淼：《清代徽州祠产土地关系——徽州歙县堂樾鲍氏、唐模许氏为中心》，《中国经济史研究》1991年第1期。

茶号存有吴英公会、吴裕禧会、吴光裕会的本钱。[①]徽州许多民间会社也将资金借贷给商人从事商业活动，以便营运生息，如利济会会规规定：“议生贩必审其人，诚实稳妥，方允立券，其谷公同随收，倘有失脱，责令经手出贩人赔偿。[②]徽州府长寿会以会资“生放银”购买田地，由寺僧代为收租及交纳官税，并以租银中的大部分付僧，进行某种祝寿活动，反映出明代后期合会资金已经用于放高利贷了。[③]也有商人向会社借贷的，徽州《桃源俗语劝世歌》曰：“打个会，凑点钱，讨个老婆开个店。”[④]徽商资本中也包含着会银收入，如《乾隆万隆号帐册》记载，资本收入中有官玉会、绳武会、以受会、关帝会、双龄会等会银，应当是民间合会组织，其中一部分是徽商本人合股参加的收益，如乾隆十七年万隆号四位东家收会银13.968两，“系分双龄会二会四古（股）”。[⑤]

（四）合伙集资

早在明朝中叶，徽商中合资经营的现象就已经存在了。[⑥]嘉靖年间，休宁商人程锁就曾“结举宗贤豪者，得十人，俱人持三百缗为合从，贾吴兴新市。”[⑦]程锁联合本族志同道合者十人，每人出钱300缗为本钱，同往吴兴新市经商。明末还有孙氏家族，“曰文佳，号东林；曰文仲，号古林，俱熙胜子。曰文佐，号鲁溪；曰文俸，号一溪，俱熙膜子。四昆季，合志同财，起家两淮盐策。”[⑧]这也是在同一家族内合资。万历年间，祁门郑氏兄弟叔侄五人，合资贩运木材，亏折本银900余两，为此特立文约，规定照股均赔。文约称：“奇峰郑元祐、逢暘、逢春、师尹、大前，原三十九年合伙拼买杉木，至饶造捆，往瓜发卖。不期即遇风潮，漂散捆木，又遇行情迟钝，耽误利息，以致蚀本。今托中鸣誓，将原留买木并在瓜木各名下支银逐一查算明白……共计该银900余。照原合伙议定分股，以做十二股均赔开派。各照单坐还各名下，

---

① 《咸丰—光绪茶叶布帐》，转引自封越健：《论清代商人资本的来源》，《中国经济史研究》1997年第2期。

② 转引自王日根：《明清徽州社会经济举隅》，《中国经济史研究》1995年第2期。

③ 《长寿会租银合同》，参见安徽省博物馆编：《明清徽州社会经济资料丛编》（第一集），北京：中国社会科学院出版社，1988年，第566页。

④ 张海鹏、王廷元主编：《明清徽商资料选编》，合肥：黄山书社，1985年，第264页。

⑤ 原件藏于中国社会科学院经济研究所，转引自封越健：《论清代商人资本的来源》，《中国经济史研究》1997年第2期。

⑥ 张海鹏、王廷元主编：《徽商研究》，合肥：安徽人民出版社，1995年，第75页。

⑦ 汪道昆：《太函集》卷六一，《明处士休宁程长公墓表》。

⑧ 天启《新安休宁名族志》卷三，《厚村》。

再无异言。立此清单五纸为照……”[①]文约表明，等额投资与差额投资在当时已为徽商所采用，合资人的权利与义务也以契约形式规定下来，说明当时的合资经营制度相当发达。[②]

入清以后，徽商合资经营的现象更为普遍。如婺源人程金文之父“与亲友合伙业茶”[③]；董榁照“与兄合赀贩木姑苏”[④]；歙县盐商鲍志桐“与仰山从兄合赀营运……十年累巨万”[⑤]；婺源人汪启逊“与程某共贾获利，清厘市籍，分无求多”[⑥]；潘启权“尝与戚某贷资合贾”[⑦]；程国远“尝偕粤人业茶，共亏金八百”[⑧]；清末九江已成华茶出口的重要商埠，在该埠“业此项绿茶生意者，系徽州婺源人居多。……且多属合股而做”[⑨]。合股经商的出现，使原来那种举族经商，家长就是商业的领导人的形式不适用了，独力经营已无法应付，不得不使用商业代理人。商业代理人必须是忠实于主人的帮手，且有才智。吴中孚《商贾便览》说：“合伙开行，择能者是从”，“须择老诚忠厚，才德兼备者。”徽商深知此道，汪福先，“择人任时，恒得上算，用是赀至巨万”[⑩]。黄存芳，“审积著，察低昂，择人而任时，故财货日振，致赀累万”[⑪]。在择人任事方面，既重才，更重德，“有德无才可贵，有才无德可轻。”应“先察其为人，能干力练何如。宁可大才而小使，不可小才而大用。才不称事，必至丧败，力不从心，必至倾倒”。[⑫]

从徽商资本的来源看，徽商表现出以下几点特征：其一，徽商是小本起家。绝大多徽商都出身于社会下层，他们在经商之初，并没有剥削收入可资凭藉，只能靠自己劳动积累起来的少量资金充作本钱。他们之所以能够发财致富，主要是因为他们善于在商业活动中牟利，而不是因为他们在经商之初就已经拥有财力上的优势。胡适曾说：“一般徽州商人多半是以小生意起家；

---

① 转引自张海鹏、王廷元主编：《徽商研究》，合肥：安徽人民出版社，1995年，第75页。

② 张海鹏、王廷元主编：《徽商研究》，合肥：安徽人民出版社，1995年，第75页。

③ 光绪《婺源县志》卷三五。

④ 光绪《婺源县志》卷三三。

⑤ 歙县《鲍氏著存堂宗谱》卷二。

⑥ 光绪《婺源县志》卷三五。

⑦ 光绪《婺源县志》卷三五。

⑧ 转引自张海鹏、王廷元主编：《徽商研究》，合肥：安徽人民出版社，1995年，第76页。

⑨ 转引自彭泽益：《中国近代手工业史资料》（第二卷），重庆：重庆出版社，1998年版，第325页。

⑩ 《休宁西门江氏宗谱》卷六，《益府典膳福光公暨配金孺人墓志铭》。

⑪ 歙县《竦塘黄氏宗谱》卷五，《东庄黄公存芳行状》。

⑫ 李晋德：《客商一览醒迷》。

刻苦耐劳，累积点基金，逐渐努力发展。有的就变成富商大贾了。"[1]其二，徽商主要是宗族内融资。亲族资助和家族内合资是徽商资本来源的重要途径，这是因为宗法制度的完备和宗法观念的强固是徽州地区一个重要的社会现象。其三，徽商依附封建政权。徽州盐商借贷公帑官项经营，更是依赖封建政权的保护获得盐业经营的垄断权，反映出徽州商帮的封建性。虽然封建政权在一定程度上维护了徽商的利益，但封建政府的苛捐杂税也是徽商衰败的一个重要原因。与同时期欧洲封建商人相比，欧洲商人因没有背负徽商这样沉重的封建关系而成功地转型为资本主义商人。

二、资本增值方式

万历《歙志》中把徽人经商的方式归纳为五种："一曰走贩；二曰囤积；三曰开张；四曰质剂；五曰回易。"[2]其实，徽商资本增值方式主要是贩运、囤积、垄断和开张。[3]

（一）贩　运

徽商把贩运看作牟取厚利的主要手段。许多徽州富商大贾在商业贩运中积累起巨额资本，所以说："徽歙以富雄江左，而豪商大贾往往挟重货，驰千里，播弄黔首，投机渔利，始可致富。"[4]明朝中叶，歙人潘侃少跟从诸父入蜀经商。他对诸父的经营方式持有异议，认为"良贾急趋利而善逐时，非转毂四方不可。乃今走蜀道数千里，胡为坐困一隅"，于是他从父亲手中领取少量资金，往来于荆扬吴楚间，从事商品贩运活动，果然发了大财。后来，他的两个儿子承袭他的做法，也都获取了丰厚的利润。[5]可见"转毂四方""逐时趋利"乃是徽州商人发财致富的奥秘。明嘉靖、万历时，休宁人查杰出生清寒，成年后，赴芜湖经商。他发现芜湖为"四通五达之途，此天所授转输地也"，于是以芜湖为基地，"独往来吴越扬楚间三十余年，业果骎骎起"[6]。查杰由穷变富的关键也在于从事长途商品贩运活动。嘉靖时，歙商许侔先"尝语诸人曰：……士农工贾，勇往为先。若我则贾业者也，或辞利涉之艰，

---

① 胡适：《胡适口述自传》，唐德刚译，北京：华文出版社，1989年，第2页。

② 万历《歙志》，《货殖》。

③ 张海鹏把徽商的商业利润来源归于商品贩运、商品囤积和垄断贸易。参见张海鹏、王廷元主编：《徽商研究》，合肥：安徽人民出版社，1995年，第26页。

④ 歙县《许氏世谱》卷六。

⑤ 汪道昆：《太函集》卷一四。转引自张海鹏、王廷元主编：《徽商研究》，合肥：安徽人民出版社，1995年，第31页。

⑥ 转引自张海鹏、王廷元主编：《徽商研究》，合肥：安徽人民出版社，1995年，第31页。

则大事去矣，奚以充其囊橐，裕身肥家乎？于焉苦其心志，劳其筋骨以致富有”[①]。他认为经商致富须要不避“利涉之艰”，从事长途商品贩运活动。

明清时期，盛产稻米的湖广地区粮价颇贱，而粮食需求量较大的苏浙地区则粮价极贵，两地间的粮食差价一般都在50%左右，有时竟高达100%以上。[②]这时期控制粮食供需市场的多是徽商。《明史》载：万历年间，江苏、浙江缺粮大饥，前往江西运米者，“徽人尤众”。[③]万历《两台奏议》也说：由于徽州等外省巨商，鳞集辐辏，搬运湖广之米，“以致本省（湖广）米价腾踊”。[④]《明熹宗实录》说：万历四十八年（1620年），苏州因“遏籴米腾”，导致饥民“强借徽商之米”，官府出面镇压，结果饥民“万人屯聚府门，毁牌殴役”，差一点引发了巨大的动乱。[⑤]苏州人因粮价昂贵而迁怒于徽商，这表明苏州的粮食多操纵在徽商手中。徽商从事粮食贩运获利甚丰，据《旧小说》记载：“采石有某大姓者，家畜舟，募水手撑驾，以是取利。有徽商某于其家雇舟载米，往吴门籴之，价适腾贵，二三日即尽，获利且倍。趋还，再贩至京口”。[⑥]《桐下听然》也记载：“万历乙丑，新安商人自楚贩米至吴，值岁大旱，斗米百五十钱，计利已获四倍……”[⑦]。

徽商主要从四川、湖广、江西等产粮地贩运粮食沿长江转至江南。清休宁粮商吴鹏翔在四川和湖广间进行粮食贸易，他“侨寓汉阳，指困解囊好行其德，汉阳荐饥，鹏翔适运川米数万石至，计之可获利数倍，悉减价平粜，民赖以安”[⑧]。吴鹏翔一次性运米可达“数万石”之多，可见他是一个资本雄厚的粮食贩运商。有的徽商在汉口设粮仓，将粮食批发给行商，由他们运回江南贩卖。如明代徽商程存正“……随父于楚之通羊创囷仓数十间，主邸客簿，籍以广其道……父殁赀渐落，及偕伯叔转输于吴之阊门”。[⑨]程存正的父

---

① 歙县《许氏世谱》,《西皋许公行状》。转引自张海鹏、王廷元主编:《徽商研究》，合肥：安徽人民出版社，1995年，第31页。

② 张建民:《“湖广熟，天下足”述论——兼及明清时期长江沿岸的米粮流通》,《中国农史》1987年第4期。

③ 褚稼轩:《坚瓠五集》卷一,《火焚米商》。

④ 万历《两台奏议》卷七,《乡官输谷赈济疏》。

⑤《明熹宗实录》卷四六。

⑥《旧小说》已集,《诸皋广志》。

⑦ 褚稼轩:《坚瓠五集》卷一,《火焚米商》。

⑧ 嘉庆《休宁县志》卷一五,《人物·乡善》。转引自黄彩霞:《明清徽商与江南粮食市场》，安徽师范大学硕士论文，2004年。

⑨ 吴子玉:《大鄣山人集》卷三六,《程存正传》。转引自黄彩霞:《明清徽商与江南粮食市场》，安徽师范大学硕士论文，2004年。

亲就是一个资产巨大的粮食批发商，他拥有很多粮仓，能够贮藏数量较大的粮食，为其他贩运商提供了货源。而到程存正这一代，由于家道中衰，只能从事来往湖广与江南的粮食贩运业，通过赚取地区差价维持经营。[①]有些徽商先在江南从事粮食销售，在积累一定的经验后，转而进行长途贩运业。如明代歙商江终慕小时候曾随兄长在浙江从事米粮零售业，“贾钱塘，其在钱塘日坐阛阓，售米盐杂物……”由于零售粮食远不如长途贩运赚取的利润多，因此，他辞别兄长，转毂四方，并成为大贾。[②]而《素园存稿》也印证了这一记载，江终慕“少从其兄为小贾，长乃独游青、齐、梁、宋之间，赀日起，为大贾。”[③]在沿江区域广阔的粮食市场中，徽州粮商十分活跃，如：明成化、嘉靖间休宁商人汪平山在安庆、潜山、桐城一带进行粮食贸易；[④]休宁商人汪梦龙，“少时至楚中贩米”[⑤]；清黟县商人郑嘉莲，“尝于桐城金山墩卖米，自江西运之”[⑥]；清绩溪商章传仁，“家故贫，初执艺以养父母，嗣偕兄弟兴贩稻粱于宛陵。亿每多中，不数十年，遂以起其家”[⑦]。

棉布在产地与销地的价格差也很大，江南许多生产棉布的城镇都是徽商最活跃的地方。[⑧]淮安是运河沿线的棉布转运枢纽，江南的棉布运抵淮安后，或则沿运河继续北运，或则通过清口，沿淮河而西运往皖北、河南，甚至转销于西北各地。《淮安府志》载：“布帛盐鹾诸利薮则皆晋徽侨寓者负之而趋矣。”[⑨]表明经由淮安贩运棉布的商人主要是徽商和晋商。山东的临清是运河线上又一个重要棉布转运枢纽。谢肇淛说：“山东临清，十九皆徽商占籍。”[⑩]嘉靖时徽商李谋就往来于临清、南翔之间从事商业活动：“嘉定南翔，大聚也。多歙贾，（李）君遂居焉，亦时时贾临清，往来江淮间。间岁还歙，然率以嘉定为其家。”[⑪]李君之所以要定居于嘉定南翔，大概是为了便于收购棉布运销北方。还有些徽商把江南棉布直接运往临清以北各地销售。如徽商汪应选“居南里（南

① 黄彩霞：《明清徽商与江南粮食市场》，安徽师范大学硕士论文，2004年。

② 张海鹏、王廷元主编：《明清徽商资料选编》，合肥：黄山书社，1985年，第134页。

③ 《素园存稿》卷一三，《明封建承德南京兵部车驾司主事终慕江公墓表》。转引自黄彩霞：《明清徽商与江南粮食市场》，安徽师范大学硕士论文，2004年。

④ 休宁《方塘汪氏宗谱·墓志铭》。

⑤ 张潮：《虞初新志》卷八。

⑥ 嘉庆《黟县志》卷九，《人物·义行》。

⑦ 绩溪《西关章氏族谱》卷二四，《家传》。

⑧ 王廷元：《明清徽商与江南棉织业》，《安徽师大学报》（人文社会科学版）1991年第1期。

⑨ 康熙《淮安府志》卷一。

⑩ 谢肇淛：《五杂俎》卷四。

⑪ 归有光：《震川先生集》卷一八。

翔镇)，足迹历蓟门、辽左……以贸易起家”[①]；徽商吴良梓“往来吴越齐鲁燕赵之都，出入布帛盐策之场”[②]。古嘉定县的南翔、罗店两镇产布甚多，贸易极为发达，固有“金罗店，银南翔”之谚。[③]在这两镇中最活跃的商人无疑也是徽商，归有光说：“嘉定南翔，大聚也，多歙贾。”[④]《嘉定县志》载罗店镇“比间殷富，今徽商辏集，贸易之盛，几埒南翔”[⑤]。嘉靖时，常熟县产布甚多，大部分“行贾于齐鲁之境”[⑥]。而当时徽人已在该县建有“梅园公所”，作为客死其地的徽人停柩之处，[⑦]足见徽商在这里的人数已相当多了。天启时，平湖县新带镇“饶鱼米、花布之属，徽商麇至，贯镪纷货，出纳颇盛”[⑧]。嘉善县的治所魏塘镇乡民以纺纱为生，有“买不尽松江布，收不尽魏塘纱”之谚。而这里“负重资牟厚利者，率多徽商”[⑨]。入清以后徽州布商更为活跃。盛产棉布的上海县为“五方贸易所冣，宣歙人尤多”[⑩]。宝山县大场镇“商业首推布匹”，有许多徽商在此收购棉布。[⑪]太仓州“向来多种木棉，纺织为业”，而这里“质库及市中列肆，安徽、闽、浙人居多”[⑫]。无锡“棉布之利独盛于吾邑”，所产之布大多由徽商运销苏北各地，因而常有徽人言“无锡为布码头”[⑬]。

明代前期，徽州木商多取材于本地，内产外销。[⑭]徽人赵吉士说：“徽处万山中，每年木商于冬时砍倒，候至五六月，梅水泛涨，出浙江者，由严州；出江南者，由绩溪顺流而下，为力甚易。”[⑮]徽州邻近的宁国府太平县所产的木材也大多为徽州木商所购买。如徽商程希道就“尝往邻邑大平之弦歌乡，置买山场，做造排筏，得利无算”[⑯]。明中叶以后，徽州木商足迹遍及全

---

① 嘉庆《南翔镇志》卷七。

② 吴南祐：《丰南志》第九册。

③ 光绪《罗溪镇志》卷二。

④ 归有光：《震川先生集》卷一八。

⑤ 万历《嘉定县志》卷一。

⑥ 嘉靖《常熟县志》卷四。

⑦ 苏州博物馆等编：《明清苏州工商业碑刻集》，南京：江苏人民出版社，1981年，第349—350页。

⑧ 天启《平湖县志》。

⑨ 嘉庆《嘉善县志》卷六。

⑩ 上海博物馆图书资料室编：《上海碑刻资料选辑》，上海：上海人民出版社，1980年，第232页。

⑪ 光绪《宝山县续志》卷一。

⑫ 光绪《太仓直隶州志》卷六。

⑬ 黄印：《锡金识小录》卷一。

⑭ 李琳琦：《徽商与明清时期的木材贸易》，《清史研究》1996年第2期。

⑮ 赵吉士：《寄园寄所寄》卷一二。

⑯ 《新安程氏诸谱会通》第三册，《希道公传》。

国各地，外产外销，目的是获取商业利润。他们活跃在四川、贵州诸省，如婺源商人洪庭梅，“偕姻戚权木值于闽越楚蜀数千里外”[①]；汪溶，“家贫，佣于木商，跋涉江湖，远及苗洞”[②]；歙商程之藩，“年少时，随其父行贾于四川，至建昌雅州宣慰司董仆家。土司所属，深谷峻岭多巨木，伐之以为利”[③]；王士汲，“年十九，侍父华顺往四川贩木”[④]。徽商也深入到西南、东南的木材产区。在湖南贩木的徽商有：婺源商人毕兴，“业木楚尾吴头，备尝辛苦”[⑤]；汪任祖，“初家贫，嗣业木吴楚间，渐有余蓄”[⑥]；歙县商人黄伐“贩木湖南”[⑦]。徽州木商也有南下福建贩木的，婺源商人黄世权，“顺治戊子，以厚资界故交，贩木于闽”[⑧]；福建宁化“先时徽贾买山，连伐数千为捆，运入瓜步……”[⑨]在江西，婺源商人董昌瑗，“买木南赣”[⑩]，单启泮“业木豫章”[⑪]，祁门商人倪国时“贩木饶河”[⑫]，倪望铨“往来贩木于鄱湖间水间”[⑬]。浙西衢州府的开化、常山等县也是木材产区，在这里置买木材的也主要是徽州木商。如明代开化，“当杉利盛时，岁不下十万，以故户鲜逋赋，然必仰给于徽人之拼本盈，而吴下之行货勿滞也”[⑭]。清初徽州木商程某“常在衢、处等府采判木植，商贩浙东、南直地方，因此常处开化”[⑮]。徽商王恒到常山贩杉木，一次拼买丁氏山林即“用银一千五百两”之多。[⑯]清婺源商人江恭埙，“尝购木开化”，一次就曾采购王姓兄弟之木计价1 200金。[⑰]此外，徽州木商还将木材经运河北上运往扬州、泰州、淮泗等地。如婺源商人王学伟，“比长，业木泰州”[⑱]；徽商李广璧，“弃儒服贾，往泰州海门厅业木，艰

① 婺源《墩煌洪氏通宗谱》卷五八，《清华雪斋公传》。
② 民国《婺源县采辑》，《义行》。
③ 戴褐夫：《戴南山先生全集》卷八，《程之藩传》。
④ 民国《歙县志》卷八，《人物志・孝友》。
⑤ 光绪《婺源县志》卷三〇，《人物・孝友》。
⑥ 光绪《婺源县志》卷三四，《人物・义行》。
⑦ 许承尧：《歙事闲谭》卷三。
⑧ 光绪《婺源县志》卷三一。
⑨ 光绪《临江汇考》卷四。
⑩ 光绪《婺源县志》卷三四。
⑪ 光绪《婺源县志》卷三一。
⑫ 光绪《祁门倪氏族谱》卷下。
⑬ 光绪《祁门倪氏族谱》卷续。
⑭ 雍正《浙江通志》卷一〇六，《物产六》。
⑮ 古狂生：《醉醒石》第四回。
⑯ 《详状公案》卷二，《断强盗掳劫》。
⑰ 光绪《婺源县志》卷三三。
⑱ 光绪《婺源县志》卷三四。

难起家”[①]；俞悠春，“尝业木维扬，资颇饶，视喜施与”[②]；徽商汪堰，“尝货木谁泗”[③]等。

（二）囤 积

徽州商人有三种囤积方式：一是储饶待乏，二是囤积居奇，三是囤积与走贩、质剂、放债相结合。储饶待乏是在商品供大于求，价格相对低廉时进行储备；在商品供不应求，价格相对高涨时予以出售，从供求差价或丰歉差价中实现相对多的利润。储今日之饶，以待他日之乏，这是一种长远的经营策略，商人获取的利润是一种正当的价格差价。这与乘小民之急，进行投机倒把，有意盘剥生产者和消费者以牟取暴利的行为有实质性区别。[④]明清时期，屡见徽商恪守商业道德、设店卖粮的记载。明代徽商黄公“……脱身游钱塘，以行谊为钱塘大夫推重……家于钱塘，言治生……致千金……岁被水灾，物踊腾，粜米至斗千钱，公辍市不粜而以贷诸贫人”。[⑤]在灾荒之年黄公不愿高价卖粮，讲求商业道德。明代歙商胡仁之在嘉兴设店卖粮，“贾嘉禾，年饥，斗米千钱，同人请杂以苦恶，持不可。俄而诸市米家群蚁聚食，山独免”。[⑥]明休宁刘淮在杭嘉湖平原开店卖粮，灾荒之年，他没有将囤积的粮食高价卖出，而是考虑到人民的疾苦，以低价将粮食卖给当地人民。“客于嘉湖，岁饥，有囷廪出，或言可乘时获利。淮不可，曰：‘孰若使斯土之民得苏之为利大也。’乃减价以贸，又为粥以食饥者”。[⑦]很多徽商注重商业伦理，甘当廉贾，树立了良好的商业信誉。

徽商把囤积居奇作为牟利生财的一个重要手段。在徽商中以“居积致富”“积著起家”的人很多，明朝成化年间，休宁人许岘商于淮泗间，他“能观时变，以上下其殖，居积致富”，致使其家田园宅第“盛甲一乡”。[⑧]嘉靖时，休宁人孙文郁以父命业儒，而他却不甘心“以臭腐为粱肉”，于是“举宗贾吴兴，率用积著起”。[⑨]嘉靖、万历年间，徽人张宗悦幼时家贫，尝为生活所迫，

① 光绪《婺源县志》卷三五。

② 光绪《婺源县志》卷三五。

③ 歙县《汪氏统宗谱》卷八五。

④ 李琳琦、赵忠仲：《顺势而为：徽商灵活多样的经营方式（二）》，《金融博览》2010年第2期。

⑤ 吴子玉：《大鄣山人集》卷三八，《赠工部都小司主事枫林黄公行状》。转引自黄彩霞：《明清徽商与江南粮食市场》，安徽师范大学硕士论文，2004年。

⑥ 李维桢：《大泌山房集》卷七三，《胡仁家传》。

⑦ 吴子玉：《大鄣山人集》卷四五，《明故拜高年爵守泉刘公墓志铭》。转引自黄彩霞：《明清徽商与江南粮食市场》，安徽师范大学硕士论文，2004年。

⑧ 转引自梁德阔：《徽商的经济交换形式》，《经济问题探索》2005年第12期。

⑨ 汪道昆：《太函集》卷五〇。

“佐父攻苦力作”。宗悦成年后，贾于开封。其从兄宗伯为他“决居积之策，不数年，贾大售”。宗悦发财以后，还把这套居奇营利的本事传授给他的几个弟弟，使他们都成了囤积商人。[①]明末休宁人汪槔11岁丧父，家境清寒。他后来贾于南陵，“终日营营，不遑暇食，居积成富”。他的三个儿子都能承袭父业，“富益充矣”。[②]明末徽人张光祖，弃儒经商，“时或值大利害事，每引经义自断，受益于圣贤心法最多”。他同其弟懋学“居货于临江清江镇（即今江西清江县樟树镇）)，获利甚厚，以致“雄产乡邑”。[③]他的居奇营利之道大概就是从“圣贤心法”中悟出来的。清朝咸丰时，黟县人余士鳌经营商业，“其为贾也，术习计然，故善居积”。[④]他的资本在太平天国革命时期损失殆尽，而他居然能以仅剩的50两银子作本，重整旧业，主要就是靠他“善居积”的本事。[⑤]

徽商往往把商品贩运与商品囤积、放债活动等结合起来经营。[⑥]明清时期，徽州粮商集囤商、走贩于一身者，大有人在，如嘉靖时休宁人程文灼“储父兄走游都会，居著于汝之信阳。……君赞父兄疏川，互市居积，与时逐。贾遂大售，积金钱万计”。[⑦]休宁人程守仪同他的两个哥哥经商于楚，“居者坐货，行者走都会，输贷一心，同苦乐，不三数年，累致巨赀”。[⑧]歙人方汝梓“与仲氏挟赀游青、齐、梁、宋之间，转徙积贮，稍仿计然之画，贾乃大起，赀用益饶”，[⑨]“转徙”与“积贮”并举是其致富的捷径。把商品囤积与放债活动结合起来盘剥农民，更是徽商的惯用手法。[⑩]嘉靖时，婺源人李大祈“知留都为江南要据，爰居积于市，权子母以便民”，资本越积越多，后来成为两淮大盐商。[⑪]歙人汪通保，初“以积著居上海”，资本“不逾中人”，后来兼搞放债，终成富甲乡里的巨商。[⑫]嘉靖时，休宁人程锁贾于溧水（今江苏溧水县)。

---

① 新安《张氏续修宗谱》卷二九。

② 歙县《汪氏统宗谱》卷三一。转引自武迎新：《中国宗法制度对徽商的影响》，《皖西学院学报》2004年第3期。

③ 歙县《张氏统宗世谱》卷八。

④ 黟县《环山余氏宗谱》卷二一。

⑤ 转引自张海鹏、王廷元主编：《徽商研究》，合肥：安徽人民出版社，1995年，第39页。

⑥ 张海鹏、王廷元主编：《徽商研究》，合肥：安徽人民出版社，1995年，第42页。

⑦ 休宁《率口程氏续编本宗谱》卷六。

⑧ 休宁《率口程氏续编本宗谱》卷六。

⑨ 《方氏会宗统谱》卷一九，《环墅方君行状》。

⑩ 张海鹏、王廷元主编：《徽商研究》，合肥：安徽人民出版社，1995年，第43页。

⑪ 江苏省博物馆编：《江苏省明清以来碑刻资料选集》，北京：生活·读书·新知三联书店，1959年，第192页。

⑫ 汪道昆：《太函副墨》卷九，《汪处士传》。

> 其俗，春出母钱贷下户，秋倍收子钱。长公（程锁）居息市中，终岁不过什一，细民称便，争赴长公。癸卯（1543年），谷贱伤农，诸贾人持价不予。长公独予平价，囤积之。明年大饥，谷踊贵，长公出谷市诸下户，价如往年平。境内争德长公，莫不多其长者。长公乃部署门下客，分地而居息吴越间。当是时，长公已累数万金矣。[1]

程锁放债则取息较低，籴粜粮食则价格比较公道，故能博得人们的称赞。然而他年轻时仅以“三百缗”起家，及至中年已成拥资数万两的富商，他致富的秘诀就在于把囤积与放债结合起来。年荒米贵之际，“细民”、“下户”自然没有足够的现金买粮，不得不向程锁借贷，次年秋收时又不得不贱卖粮食还债。这就使程锁不但可以坐享债息，而且可以在囤积粮食中大捞一把。[2]

徽商之所以热衷于囤积居奇，除了营利之外，还可以少冒风险。在当时，从事商品贩运活动固然可获厚利，然而贩运商人不但免不了风涛之险、跋涉之苦，而且还常常遭受关吏的勒索和牙行的侵欺，若不幸途中遇盗，则难逃财毁人亡的厄运。而囤积商人则可以免遭这些风险，坐享厚利。[3]所以有些徽商宁为囤积商而不为贩运商。歙县《许氏世谱》在评述许晴川的事迹时就曾写道：“翁（陌川）不越户庭，不施智巧，优游而居积之，赀累巨万，甲于一乡，较之履危历远，劳逸之相去何如，富诚有足多矣。”[4]许晴川的致富之道之所以值得称赞，就在于他从事囤积居奇活动，既无“履危历远”之劳，又收“赀累巨万”之效。有些徽州贩运商，当其积累起一定数量的资本以后，便在他们认为合适的地点定居下来，从事囤积居奇。正德时，休宁人程泰和与其兄泰真“携赀游江湖间，已而居货池阳（即贵池），日积岁累，不十年，资本以数千万计，丰富之名洋溢二郡”。[5]这就是贩运商转为囤积商的例子。

---

①汪道昆：《太函集》卷六一。

②转引自张海鹏、王廷元主编：《徽商研究》，合肥：安徽人民出版社，1995年，第43—44页。

③张海鹏、王廷元主编：《徽商研究》，合肥：安徽人民出版社，1995年，第40页。

④歙县《许氏世谱》卷六。转引自张海鹏、王廷元主编：《徽商研究》，合肥：安徽人民出版社，1995年，第41页。

⑤休宁《率口程氏续编本宗谱》卷六。转引自张海鹏、王廷元主编：《徽商研究》，合肥：安徽人民出版社，1995年，第41页。

（三）垄　断

明清时期，徽商借助封建特权经营垄断食盐贸易。封建国家的榷盐制度保证了一部分商人经营盐业的垄断特权，使他们尽可能地扩大盐的购销差价，获取极为丰厚的利润。[①]徽人经商首重盐业，清代朱轼说：“凡商贾贸易，贱买贵卖，无过盐觔”。[②]明朝嘉靖时，徽商吴良儒说：“吾乡贾者，首鱼盐，次布帛。”[③]万历《歙志》在概括歙人商业活动情形时说：“其货无所不居，其地无所不至，其时无所不鹜，其算无所不精，其利无所不专，其权无所不握，而特举其大，则莫如以盐策之业贾淮扬之间而已。”[④]万历《休宁县志》则称：“商贸之最大者举鹾，次则权母子轻重而修息之。”[⑤]民国《歙县志》也说：“邑中商业以盐典茶木为最著……彼时盐业集中淮扬，全国金融几可操纵，致富较易，故多以此起家。”[⑥]可知经营盐的垄断贸易在徽商的商业活动中一直占有极为重要的地位。

明中叶以后，徽商以业盐致富者不胜枚举。弘治、正德间，歙县商人许大兴“以盐策往来淮楚间，起家累巨万”。[⑦]嘉靖时，休宁商人汪狮经营盐业，“北游维扬，南贸迁荆鄂洪鄱诸都会”，“业起不赀”。[⑧]汪福光“贾盐于江淮间，船至千只，率子弟贸易往来，如履平地。择人任时，恒得上算，用是赀至巨万”。[⑨]婺源人李大祈“转徒维扬，出入荆楚，鹾艘蔽江，业骎骎百倍于前，埒素封矣”。[⑩]在两淮盐商中最为富有者莫过于徽商，谢肇淛说：“新安大贾，鱼盐为业，藏镪有至百万者。”及至清朝，则徽商的财力几乎增长了10倍，徽人汪交如、汪廷璋父子就是“富至千万”的大盐商。[⑪]

（四）开　张

上海经营百货行业批发业务的，最早有两家：一家是沪人开设的“鸿泰昌”，另一家是徽商开设的“振大昌”。“振大昌”创始于清咸丰年间，座落在小东门内，系旅沪歙商合股开设。此店规模虽不算大，但在经营上却有许多

① 张海鹏、王廷元主编：《徽商研究》，合肥：安徽人民出版社，1995年，第45—53页。
② 贺长龄：《清朝经世文编》卷五〇，《请定盐法疏》。
③ 汪道昆：《太函集》卷五四。
④ 万历《歙志》，《货殖》。
⑤ 万历《休宁县志》，《舆地志》。
⑥ 民国《歙县志》卷一。
⑦ 歙县《新安歙北许氏东支世谱》卷八。
⑧ 休宁《西门汪氏宗谱》卷六。
⑨ 休宁《西门汪氏宗谱》卷六。
⑩ 婺源《三田李氏统宗谱》。
⑪ 李斗：《扬州画舫录》卷一五。

值得称道之处：一是重视才干，明于用人。经理对店员了如指掌，用其所长，并且以师带徒，通晓本行业务，了解商品季节变化和流向。如上海百货业“里手”，巨成昶经理汪季和、大丰昌经理朱景玉都是“振大昌”出身。二是勤进快销，加速周转。当时工厂发货提货按月结算贷款，他们就利用这点，以低利争取快销。三是采取“双低”办法扩大销售。所谓“双低”，即批发起点低、利润低。毛利掌握3%~5%，紧俏货也不过6%~7%。四是奖励与业务挂钩。鼓励店员招徕顾客，业务员按成交额3%提奖，年终盈余按30%分红。红利一般不分给店员而是动员他们存店入股，以促使店员加倍努力经营。五是方便顾客，服务周到。其做法：向往来商户公开资源，提供信息，根据他们提交的要货计划组织供应，对于短缺商品他们设法代购或介绍采购地方；对老主顾生意，他们义务协助打包整理、装箱，办理托运，“头寸”不够时，代向钱庄办理短期借款；灵活掌握营业时间，如遇急办业务，打烊后照样办理。①

徽商还做赊销生意。赊销对象主要为一村一乡，或一镇一城中的常年客户，采用立户头、起记摺的记帐方法来做买卖。顾客手持帐摺即可到店家购买物品，无需当下即付现金，由店家上帐，同时在帐摺上写上日期、所购货物及数量金额等即可。店家每年分端午、中秋、年关三节上客户家门结帐收款。这种营业方式，在物价稳定的情况下，可以起到稳定顾客、扩大营业额和推广销路的效果。赊销经营分端午、中秋、年关三节到客户门上结账，因为这三节是徽州山区农民的丰收季节。端午正是夏茶采制之际，又是徽州的黄梅雨季，河水奔腾，正是竹木出山贩运买卖之时，山民多少都有一些收益。中秋正是收获之季，田地里的农作物以及深山老林里的山货特产都收进了农民家中。从中秋至年关是漫长的冬闲时光，闲不住的山区农民，不是打柴卖柴，就是烧炭卖炭，或是给富豪之家打短工，亦有所收成。纯朴的农民只要手中有一分钱，就绝对不会拖欠店家的账。由此可见，徽商把结帐的日子定在端午、中秋、年关三节是很有商业经济头脑的，符合徽州山区的经济规律。②

在赊销经营的基础上，徽商又根据徽州山区的经济特点，逐步发展和形成了赊购经营。赊购经营是徽商对山区从事林茶竹木、桐籽、柏籽、漆树等

---

① 王珍：《经营百货批发的“振大昌”》，参见朱世良等：《徽商史话》，合肥：黄山书社，1992年，第91页。

② 朱世良等：《徽商史话》，合肥：黄山书社，1992年，第73页。

木本植物以及香菇、木耳等山货特产生产活动的农民在经济上的资助。这些商人一般与山区农民都有地缘和血缘关系，相处得很融洽。在生产季节，农民需要生产物资和生活物品时，商人们就慷慨解囊，满足这些农民的需求，兑钱于农户。但这种兑钱有约在先，农民必须把自己生产的山货特产销售给这些商人，这些商人兑给农民的钱就是商约赊购的"定钱"，俗称"赊茶钱"、"赊桐籽钱"或"赊香菇木耳钱"，名称因赊购货物的不同而不同。待农民出售山货时，定钱与货物银帐两清，一笔勾销。这种赊购经营，对于商家来说，可以稳定顾客，以保证山货特产的来源，在竞争中从容不迫，稳操胜券，多经营，多赢利；同时还可以拓宽经营的路子，赢得更多的顾客。对于客户来说，既可以消除平时因经济不足所带来的生活忧虑，又可以安心从事林茶竹木等山货特产的生产。[①]

三、商业利润

明朝中叶，徽商中就有"藏镪有至百万者"，至清朝乾隆年间，竟有"富至千万"的大商人出现，其资本积累数额之多、速度之快应归功于明清时期丰厚的商业利润。徽商"其货无所不居"，经营范围极广，歙人吴良儒说："吾乡贾者，首鱼盐，次布帛。"[②]明代歙人潘次君也同样"以盐策贾江淮，质剂贾建业，粟贾越，布贾吴……卒赢得过当"[③]。歙人潘汀州"或用盐策，或用橦布，或用质剂，周游江淮吴越务协地宜，邑中宿贾，若诸汪，诸吴悉从公决策受成，皆累巨万"[④]。总之，在不同行业徽商都牟取到高额利润。

"自古煮海之利，重于东南，而两淮为最。"这是千百年来人们对于两淮盐利的一致评价。明代阙名氏《嘉靖乙巳重濬风井运河记》云："天下六运司，惟两淮运司为雄，治莶三分司，惟泰州分司为最，而安丰又泰州之巨场也。商灶渊薮，盐利甲东南之富，我国家国用所需，边饷所赖，半出于兹。"[⑤]至于清代两淮盐利之巨，则如嘉庆《两淮盐法志·序》所称："伏念我国家列圣相承……而佐司农之储者，盐课居赋税之半，两淮盐课又居天下之半。山海天地之藏，其有关于国计民生者，与农桑等。"乾隆时巡盐御史李发

① 朱世良等：《徽商史话》，合肥：黄山书社，1992年，第74页。
② 汪道昆：《太函集》卷五四。
③ 汪道昆：《太函集》卷五一。
④ 汪道昆：《太函集》卷三四。
⑤ 嘉庆《两淮盐法志》卷五四，《碑刻》（上）。

元更云："两淮岁课当天下租庸之半，权益盈虚，动关国计。"[①]两淮盐商垄断盐业以后，获利极大，往往转手之间，得利数倍。如清人黄钧宰说："扬州繁华以盐盛，两淮额引一千六百九万有奇，归商人十数家承办，中盐有期，销引有地，调之纲盐。以每引三百七十觔计之，场价觔止十文，加课银三厘有奇，不过七文，而转运至汉口以上，需价五六十不等。愈远愈贵，盐色愈杂，霜雪之质，化为锱尘，乡曲细氏，有积日累旬坚忍淡食者矣。"[②]以此推算，购价与销价相差3—4倍，年利润率则高达194.1%。事实上盐商不可能获得如此高的利润，如果扣除运输费用、对朝廷捐输等巨额费用，徽商利润大概在10%以上。[③]

明清时期，徽商不但活跃于江南产布之区，而且把持着江南棉布的收购、染色和运销，他们对江南棉织业者的盘剥相当残酷。徽商利用封建牙行制度把持江南棉布收购市场，尽力压低棉布的收购价格。每当青黄不接之际，贫苦农民急于以布易米，而狡狙牙侩们却趁人之危，压价收布。农民"三日两饥，抱布入市，其贱入泥，名曰'杀庄'"。[④]在浙江省嘉善县，"荒年米贵，则布愈贱，各贾乘农夫之急，闭门不收。虽有布，无可卖处"。[⑤]徽商在低价收布的同时，又操纵棉粮价格，盘剥小生产者。典商、囤户往往勾结在一起搞囤当活动，当棉、粮收获之际，他们乘贱收购大批棉、粮，待价而沽，致使"小民一岁所收，始则贱价归商，终仍贵价归民，典商囤户坐享厚利，而小民并受其困"[⑥]。徽商借此手段牟取厚利。[⑦]明万历年间，徽商程本修等人合资经营布业染店，按照投资额及其时间向投资者支付商业利润，由此可求得该染店资本月利率是1.5%，资本年利率为18%。[⑧]乾隆年间，徽商广丰布业从江南乡间收购布匹，运至外地贩卖。从乾隆四十九年（1784年）起，该布业字号由原来的独资为主扩充到合集资经营，且按年度以一定的比率向投资者支付利润。由此可计算出，该字号的资本年利率平均近

---

① 嘉庆《两淮盐法志》卷五五，《碑刻》下，《盐院题名碑记》。

② 黄钧宰：《金壶浪墨》卷一，《盐商》。

③ 汪崇筼：《清嘉道时期淮盐经营成本的估算和讨论》，《盐业史研究》2002年第1期。

④ 贺长龄：《清朝经世文编》卷二八。

⑤ 陈正龙：《几亭全书》卷二五。

⑥ 《皇清奏议》卷二。

⑦ 转引自张海鹏、王廷元主编：《徽商研究》，合肥：安徽人民出版社，1995年，第310—311页。

⑧ 万历《程氏染店查算账簿》，参见王钰欣、周绍泉编：《徽州千年契约文书》（宋元明编）第八卷，石家庄：花山文艺出版社，1991年，第77页。转引自汪崇筼：《清代徽州土地与商业利润投资回报率的比较》，《清史研究》2006年第1期。

12%。[①]

徽商经营典当业能够牟取丰厚的利润。明清时期，徽商经营典当业不遗余力，尤其休宁人，几乎把典业视为他们的专门职业。许承尧称"典商大多休宁人……治典者亦惟休称能。凡典肆无不有休人者，以专业易精也。"[②]休宁商吴氏自明中叶以来"皆以典质权子母"，以故"家多素封"，声势煊赫，乃休宁望族。[③]明代晚期，徽州程虚宇家族经营典当业，规定资本年利率随计利年数增加而增加，当计利年数为2年时，其年利率仅是4.9%；而当计利年数达32年时，其年利率也没有超过9.67%。对黟县《用和质架总簿》和《用和质银洋钱收支总簿》两史料研究，可知月利率为1.5%，也即年利率为18%。[④]清人焦袁熹说："徽人挟丹圭之术，析秋毫之利。使人甘啖其饵而不知，日以朘，月以削。客日益富，土著日益贫。岂独石门一邑而已，盖所至皆然也。"[⑤]表明这种现象在明清时期是相当普遍的。

在木材贸易中，除极少数徽商有"本利亏折"的现象外，大多数人都获得了丰厚的商业利润。[⑥]如婺源商人施圭锡，"佐父业木，比父归里，孳息倍于前"[⑦]。汪光球，"初家贫，习缝工，嗣业木苏州，勤慎笃实，人多贷以资本，经营数年，渐丰裕。兄弟三人，球行二，积累二万余金……"[⑧]；王杰，"货木三楚……比抵仙镇，获利数倍"[⑨]。至于一些徽州皇木商，他们通过夹带私木，逃避国课所获得的利润就更为惊人。如明万历间，修建乾清、坤宁两宫，"徽州木商王天俊干人，广挟金钱，依托势要，钻求札付。买木十六万根，勿论夹带私木，不知几千万根；则此十六万根木，逃税三万二千余银，亏国课五六万两"[⑩]。总之，明后期至清代，徽州生意越做越大，一次贩木"数千茎"、"数千章"的为数很多，自然资本也越来越雄厚。

---

① 《乾隆广丰布店账簿》，参见王钰欣、周绍泉编：《徽州千年契约文书》（清民国编）第九卷，石家庄：花山文艺出版社，1991年，第454页。转引自汪崇筼：《清代徽州土地与商业利润投资回报率的比较》，《清史研究》2006年第1期。

② 许承尧：《歙事闲谭》卷一八，《歙风俗礼教考》。

③ 金声：《金太史集》卷七，《寿吴亲母金孺人序》。

④ 王裕明：《近代典当业质铺的经营特点——光绪皖南黟城用和质个案报告》，《学海》2004年第3期。

⑤ 焦袁熹：《此木轩杂著》卷八。

⑥ 李琳琦：《徽商与明清时期的木材贸易》，《清史研究》1996年第2期。

⑦ 光绪《婺源县志》卷三五。

⑧ 光绪《婺源县志》卷三五。

⑨ 光绪《婺源县志》卷三〇。

⑩ 陈眉公：《冬官记事》。

四、资本流向

徽商的黄金时代从明中叶至乾隆年间，他们财雄势大，手眼通天，其队伍之大，活动范围之广，资本之雄厚，皆与晋商相媲美。徽商在流通领域里纵横捭阖，赚取了巨额的商业利润。这些商业利润，除了一部分财富作为追加商业资本和少量转化为产业资本外，其余财富从流通领域里游离出来，用于强宗固族、纳税捐输、购置土地、公益事业、奢侈消费和大兴土木等方面，其中五方面本书已有介绍，下文主要介绍徽商的扩大再生产和奢侈消费。

（一）扩大再生产

徽商将商业利润以积累的形式转化为资本，扩大经营规模。徽商的启动资金可能有多种来源，但他扩大经营规模的资金和流动资金还主要是依赖商业利润的积累。扬州盐商吴景和“以一文起家，富至百万”[①]，《清稗类钞》也记载：“南昌有布肆，号一文钱”，亦以一文发家，其创始人“惟余钱一文”，购面糊，捡破纸鸡毛，制作儿童玩具鸡狗出售，“久之，积钱渐多，乃渐作小本经纪。勤苦贮蓄，遂设布肆，以资财雄于会城矣”[②]，他们显然是将利润一点点“贮蓄”，转为经营资本，扩大经营规模的。在一些合伙经营的合同中，有的规定投资者一定期限后方可分配盈利，在期限内利润显然成为经营资本；有的明确规定投资者只分配部分盈利，其余盈利作为公积金扩大经营。同治十二年（1873年）胡美魁等经商合同规定：“三年之后方可品分盈余，不得擅自支取”[③]；光绪十一年（1885年）祁门郑丽光等合同规定：“余积之资不得先行私自移用，必待年终开销各款，公同分用，若不分，即存碓转运，各无异言。”[④]

徽商从事工业者较少，也绝不说没有。歙人阮弼虽出身于殷实之家，但他的父亲以助人为乐，甚至不惜借贷钱物接济他人。天长日久，不但耗尽了家财，还背上了数百两银子的债务。因家中无力缴纳学费，阮弼幼时不得不改业学医。可是当地习医者比比皆是，而求医问病者寥寥无几。在百般无奈的情况下，他被迫走上了经商谋生之路，在芜湖经营色布贸易。不久，他就

① 李斗：《扬州画航录》卷一，北京：中华书局，1960年，第296页。

② 徐珂：《清稗类钞》第五册，《农商类》。

③《同治十二年胡美魁等立合同》，参见王玉欣、周绍泉编：《徽州千年契约文书》（清民国编）第三卷，石家庄：花山文艺出版社，1991年，第68页。

④《光绪十一年祁门郑丽光等立合同》，参见王玉欣、周绍泉编：《徽州千年契约文书》（清民国编）第三卷，石家庄：花山文艺出版社，1991年，第66页。

从一个小牙侩发展成作坊主。他的产品销路甚广，许多通都大邑都有他设立的分局。随着生意越做越大，阮弼终于成为芜湖商界的头面人物了。[①]像阮弼这样从事手工业行业工作者，在徽商中不算太多。

（二）奢侈消费

明中叶以后，随着商业资本的急剧扩大，特别是称雄于东南商界后，徽商开始放弃前辈们那种节俭的传统，生活消费逐渐走向奢侈化。[②]明代徽州人汪道昆不无痛心地说：“（徽州）纤啬之夫，挟一缗而起巨万，易衣而食，数米而炊，无遗算矣。至其子弟，不知稼穑之艰难，靡不斗鸡走狗，五雉六枭，捐佩外家、拥脂中冓。”[③]当时徽商“第蒙故资，大都以奢溢而快一逞”。[④]使得“天下都会所在，连屋列肆，乘坚策肥，被绮縠，拥赵女，鸣琴跕屣，多新安人也”[⑤]。从明后期到清朝的乾嘉时期，其“炫耀性消费”也达到了登峰造极的地步。扬州是徽商大贾最为集中的地方，徽商在此“衣物屋宇，穷极华靡，饮食器具，备求工巧，徘优妓乐，恒舞酣歌，宴会嬉游，殆无虚日，金钱珠贝，视为泥沙。甚至悍仆豪奴，服食起居，同于仕宦，越礼犯分，罔知自检，骄奢淫佚，相习成风。”[⑥]徽商“入则击钟，出则连骑，暇则招客高会，侍越女，拥吴姬，四坐尽欢，夜以继日，世所谓芬华盛丽非不足也”[⑦]，其穷奢极欲的生活更是无与伦比。

徽州盐商的奢侈消费主要表现在他们的衣、食、住、玩诸方面。首先，徽州盐商衣必文绣。李澄在《淮鹾备要》中说徽商“居处饮食服饰之盛甲天下”，徽州方志也证实了李氏的说法：清代徽州盐商普遍“侈服”，而其“奢靡风习”一开，其他行业致富者也羡慕和仿效。[⑧]这些富商巨贾不仅家人衣饰豪华高贵，甚至“齐纨被于僮仆，秦珠饰乎姬侍”[⑨]，家中的奴仆侍女也被打扮得十分艳丽。

---

① 汪道昆：《太函集》卷三五。转引自张海鹏、王廷元主编：《徽商研究》，合肥：安徽人民出版社，1995年，第20页。关于徽商的奢侈性生活方式，可参见李琳琦：《徽商的奢侈性消费及其心理探析》，《历史档案》1995年第4期；王振忠：《明清徽商与淮扬社会变迁》，北京：生活·读书·新知三联书店，1996年。

② 李琳琦：《徽商的奢侈性消费及其心理探析》，《历史档案》1995年第4期。

③ 汪道昆：《太函集》卷一八。

④ 汪道昆：《太函集》卷一六。

⑤ 归有光：《震川先生集》卷一三，《白庵程翁八十寿序》。

⑥ 《清朝文献通考》卷二八。

⑦ 汪道昆：《太函集》卷二。

⑧ 民国《歙县志》卷一，《舆地志·风土》。

⑨ 吴锡麟：《广陵赋》。

其次，徽州盐商巨贾"以豪侈自喜，浆酒霍肉，奉养逾王侯"①。盐商黄钧太"晨起，饵燕窝，进参汤，更食鸡蛋二枚"②。也就是说，黄钧太每天晨起，先食燕窝一碗，再喝参汤，又食鸡蛋两个，这种鸡蛋不是普通母鸡所产，而是饲以"参术等物"的特种母鸡所生，故"每枚纹银一两"。据史料记载，道光时，一石稻谷才值制钱四五百文，制钱一千五百文兑换一两纹银，黄钧太吃的一枚鸡蛋抵上农民三石稻谷钱，盐商的奢侈由此可见一斑。③盐商饮食的豪华奢靡场面也令人咋舌。据康熙《扬州府志》记载："涉江以北宴会，珍错之盛，扬州为最，陈设方丈，伎乐杂陈，珍羞百味，一筵费数金。"④可知清代两淮盐商宴席十分豪华，以其为代表的扬州宴席已在长江以北地区位居第一。

再次，徽商在扬州的园林更是如诗如画，争奇斗艳。乾隆时人称："杭州以湖山胜，苏州以市肆胜，扬州以园亭胜"⑤，说明当时扬州园亭成为江南之冠，而这些园亭多为盐商所居。虹桥、瘦西湖一带为扬州风景佳丽之处，这里徽商的园林、别墅星罗棋布。洪氏的大虹园、江春的江园、黄氏的趣园、郑氏的桃花坞、吴氏的别墅、徐氏的"水竹居"等都荟萃于此。徽州盐商不仅追求园亭、别墅数量之多，而且更讲究质量之精。汪氏的南园最负盛名，"乾隆辛巳，得太湖石九于江南，大者逾丈，小者及寻，玲珑嵌空，窍穴千百，众夫辇至。"太湖石价值昂贵，扬州城罕有。据石工张南山说：盐商汪氏南园中"澄空宇二峰为真太湖石，太湖石乃太湖中石骨，浪激波涤，年久孔次自生。因在水中，殊难运致。惟元至正间吴僧维则门人运石入城……此外未闻有运致者。"⑥由此可见，盐商名园仅垒石作山一项费资已巨。

安徽黟县的西递、宏村作为徽州古村落的杰出代表于2000年正式列入世界文化遗产，被国内外旅游者称誉为"世界上最美的村庄之一"。宏村祖先根据风水中"牛卧马弛，莺舞凤飞，牛富凤贵"之说来建村。以耸峙高昂的雷岗山为"牛头"，苍郁青翠的古树为"牛角"，村中鳞次栉比的房舍为"牛身"，村中半月形的"月塘"称为"牛胃"，一条四百余米长、九曲十八弯的

---

①许承尧：《歙事闲谭》卷一七，《唐模许翁》。

②徐珂：《扬州风土小记》。

③王瑜、朱正海：《盐商与扬州》，南京：江苏古籍出版社，2001年，第157页。

④康熙《扬州府志》。转引自章仪明：《中国淮扬饮食文化史》，青岛：青岛出版社，1995年，第25页。

⑤李斗：《扬州画舫录》卷六。

⑥李斗：《扬州画舫录》卷七。

水道为“牛肠”，最后汇集于村南南湖“牛肚”。村西溪上，架起四座木桥，作为“牛脚”，形成了“山为牛头，树为牛角，屋为牛身，桥为牛脚”的牛形村落。除此之外，黟县《尚书方氏族谱》记述其宗族村基选址是：“慕山水之胜而卜居焉……阡陌纵横，山川灵秀，前有山峰耸然而峙立，后有幽谷窈然而深藏，左右河水回环，绿林阴翳。”徽州《湾里裴氏宗谱》记载裴氏宗族村基是“慕山水之胜”而选定的：“鹤山之阳，黟北之胜地也。面亭子而朝印山，美景胜致，目不给赏。前有溪，清波环其室；后有树，葱茏荫其居。悠然而虚，渊然而静……卜筑于是，以为发祥之基”。

最后，徽州盐商还挖空心思地寻欢作乐，荒唐无聊。有的“家僮百数十人，马数十匹，青骊彤白，无色不具，腹鞅背韅，亦与相称，每出则前后导从，炫耀于闾巷间”[①]。有的散金箔以寻欢，有的抛泥塑而作乐。《扬州画舫录》卷六载：“有欲以万金一时费去者，门下客以金尽买金箔，载至金山塔上，向风扬之，顷刻而散，沿江草树之间，不可收复。又有三千金尽买苏州不倒翁，流于水中，波为之塞。”视金银为粪土，举止多荒唐。更有甚者“以木作裸体妇人，动以机关，置谙斋阁，往往座客为之惊避。”[②]扬州富商好古玩、好神会、好嘉礼、好南北戏、好蟋蟀、好养金鱼等，甚至有斗蟋蟀而致富的，“土人有鸣秋者，善豢养，识草性，著相虫谱，题曰鸣氏纯雄。秋以此技受知于歙汪氏，遂致富。”[③]

徽商奢侈性消费需要作代际之间的区别。明中叶以前，徽商处于创业时期，他们为了在商界站稳脚跟，开辟一块天地，大多勤俭节约，艰苦运营。明中叶以后，徽商富裕后，其后代放弃前辈的节俭传统，奢侈消费开始流行。同样，在《新教伦理与资本主义精神》一书的结尾处，韦伯悲观地指出：资本家的后代没有继承前辈们的艰苦奋斗精神，生活日益糜烂，新教伦理精神丧失。本书和韦伯著作的研究对象不应包括商人的后代，因为他们都丧失了儒家伦理和新教伦理精神。韦伯说，对于儒教徒而言，“财富对于一种有道德（亦即有尊严）的生活，与对于将自己献身于自我完成的能力而言，是个最为重要的手段。”只有富裕后，儒教徒才有办法过着“符合身份的”生活。然而，对新教徒而言，利得是一种不意中的结果，是本身美德的重要象征。为了个人消费目的而耗用财富，容易导致被

① 许承尧：《歙事闲谭》卷一七，《唐模许翁》。
② 李斗：《扬州画舫录》卷六。
③ 李斗：《扬州名胜录》。

造物主崇拜式地沉溺于现世。[①]

徽商奢侈性消费也是崇儒的表现。许多徽商，尤其是弃儒服贾的徽商，在囊橐充实之后，大多不惜钱财建园林别墅和招徕各地文人学士，于其中结社吟诗，俨然儒者之气。梁启超在《清代学术概论》一书中曾指出：“淮南盐商既穷极奢欲，亦趋时尚，思自附于风雅，竞蓄书画图器，邀名士鉴定，洁亭舍，丰馆谷以待。”这也道出了清代扬州盐商慕悦风雅、穷极奢欲的生活方式。

徽商的奢侈性消费可以看作是布迪厄（Pierre Bourdieu）所说的那种以荣誉和名望的形式，附着在个人姓名、家族、族籍上的象征利益或象征资本。象征资本的积累只能通过牺牲经济资本积累来实现，两者最终是可以转换的，“作为被转换了的、从而也被伪装了的，实实在在的经济资本的一种形式，象征资本之所以能够产生一定的效力是因为、也只能是因为它隐藏了这样一个事实，即它起源于资本的物质形式，因而最终分析起来，它所具有的效力也源于资本的这种物质形式。”[②]徽商通过奢侈性消费，交结官府公卿，提高了知名度，扩大了影响，从而增强了在市场上的竞争力。

资本主义有着双重的起源，韦伯只是说出了其中的一面：禁欲主义，另一面则是松巴特所阐述的重心命题：贪婪攫取性。贝尔指出：“无论早期资本主义的准确地理位置能否确定，有一点很明显，即从一开始，禁欲苦行和贪婪攫取这一动力就被锁合在一起。前者代表了资产阶级精打细算的谨慎持家精神，后者是体现在经济和技术领域的那种浮士德式骚动激情，它声称‘边疆没有边际’，以彻底改造自然为己任。这两种原始冲动的交织混合形成了现代理性观念。而这两者间的紧张关系又产生出一种道德约束，它曾导致早期征服过程中对奢华风气严加镇压的传统。”[③]马克思认为，资本主义形成过程不是一幅田园诗式的充满玫瑰色的画面，而是长期的一系列暴力和掠夺的过程，“是用血和火的文字载入人类编年史的”，“资本来到世间，从头到脚，每个毛孔都滴着血和肮脏的东西”。新教伦理确曾促成过资本主义精神的形成和发展，但一旦资本主义精神确立起来后它就抛弃了新教伦理。破坏新教伦理

① 马克斯·韦伯：《中国的宗教：儒教与道教》，康乐、简惠美译，桂林：广西师范大学出版社，2004年，第330页。

② Pierre Bourdieu. Outline of a Theory of Practice. Cambridge：University of Cambridge Press，1977，pp621.

③ 丹尼尔·贝尔：《资本主义文化矛盾》，赵一凡等译，北京：生活·读书·新知三联书店，1989年，第29页。

的不是现代主义，而是资本主义自己。韦伯当时就指出，在这种源于宗教的精神最初起了自己的作用以后，资本主义经济就因自身的种种机制而运转，支配着人们行为的却是另一套原则，人们将生活在一个“铁笼”之中。[①]

法国年鉴学派第二代著名的史学家布罗代尔（Fernand Braudel）认为，历史可区分为短时段、中时段和长时段，他特别重视长时段的研究。短时段是在短促的时间中发生的历史偶然时间，具有欺骗性的特点，处于历史的表层；中时段是一种社会时间具有局势性的特点；长时段是一般以百年为段的地质学时间概念，在相当时间内起到作用的一些因素。从长时段来看，明清时期的“十大商帮”（晋、徽、陕、鲁、洞庭、龙游、宁波、江右、闽、粤）断产，造福后代，不失商人的睿智。

波拉尼（Karl Polanyi）在《伟大的转变》中指出：“人的经济活动总是被淹没在他的社会关系中。他的行动并不是为了保卫他在物质产品的占有方面的个人利益；他的行动是为了保卫他的社会地位、社会权利，以及社会资产。”因此，“经济制度是靠非经济动机来运转的。”[②]“作为制度化过程的经济”[③]，一定的生产方式总是与一定的共同活动方式或一定的历史阶段相联系。因此，我们应从经济人类学的实体主义视角（substantialism）[④]探讨徽商的资本流向，认为资本的形式和性质会随着社会文化的不同而不同，要求研究者必须参与到被研究者的社会和文化世界中去，从社会文化内在逻辑看待徽商资本才能认识其真正的本质，反对用现代的西方经济学理论去解释。明清时期，中国的社会结构制约了商人以钱生钱无限运行的可能性。因此，中国商人在以勤俭积累财富后，往往中止以钱生钱，而把资本转化为捐输官爵、土地财富。

第四节　徽商的企业制度

企业制度是指以产权制度为基础的企业组织和管理制度，其本质是企业内在运行规律的外在形式。企业制度的形成可以追溯到中世纪前的罗马帝

① 丁学良：《韦伯的世界文明比较研究导论》，《中国社会科学》1987年第1期。

② Polanyi k. The Great Transformation. NewYork：Holt，Rinehart & Winston，1944，pp46.

③ Polanyi k. Tradeand Market in the Early Empire. Glencoe- The Economic As Instituted Process，1957，pp52.

④ 皮拉尼把经济人类学分成两大派别：形式主义派（formalism）和实体主义派（substantialism）。形式主义者认为西方的经济学原理可以用来解释非西方和全人类的文化，西方——非西方差别只是在形式上有意义；而实体主义者反对用西方经济学研究非西方社会，要求从被研究者的社会和文化世界中的内在逻辑看待文化与制度。

国，原始的企业制度的主要形式为康枚达和索塞特以及特许公司的雏形“条例管理公司”等。16世纪末到19世纪30—40年代是现代企业制度形成和发展的阶段，也是原始企业制度向现代企业制度过渡的阶段。这时期，中国股份有限公司责任制在徽商企业中萌芽。由于受研究资料限制，韦伯把西方工业资本主义的形式理性与中国农业文明时代的习俗惯例作比较，否定中国近代资本主义企业的理性化经营过程。

一、产权制度

企业的产权制度是界定和保护参与企业的个人和经济组织的财产权利的法律和规则，反映了企业的所有制性质。钱德勒说过，家族企业这种组织形式不是中国的专利，直到20世纪初期，“美国的经济体系仍然含有金融的资本主义和家族式的资本主义要素”[①]。

（一）家产制

家产制统治的基础是个人的恭顺，它有两种形式：其一是家产制，其二是封建制。前者是家长制的典型形式，后者是家长制的边缘形式。前者在历史上最典型的代表是秦统一以后的中国，后者的代表是中世纪的西欧。韦伯把中国进一步定义为“家产官僚制”的国家，即统治者把国家看做是个人的家产，而采用官僚制行政的管理。[②]韦伯认为，中国古代社会的性质在春秋战国之前属于封建制的社会形态，而秦统一之后的社会结构则是家产官僚制的典型特征。在家产官僚制下，皇帝称为奉天承运的“天子”，意为天之秩序与黎民百姓的中介，以“天”“天道”的名义对国家实施统治。天子统治下的国家，由各级官吏组成的全国性的官僚机构，本身即是与政治、经济、礼仪密切联系的神圣结构。国家体制是帝王家族的伸延，以君臣、父子为内容的人伦秩序的适应为目的。国家的财政被视为国君的私产，各级官吏是皇帝的家臣，他们食君禄报皇恩，以家仆的身份代皇帝征收赋税，管理他们家产。官吏是以个人资格通过科举考试被录用的读书人，他们熟谙儒家经典，虽然满腹经纶，但却不具备行政管理的专业知识。这种由皇权世袭产生的家产官僚制与欧洲中世纪的封建制有很大不同。封建制的基础是诸王侯对君王在法律或契约上的效忠关系，王侯在自己的采邑领地上行使独立的统治权力，而中

①钱德勒：《看得见的手：美国企业的管理革命》，重武译、王铁生校，北京：商务印书馆，1987年，第579页。

②陈来：《传统与现代：人文主义的视界》，北京：北京大学出版社，2006年，第160页。

国的家产官僚制在皇帝与官员之间是一种以家长制的父子关系为比附的君臣关系，这种关系具有强烈的人治色彩，表现在政治统治形态上则是人治重于法治。各级官员对其属下的人民来说就是“父母官”，百姓则是他的“子民”。各级官员的升迁主要注重是否具备作为一名家臣的可信赖的人格修养，而不注重行政专业知识。反映在官吏的心态和行动中，就是根深蒂固的传统主义占据主导地位，轻视实际的专业知识，皓首穷经地在儒家经典中寻求治国方略，在权力结构体系中，将司法、行政、理财集于一体，因而无法导致理性的专业分工基础上的行政管理体制，在财政上也难以形成依靠严密计算和理性管理以谋利为目的的经济制度。[①]家产官僚制没有专门分工，专门职务的自律性没有保证，从属于君主而易受君主操纵，而君主的随心所欲缺乏预期的可能性，因而对资本主义起了妨碍作用。

一些徽州大贾为了提携宗族子弟，培养他们的经营能力，通常会将自己的一部分资金委托给他们去经营，利息率很低或者不收利息。明朝徽人王子承入蜀经商，“诸子弟从之游，分授刀布，左提右挈，咸愿与之代兴，各致千万有差，无德色”[②]。徽人阮弼经商于芜湖，“诸宗族亲戚、闾右交游至者，辄推赤心而纳之交……材可贾，则导之贾，能独立，则授之赀而薄其息；能从游，则授糈而冀其成”[③]。徽人程君商于两广，“门下受计出子钱者恒数千人。君为相度土宜趣物候，人人受计不爽也。数奇则宽之，以务究其材，饶羡则廉取之，而归其赢。以故人乐为程君用，而自程君为大贾，其族人无不沾濡者”[④]。上述例子中，出资者往往是富商大贾，经营者则是大贾的宗族子弟。[⑤]

徽商大贾对宗族子弟往往是盈则薄取其息，亏则宽其偿还期限或不要偿还，具有资助和救济的性质。明清两朝都曾规定：“凡私放钱债及典当财物，每月取利并不得过三分。”[⑥]就是说，民间债务月息应以3%为限。而这些宗族子弟的贷款利息率将会更低，如明朝嘉靖、万历年间，徽商李廷芳“每遇故旧之贫，量材贷之，俾治生，不较子利。故一时藉以起家者不可缕举”。[⑦]清朝乾隆时，歙人鲍尚志家贫，为人料理盐务，其舅程明远谓“依人非久计，

① 任志安：《韦伯论中国社会和宗教》，《学术交流》2006年第11期。
② 汪道昆：《太函集》卷七。
③ 汪道昆：《太函集》卷三五。
④ 王世贞：《弇州山人四部稿》卷六一。
⑤ 转引自张海鹏、王廷元主编：《徽商研究》，合肥：安徽人民出版社，1995年，第80—81页。
⑥ 熊鸣歧：《昭代王章》卷一，《东华录》。
⑦ 婺源《三田李氏统宗谱》，《仲父光禄寺署丞冲源先生行状》。

子苟欲自立，当贷子二百金，弗较息也”[1]，鲍尚志由此起家。歙人许积庆“九族贾而贫者，多惠贷不望其息”。[2]这种“不较息”“不重其息”的贷款虽不能说是无息贷款，但必定都是低息贷款。

在这些优惠条件下，受委托的宗族子弟往往都能够发财致富。如清婺源人詹汉“家故贫，比冠，贷赀营业，积有囊金”[3]；程鸣歧“幼极贫，嗣佣趁木杞……贷资贩木，乃渐饶裕”[4]；汪光球“初家贫，习缝工，嗣业木苏州，勤慎笃实，人多贷以赀本，经营数年，渐丰裕”[5]；李士葆“家故贫，弱冠佣工芜湖，备尽辛劳。中年贷本经商，家道隆起”[6]；李淳然“少业缝工，性朴诚，人多贷赀本，经商创业，二兄两弟均得分润成家”[7]；鲍士臣早年“贫无所依”，不得不为人“赁舂以自赡”；后因拾金不昧，声誉大起，“或贷金于先生（士臣）而薄其子钱，先生始得时货之有无，兴贩四方……由是能蓄其财，悉偿先人逋负”。[8]这些事例表明，徽商贷资经商有利可图。[9]

徽商也从父母、妻子那里获得资本，加之自己的聪明才智发家致富。明嘉靖、万历年间，歙商方景真“年踰舞象（十五岁），出儒入商。问父故资，则世父（祖父）董出入，几尽矣。父收余烬，将改图，虑景真少年，或生得失，则橐以授家监福，岁取息供需。景真脱妇装益之，贾齐鲁”。[10]清乾隆年间，两淮总商歙人江春，家世业盐，寓居扬城，“身系两淮盛衰者垂五十年……”[11]有些徽商的原始资本是由妻子嫁妆转化而来。明初歙人吴烈夫依靠妻子的妆奁之资外出经商，以致“累金巨万，拓产数顷”。[12]明歙县人江驾部公常常感叹种田无田、经商无本，妻子听后，用其嫁妆作资本，鼓励他从商。[13]

驾部公负丈夫气。居常叹曰：“吾欲力农，吾乡田少，比岁凶，农安

---

① 歙县《鲍氏著存堂宗谱》卷二一。
② 歙县《许氏世谱》第五册。
③ 光绪《婺源县志》卷三四。
④ 光绪《婺源县志》卷三五。
⑤ 光绪《婺源县志》卷三五。
⑥ 光绪《婺源县志》卷三四。
⑦ 光绪《婺源县志》卷三四。
⑧ 歙县《棠樾鲍氏宣忠堂支谱》卷二一。
⑨ 转引自张海鹏、王廷元主编：《徽商研究》，合肥：安徽人民出版社，1995年，第73页。
⑩ 汪道昆：《太函集》卷四〇，《儒侠传》。
⑪ 嘉庆《两淮盐法志》卷四四，《人物二·才略》。
⑫ 乾隆《镇洋县志》卷一，《风俗》。
⑬ 汪道昆：《太函集》卷四一，《赠安人江母郑氏行状》。

可为也？吾欲力贾，吾家薄，无以具资斧（资金），贾安可为也？”安人（江驾部公之妻郑氏）从容请曰：“乡人贾者什九。君宁以家薄废贾邪？乃脱装奉驾部公，佐公贾。[①]

汪道昆祖父汪玄仪之妻劝玄仪行商并提供资本。

大母（汪道昆之祖母，汪玄仪之妻），尝乘间告大父（汪玄仪）曰，君家世孝悌力田，善矣。吾翁（大母之父，吴氏）贾甄（瓯）（温州府）括（处州府），闻诸贾往往致富饶。君能从吾翁游，请为君具资斧。大父曰：善。及大父由甄（瓯）括起，赀用遂优。[②]

嘉靖年间，歙商程长公妻汪氏在丈夫穷困时，“脱橐中装以与长公”。[③]休宁商金赦之妻戴氏劝夫为商，取得其同意，于是“戴乃脱装，具资斧，仲（指金赦）从父贾淮海，起盂城，父授之成贾，骎骎起。”[④]歙人郑铎颇有经商才能，但没有资本，其嫂许氏将自己的嫁妆首饰变卖后援助郑铎从商，贾于荆扬之间，后来家业大振。[⑤]

宗族内合资经商在徽州是一种普遍现象。随着商业经营规模的不断扩大，以及商业竞争的加剧，徽商往往需要雄厚资金才能左右逢源，应付自如。在这种形势下，不但小商小贩难以支撑，就是富商大贾也会力不从心，于是合资经营便应运而生了。尤其是传统的诸子继承制度，使父辈花费毕生精力积累起来的巨额财富又被瓜分，每人又将沦为“下贾”，为了改变这种不利局面，他们不得不采取合资经营的方式。[⑥]

早在明朝中叶，徽州宗族内合资经营就已经存在。[⑦]嘉靖年间，休宁商人程锁在创业之初，资金不足，于是就联合本族志同道合者十人，每人出钱300缗为本钱，同往吴兴新市经商。

① 汪道昆：《太函集》卷四一，《赠安人江母郑氏行状》。
② 汪道昆：《太函集》卷四三，《先大母状》。
③ 汪道昆：《太函集》卷四二，《明故程母汪孺人行状》。
④ 汪道昆：《太函集》卷五二，《海阳处士金仲翁戴氏合葬墓志铭》。
⑤ 佘华瑞：《岩镇志草》。
⑥ 张海鹏、王廷元主编：《徽商研究》，合肥：安徽人民出版社，1995年，第74页。
⑦ 张海鹏、王廷元主编：《徽商研究》，合肥：安徽人民出版社，1995年，第75页。

结举宗贤豪者，得十人，俱人持三百缗为合从，贾吴兴新市。时诸程鼎盛，诸侠少奢溢相高。长公（程锁）与十人者盟，务负俗攻苦……隆冬不罏，截竹为筒，曳踵车轮，以当炙热。久之业骎骎起，十人者皆致不赀。①

这段话的意思是：程锁在创业之初，资金不足，于是就联合本族志同道合者十人，每人出钱300缗为本钱，同往吴兴新市经商。当时，程氏宗族中发家者颇多，那些富家子弟个个挥金如土，竞相奢侈。程锁却与同伙发誓，一定要艰苦创业。三九严寒，他们决不喝酒；盛夏烈日，他们连草帽也舍不得买，只是躲在车子后面避暑。就是凭着这种吃苦精神，后来十人都发迹致富了。万历年间，祁门郑氏兄弟叔侄五人合资贩运木材，亏折本银900余两，为此特立文约，规定照股均赔。文约还载明，有两人的投资额分别占全部经营资本的十二股之五和十二股之四，其余三人各占十二股之一。每股摊赔76两余。

奇峰郑元祐、逢旸、逢春、师尹、大前，原三十九年合伙拼买杉木，至饶造捆，往瓜发卖。不期即遇风潮，漂散捆木，又遇行情迟钝，耽误利息，以致蚀本。今托中鸣誓，将原留买木并在瓜木各名下支银逐一查算明白……共计该银九百余。照原合伙议定分股，以做十二股均赔开派。各照单坐还各名下，再无异言。立此清单五纸为照……②

这表明等额投资与差额投资在当时已为徽商所采用，合资人的权利与义务也以契约形式规定下来，说明当时的合资经营制度已经相当发达。

清朝时期，宗族内合资经营现象在徽商中盛行。③如董榁照“与兄合赀贩木姑苏”④；歙县盐商鲍志桐“与仰山从兄合赀营运……十年累巨万”⑤。康熙六十一年徽商汪乾初、汪全五在巢县开张德胜字号杂货布店，“二人同心，各出本银贰百肆拾两，共成本银肆百捌拾两”⑥，这是平均出资，各人出资相

① 汪道昆：《太函集》卷六一，《明处士休宁程长公墓表》。

② 转引自张海鹏、王廷元主编：《徽商研究》，合肥：安徽人民出版社，1995年，第75页。

③ 张海鹏、王廷元主编：《徽商研究》，合肥：安徽人民出版社，1995年，第76页。

④ 光绪《婺源县志》卷三三。

⑤ 歙县《新馆鲍氏主著存堂宗谱》卷二。

⑥ 休宁《潜溪汪姓置产簿》。转引自封越健：《论清代商人资本的来源》，《中国经济史研究》1997年第2期。

等。也有由不平均出资改为平均出资的，如道光二十七年徽商汪左淇同弟实卿、逊旃、侄震湖在昌化县顶盐典一业，四房公办，原来“资本大小未均”，道光二十九年正月“将本拨匀，每房名下各付出本足钱七千千文，共计足钱二万八千千文”。[①]

徽商从宗族内获得经商资本，可以用萨林斯的“概化互惠（generalized reciprocity）”[②]加以解释。概化互惠不计算所给的东西的价值，也不指明报偿的时间。这种交换是以社会义务作为物品和劳力交换的基础，其交换的目的是非物质性、非赢利性的，其压倒一切的动机是为了完成社会责任。这种交换形式经常发生于亲近的亲属或者在其他方面有非常密切关系的人们当中，如父母抚育子女，不立即要求或根本就没想到要回报，这种分配方式增强了团体的凝聚力。

徽商往往举族连锁经商，宗族成员之间相互提携。金声对徽州举族经商的习俗载之较详，他说：“夫（歙、休）两邑人以业贾故，挈其亲戚知交而与共事，以故一家得业，不独一家食焉而已。其大者能活千家百家，下亦至数十家数家”[③]。徽商经营过程中形成一个显著特色，即经营的宗族性，如绩溪上川明经胡氏宗族：

> 自十三世以前，经商者颇少。其后则文阑公于闽，兆孔公于上海，汉三先生于广，其商业皆焜耀一时。逮道咸间，端斋公起，遂以开文墨业名天下。同时族人列肆上海者，又有万字招十三肆，皆兆孔派也。鼎字招九肆，皆志俊公派，而馀派亦称是。同光之际，则上海有贞海公之鼎茂，玉庭公之万生端，贞春公之松茂。南京有方楷公之桓之，三溪有先大父荫林公之景隆，踦鄂相衔，业并素封，故旅遂以善贾名……又吾族旅食以上海一带为最多，率常数百人，闻始商上海者即兆孔公，然则今沪地族侨，宜祀公为哥伦布矣。[④]

通常，一个徽州人先在某地经商，族人、乡党随之而来；或举族四出经商，各展所长，这种现象在徽州比较普遍。这相当于现代的企业集团，实现了财

① 安徽省博物馆编：《明清徽州社会经济资料丛编》（第一集），北京：中国社会科学出版社，1988年，第574页。

② Sahlins M. "Stone Age Economics". Chicago：Aldine Publishing Co，1972，pp200.

③ 金声：《金太史集》卷四，《与歙令君书》。

④ 绩溪《上川明经胡氏宗谱》卷下，《拾遗》。

富的积累与转移。

歙县沦潭方氏宗族也是连锁出贾。大概从明代嘉靖、正德年间开始，方氏家族有一个叫方廷珂的人率先服贾，他在经商成功后开始逐步提携族人出贾，将“凡族中子姓稍习贾者，悉携汴上偕贾，携济几百家，悉起家千金”。其侄方太乙因为家贫无力维持，遂“微具斧资，从廷珂贾汴上”，方太乙本人也“阖门诸昆弟子姓竟携受贾”，带领着后来者。此外，方景仁“弱冠喜服贾，遂从叔父廷珂公贾汴上”；方廷贵的夫人也曾“佐廷贵公携诸昆仲服贾汴上”。方太奇是“弱冠同余先君（方太乙）贾汴上”；方太礼也是“初与余先君（方太乙）同贾汴上”；方永希“年三十始出贾姑苏，同兄弟贾”；方羡“同从兄贾汴上”；方景实“年二十从诸父出游淮、汴，卒起家数百金”。方氏家族连锁携带经商，不仅使整个家族摆脱了贫困，而且日渐丰饶，成为当地有名的望族。[①]

著名徽籍学者胡适在给绩溪县志馆的信函中，就强调要注意徽人举族移徙经商与建立垄断的关系。他说：

> 县志应注重邑人移徙经商的分布与历史。县志不可但见小绩溪，而不见那更重要的“大绩溪”，若无那“大绩溪”，小绩溪早已不成局面。新志应列“大绩溪”一门，由各都画出路线，可看各都移殖的方向，及其经营的种类。如金华、兰溪为一路，孝丰、湖州为一路，杭州为一路，上海为一路，自绩溪至长江为一路。然亦有偏重，如面馆业虽起于各村，而后来成为十五都一带的专业；如汉口虽由吾族开辟，而后来亦不限于北乡。然通州自是仁里程家所创，他乡无之；“横港”一带亦以岭南人为独多。[②]

胡适提出“大绩溪”的概念是有道理的。绩溪人举族移徙经商，在一些城镇市集建立起垄断组织，这些地方便成了小绩溪外的“大绩溪”。推而言之，则小徽州外有“大徽州”。

徽商往往一家世代经营某种行业，构成行业垄断。正如民国《歙县志》

① 方承训：《复初集》卷三一，《从伯祖廷珂公传》；卷二八，《先君状》、《从伯景仁公状》、《从伯祖母廷贵孺人状》、《从叔太奇公传》、《从叔太礼公状》；卷二九，《从叔永希公状》；卷三二，《从弟羡君传》、《从叔景实翁从兄铣公传》。转引自朱万曙、谢欣：《徽商精神》，合肥：合肥工业大学出版社，2005年，第134页。

② 绩溪《绩溪县志馆第一报告书》，《胡适之先生致胡编纂函》。

所云："两淮八总商，邑人恒占其四。各姓代兴，如江村之江，丰溪、澄塘之吴，潭渡之黄，岑山之程，稠墅、潜口之汪，傅溪之徐，郑村之郑，唐模之许，雄村之曹，上丰之宋，棠樾之鲍，蓝田之叶皆是也。"[①]民国《歙县志》也说："邑中商业以盐典茶木为最著……彼时盐业集中淮扬，全国金融几可操纵，致富较易，故多以此起家。"[②]可知垄断盐业贸易在徽商的商业活动中一直占有极为重要的地位。如歙商吴彦先，到他这一代已经是"七世业盐策，客于淮海"[③]；而他自己又是业盐，完全成了一个盐商世家。又如商山吴氏从事典业"十世不失"，也是一个典商世家，"商山吴氏于邑为殷族……家多素封，所殖业，皆以典质权子母，不为鹾商大贾，走边海，入陇蜀，而与朝家为市……而吴子云中星自其先远祖起家，至今源远流长，几几乎殆十世不失"[④]。

余英时在其《中国近世宗教伦理与商人精神》一文中，对徽商利用宗族这一传统文化资源发展商业给予了充分的肯定。他认为，"这是一个全新而普遍的制度，以规模和组织言，以前中国史上实无前例"。他还认为，在商业活动中任用亲族子弟，"恰好说明明清商人如何一面利用传统文化的资源，一面又把旧的宗族关系转化为新的商业组合。这正是中国从传统到现代的一种过渡方式。清末民初中国新型的资本家仍然走的是这条路"。他还进一步批评了韦伯的观点：

> 韦伯以为新教伦理的一大成就即在打破亲族的束缚，使家与商业完全分开。而中国则太重亲族的"个人"关系，没有"事业功能"，因此经济发展受到限制。这是由于他对中国史缺乏认识的缘故。明清大贾与"伙计"的关系即已向"事业功能"迈出了一大步。[⑤]

徽商正是利用扩大宗族圈来结交生意伙伴。徽商郑鉴元不仅在家乡修建郑氏宗祠，还在扬州建设"亲乐堂"，以备"子孙以时奉祭祀"，让子孙后代不忘祖先，不忘徽州。[⑥]《桂林方氏谱序》说："谱牒之作毋为其名，为其实而

---

① 民国《歙县志》卷一，《舆地志·风土》。

② 民国《歙县志》卷一。

③ 吴吉祜：《丰南志》第五册，《明处士彦先吴公行状》。

④ 金声：《金太史集》卷七，《寿吴亲母金孺人序》。

⑤ 余英时：《士与中国文化》，上海：上海人民出版社，1987年，第568—569页。

⑥ 许承尧：《歙事闲谭》卷二五。

已"。这大概就是徽商追求的"实"。

（二）所有权与经营权的分离

徽商宗族内合资经商最为普遍，但随着经营规模的扩大，异姓合资也成为客观要求。婺源人汪启逊"与程某共贾获利，清厘市籍，分无求多"[①]；潘启权"尝与戚某贷资合贾"[②]；程国远"尝偕粤人业茶，共亏金八百"[③]；清末九江已成华茶出口的重要商埠，在该埠"业此项绿茶生意者，系徽州婺源人居多。……且多属合股而做"[④]。清光绪十五年，屯溪"万康钱庄"的老板程德宗、邵运仁在屯溪老街创办的"同德仁"药店，就是异姓合资经营。药店创办之初，胡、孙二股东投资27股，每股100银元，投资额计5 400银元，合伙人的出资额都事先有约定，或在合同中加以规定。[⑤]徽商异姓合资经营在小说中也有记载。明代小说《留仙外史》描写了徽人合资经商的故事，"徽商甲乙二人合伙挟赀数万，遂于（苏州）阊门外开设布店……经营数年，财雄一方"[⑥]。《初刻拍案惊奇》中也有类似的故事，嘉靖初年，徽商金朝奉在浙江天台县开当铺。有一天，他舅兄"领着亲儿阿寿，打从徽州来，要与金朝奉合伙开当"[⑦]。

在合资中，徽商以经营者自己资本为主，同时接受别人少量附加资本，可以称之为"附本经营"。[⑧]值得注意的是，经营者通常比出资者更加富裕，大概才干和信用是得到援助资本的重要依据。万历年间，休宁商人"（程）次公善心计。故人厚善者，率以赀附次公。次公为息至倍蓰，家赖以起"。[⑨]此时程次公以经商起家，众人才率以资附次公。明朝后期，祁门人程神保在外经商，其"宗人子扬与从兄贵通各以百金附神保行贾，神保为供子钱十年，而贵通室灾，延烧殆尽。宗人谓神保：'两家坐而得子钱十年，奚啻倍称之息，今且灾，可毋与母钱。'神保执不可"[⑩]。婺源人毕周通弃儒经商，"邻村故旧王某病笃，子初喜尚幼，延通至榻前，以六十余金纳通袖，为藐孤

① 光绪《婺源县志》卷三五。

② 光绪《婺源县志》卷三五。

③ 婺源《婺源县志采辑》，《义行》。

④ 《通商各关洋贸易总册》卷下，转引自彭泽益：《中国近代手工业史资料》（第二卷），重庆：重庆出版社，1998年版，第325页。

⑤ 转引自王振忠：《〈汪作黼同年哀挽录〉中的徽州典商事迹》，《安徽史学》2005年第2期。

⑥ 许奉恩：《留仙外史・一文钱》。

⑦ 凌濛初：《初刻拍案惊奇》卷一〇。

⑧ 张海鹏、王廷元主编：《徽商研究》，合肥：安徽人民出版社，1995年，第78页。

⑨ 汪道昆：《太函集》卷七〇，《寿草市程次公六十序》。

⑩ 李维桢：《大泌山房集》卷七三。

计，人无知者。通归，另立一簿，记其年月数目。喜长，果苦无生计”。通乃召初喜至：“出簿，权子母如数畀金”[①]。清朝黟县人金华英善经商，其“友范某有子不善治生，范以数十金付华英经纪”。数年后，范某之子果然耗尽家产，华英屡屡予以接济。后来华英病重将死，急召范子，说明其父托付之意，并“以金归之，则获利千矣”[②]。

徽商吴某贾于嘉兴，仆人某甲私攒了500两银子，欲将这笔银子附于主人资本中生息，又恐主人生疑，遂诡称该银为邻人夏某所有。他向主人说：“邻人夏有少积，欲藉主人废著，冀得子钱，然又不欲使人知也”。吴某信以为真，接受了这笔资金，“为经营数年，计子母得一千八百矣”。一日某甲暴病而死，吴遂邀夏密语曰：“向托某甲寄银五百，今且得千有八百。公安得坐享其利，而仆独任其劳乎！”于是连本带利都交还夏某。夏某平白无故得了1 800两银子，成了暴发户。[③]嘉靖、万历年间，歙商方景真想借用资金贩运茶叶，人们积极援助，“景真故在荆州，将以贾茶入蜀。资斧（资本）堇堇（仅仅）。闻者争附之，辇二千缗一日至。”[④]嘉靖年间，休宁商人程锁父亲死后，因其使用的奴隶挟资逃亡，蒙受巨大损失，“乡人收责（债）者屡相及于门。”[⑤]这也是乡人收回附本的记载。

以上数例表明，经营者是财力较强而又善于经商的人，他们所接受的附本在其全部资金中只占很小的一部分。也可以看出，经营者与出资者之间往往是至亲好友，经营者接受附本往往带有对出资者帮助与扶持的性质。在这种情况下，出资者所提取的利润是比较丰厚的，大概与经营者的商业利润率一致。程神保的从兄所获“奚啻倍称之息”，吴某之仆以银500两附本经商，数年后竟可获得本利1 800两；金华英接受数10两银子的委托资金，竟以千两银子的利钱还给出资者。这表明经营者对出资者几乎是在白尽义务。当然，经营者也可以利用出资者的资金扩大经营规模，加强在商业竞争中的实力。[⑥]

另一种情况是“委托经营”，徽商以出资者的资金为主从事商业活动。在这种类型中，出资者一般都比较富有，他们或因能力不足而不善经商，或因从事其他职业而不暇经商，或因年老多病、战乱流移而不能经商，因而不得

① 光绪《婺源县志》卷三三。
② 同治《黟县三志》卷六。
③ 转引自张海鹏、王廷元主编：《徽商研究》，合肥：安徽人民出版社，1995年，第78页。
④ 汪道昆：《太函集》卷四〇，《儒侠传》。
⑤ 汪道昆：《太函集》卷六一，《明处士休宁程长公墓表》。
⑥ 张海鹏、王廷元主编：《徽商研究》，合肥：安徽人民出版社，1995年，第79页。

不将资金委托于他人代为经营。接受委托者一般都是没有资金或有很少资金但却有较强经商能力的人，他们所使用的资本主要是出资者委托的资金。[①]康熙、乾隆年间，歙人喻瑾尚家贫，"乃因郑景阳之赀为逐时废贮，而景阳家益富"。景阳与瑾尚是亲家，故景阳的生意全恃瑾尚为其料理，而瑾尚亦能实心任事，至老而不休。瑾尚之子起钟成人后，瑾尚即将平生全部积蓄授予起钟，为银200两。起钟遂持此银，商居于兰溪米行凌某之家经营粮食贸易。10余年后，起钟与凌某结成知交。起钟"遂归不复出，一切主办属之凌"[②]。婺源人詹谷"贸易崇明，为江湾某任事。某年老归家，值发逆（对太平天国农民军的污称）窜东南，崇邑孤悬海外，道途梗塞近十年。谷竭力掤挡，业乃大振。后江湾某之子至崇肆，谷将历年出入市籍交还，涓滴无私"。詹谷离去时，某之子于"薪俸外加赠四百金。辞不受"[③]。

明末歙商吴珮之妻汪氏，在丈夫死后，"举处士（吴珮）遗金授能者，任转毂，居数岁，累百金。"[④]汪氏遂用这笔钱为吴氏修建宗祠。即把丈夫的遗资授予有才能者，使其进行客商活动，以谋利殖。歙商阮弼"族母私蓄数十缗，阴托长公取息。有顷，族母亡。长公握子母钱，毕归其子。其子不知所出，力却之，长公语之故，稽首而后受"[⑤]。又如，"恭人（顾某之妻杨氏）乃脱簪珥，授族人之善贾者，贾大梁（河南开封），岁计其赢，取以自给。"[⑥]道光、咸丰之际，徽人程洁"为寿春方氏司会计事，经营累巨万，丝毫不苟，方氏信之笃，任之专。先是方氏业典商，动辄亏折，自公经理，累多所入，利必倍蓰。方氏多公功，岁有所奖，而公不取也"[⑦]。清休宁人汪栋，因习举业不暇经商，他家的典铺则"择贤能者委之"[⑧]。清初休宁人朱文石"尝客芜阴（指芜湖），有族人者丰于财，悉举以托翁（文石）而身他去。鼎革间，……百计防维，守而弗去，城破焚掠，身体几濒死，卒能履险如夷，完归原主"[⑨]。

由上述例子可知，出资者与经营者之间已经不是一般的借贷关系，经营

① 张海鹏、王廷元主编：《徽商研究》，合肥：安徽人民出版社，1995年，第79页。
② 汪梧凤：《松溪文集》，《代喻集美作先人行略》。
③ 光绪《婺源县志》卷三五。
④ 汪道昆：《太函集》卷七一，《溪南吴氏祠堂记》。
⑤ 汪道昆：《太函集》卷三五，《明赐级阮长公传》。
⑥ 汪道昆：《太函集》卷四六，《明诰封恭人顾母杨氏墓志铭》。
⑦ 光绪《新安程氏宗谱》卷九。
⑧ 休宁《西门汪氏大公房挥金公支谱》，《明经栋公传》。
⑨ 朱承铎：《新安月潭朱氏族谱》卷二二。

者可能是出资者的代理人。但是，在古代交通不便、信息闭塞的情况下，出资者无法监督经营者的活动，因此这又不可单纯地视为代理行为，其中有援助的意味。在这种经营形式下，盈利则由资本所有者独享；亏蚀则由资本所有者独当。经营者从中可以获得较多酬金，江湾某之子给詹谷“加赠四百金”，寿春方氏对程洁“岁有所奖”就是明证，喻瑾尚原本家贫，其后竟能积有200余金，这大概是来自郑家给予的酬金。[①]

二、治理结构

对于初学营商的子弟，徽州族内长辈对其有提携帮助的义务。《潭渡孝里黄氏族谱·家训》云：族内“苟有一材一艺与可以造就之子弟，则培植推荐之，务俾成立。”也就是说，不管宗族中的子弟选择从事何种职业，宗族内部都有对其培植的义务。再如《茗洲吴氏家典·家规》规定：“族中子弟不能读书，又无田可耕，势不得不事商贾者，族众或提携之，或从它亲友处推荐之，令有恒业可以糊口，勿使游手好闲，至生祸患。”此外，随着营业规模的扩大，族内富商也需要更多的伙计和帮手，而族人的宗法血缘观念又十分浓厚。这一切既能使族内富商乐意提携子弟营商，又使子弟乐意跟随族人营商，从而逐渐形成了徽商在经营活动中普遍以“挈其亲戚知交而与共事”为特色的宗族伙计制经营方式。这一颇具徽州地域特色的宗族伙计制经营方式，为徽州宗族内部商业知识和技能的传承提供了主要渠道。这些跟随父兄或族人乡党外出营商的徽州宗族子弟，往往在先辈的店中首先充任学徒，若业绩显著，则可逐步升迁为伙计、掌计、副手，协助富商处理商务。对于这些跟随其后充任学徒、伙计、雇工的族内子弟，族内富商总是“左提右挈”，“指画意授，各尽其材”。[②]

徽商雇佣的伙计，大多为族人，血缘纽带把大家紧密地团结在一起。随着徽商资本积累雄厚和经商规模扩大，这时徽商仅靠核心家庭成员已人手不够，还要选择宗族成员为己所用。正如顾炎武所说：“新都……大贾辄数十万，则有副手而助耳目者数人，其人皆铢两不私，故能以身得幸于大贾而无疑，他日计子母息大羡，副者始分身而自为贾，故大贾非一人一手之力也。”[③]明清时期，徽商雇佣族人经商现象很普遍。嘉靖、万历年间，歙县商

① 张海鹏、王廷元主编：《徽商研究》，合肥：安徽人民出版社，1995年，第80—81页。
② 王昌宜：《明清徽州的职业教育》，《安徽大学学报》（哲学社会科学版）2006年第1期。
③ 顾炎武：《肇域志》第三册。

人吴良友在外业贾，“宗人从叔贾，历年滋多”[①]。歙商许翁有典铺“四十余肆，其人几及二千”，肯定少不了宗族子弟。[②]明代休宁人程锁同宗结伙经商，他“乃结举宗贤豪者，得十人，俱各持三百缗为合从……久之业骎骎起，十人者皆致不赀”[③]。

徽商对伙计能知人善任，各尽其能。经济思想家王茂荫说：“今且以商贾之道言之，大抵能创一肆守一业者，其人必工心计，习俭勤，旦夕以身入其中，而又知人而善任。非是则败。”同时他又指出，一个商人纵然“有资本巨万，偶用非人，不数年而全覆者矣”。[④]休宁商汪福光“贾盐于江淮间，艘至千只，率子弟贸易往来”。这么庞大的商业组织，如果汪福光用错人，将不可收拾，但他善于“择人任时”，故能“恒得上算，用是赀至巨万”[⑤]。休宁商人孙从理在吴兴经理典业，生意兴隆，为了扩大质铺规模，“乃慎择掌计若干曹分部而治”，各部又获大利，于是“每析数岁之赢，增置一部”，因此汪道昆说：“以质剂起家宜莫如处士（孙从理）”。[⑥]看来他选用的掌计确实能干。徽商汪玄仪率“诸昆弟子姓十余曹，皆受贾”，在他的指挥下伙计参与营运，“凡出入必公决策然后行”。结果，汪玄仪发了大财，成为盐策祭酒，同族弟子也发财了，“或者且加公数倍”。[⑦]明嘉靖、万历年间婺源人李世福“从诸父贾于江宁，握算计画，上佐诸父，下督掌计，而业日隆隆起矣”[⑧]。歙县商吴德明从未亲自经营，但他“善用亲戚子弟之贤者，辄任自然不窥苟利”[⑨]。汪泰世居维扬业盐，“偕伯兄熙分任焉，奉宸公（其父）倚为左右手”[⑩]。歙商阮长公在芜湖立局时，“召染人曹治之，无庸灌输，费省而利兹倍”。他知人善任，获利颇丰，汪道昆说他是“不操利权，亦犹之乎百谷之王左海”[⑪]。

徽商对伙计往往能“推心置腹，体恤无不周”，自然下属也会为他们尽心效力。徽商程某“门下受计出子钱者恒数十人”，他对手下在经营中偶有蚀亏现象，不予责罚，而是“宽之以务究其材”，让其吸取经验教训；对经营获利

① 吴吉祜：《丰南志》第五册，《良友公状》。
② 俞樾：《右台仙馆笔记》。
③ 休宁《率东程氏家谱》，《程锁墓表》。
④ 王茂荫：《王侍郎奏议》卷三，合肥：黄山书社，1991年，第37—38页。
⑤ 休宁《西门汪氏宗谱》卷六。
⑥ 汪道昆：《太函集》卷五二。
⑦ 汪道昆：《太函副墨》卷一，《先大父状》。
⑧ 婺源《三田李氏统宗谱》，《环畴东世福公行状》。
⑨ 吴吉祜：《丰南志》第五册，《德明公状》。
⑩ 歙县《汪氏谱乘》，《式溪汪君传》。
⑪ 汪道昆：《太函集》卷三五。

者，他则"廉取之而归其赢"，让其分得红利，结果是"以故人乐为程君用"。[①]徽商王子承对其属下的"诸弟子"是"左提右挈""务推赤心"。[②]歙商江承封"为族人代理鹾务，绝无染指，经营或拙，致亏资本，愿倾产以偿。族人信其无私，恒谅之"[③]。歙县岩镇人闵世章"走扬州，赤手为乡人掌计簿，以忠信见倚任。久之自致千金，行盐策累赀巨万"[④]。徽商对经商奴仆也会"体恤无不周"，能够做到"与僮仆同苦乐"[⑤]，歙商郑月川"下至臧获（奴婢）之贱，处处亦有恩信"[⑥]。

徽商用人，遵循放手使用、各尽其才的原则。在徽州，一些富商大贾往往并不直接从事经营活动，而是聘请代理人或副手来代替自己经营。如歙商许翁，在江、浙、皖三省设有典肆四十余所，每个典肆均聘有管事经理，许翁自己却长年住在家乡；休宁典商汪可训，也"不亲执管库，权子母息"，而是"出入各有司存，年终受成"。有些徽商只管大的经营策略的制订，或坐镇总店，其余分店则择人分而治之。受聘于徽商，为其主持经营的代理人或副手只负有资本保值或增值的责任，在具体经营活动上不受店主限制，有着较充分的商业经营自主权。无论行商还是坐贾，大多如此。行商方面，如徽人胡孔昭，因家境贫寒，受聘于徽商鲍某。他接受重资，远涉施南、黔江等地经商。胡孔昭时而做粮食生意，时而做布业生意，完全自主应时而变。坐贾方面，如黟县人余蔼三，虽有志于商，但念老母健在，不忍远离。适逢有亲戚在渔亭镇经营盐业，距黟县不远，要聘其为经理，蔼三即赴任。他虽按店主旨意专营盐业，但他在购销货物的数量、时间和价格等方面，有着充分的自主权。由此可见，徽商在用人方面，是放手、放权，使之各施其能、各尽其才的。[⑦]

对这些伙计的管理，徽商大多利用宗族关系加以控制。汪道昆在为徽商吴荣让写的墓志铭里，就勾勒了一幅徽商与伙计的关系图。吴荣让16岁时，"从诸宗人贾松江"，因善于经营，很快就独立发展起来，并移徙浙江

① 王世贞：《弇州山人四部稿》卷六一，《赠程君五十叙》。记载："（程君）门下受计出子钱者恒数千人……数奇则宽之，以务究其材；饶羡则廉取之，而归其赢。以故人乐为程君用"。

② 汪道昆：《太函集》卷一七，《为长者王封君寿》。记载："诸弟子从之游，分授刀布，左提右挈，咸愿与之代兴，各致千万有差。"

③ 江登云：《橙阳散志》卷三，《人物·隐德》。

④ 许承尧：《歙事闲谭》卷二八。

⑤ 歙县《褒嘉里程氏世》，《谱歙邑恒之程公传赞》。

⑥ 歙县《郑氏族谱》。

⑦ 转引自李琳琦、王玉娟：《"贾而好儒"：徽州商帮的主要特色（二）》，《金融博览》2010年第5期。

桐庐焦山开创新的事业。他在焦山"立宗祠，祠本宗，置田以共祀事如向法"，并"召门内贫子弟，悉授之事而食之。诸子弟若诸舍人，无虑数十百指"，商业伙计均为族人。为了加强对他们的控制，吴荣让每逢朔望日召集诸子弟或伙计，"举《颜氏家训》徇庭中，诸舍人皆著从事衫，待命庭下以为常"[①]。

清代合伙制企业的商业利润一般按合伙人的出资额分配，所谓"获利均分""赚折均认"都指按出资额分担。如康熙六十一年（1722年）徽州汪乾初、汪全五"各出本银贰百肆拾两"开张德胜字号，"所得余利二人均分"。[②]清代算书《算迪》中载有数题都是根据"得利均分"来计算本利的，有一题曰："如甲乙丙合本为商，共得利三千二百二十两，甲本银三千六百两，乙本银五百一十两，丙本银不知数，但知该分利四百八十两，问丙本银若干？曰七百二十两"，计算方法为"并甲乙二人本银得四千一百一十两为实，法除实见每利一百两得本银一百五十两，以丙利四百八十两乘之"，得丙本银数，并注明计算方法"法为以共利比共本，若各利比各本也"。[③]不论合伙人的出资是否相等，清代有的合伙制商业将出资额划分为股（份、成、俸等），按照出资额承担盈亏。

清代合伙制企业还出现了股息、红利和花红三种分配形式。[④]股息亦称股利，旧中国俗称官利，是按股份分配给股东的利润，红利则是股东所得超过股息部分的利润。[⑤]股息一般按合同规定的固定利率分配。官利起于何时尚不清楚，但可以肯定，官利在鸦片战争前已经出现。康熙五十八年（1719年）徽州胡稼书、陈维新合伙做油榨，其合同如下：

> 立议墨合同人胡稼书、陈维新，今因陈维新有土名琅轩水磨碓高栈屋西边基地，胡稼书挽中向陈维新合议，愿同做榨居，做油榨，打桐子油生业，陈维新出壹半计银陆拾两整，胡稼书出银陆拾两，亦作出壹半。每年公议榨租九五银拾陆两整，内扒壹两纳陈边地租，仍拾伍两，

① 汪道昆：《太函集》卷四七，《明故处士吴公孺人陈氏合葬墓志铭》。转引自唐力行：《明清以来徽州区域社会经济研究》，合肥：安徽大学出版社，1999年，第17页。

② 休宁《汪姓誊契簿》。

③ 何梦瑶：《算迪》卷一。

④ 封越健：《清代商人的资本组织与经营方式》，参见"中国经济史论坛"：http: //economy.guoxue.com/article.php/2943。

⑤ 郭今吾主编：《经济大辞典·商业经济卷》，上海：上海辞书出版社，1986年，第85页。

陈维新分得柒两伍钱，胡稼书分得柒两伍钱外，又议认租陈边水碓叁枝，每月须认纳陈边碓租九五足银叁两整，仍觅余利，两半均分，陈维新分得壹半，胡稼书分得壹半，无得异说。其榨中事务，俱是胡稼书包承管理，硬纳陈边地、榨、碓叁宗租银不误，但生意务必秉公勤心竭力，不得怠惰、怀私肥自窃取等情，如有此情，察出见一罚十。此系两相情愿，如有反悔者，罚白米拾石与不反悔之人，恐口无凭，立此议墨合同，一样贰张，各执一张为照，骑缝两半合同。

康熙五十八年二月初七日

立议墨合同人：胡稼书　陈维新

代笔中见人：胡周大①

胡稼书与陈维新各出银60两合伙做油榨，但基地、水碓都向陈维新租用，陈维新得地租、碓租，双方各得“榨租”7.5两，即是股息，不过它是规定各得银数，与后来规定利率不一样；双方分得“榨租”后才“仍觅余利”分配，“余利”即是红利。乾隆间徽商万隆号股东有“存本”一人和“附本”数人（各年人数不一），各出资本不等，从其帐册中可见，这些“附本”逐年都与“存本”同样按出资额分配利润，如乾隆十八年共计本纹2 436两余，得利105两余，“每派四厘三毛（？毫）贰系（？丝）息”，但在帐册中注明“号内所有附本良（？银）两议作一分贰厘行息，不得私自拔出支用，如违公罚”，②这些附本的“行息”显然是另一种利润分配，可以认为是官利，但“存本”却不享受这种“行息”，可见这种“行息”是为了拉住附本，并规定“私自拔出”“公罚”，因此这里还是一种不完全的“官利”。又如道光二十九年正月徽商“汪左淇等盐典合同”规定：“今于（道光）二十九年正月凭公将本拨匀，每房名下各付出本足钱七千千文，共计足钱二万八千千文。言定每年九厘算息，闰月不加；九厘外仍有盈余，四股均分，倘或亏折，四股摊赔”，③所谓“九厘算息”即是官利。官利制在清代商业合伙中发展甚慢，一直到清末还是不多见，山西票号中股东的合约投资称为正本，“没有股息，享受红利”。花红是从利润中提

① 参见傅衣凌：《明清封建土地所有制论纲》，北京：中华书局，2007年，第100页。

② 《乾隆万隆号帐册》。转引自封越健：《清代商人的资本组织与经营方式》，参见“中国经济史论坛”：http：//economy.guoxue.com/article.php/2943。

③ 安徽省博物馆编：《明清徽州社会经济资料丛编》（第一集），北京：中国社会科学出版社，1988年，第574页。

取一定比例分给董事、监事和以"额外报酬"的形式分给职工的部分，[①]花红产生较早，明代《晋录》记载的伙计所得实际就是花红，清代晋商和后来其他地方商人所实行的"顶生意"即"身股"也就是花红。[②]

三、股份有限公司制萌芽

股份有限公司制度若不依法成立，它应该具有以下几个要件：[③]第一，全体股东的有限责任制度；第二，经营管理事务由专门的机关完成；第三，让渡自由的股份制度。按照这几个要件分析，明清时代合伙制有五个方面的特征：第一，合伙资本规模的扩大；第二，永久性的获得；第三，股东分化和合伙组织内部机能分化；第四，有限责任制的萌芽；第五，康枚达出资关系的形成。因此，明清时代合伙制已具有两合组织特征，萌芽了股份有限公司制度因素。[④]刘秋根利用三种明清徽商账册对合伙的制度特点及合伙店铺运行实况进行研究。[⑤]这三种帐簿分别是：第一，《万历程氏染店查算帐簿》[⑥]；第二，《雍正—乾隆收支帐簿》；第三，《乾隆万隆号帐册》。[⑦]

（一）股东构成

帐本1所反映的徽商染店股东在万历十九年收本钱时只有程本修、吴元吉二人，估计万历二十年开始经营，至万历二十一年七月初一结算时，记载股东计有程本修、程观如、遵与、吴元吉、以超兄。以后股东保持在5—6人，其间股东略有变换。帐本2因是家庭合伙，帐本中所反映的也不止一家企业，股东变动情况相当复杂，有些股东无法确定为哪房，还出现了未出

① 郭今吾编：《经济大辞典·商业经济卷》，上海：上海辞书出版社，1986年，第718页。

② 转引自封越健：《清代商人的资本组织与经营方式》，参见"中国经济史论坛"：http：//economy.guoxue.com/article.php/2943。

③ 刘秋根：《中国古代合伙制初探》，北京：人民出版社，2007年，第364页。

④ 如日本学者依大塚久雄所论，股份有限公司依次经历无限公司、两合公司、股份有限公司三个阶段。股份有限公司不过是资本规模扩大、具有完全的法人特性、全体公司职员均负担有限清偿责任、股份交易走向社会化的两合公司而已。参见刘秋根：《中国古代合伙制初探》，北京：人民出版社，2007年，第413页。

⑤ 刘秋根、谢秀丽：《明清徽商工商业铺店合伙制形态：三种徽商帐簿的表面分析》，《中国经济史研究》2005年第3期。

⑥ 参见王钰欣、周绍泉编：《徽州千年契约文书》（宋元明编）第八卷，石家庄：花山文艺出版社，1992年，第75—149页。关于这一帐簿，范金民曾从它作为手工业店铺帐簿的角度作了一个简要的统计分析。参见范金民：《明代徽商染店的一个实例》，《安徽史学》2001年第3期。下文简称"帐本1"、"帐本2"、"帐本3"。

⑦ 参见刘秋根、谢秀丽：《明清徽商工商业铺店合伙制形态——三种徽商帐簿的表面分析》，《中国经济史研究》2005年第3期。

名、未独立股东。帐本3是乾隆间一家杂货铺的股本盘查情况帐，有几位股东与帐本2所载股东是同一人。[①]

这一构成显示出了以下三个明显的特点：[②]第一，它的宗族性质。其中帐本2所涉及的万全号布铺、日盛号缎铺的股东直接完全由家族人员构成；帐本3的股东也带有相当浓厚的家庭成员特色，如有母亲、外祖母的附本，乾隆二十六年帐本中还有批语道：“四份均分，每房限纹四十七两四钱五分。”帐本1个别股东之间也可能是同一家庭成员，如称以超为“以超兄”等。这一现象反映了明清徽商合伙宗族性比较强的特点。

第二，股东可以分出主要股东和一般股东两种类型，而主要股东与一般股东的权力、义务也有一定的区别。万历年间账本1的股东共有七人。在万历十九年收本时，只有程本修、吴元吉二人投资，至二十一年正式运作时，以超兄、观如、遵与加入，至万历二十六年邦显加入，万历二十七年彦升加入；二十七年以后以超兄似已退出，二十九年邦显抽走资本，并摊认折本、卖折青布、挂帐等；元吉三十一年去世，次年五月一日其弟收走资本，也申明负担折本虚帐。由帐本的整体状况看，这家合伙店铺是由程本修发起，吴元吉积极响应成立的；从加入合伙经营的资本数量看，以程本修、吴元吉、程观如等三位股东为主。店务主要似由程本修、吴元吉控制。也就是说他们是其中的最主要股东，大概是店务的决策人。其他的一般股东不但股本额较小，而且随意退出（如邦显），或改变合伙人名字（如以超娘、以超兄）。虽然清偿责任是大家共负的，但本修似乎是负最终责任的。帐本2反映的万全号股东，虽为家庭合伙，但股东显然也是以三大股东为主，其余或者是临时加入，或者是由主要股东中分出，而本店店务似乎是由华房控制。帐本3所记载的股东，似以佐臣、君礼、慕裴、立中为主，不但资本投入数目以这四人最多，当其他一般股东（如“公”“母亲”“外祖母”“买兄水”等）陆续加入、陆续退出时，也只有这四位股东坚守阵地。

第三，各店铺出现了不出名而附本于主要股东名下的小股东。账本2万全号的股东在乾隆十年以前应该主要由华房、B房、X房组成，从部一、部三即关于华房、B房两股东雍正十一至乾隆四年的记载看，万全号资本是被分成

① 刘秋根、谢秀丽：《明清徽商工商业铺店合伙制形态：三种徽商帐簿的表面分析》，《中国经济史研究》2005年第3期。

② 刘秋根、谢秀丽：《明清徽商工商业铺店合伙制形态：三种徽商帐簿的表面分析》，《中国经济史研究》2005年第3期。

三股的，即万全号资本不是简单地按资金比例分取利润，而是已经股份化了。但实际上，每一股似乎不是由一人出资，一人占有，而可能一人出名占有这一股，而出资金者却有两人、三人或者多人。在出名股东的背后，还会有一些不出名、而只出资分利的股东，如在乾隆十一年以前，鸣周、康侯的资本便是作为华房（马华苑）这一股的一个组成部分加入运营取利的，直至乾隆十一年，二人资本分开，鸣周、康侯才成为独立的股东。至乾隆二十年（1755年）时，已经独立出来的华房——似乎又有“家房”“风房”加入资金，故在乾隆二十二年时均有代华房“派还”若干股的亏损。另外，B房的一股一开始似乎是一个人占有，从乾隆十一年二月，即有秉礼、汝梁、汝秉加入资本，但仍是属于B房这一股，另外在帐本万历二十年的记载中，除秉、汝二房外，又有名“其”的隐名股东出现，与“汝”一起透支店中银两。（如下表所示）合伙中存在这种不出名股东的现象，在明清工商业合伙经营中也不是偶然、罕见的现象。

乾隆年间徽商布铺（万全号）股东变动情况表[①]

编号	年代	股东情况							
1	雍正二至乾隆十年	马华苑（华房）（鸣周、康侯）（世祖、龙高）	B房	X房					
2	乾隆十一年至十三年	华房	B房（秉礼、汝梁、汝秉）	X房	鸣周康侯	君礼	佐臣		
3	乾隆十三年至十六年	华房			鸣周康侯	君礼	公著四房（风、君、慕、立）		
4	乾隆十七年至二十年	华房			鸣周康侯		公著四房		
5	乾隆二十年至二十四年	华房（家房、风房）			鸣周康侯			家房（汝房、其房）	风房

（二）股东的权责

整体分析这三家合伙店铺股东的行为，可以发现以下几个方面的特点：[②]

第一，都属于资本与资本合伙的第一种类型的合伙。这种类型合伙一般由股东轮流或由其中善于经营的一、二位，或雇请领取工资的第三者经营。

① 刘秋根：《中国古代合伙制初探》，北京：人民出版社，2007年，第439页。

② 刘秋根、谢秀丽：《明清徽商工商业铺店合伙制形态：三种徽商帐簿的表面分析》，《中国经济史研究》2005年第3期。

这三个帐本似乎都是股东经营，其中帐本2中的万全号带有股东轮流经营性质；帐本1中的染店及帐本3中的大茂号则似乎是由某一两个股东负责经营，如前者中的程本修等。可见资本的所有权和经营权未能分离。

第二，与以上的主要股东与一般股东的区分相适应，这里也在一定程度上有职能股东与非职能股东的区别。如在帐本1中，程本修作为合伙发起人，主要股东之一，他无疑是职能股东。在帐本2之中，那些只在他人名下投资的小股东或隐名股东，显然是非职能股东。

第三，从总体上说，三家合伙铺店股东的权力都比较大，除了以上所述部分职能股东控制店铺业务外，在资本的投入、抽出、利钱的支用、利润的拥有、再投入、退股、顶股等方面均比较自由。

第五节　徽商的商业书

韦伯说：中国“没有真正的、具有技术价值的商业文书、计算或簿记的系统”[①]，这种说法是错误的，明中叶以后，随着商品经济的发展，一批具有较高文化素养的徽商开始用文字的形式总结自己和前辈商人的经商经验，并以书籍的形式刊刻行世，这类书籍就是人们常说的“商业书”。明清时期，徽商编纂和刊刻的商业书有《一统路程图记》[②]（又名《天下水陆路程》《图经水陆路程图》）、《三台万用正宗·商旅门》[③]、《新安原版士商类要》[④]（简称《士商类要》）、《新刻士商要览天下水陆行程图》[⑤]（简称《士商要览》）、《江湖绘画路程》[⑥]、《商贾要览》[⑦]、《徽州至广东路程》[⑧]、《沐雨栉风》[⑨]、《贸易须知辑要》[⑩]、《典业须知》[⑪]和《徽商便览》[⑫]等。这些商业书有的是专门记载水陆行程，有的是专门记载经营知识和经商经验，还有的是前两种内

① 马克斯·韦伯：《儒教与道教》，王容芬译，北京：商务印书馆，1995年，第295页。
② 黄汴：《一统路程图记》（八卷）。
③ 余斗象：《三台万用正宗》，《商旅门》。
④ 程春宇：《新安原版士商类要》（四卷）。
⑤ 憺漪子：《新刻士商要览天下水陆行程图》。
⑥ 佚名：《江湖绘画路程》。
⑦ 吴中孚：《商贾要览》（十卷）。
⑧ 江有科：《徽州至广东路程》。
⑨ 江明恒：《沐雨栉风》。
⑩ 炳记：《贸易须知辑要》。
⑪ 徽州《典业须知》。
⑫ 吴日法：《徽商便览》。

容的汇编。商业书的大量编纂和广泛传播，标志徽州商业教育发展到了社会化阶段。

一、徽州契约

20世纪50年代徽州契约文书在徽州屯溪大规模面世，时间从宋代到民国，内容包括：交易文契、合同文书、承继文书、私家账簿、官府册籍、政令公文、诉讼文案、会簿会书、乡规民约、信函书札等。现存徽州契约文书总量在30万件以上，还有新的契约文书不断被发现，其最大的特点在于真实、具体，可以作为历史的凭证。[①]

在明末纂辑成书的《新刻徽郡补释士民便读通考》中，载有"同本合约格式"，专供合资经营者在订立合同文约时作为文字上参考之用。该格式的原文是：

> 立合约人□□□窃见财从伴生，事在人为。是以两同商议，合本求利，凭中见，各出本银若干，同心揭胆，营谋生意。所得利钱，每年面算明白，量分家用，仍留资本，以为渊源不竭之计。至于私己用度，各人自备，不得动支店银，混乱帐目。故特歃血定盟，务宜苦乐均受，不得匿私肥己。如犯此议者，神人共殛。今欲有凭，立此合约一样两纸，存后照用。[②]

从这段文字中可以看出，当时的徽州商人已普遍认识到合资经营对于扩大商业利润所带来的好处，"财从伴生"已成了徽商的共识，"合本求利"已成了徽商常用的做法。为达合本求利之目的，双方各自拿出若干本钱，作为共同经商的资本。在经商过程中，双方要同心协力，同甘共苦。获得商业利润后，按照双方出资的比例运算明白，除了留够家用之外，仍然将本金和剩余利润投入到商业运营中去。此外，公共的资金应该是专款专用，不能私自提取中饱私囊。可见，合同在财务管理制度上已相当严密，对投资合股者的权

---

① 康琳：《略论徽州地方文献的独特性》，《学理论》2011年第10期。已编辑成书的徽州契约文书有：王钰欣、周绍泉编：《徽州千年契约文书》，石家庄：花山文艺出版社，1993年；刘伯山编：《徽州文书》，南宁：广西师范大学出版社，2005年；刘道胜：《明清徽州宗族文书研究》，合肥：安徽人民出版社，2008年。

② 谢国桢：《明代社会经济史料选编》（下册），福州：福建人民出版社，2004年，第275页。转引自张海鹏、王廷元主编：《徽商研究》，合肥：安徽人民出版社，1995年，第76页。

利与义务也作出了详细明确的规定。[①]光绪时，徽商程振之等五人合资经营粮食贸易。他们立有合同文约以为凭。文约称：

> 立合同议据人程振之、程耀庭、陈傅之、吴紫封、程润宏等志投意合，信义鸿猷，商成合开设西码头上永聚泰记粮食行业生意，每股各出英（鹰）洋贰佰元，五股共成坐本英（鹰）洋壹仟元。所有官利每年议以八厘提付，各股毋得抽动，本银亦不得丝毫宕欠。每年得有盈余，言定第二年提出照股均分。亏则坐照股镶足，如有不镶，公照盘账析出无辞。自议之后，各怀同心同德，行见兴隆，源远流长，胜有厚望焉。恐口无凭，立此合同议据，一样五纸，各执一纸永远存照，大发！
>
> 再批：官利候做三年之后，再行盘结分利。又照。
>
> 光绪拾玖年正月□日
>
> 立合同议据人：程振之　程耀庭　陈傅之　吴紫封　程润宏
>
> 居间执笔人：王致芬[②]

从合同内容看，清代徽商合资经营制度更加完备了。一则合同规定在商业利润中作出官利与红利的划分，并对官利议有定率；再则对于官利、红利分配的时间都分别作出了明确的规定。这些都是“同本合约格式”中所没有的。合同中还载明，生意亏蚀则按股镶足，对不履行义务者则取消其股东资格。这比“同本合约格式”所用“神人共歃”之类的套话也进步得多，实际得多。[③]合同格式的变化，表明合资经营的做法在当时已被广泛采用了。

为了避免日后出现矛盾，徽州合伙人通常要签订合伙合同，以契约的形式明确各人的权利和义务。这种合同叫做《合伙开店合同式》，亦称为“兴隆合同”，或简称“兴隆”。光绪年间的《新旧碎锦杂录》刊载了四种类型合伙合同，[④]第一份《合伙开店合同式》是新开店铺，除规定三人合股的方式及投入资金外，还预先议定了一旦发生退股的情况，其股份处置的方式。合伙开

---

① 张海鹏、王廷元主编：《徽商研究》，合肥：安徽人民出版社，1995年，第76页。

② 安徽省博物馆编：《明清徽州社会经济资料丛编》（第一集），北京：中国社会科学院出版社，1988年，第580页。转引自张海鹏、王廷元主编：《徽商研究》，合肥：安徽人民出版社，1995年，第77页。□为原合同缺失内容。

③ 张海鹏、王廷元主编：《徽商研究》，合肥：安徽人民出版社，1995年，第77页。

④ 光绪《新旧碎锦杂录》。这四种合同均转引自王振忠、陶明选：《晚清徽州民间社会生活管窥——〈新旧碎锦杂录〉抄本两种整理札记》，《安徽史学》2006年第5期。

店合同式1是：

立合同人□□、□□、□□[1]，缘因余等三人，历年以来，素相契好。共志善交，恒思晏越之敬；同心义处，常怀管鲍之情。所为知心而合伴，惟因识性而同居。是以今者，余等三人，共相合议，设一铺业于□□镇，立为□□字号，每人各聘出实本钱□□千文，三共成总本钱□□千文，凭中三面议定，每人一股，以作三股合本，开张生理。自聘本开张以后，每年岁首盘存，或输或赢，俱依三股分派，赢则不能偏多自与，输则不能私寡自派，务须一体均匀，并无异言。再议以后如有不愿合开者，目下预议章程，惟将店内货物银钱，并旧家伙折算查盘，除尽所该亏项，余者照三股均派。所不愿合之股分，务先聘与本店人受执，如其不受，方任另召他人。至于外面赊出店账，如陈年岁暮，未曾收起，是以废账，不能作本存算。自议此合同以后，三人各无异言，皆如此议而行，永无反悔生端也。

伏以善始善终，始终克善如一；光前裕后，前后光裕同三。效端木之经营，忆（亿）则屡中；法陶朱之事业，三徙成名。愿千秋而共盛，惟百世而咸荣。恐后无凭，立此兴隆合同一样三纸，各执一纸，永远大发存照。

第二份是顶来某处杂货粮食铺业，但亦是三人合伙，其合作方式与第一份一般无二。合伙开店合同式2是：

立议合同人□□、□□、□□，缘因三人相契有年，缅孔婴之敬爱，矢志全交；怀鲍管之笃情，真心结友。所谓和衷以共事，识志而同居，当莫是过也。今者同人互相酌议，顶来襟（杂）货粮食铺业，原在□□镇□□，立为□□字号，每股聘出英洋□□元，三股之中，内□□一股，□□一股，□□一股，合成三股，总集店本洋蚨□□元正，凭中三面议定，聘合开设生理。自后每逢岁首，盘存店本，店中各乡店户账目，如陈年，或岁暮，未曾收集者，均作废账，不得作本结算。或赢或亏，照股分派，赢则不能偏多自匿，亏亦不能患寡怀奸。务须同心贸

① 因是合同模板，故省略掉人名、地名、字号、钱数目等。下同。

易，共绝私偏。即或各人独自往来，不得于店中混支牵抵，抑或情面进出，亦不得任意曲徇，只期诚一不二，准定权衡已耳。设或将来内有不愿合开者，目下预定章程，即将店内货物银钱，并生财家伙账目，结算盘查，除尽开销亏项以外，仍照股均派。其所不愿合之股分，须先推与本店人受执，如其不受，任凭另召他人，毋得反悔。但愿慎始敬终，咸与功成一一；光前裕后，自然益获三三。效端木之遗风，亿则屡中；法陶朱之旧业，三徙成名。集财源则千秋共庆，开财薮则百世其昌。共订同心，各无异议。恐口无凭，立此兴隆一样三纸，永远骏发存照。

第三份明确指出合同发生的地点是在歙南的薛坑口，经营的店业是杂货粮食铺业。店业亦分三股，但订立合同的当事二人，只是合占其中的一股。合同规定，将来如要追加投资，必须由二人共同商量，任何人不得擅自做主。合伙开店合同式3是：

立墨据合同人□□、□□，缘因予等于薛坑口□□，与□姓合伙顶来□□字号杂货粮食铺业，予算三股得一，而三股一之中，系予二人对聘，每人派出英洋□□元，二共洋蚨□□元，合在铺内以作一股店本，开张生理。但予算一股，与□姓所立聘伙合同，原系□姓出名，今□与□姓均系二人对派，各无反悔异言。倘有见利忘义，一经盘出，不但将聘股之本作罚，抑且凭公理论。后首设要添本，那时二人嘀配，不得偏见擅专，惟愿慎始敬终，只循忠信为本；光前裕后，自然物利维新。共订同心，各无异议。恐口无凭，立此兴隆合同一样两纸，各执一纸，永远骏发存照。

第四份虽然没有明确合伙的股份，但对违反合同规定的处罚，除了罚没股本洋、逐出店业外，还要在本镇放炮示众。对于店中的伙计任用，也做了一些规定。合伙开店合同式4是：

立墨据合同人□□、□□、□□，窃念人须辅助，事藉匡功，原非独力有可支撑者。今身等□人志同道合，各出本银英洋□元，在□□地方开设□□店铺。均矢断金之志，各存攻玉之心。竭力经营，无分尔我，秉公正直，忘却偏私。一不可以外往来，牵抵店内混支；再不可以情面骚扰，而率意将就。诚一不二，准足权衡，所获赢余，逐年清算。或□股分用以赡家，或留本店以生息，各称秵载，非润私囊。倘有见利忘义等情，一经查出，不但将该股本洋作罚，抹众出店，抑且于本镇须要放炮声名。至于后首或则添本之余，乃时□股当面邀同嘀配，棹用伙计，亦不得一二人以偏见擅专。惟愿善始善终，同人丰豫者矣。恐口无凭，立此兴隆合同，一样□纸，各执一纸，永远鸿发存照。

在一些合伙经营的合同中，有的规定一定期限后方可分配盈利，这期限内利润显然成为经营资本，有的还明确规定只分配部分盈利，其余盈利作为公积金扩大经营。同治胡美魁等经商合同规定："三年之后方可品分盈余，不得擅自支取"①；光绪祁门郑丽光等合同规定："余积之资不得先行私自移用，必待年终开销各款，公同分用，若不分，即存碓转运，各无异言"②。

契约是非常典型的经济权益体现和约束的形式，徽商行为也潜移默化影响了民众日常生活的理性韧力，徽州民间典租粪窖、厕所有时也要签订契约。佃仆张爱保立还的文约中写道：

立租约人张爱保今租到

家主胡□□名下土名瓦瑶租屎堈（按：即屎坑）壹个，递年秋季交租谷半租，送门交纳，不得短少，今恐无凭，立此租约存照。

乾隆十九年四月□日

立佃约人：张爱保。③

从上述契约研究可知，徽州契约具有统一的书写程式，骑缝字是一重要特征。有些合同虽无骑缝字，但写明一纸若干份各执一份存照。合同内容详细严谨，规定了立合同人的权利、义务及其履行，反映了所有权、使用权、经营权的互动关系。这些内容都反映出徽州契约蕴含的理性主义特征，而韦伯却认为：中国缺乏象西方那样的一种自由的、通过协作来调节的商业和手

① 《同治十二年胡美魁等立合同》，参见王玉欣、周绍泉：《徽州千年契约文书》（清民国编）第三卷，石家庄：花山文艺出版社，1991年，第68页。

② 《光绪十一年祁门郑丽光等立合同》，参见王玉欣、周绍泉：《徽州千年契约文书》（清民国编）第三卷，石家庄：花山文艺出版社，1991年，第66页。

③ 转引自叶显恩：《明清徽州农村社会与佃仆制》，合肥：安徽人民出版社，1983年，第260页。此合同中的人名、日期省略。

工业所拥有的一套稳固的、得到公认的、形式的并且可以依赖的法律基础。[①]

二、商业经验

在激烈的商业竞争中，“操资交捷，起落不常。能者方成，拙者乃毁，东家已富，西家自贫。高下失均，锱铢共竞。互相凌夺，各自张皇”。[②]因而，《商贾格言》说：“非老成历练熟悉夫行货居货之宜，而又精明乎持己接人之道，鲜有能撮其旨要”。也就是说，只有那些具有营商专业知识和技能的子弟才能获得成功，所谓“盈亏消长端视乎人，识浅之夫固懵然不省”[③]之谓也。有鉴于此，徽商非常重视对子弟商业知识技能的培养。

在徽州的蒙学教育中，便注入了商业教育的内容。如安徽省图书馆藏有《商贾格言》一书，为清代徽州人谢光隧所著。其序言中介绍该书撰述目的是：“于课蒙之暇时讲明而切究之，所知夫商贾之不易为而不可不循其矩镬也。”该书前半部分总结的“十三要”，“乃学做生意之大概”；后半部分“商贾十则”，重在介绍与人合伙或独自营业过程中应注意的问题，内容详实，堪称生意宝篇。安徽省图书馆另藏有徽州汪鸣时所撰抄本《商贾格言》，汪鸣时介绍写作本书目的时说：“因兄子上仁之有意于商贾也，特举其要如左以教之。”全书内容与谢光遂所著《商贾格言》相近，书中后记中有“右语悉子所熟闻者”一句，可见大多数徽州子弟在出门营商前，已接受了相当程度的商业知识和技能教育。等到十几岁，若举业无望，那么涉足商海便是一些徽州人的惟一选择。

《士商类要》是一部综合性的商业教科书，具体介绍了商业运作过程中的实用知识与技能。在《客商规略》部分，告诫商人出门时应注意安全问题，“……半路逢花，慎勿沾惹，中途搭伴，切记提防，小心为本，用度休狂”。《经营说》讲到一些商品的鉴别方法，“黄豆买精神，圆稳无灰干可籴。芝麻估油汁，黄尖有串润休贪。米无水脚方宜积，麦有空头莫买他……”。在《杂粮统论》中，作者还介绍了芝麻、菜籽、糙米、糯米、大麦、小麦、绿豆、黄豆等大宗商品的具体鉴别方法与技术。在《船脚总论》中，作者详细介绍了货物运输时如何雇用船只、脚夫的问题，以及船夫、脚夫惯用的偷窃伎俩，提醒商人防范。明清两代，全国各地市场上都充斥着官府指定的牙人，

---

① 马克斯·韦伯：《儒教与道教》，洪天富译，南京：江苏人民出版社，1993年，第216页。
② 万历《歙志》，《风土》。
③ 民国《歙县志》卷一，《舆地志》，《风俗》。

从事贸易的居间活动。《买卖机关》介绍辨别牙人的两条经验:"投牙三相:相物、相宅、相人;入座试言:言直、言公、言诈。"即通过对牙人的住家物件、宅第标准、衣着打扮等的观察和通过交谈来识别牙人的品德和经济状况,从而加以选择。《买卖机关》还提醒商人对"平昔生意惯熟"的行业,有时"虽然利微,亦或遇而不遇,切不可轻易丢弃",因为"改换生理,暴入别行,而货物真假未必全识,价值低昂难以逆料",容易造成"倾覆财本,大有不可量"之祸,所以"作客贩货,宜固守本行为是"。《贸易赋》要求商人"察天时之顺逆,格物理之精微",因为"行情有早晚之分,朝夕之变",所以"开行开店之人,三朝五日,要在众行走走,讨讨信息,街上各店坐坐",以便及时了解价格变动的情况,"买卖莫错时光,得利就当脱手"。《客商规略》指出:"放账者,纵有利而终久耽虚,无力量一发不可。现做者,虽吃亏而许多把稳,有行市得便又行",强调现款交易的重要性。这些内容都是徽商长期实践经验的结晶,因而具有很强的实用性和可操作性。[①]

按照《士商类要·买卖机关》的提醒,客商在进行具体交易时要注意以下几点:[②]其一,当有多数人买卖同样货物的时候,要注意保密。如果不保密,把自己价码泄露出去,别人就可能以稍低一点的价格把生意抢走;如果买者不多的话,自己的货物就难以脱手了。其二,在交易的时候,一定要讲明价格,一点不可含糊。如果含糊成交,到结帐时,一定会有麻烦。同时,成交不成交,当下就定,决不可犹豫不决;定下之后,就不要后悔。其三,在交易的时候,要慎择交易对象。即便自己有威有势,能说善道,精于诉讼,也不能把财货妄授于人。虽然人不敢负我,但也有极贪无耻之徒,不畏官司、不畏凌辱,如果是这样,事情就难办了。其四,在交易的时候,还要注意对方的态度。买货人随口应允你的要价而不砍价,这恐怕是要赊帐,因为他若讨价还价,就害怕货到不了手。其五,在交易的时候,还要注意周围商人的动静。有些商人分明货卖九钱,却说一两;所得银子,把成色低的收起,只拿成色高的给人看,这种人意在使别人争价争银,他在其中讨好取事。其六,在交易的时候,不要轻易听人阻拦,拒不出卖。因为货到此地,终须要卖。切不可见到有人争买而勉强增价,过于坚执。要知道,你交易不成,就可能促成了别人的一笔交易,使自己错过机会。其七,在交易的时

① 转引自梁德阔:《儒家伦理与徽商精神》,上海大学博士论文,2010年。

② 转引自周晓光、李琳琦:《徽商与经营文化》,上海:世界图书出版公司,1998年,第88—89页。

候，经纪人应高唱其价，不应背地论价。所谓“隔面讲盘须有弊，当场唱价定无欺”。同时，“买物需与人观”。这样，货物的真假，价格的高低，都摆在众人的面前，使存心欺骗的勾当难以得逞。陈学文认为，《士商类要》对商业经济思想有深刻的阐述：[①]一是为贾者必须努力提高自身的修养，注重自省，使自己成为具有较高道德水准和文化素养的人。二是论述了经营思想方面要“量入制出”，熟悉商品与市场，公平竞争，以智取胜。三是强调经营方法和观察人生与社会，这方面可以说作者还是一位出色的心理学家，能从不同人物和场合、神态、心理来判断人之良莠。该书也反映了徽商处世行事的基本原则。

明清徽商的商业教育还涉及为商业服务的商业数学、自我保健、天气预测等知识，这些知识可以视为徽州商业教育内容的拓展。在徽州，“命之贾，则先筹算”[②]。“筹算”不仅是商人日常必备的基本技能，也是商人进行商业预测的重要手段。所以汪道昆说：“休歙右贾左儒，直以九章当六籍。”[③]也是出于经商的需要，明清徽州的蒙学教育中大都开设有“习算”的内容，如明中叶休宁人程策，“五岁习书，又习数法”[④]；歙县人许国，七岁时，其父“令习书兼授算术”[⑤]。故时人说，徽人“善勾股”[⑥]。商业兴盛促进了徽州数学教育的发展，其中与商业有关的应用数学成就最为突出，代表作就是休宁商人程大位所撰的《算法统宗》。《算法统宗》是以珠算盘为计算工具的数学书，书中不仅有珠算盘式图、珠算各种算法口诀，而且还列举了近六百个实用事例说明珠算的具体用法。英国李约瑟指出：“在明代数学家当中，最引人注目的是程大位”，“在程大位《算法统宗》之前，没有任何关于近代珠算算盘的完整叙述”。[⑦]商人背井离乡，疾病无人照料，掌握一定的自我保健知识很有必要，正如徽商所言“客游须知医，保身并济人”[⑧]。《士商类要》卷四中的《起居格言》《起居杂忌》《起居之宜》《四时调摄》《随时避忌》《饮食杂

---

① 陈学文：《徽商与徽书》，参见周绍泉、赵华富：《1998国际徽学学术讨论会论文集》，合肥：安徽大学出版社，2000年。

② 程春宇：《士商类要·买卖机关》。

③ 汪道昆：《太函集》卷七七。

④ 王世贞：《弇州续稿》卷一一八，《明中顺大夫辰州府知府石峰程公墓志铭》。

⑤ 黄蛟起：《西神丛话·许国公》。

⑥ 郑岳：《山斋文集》卷一〇，《赠宗彦于成守徽州序》。

⑦ 李约瑟：《中国科学技术史》（第三卷），胡维佳等译，北京：科学出版社，1985年，第113、165页。

⑧ 民国《重修婺源县志》卷三〇，《人物七·孝友四》。

忌》《省心法言》等篇都是这方面知识的总结。预测天气变化，早作行程安排，对商人来说非常重要。《士商类要》卷四中的《四季杂占》介绍了天气变化知识。[①]晋商王文素编撰的《新集通征古今算学宝鉴》10册30卷，堪称应用数学的锦囊妙策不为过。晋商早期使用的"龙门账"可以说是我国会计学的开端，在实践中业已构成清代帐局的灵魂。商界广为流传的《算学宝鉴》尚有集算诗8首，并绘有19幅图，这是金融业务的必须知识。

三、商旅途程

商人在外经商，长途跋涉，时刻会遭遇不测，他们应当熟悉商旅途程信息。徽商的途程观念，突出地反映在由他们编辑的商旅途程的专书中。明代休宁大贾黄汴曾编一部《天下水陆路程》[②]。该书详细记载二京十三布政司的水陆交通路线，道路的起讫分合，沿途驿站名称，各地风俗人情，以及山川险恶等。黄汴根据个人27年经商经验，排列了144条水陆路程。他在《自序》中说："余家徽郡万山之中，不通行旅，不谙图籍，土狭人稠，业多为商。汴自弱冠随父兄自洪都至长沙，览洞庭之胜，泛大江，溯淮扬，荡戾燕都……台侨居吴会，与二京十三省暨边方商贾贸易，得程图数家，于是穷其闻见，考其异同，反复校勘，积二十七年始成帙。宦轺之所巡，商泊之所趋，访屐之所涉，庶此编为之旌导也。"该书有多条商路自徽州为出发点，实用性很强，正如吴岫在《后序》中所说："士大夫得之，可为四牡览劳之资；商贾得之，可知风俗利害。"从而使商旅避免了"见前途问津者，漫皆迷茫，险夷利害，每犯所讳。"[③]

天启、崇祯年间，休商程春宇编有《士商类要》一书。该书介绍了大江南北100条水陆路引，每条路线所经之地的关津、地势、物产、风俗等情况，记之较详。这是他通过实地考察编撰的，程春宇从小经商，即所谓"甫成童而服贾"，由于他踏遍了大江南北各地，所以对"土俗之游漓，山河之险易，舟车辐辏之处，货物生殖之区"非常熟悉。《士商类要》也有经商知识的介绍，其中《客商规略》就是专门讲经商之事，"如贩粮食，要察天时，既走江

① 梁德阔：《儒家伦理与徽商精神》，上海大学博士论文，2010年。

② 黄汴编辑的《天下水陆路程》（原书藏于日本山口大学），原名《一统路程图记》，又名《新刻水陆路程便览》《图注水陆路程图》，姑苏濠吴岫校正，隆庆四年刊刻，有黄汴序和吴山后序，此刻本在国内濒于失传。现有1994年上海古籍出版社出版杨正泰教授校注本行世。参见张健：《新安文献研究》，合肥：安徽人民出版社，2005年，第42页。

③ 张健：《新安文献研究》，合肥：安徽人民出版社，2005年，第42—44页。

湖，须知丰歉”。他认为商旅有了这部《士商类要》，“又奚事停骖问渡，而难取素封之富者乎”[①]。

清代还有人编制了一本《江湖绘画路程》，其中有从“扬子江直上洞庭湖至衡州府、永州府等处路途图”33帧，这也是一部商人行路指南。徽商研究者还在歙县坑口江氏茶商后代家中，发现了《徽州至广东路程》和《沐雨栉风》两种途程书的手稿本。前者为江有科贩茶入粤时所记沿途经过的城镇村庄550余处，对各城镇村庄之间相距若干里，何处可乘舟，何处当起旱，何处有关卡，何处不安全等，都作了具体的记述。甚至从某地到某地船只、挑夫、佣工的费用，均记载清楚。《沐雨栉风》是江有科的后人所记途程经历的一本手稿，以示跋涉艰辛。[②]

韦伯指出，系统化的、自然主义式的思维在中国也未臻成熟，除了士人猎取功名禄位的竞争，其他所有的追求都被抑止了，因而没有理性的科学，没有理性的艺术活动，没有理性的神学、法律学、医药学、自然科学或者工艺学。[③]商业文书证明韦伯的比较基础是极其脆弱的。商业的精密计算靠数学支撑，运营物流需要丰富的地理知识，交通状况的娴熟程度更是计算成本、确定亏损的重要指标，这些都构成了科技的实际效用价值，也是徽商竞争战略和核心系统的市场主动权要素。

① 杨正奉：《明代驿站考》附录二。

② 张海鹏：《论徽商经营文化》，《安徽师范大学学报》（人文社会科学版）1999年第3期。

③ 马克斯·韦伯：《儒教与道教》，王容芬译，北京：商务印书馆，1995年，第200页。

第四章　徽商的“入世苦行”

韦伯认为儒教与新教的基本差异：儒教的理性主义意指理性地适应世界，而新教的理性主义意指理性地支配世界。[①]新教徒过着一种严谨克己的“入世苦行”生活，这种世俗的新教禁欲主义与自发的财产享受强烈地对抗，它束缚着消费，尤其是奢侈品的消费，其目的是使清教徒过着一种警觉而又睿智的生活，消除自发的、出于冲动的享乐。新教伦理要求不断地、谨慎地自我控制，为的是有条理地凝聚人的心意于神的意志上；儒教要求此种自我控制，为的是要维持通达的世间人的尊严。[②]余英时认为，“入世苦行”主要包括勤俭、诚实、信用等美德，赚钱已成为西方资本家的“天职”，他们为了赚钱而赚钱。[③]以“理想型”而言，韦伯所刻画的“入世苦行”也同样包括中国宗教，此观念不能作为划分儒教和新教的有效标准。[④]

第一节　儒家的节制有为

儒家的理想人格是一种“君子人格”，这种人格精神强调有德行的人要根据自身情况结合外在环境决定自己的行为和思想。“君子”是由孔子首先提出来的，什么样的人才称得上“君子”呢？孔子认为，“君子道者三，我无能焉：仁者不忧，知者不惑，勇者不惧。”也就是说，“君子”应当有“仁者爱人”的情怀，律己宽人的精神；渊博宏富的学问，严谨求实的学风；尚义重行的勇敢，坚强进取的毅力。

---

① 马克斯·韦伯：《中国的宗教：儒教与道教》，康乐、简惠美译，桂林：广西师范大学出版社，2004年，第332页。

② 马克斯·韦伯：《中国的宗教：儒教与道教》，康乐、简惠美译，桂林：广西师范大学出版社，2004年，第325页。

③ 余英时：《中国近世宗教伦理与商人精神》，合肥：安徽教育出版社，2001年，第85—86页。“入世苦行”也翻译为“禁欲主义”。

④ 余英时：《中国近世宗教伦理与商人精神》，合肥：安徽教育出版社，2001年，第71页。

一、刚健有为

自强不息、刚健有为是儒家思想文化的一个重要特征，它体现了儒家锲而不舍、发奋进取的精神，蕴涵着儒家深刻的身体力行意识和对刚直不阿品格的追求。这种自强不息的精神，作为个人品格，是进德修业、自立成人的根本；作为民族精神，是中华民族强盛不衰的精神力量。

儒家提倡阳刚之气，鼓励人们树立奋发进取的人生态度。《周易》认为宇宙大化流行，生物不息，日有所新，故曰：“大地之大德曰生。”“富有之谓大业，日新之谓大德，生生之谓易”。与此相适应，人生也应活泼有生气，故云：“天行健，君子以自强不息。”意即天体运行，永无已时，君子法天，故应该努力不止。所谓“不息”，也就是《大学》中所说的“无所不用其极”。孔子说“譬如为山，未成一篑，止，吾止也。譬如平地，虽覆一篑，进，吾往也。”《周易集解》引干宝对于“自强不息”的解释说：“凡勉强以进德，不必须在位也。故尧舜一日万机，天王日昃不暇食，仲尼终夜不寝，颜子欲罢不能，自此以下莫敢淫心舍力，故曰自强不息矣。”儒家经典《中庸》提倡博学、审问、慎思、明辨、笃行的治学之道，提出要“人一能之，己百之，人十能之，己千之。果能此道矣，虽愚必明，虽柔必强。”这是儒家对学问、对事物所采取的“刚毅”进取的态度，从中体现出儒家“自强不息”的精神。孟子指出“掘井九仞而不及泉，犹为弃井也”，强调不可“一日曝之，十日寒之”，以避免“为山九仞，功亏一篑”。荀子也说“楔而舍之，朽木不折；楔而不舍，金石可镂”。这都表明一个人必须具有坚持不懈、奋斗不息的精神意志，才能达到理想目标。

有为进取、积极作为的人生价值追求，一直是儒家理想人格的重要组成部分。孔子弟子曾参对知识分子的人生价值取向作了定位，他认为：“士不可以不弘毅，任重而道远，仁以为己任，不亦重乎？死而后已，不亦远乎？”（《论语·泰伯》）就是说，负担沉重，路途遥远，读书人不可不刚强而有毅力。宋代理学家朱熹作解说：“非弘不能胜其重，非毅无以致其远。”（《论语集解》卷四）又说：“弘乃能胜得重任，毅便是能担得远去，弘而不毅，虽胜得任，却恐去前面倒了。”“毅是忍耐持守，著力去做。”（《朱子语类》卷三五）确实，要完成重任，绝不可能一蹴而就、一帆风顺的，而是一个反复曲折的过程，若无坚忍不拔的毅力，很可能“功亏一篑”，前功尽弃。朱熹指出：“学者自强不息，则积少成多；中道而止，则前功尽弃。其止其往，皆在我而不在人也。”（《四书章句·论语集注》）意为人们要尽可能地发挥自己的主观能动性，自己努力，自己拼搏，持之以恒，力戒半途而废。明清之际的王夫之大力倡导“健动”学说，认为“健”是生命的本性，“动”是生命的机能，“功”是道德行为的枢纽，故君子“积刚以固其德，而不懈于动”（《周易·内经》卷三）。

儒家的自强不息、刚健有为精神蕴涵着深刻的身体力行意识。孔子曾提出“君子求诸己，小人求诸人”，把“求诸己”与“求诸人”作为区分君子与非君子的标准之一。“求诸己”就是要依靠自我的力量，强调君子要“自强”。孔子提倡并努力实践为崇高理想而不懈奋斗的自强不息的人生态度，鄙视饱食终日无所用心的人生态度，他说：“饱食终日，无所用心，难矣哉！不有博弈者乎？为之，犹贤乎已。”（《论语·阳货》）自称“学而不厌，诲人不倦”，“发愤忘食，乐以忘忧，不知老之将至”（《论语·述而》），正是这种积极有为精神的真实写照。孟子说：“祸福无不自己求之者”，反对“求于人者重”而“自任者轻”。荀子更提出“制天命而用之”和“敬其在己”的观念，认为以此指导自己则“日进”；反之，如果以“错人而思天”“慕其在天”的观念指导自己，则“日退”。①

儒家的自强不息、刚健有为精神还表现了对刚直不阿品行的追求。孔子说：“三军可夺帅也，匹夫不可夺志也”，这不可夺之志就是儒家追求的刚健有为、刚直不阿的品行。积极进取、刚健有为精神的一个重要表现，就是要坚持独立人格。孔子看到追求和实现仁德并不是轻而易举的，必须有自我牺牲的精神，要付出一定的代价，必须保持有独立的人格，要有自尊自重的高尚气节，而决不可以苟且偷生，所以他说道：“志士仁人，无求生以害仁，有杀身以成仁”（《论语·卫灵公》）。孟子也特别鄙视“以顺为正”的态度和行为，认为生存和道义，都是可贵的，但如果二者不可兼得，则“舍身而取义”，并提出大丈夫应该有“富贵不能淫，贫贱不能移，威武不能屈”（《孟子·滕文公下》）的气概。这种坚持独立的人格和气节，遵守一定的人生行为准则，不屈服于任何外在的压力，不为物质利益所诱惑、所屈服的顶天立地的精神，是中华民族奋然前行的精神力量。从屈原的“路漫漫其修远兮，吾将上下而求索”到文天祥的“人生自古谁无死，留取丹心照汗青”等绝句，从“宁为玉碎，不为瓦全”到“天下兴亡，匹夫有责”等名言，都表现

---

①转引自金鸣娟：《中国传统文化》，北京：中国农业大学出版社，2004年，第43页。

了中华民族子孙为了实现自己的道德理想和保卫民族利益而不畏牺牲的高尚情操。

自强不息、刚健有为精神的一个突出表现，就是要有不断创新的精神。在《易传》中，古人就对宇宙万物富有日日新奇、生生不息的创造过程和根本性质进行了生动地描述，说：“富有之谓大业，日新之谓盛德，生生之谓易，天地之大德曰生。”（《易传·系辞》）颂扬了大自然对日新月异、朝气蓬勃的万事万物的创造，显示了自身卓越超凡的伟大创新精神和不朽生命力量。《易传》还认为，人应该效法大自然劲动不已的创新品格，在人的一生中奋力拼搏，努力进取，要用自己坚持不懈的执著追求，达到“穷神知化”、卓立乾坤的人生境界，以“与天地合其德，与日月合其明”，使生命本身的至上价值得到充分的展示。这种不断创新的思想还作为社会历史的发展观为人们所普遍接受，并积极促进了中国历史上绵延不断的改良、革命、维新、变法的社会活动。《易传》肯定“天地革而四时成，汤武革命，顺乎天而应乎人。革之时，大矣哉。”在后来的不同历史时期，就成为社会要求变革、有道讨伐无道的思想武器，当作促进历史发展变化的理论依据。[①]

自强不息、刚健有为精神的另一个突出表现，就是要有吃苦耐劳的精神。艰苦创业如燧人钻木取火、神农遍尝百草；勤奋好学如苏秦悬梁刺股、匡衡凿壁偷光，这方面的例子不胜枚举，所谓“天将降大任于斯人也，必先苦其心志，劳其筋骨，饿其体肤，空乏其身”。这种刻苦并非一时心血来潮、一暴十寒，而是坚忍不拔，持之以恒。古人特别注重“守志”，强调志向的一贯性、稳定性和坚定性。苏轼说：“古之立大事者，不惟有超世之才，亦必有坚忍不拔之志。”梁启超说：“人之大患，莫甚无恒”。面对逆境，他们从来都没有被艰难险阻所吓倒，反而越是艰险越向前，百折不挠，愈挫愈勇。正如司马迁在《史记·太史公自序》中所列举：“西伯拘而演《周易》；仲尼厄而作《春秋》；屈原放逐，乃赋《离骚》；左丘失明，厥有《国语》；孙子膑脚，《兵法》修列；不韦迁蜀，世传《吕览》；韩非囚秦，《说难》《孤愤》；《诗》三百篇，大底圣贤发愤之所为作也。”他本人在惨遭宫刑之后，忍辱负重，究天人之际，通古今之变，“网罗天下放失旧闻，考之行事，稽其成败兴坏之理，凡百三十篇”，终成“史家之绝唱”。

① 转引自金鸣娟：《中国传统文化》，北京：中国农业大学出版社，2004年，第219页。

二、慎独自律

陆九渊说：“慎独即不自欺。”[①]朱熹说：“君子慎其独，非特显明之处是如此，虽至微至隐，人所不知之地，亦常慎之。小处如此，大处亦如此；显明处如此，隐微处亦如此。表里内外，粗精隐显，无不慎之，方谓之‘诚其意’。”（《朱子语类》卷一六）他还说：“为恶于隐微之中，而诈善于显明之地，是所谓自欺以欺人也。”（《朱子语类》卷一六）“所谓慎独，就是指在个人独处的情况下，也要谨慎小心，自觉地约束自己的行为，即使在没有他人在场、不会被人发现和无人监督的情况下，也要自觉地不干坏事。慎独是一种主体对于道德的高度自觉，任何时候、任何情况下都要遵循道德的要求，同时慎独也是与诚实相联系的一种道德品质。要做到慎独，必须要有诚实的态度，做到诚恳老实，不能自欺欺人”[②]。“一个人如果能够做到慎独，就会以一种高度的理性自觉约束自己的行为，使自己的行为无论何时何地都符合道德原则和规范的要求，从而做到孔子所说的‘从心所欲不逾矩’”[③]。

慎独作为一种修身方法和道德境界，为历代儒者所身体力行。王阳明说：“慎独者，与人交接之本也。君子戒慎于不睹不闻，省察于莫见莫显。”[④]他还说：“能慎独，故能克己不贰过，而至于三月不违。”[⑤]“不贰过”和“三月不违”都是孔子赞扬其弟子颜回的话，《论语·雍也》载孔子的话说，“有颜回者好学，不迁怒，不贰过”，“回也其心三月不违仁”，称赞颜回不迁怒于别人，不犯同样的错误，这样便能长期不违背仁德。颜回是孔门高徒、贤者型哲人。王阳明认为只要能够做到慎独，就可以达到颜回这样的贤人境界。古语说“君子，贵慎独也”，还有个“四知”的传说，即“天知地知，你知我知”，强调的就是慎独的品质以及自律的精神。

儒家主张严以律己、宽以待人。唐代韩愈在《原毁》中说：“古之君子，其责己也重以周，其待人也轻以约。重以周，故不怠；轻以约，故人乐为善。”意思是：一个真正的君子，他必定严于律己、宽以待人，要求自己严格而全面，对待他人宽容而简约。对自己严格全面，就不会发生懈怠。对别人宽容简约，别人都乐意做好事善事。“律己宜带秋风、处事宜带春风”，这是

---

① 陆九渊：《陆九渊集》卷三四，《语录上》。

② 杜振吉、郭鲁兵：《儒家的修身思想及其方法述论》，《道德与文明》2008年第1期。

③ 杜振吉、郭鲁兵：《儒家的修身思想及其方法述论》，《道德与文明》2008年第1期。

④ 王阳明：《王阳明全集》卷二二，《山东乡试录》。

⑤ 王阳明：《王阳明全集》卷二二，《山东乡试录》。

清代张湖在《幽梦影》中的一句名言。他用“秋风”“春风”的比喻，告诫人们要严以律己、宽以待人。“宽恕”是我国传统道德中的一个重要规范，也是中华民族传统美德之一。所谓“宽”，就是要以宽容的态度待人，要容纳得了人。所谓“恕”，就是要将心比心，推己及人，设身处地为人着想，要谅解人、饶恕人。按照孔子的说法，“恕”就是“己所不欲，勿施于人”，凡是自己不愿意的事，也不要强加于他人。早在春秋时期孔子就提出了“宽以待人，严以律己”的思想，孔子要求“躬自厚而薄责于人”（《论语·卫灵公》），在人际交往中人们多责备些自己，少责备些别人，这样才能做到和睦相处。荀子提出了“兼容之道”（或称为“容众之道”），其实质也是提倡宽容待人。他说：“君子贤而能容罢，知而能容愚，博而能容浅，粹而能容杂，夫是之谓兼术。”（《论语·卫灵公》）这是说，不能凭着自己有学问而看不起人，宽容不了人，而应该容纳得了人，实行“兼容之道”。《荀子·劝学》还提出“积善成德”的道德修养方法，即一点一滴地积累善行，日久天长，习惯成自然，便可养成美好的品德。

做到“严以律己”需要“节欲”。孔子讲“君子有三戒：少之时，血气未定，戒之在色；及其壮也，血气方刚，戒之在斗；及其老也，血气既衰，戒之在得”（《论语·颜渊》）；孟子说“养心莫善于寡欲”（《孟子·尽心下》）；荀子讲得更深刻：“故虽为守门，欲不可去。虽为天子，欲不可尽。欲虽不可尽，可以近尽也；欲虽不可去，求可节也。所欲虽不可尽，求者犹近尽；欲虽不可去，所求不得，虑者欲节求也。道者，进则近尽，退则节求，天下莫之若也。”（《荀子·正名》）无欲则刚，《韩非子·解老》说：“有欲甚，则邪心胜”，私欲太多，邪恶的心思便占上风。《刘子·防欲》说：“欲炽则身亡”，私欲太强烈了，会使人丧命。《慎言·见闻篇》说：“贪欲者，众恶之本”，把探求私欲作为一切罪恶的根源。《尚书·周官》已经提出“以公灭私，民其允怀”的思想，后来的思想家们在这方面有更多更深的发挥，如“圣人无私无我，做功高天下，而无一介累其心，盖有一介存焉，未免乎私己也”[①]。

做到“严以律己”还要“行己有耻”。“行己有耻”是《论语·子路》中的名言，指人们对自己的行为应该有羞耻的观念。管子把“耻”看作是维系国家存在和发展的四大精神支柱之一，即所谓“礼、义、廉、耻，国之四

① 程颢、程颐：《二程集·河南程氏粹言》卷二。

维，四维不张，国乃灭亡”。（《管子·牧民》）欧阳修评论说，在这“四者之中耻尤为要，故夫子之论士曰：行己有耻。”孟子说：“人不可以无耻。无耻之耻，无耻矣。”清代著名思想家龚自珍也说：“士皆知有耻，则国家永无耻矣。”（《龚自珍全集·明良论》）朱熹说：“人有耻，则能有所不为。”（《朱子语类》卷一三）也就是说，只有人有了羞耻心，才能真正进行道德选择。“耻”不仅是“君子”“小人”之辨的重要标志，而且还是“人禽之别”的重要标志。孟子说：“无羞恶之心，非人也。”（《孟子·公孙丑上》）宋代心学家陆九渊也说：“人而无耻，果何以为人哉？”（《陆九渊》卷三二）古人重耻，不但溢于言表，而且也见于行事，“渴不饮盗泉之水，饥不吃嗟来之食”。《礼记·中庸》说：“知耻近乎勇”，表明“知耻”对于德行的关系，“近乎勇”主要是指用于遵守道德。

“严以律己”也包括“自省”。“自省”是古人特别推崇的修养方法，孔子说：“见贤思齐焉，见不贤而内自省也”（《论语·里仁》），“吾未见能见其过而内自讼者也”（《论语·公冶长》），“内省不疚，夫何忧何惧”（《论语·颜渊》）。曾子也说：“吾日三省吾身：为人谋而不忠乎？与朋友交而不信乎？传不习乎？”（《论语·学而》）王阳明还阐明了“自省”与“存养”的关系，“省察是有事时存养，存养是无事时省察”[①]，讲得十分深刻。

马克斯·韦伯认为，儒教徒小心翼翼地克己，为的是要保持外在姿态与样式上的尊严，要保持“面子”。这种克己自制属于审美的、根本上是消极的性质。庄重的“态度”，本身即缺乏特定的内容，却受到推崇与追求。同样新教徒也严谨地克己，然而，此种克己是以一种明确判准的行为为其积极目的，此外，它还以有系统地控制个人本性为其内在目的。彻底的虔信派教徒会开列内心的清单，就像每天都要进行的一种簿计，因为那位超俗世且全知的上帝看得到人内心的态度。相反，儒教徒所适应的现世却只看重优雅的身段。[②]

三、勤劳节俭

儒家对节俭极为重视，作过大量阐述。早在先秦的儒家经典中，就对节俭予以强调。《尚书·大禹谟》曰：“克俭于家”，《左传·庄公》云：“俭，德之共也；侈，恶之大也。”意思说，节俭是一切美德的基础和来源，侈靡则是最

① 王阳明：《王阳明全集》卷一，《传习录上》。

② 马克斯·韦伯：《中国的宗教：儒教与道教》，康乐、简惠美译，桂林：广西师范大学出版社，2004年，第329页。

大的过错。孔子提倡节俭，他说：“麻冕，礼也，今也纯，俭，吾从众。”（《论语·子罕》）“奢则不孙（逊），俭则固。与其不孙（逊）也，宁固。”（《论语·述而》）这两句话的意思为：依礼制，祭祀之冕应当用麻做，现在却用丝，比用麻节俭，我赞同大家的做法。奢侈使人狂傲，俭约使人寒伧，与其狂傲放荡，宁可寒伧。儒家以俭为美德，侈为恶行，认为奢侈不仅败家，而且直接导致其他一系列的恶行。宋代名儒司马光说：“侈则多欲。君子多欲，则贪慕富贵，枉道速祸；小人多欲，则多求妄用，丧身败家，是以居官必贿，居乡必盗，故曰：侈，恶之大也。”（《司马文正公集·训俭示康》）俭的实质是对劳动的尊重，对自己不良欲望的克制，而非把物质财富的价值看得高于一切。“如能施而不奢，俭而不吝可矣”（《颜氏家训·治家》）“俭者，节其耳目口体之欲，节己不节人。……吝者，贪得无已，何俭之有！”（《俟解》）意思说，节俭固然是美德，但必须与吝啬划清界限。

儒家认为勤劳是一个人的重要美德。《左传》云：“民生在勤，勤则不匮。”只有辛勤劳动，才能保证基本物质需要的经常满足。《国语·鲁语》云：“夫民劳则思，思则善心生。逸则淫，淫则忘善，忘善则恶心生。”宋代以来的新儒家更加强调勤劳，张载论“勤学”说：“学须以三年为期……至三年，事大纲惯熟。学者又须以自朝及画至夜为三节，积累功夫。更有勤学，则于时又以为限。”[①]这里，他不再是泛论“勤学”，而是要求学者把一天分为三节，不间断地“积累功夫”。朱熹也说工夫须积累、不可间断，又说“早间”“午间”“晚间”都可分别“做工夫”（《语类》卷八）。这和张载在精神上是完全一致的。与张载同时代的苏颂说：“人生在勤，勤则不匮。户枢不蠹，流水不腐，此其理也。”[②]苏氏扩大了勤的范围，使它成为整个人生的基础。清儒曾国藩说：“勤，不必有过人之精神，竭吾力而已。”[③]勤劳的要求不是与人比力的大小、所获财富的多少，而是充分发挥自己的主观能动性，竭尽自己的能力去做好每一件事情。儒家赞颂勤劳，反对懒惰。朱熹说：“某平生不会懒，虽甚病，然亦一心欲向前。做事自是懒不得。今人所以懒，未必是真个怯弱。自是先有畏事之心，才见一事，便料其难而不为，所以习成怯弱，不能有为也。”[④]他不但对门人如此说，

① 张载：《张子全书》卷一二，《语录钞》。

② 王梓材、冯云濠：《宋元学案补遗》卷二，《苏先生颂·谈训》。

③ 曾国藩：《杂著》卷四，《忠勤》。

④ 朱熹：《语类》卷一二〇，《训门人》。

对他的儿子也再三叮嘱“不得怠慢”“不得荒思废业”，必须“一味勤劳”“夙兴夜寐，无忝尔所生”。[①]他常说：“在世间吃了饭后，全不做得些子事，无道理。”（《语类》卷一〇五）故曾国藩说：“百种弊端，皆由懒生……作人之道，亦惟骄惰二字误最甚。”[②]

儒家要求人们以勤俭教育子弟，使他们的道德意志在勤劳节俭中得到锻炼。儒家一贯强调“节俭朴素，人之美德；奢侈华丽，人之大恶”，并且在历代的《家训》《家规》中以勤俭节约为传家之宝。“锄禾日当午，汗滴禾下土。谁知盘中餐，粒粒皆辛苦。”（《悯农》）就是教育儿童珍惜粮食。甚至连唐太宗李世民也教诫他的儿子们：“每一食，便念稼穑之艰难；每一衣，则思纺织之辛苦。”（《贞观政要·教诫太子诸王》）刘清告诉他的后代：“凡饮食知所从来，五谷则人牛稼穑之艰难，天地风雨之顺成，变生作熟，皆不容易。”（《诫子通录》）儒家还要求人们克勤克俭，勤俭并举。“勤而不俭，枉劳其身；俭而不勤，甘受其苦。俭以益勤之有余，勤以补俭之不足。若夫贵而能勤，则身劳而教以成；富而能俭，则守约而家日兴。”（《女范捷录·勤俭篇》）勤与俭，二者不可偏废。

第二节　徽商的勤劳节俭

马克斯·韦伯认为新教伦理有助于资本主义的发展，首推“勤”与“俭”两大要目。其实“勤俭论”更是儒家资本主义学说的一个基本论点，马克斯·韦伯也说：“中国人的勤奋和劳动能力一直被认为无与伦比”，他注意到中国下层民众有“一种世界上其他任何地方都不曾有过的令人难以置信的登峰造极的节俭”。[③]新教提倡勤勉，是因为“劳动是历来所推崇的禁欲途径”[④]，反对把财富作为劳动的目的，而主张“把劳动本身作为人生的目的”。马克斯·韦伯认为，中国人的“勤俭”不是“禁欲”的一种手段，多是出自“贪欲”。[⑤]“贪欲”与资本主义精神相去甚远，“对财富的贪欲，根本就不等同于资本主义，更不是资本主义精神。倒不如说，资本主义更多地是对

---

① 朱熹：《朱文公文集·续集》卷八，《与长子受之》。

② 曾国藩：《治兵语录·勤劳》。

③ 马克斯·韦伯：《儒教与道教》，王容芬译，北京：商务印书馆，1995年，第115、282页。

④ 马克斯·韦伯：《新教伦理与资本主义精神》，北京：生活·读书·新知三联书店，1987年，第124页。

⑤ 参见马克斯·韦伯：《儒教与道教》，王容芬译，北京：商务印书馆，1995年，第297、299页。

这种非理性欲望的一种抑制或至少是一种理性的缓解”[①]。新教的“勤俭”与“禁欲”观念结合，就提供了这种理性缓解。徽商的勤劳节俭并不是为了“贪欲”，他们虽富犹贫，一生勤俭。他们相信经商也有着重要的意义，可以强固宗族、报效国家和回报社会。至于徽商“富二代”的奢侈消费，另当别论。

一、徽商的家规

徽商编写的《士商类要·贸易赋》指出：“贸易之道，勤俭为先，谨言为本。”[②]做贸易，勤俭是第一位的，这是徽商闯荡商海多年的经验总结。还说：“守成不易，创业尤难。祖若念孙，切莫欢娱轻易费；孙当念祖，许多辛苦换将来。”又说：“勤俭为治家之本，斯言信矣。夫人一勤则天下无难事，其功名富贵无不自勤中来也。一俭则胜于求人，其布帛粟麦未尝不是俭中事也。”[③]所谓“勤”者，一是戒“怱怠”。因为“每事必焦思劳心，周详筹画，预防未来，不失一策，凡有所为，无不遂也”。假如“怱怠”，那么在经营活动中就难免会徒生许多麻烦。譬如“与人交接，要勤之记账，莫厌烦琐。负一时强记，少刻为别务所羁，遂至忘却，或错与人，反生争竞，虽坐卧思忖，从头握算，亦无益矣。”二是戒“懒惰”。“富从勤得，贫系懒招。”“吾衣食丰足，未必不由勤俭而得。观彼懒惰之人，游手好闲，不务生理，既无天坠之食，又无地产之衣，若然不饥寒，吾不信矣。”所谓“俭”者，一是牢记“临财当恤”。即使“银钱堆积目前，亦宜斟酌出纳”，因为“若骄矜浪用，易于消散”，就有可能转富裕为贫穷。二是力求“量入以制出”。因为“出纳不问几何”“迷蒙不问所进若干，尽其所有而用，更无稽考，不怀畏惧，此为必败之道。”[④]

徽州宗族多在家规中特设“勤生业”，要求子弟勤俭持家。[⑤]如《旌阳罗湾姚氏宗谱·家规》的“勤生业”条教导子弟：“士农工商，各勤其生”；“民生在勤，勤则不匮”。《姚氏宗谱》“勤生业”条云：“许衡曰：学者，生理最急。恭谓日用食享之所以出，苟一偷惰，则饥寒困苦迫于身，欲无邪僻而从

① 马克斯·韦伯：《新教伦理与资本主义精神》，于晓、陈维纲译，北京：生活·读书·新知三联书店，1987年，第8页。

② 程春宇：《士商类要·贸易赋》。

③ 贾嘉麟：《商家智谋全书》，郑州：中州古籍出版社，2002年，第63—64、95页。

④ 程春宇：《士商类要·买卖机关》。转引自李琳琦：《徽商与明清徽州教育》，武汉：湖北教育出版社，2003年，第222页。

⑤ 关于徽商家谱中的勤俭规定，也可见赵华富：《徽州宗族研究》，合肥：安徽大学出版社，2004年，第384—385页。

善也，得乎？”[①]休宁宣仁王氏宗族《宗规》的“职业当勤”条记载：“士农工商，所业虽别，是皆本职，惰则职装，勤则职修。父母妻子仰给于内，姻里九族观望于外，系非轻也。”[②]休宁黄氏《祠规·职业当勤》也有类似记载：“四民所业不同，皆是本职。惰则废，勤则修。内而父母妻子之倚赖，外而族里亲知之谈柄，可不勉哉！……农工商贾俱不得怠事偷安，冶游荡费。”[③]婺源《武口王氏统宗世谱·王氏家范十条》“勤生业”条记载：

天下之事，莫不以勤而兴，以怠而废。……子弟辈志在国家者，固当奋志向上，自强而不息。其不能者，或于四民之事，各治一艺，鸡鸣而起，孜孜为善，励陶侃运瓮（甓）之志，作祖狄（逖）起舞之勇，必求其事之成，艺之精，然后可。[④]

该条指出，天下事情因勤劳而兴，因懒惰而废；宗族子弟无论干什么工作，都要勤劳敬业。绩溪县华阳邵氏宗族《宗规》“勤生业”条规定：

业精于勤，荒于嬉。耕读男子职也，移于游读而男作荒矣；纺纴女子职也，移于艳冶而妇作荒矣。此则十人耕之，不能食一人；十女绩之，不能衣一人，而家何由裕？吾宗男女当务勤。[⑤]

要求男人勤于耕读，女子勤于纺织，业精于勤荒于嬉。休宁《周氏宗规·劝生业》对勤于四业的具体内涵作了阐述：

盖士农工商，各有本业。士者，勤学好问，必至登名。农者，力耕苦种，必至于积粟。工者，专心艺术，必至于精巧。商者，夙兴经营，必至于盈资。各勤其职，理之正也。……男子务生理，勤于外；妇人务纺织，勤于内，如此未有不成家也。[⑥]

---

① 转引自王昌宜：《明清徽州的职业教育》，《安徽大学学报》2006年第1期。
② 休宁《宣仁王氏族谱·宗规》。
③ 休宁《古林黄氏重修族谱》卷首下。
④ 婺源《武口王氏统宗世谱》，《王氏家范十条》。
⑤ 绩溪《华阳邵氏宗谱》卷一八，《宗规》。
⑥ 休宁《重修周氏族谱》卷九。

《洞洲许氏宗谱》也说：“我祖宗忠烈报国，勤俭传家，最忌飘流游荡，后世子孙，须务正业者，士农工商是也。有业便可营生，无业使坏终身。古人谓少壮不努力，老大徒伤悲，其警世人勤业之谓也。”①认为勤俭持家，切忌不务正业。

此外，休宁范氏对族人的勤业作了多重要求，《谱祠·通奉大夫松林府君规诫四章》要求族人，“毋沉于习，而有侈心；毋惰四体，而趋于勤”。《谱祠·怡乐堂家规》则诫谕族人各勤其业，“士勤诗书，农勤稼穑，工勤造作，商勤经营”，“凡吾门子弟，士、农、工、商，各勤其业……苟或疏违，有家法在”②。婺源余氏《长溪始祖课子四字格言》说：“士、农、工、商，庶民各居，农勤于耕，商勤于途，工勤绳墨，士勤典谟。惰业嬉游，流为下愚，日无所事，闲民之徒，食饱暖衣，禽兽不如，忘善作恶，谁之过欤？”③该家训将不勤于业而游闲惰业者视为禽兽不如，可见，该宗族对子弟的勤业看得十分重要。④

在徽州族规家法中，对游手好闲子弟大都作了严厉惩治的规定。《歙西岩镇百忍程氏本宗信谱》“族约”篇记载：“上之读书为上，下之力田为农，至于为工为商，守分安生，何所不可？乃有不务生业、游手好闲、赌博骗财、诱人为非者，真盛世之敝民，乡族之巨蠹也。”⑤要求子弟务正业，不得游手好闲，干赌博骗财行当。黟县环山余氏宗族《余氏家规》要求子弟勤于四业，不得在衙门内外、街头巷口等地方搬弄是非，无所事事，否则要受到惩罚，“禁游侠”条记载：

> 祖宗家法，于本家子弟，非课以读书，即责之务农……至于商贾技艺，随材治业，则资生不患无策。近于闲游子弟，假称豪侠，或于衙门内外、街头巷口，遇事生风，以讥谈拳勇为酒食之谋……构祸滋衅，损坏家声，莫此为签。我族子弟，如有前项行为，家长、家督即宜呼来面斥，痛惩其非。如刚狠不驯，众共鸣公重处，以防效尤。⑥

①绩溪《洞洲许氏宗谱》卷一〇，《祖训》。

②休宁《范氏族谱》卷六。

③婺源《长溪余氏重修正谱》卷首。

④徐国利：《从明清徽州家谱看明清徽州宗族的职业观》，《河北学刊》2011年第6期。

⑤歙县《歙西岩镇百忍程氏本宗信谱》卷一一，《族约》。

⑥黟县《环山余氏宗谱》卷一。

休宁《商山吴氏宗法规条》规定：“族中或有一等棍徒，名为轿扛，引诱各家骄纵败子，酗酒、习优、宿娼、赌博，不顾俯仰，必致倾家破产丧身而后已。此等恶俗，犹为可恨。宗正、副约会族长，呈官惩治。”[①]该家训严禁子弟酗酒、习优、宿娼、赌博等，不思悔改者将会由官府惩治。徽州谚语说：“男也勤，女也勤，过好生活不求人；男也懒，女也懒，饿得只好翻白眼”[②]，“脚是亲，手是亲，捏起拳头靠自身”[③]，“生财有道，起早摸黑”[④]，意思是勤俭持家。

崇尚节俭也是徽州族规家法一条重要规定。《族阳罗湾姚氏宗谱·家规》“事俭朴”条云：“俭为人生美德，故人之屋宇服饰器用等项，务从俭朴。”《新安璜上程氏宗谱》云：“俭，美德也。礼兴，其奢也必俭，圣训昭然。迩来侈靡相当甚者，一日而费万金，不思以有尽之财，供不经之费，何以善后乎？”[⑤]《茗洲吴氏家典》明确规定：“子孙以理财为务者，若沉迷酒色，妄肆费用，以致亏陷，父兄当核实罪之。”绩溪《华阳邵氏宗谱》“节俭”条记载：

> 财者难聚而易散也，故一朝而可以散数世之储。敌服饰而工丽都，燕会而极鲜浓，物力无由取给，乃倾囊倒廪，以希观美，而不知有穷之积，难应大穷之费也。若赌博宿娼，其倾家尤为易焉。吾宗子弟当崇俭。[⑥]

说明挣钱难、散财易的道理，赌博、嫖娼更容易倾家荡产，教育族人不要贪恋衣食华美。歙县《金山洪氏宗族家训》“尚勤俭”条规定：

> 古言勤能致丰，俭能养德。盖业专于勤，荒于怠，穷奢极欲，则家声坠焉。今为族人劝，毋怠荒游，毋好骄奢；凡属四民，俱宜孜孜汲汲，惟恒产是务，此敦本崇实之良谋也，元（勿）忽。[⑦]

① 休宁《商山吴氏宗法规条》。
② 朱益新：《歙县志》，北京：中华书局，1995年，第655页。
③ 朱益新：《歙县志》，北京：中华书局，1995年，第655页。
④ 康永海：《休宁县志》，合肥：安徽教育出版社，1990年，第567页。
⑤ 歙县《新安璜上程氏宗谱》卷首，《家业·崇节俭》。
⑥ 绩溪《华阳邵氏宗谱》卷一八，《家规》。
⑦ 歙县《金山洪氏宗谱》卷一，《家训》。

要求族人谨记“勤能致丰，俭能养德”的古训，不要穷奢极欲地生活。婺源《武口王氏统宗世谱·王氏家范十条》“节财用”条记载：

> 理财之道，入之无数，不如出之有节。苟能节用，则所入虽少，亦自不至空乏。尝见世之好华靡而不质实者，鲜有不坏事。彼光武以帝王之家，而犹戒公主勿用翠羽。子弟辈须知渐不可长，凡土木之事，不得已而后作；服饰之类，只宜以布为美；妇人首饰，不必华丽。能如此，则是守富之道。①

说明了“入之无数，不如出之有节”的理财道理，要求族人不要大兴土木，追求服饰华丽。歙县《仙源吴氏家谱·家规》记载：

> 夫冠婚丧祭，礼所当行，宫室器皿，势所必用，惟俭则可久，而奢则不可继也。……凡我子侄，娶妇嫁女，量家之丰约，毋盛往来之礼。而鬻产以赏之徒，自贻穷乏之嗟。不幸值父母之丧，惟衣食棺椁必诚必敬，以自尽其心，若繁仪缛饰，亦当减去。至于款宾待客，宗族随家丰俭，不致失礼可也。宫室惟要其坚固，毋为壮丽。器皿惟欲其坚朴，毋为华靡，庶不致于苟费而亦可以裕财。②

该家训要求红白喜事和日常生活用品应节俭。顾炎武说：“（徽州）青衿士在家闲，走长途而赴京试，则裋褐至骭，芒鞋跣足，以一伞自携，而吝舆马之费。闻之则皆千万金家也。徽人四民咸朴茂，其家以资雄闾里，非数十百万不称富也，有自来矣。”③所以，顾炎武总结说“新都勤俭甲天下，故富亦甲天下”。

二、徽商的节俭

人在穷困时做到节俭并不难，难的是虽富犹朴，终生节俭，可以说大多数徽商都做到了这一点。祁门商倪炳经“少承父业，窑栈云连，畎亩鳞接”，显然是个大富商了，但他仍然“守以淡泊，布衣暖，菜根香，俨然一寒素

① 婺源《武口王氏统宗世谱》,《王氏家范十条》。
② 歙县《仙源吴氏家谱·家规》。
③ 顾炎武：《肇域志》,《江南十一·徽州府》。

子"[①]，不讲究吃穿，像一个穷人。绩溪商章必芳虽富，但他不改勤俭初衷，其经商"不数年，增资累万，勤俭不改其初。"歙商吴荣让家有百万资产，但仍"居常衣大布衣，饭脱粟，比厮养之最下者。"[②]明代歙商汪伯龄经商致富后，不改穷人本色，他"顾独摄敝衣履，终身不鲜，袁（汪妻）亦以纤俭佐翁，椎布刀作如故。"[③]正德、嘉靖间休宁商汪狮致富后，仍然"粗衣粝食泊如，而周急通匮，未尝有难色"[④]，个人省吃俭用，却乐意助人。清代歙商江演，"处家至俭，一布袍屡浣不易，一茧被数十年不更制，非筵宴，尝蔬茹，无脓鲜之奉，有齐晏子风。"[⑤]也是自己生活俭朴，乐意助人，有齐晏子风。明代休宁商汪岩福"务为节约，与家人同艰苦，大布之衣，大帛之冠，脱粟之饭，身自甘之"[⑥]。

徽商汪前峰目睹"新安俗富溢尤则侈，递相观放，钟鼓竽琴之音不绝，倡优侏儒之笑不乏，嬖御糅罗纨曳绮縠，而鸡鹜有余食，转毂连骑炫煌于道"之奢状，叹道："吾愚陋，守先人之遗，唯恐失擅之，不敢作法于奢为子孙忧。"于是，尽管"岁万息二千"，但汪氏"一缊袍十许年不易，至手洴澼纩，沥粮之饭，瓜瓠之羹，众以为矫，弗顾也。"[⑦]明嘉靖婺源木商李祖玘，"既饶矣，而公之拮据无减贫时，其食粝衣苴，一窭人子不若也。所居庐极卑隘，后指繁不能客，然终不兴造。常服一布衣，历十余年如新，人有以身帖之者，则频拭之，恐污腻也。云履一双，客至，穿以见，去则阁之，其俭率如此。"[⑧]他不仅生活俭朴，还特别爱惜衣服，十余年如新；客人来时穿一双好鞋，走后即收拾起来。

尤其那些在扬州业盐的徽州大盐商，面对他人踵事芬华、挥金如土的奢侈生活，毫不为动，不仅自己自奉俭约，而且教育下人也要节俭。明万历间婺源商李大鸿在资产"足当上贾"后，又去扬州业盐。当时扬州盐商竞相奢靡，李大鸿却告诫他的掌计说："闻贾由积纤而巨者，未闻委约趋侈而不反丧故有也。"[⑨]掌计们遵照他的吩咐，保持节俭作风。大盐商鲍志道身任扬州盐

① 祁门《倪氏族谱》续卷。
② 转引自汪明裕编：《古代商人》，合肥：黄山书社，1999年，第214页。
③ 汪道昆：《太函集》卷五三，《处士汪隐翁配袁氏合葬墓志铭》。
④ 休宁《西门汪氏宗谱》卷六，《乡善狮公墓志铭》。
⑤ 歙县《济阳江氏族谱》卷九，《清诰赠光禄大夫演公原传》。
⑥ 休宁《西门汪氏宗谱》卷六，《岩福公暨配金孺人墓志铭》。
⑦ 李维桢：《大泌山房集》卷七二，《汪翁家传》。
⑧ 婺源《三田李氏统宗谱》，《长皋钟三十二两源公行实》。
⑨ 婺源《三田李氏统宗谱》。

业总商二十年，拥资巨万，可谓富矣。当时扬州奢侈成风，一掷千金，习为故常。然而，鲍志道仍保持俭朴本色，并教育妻子儿女，要亲自洒扫、浆洗、炊饪、操持家务，堪称“贫而无谄，富而无骄”。其能如此，不能不归于他的家学渊源。鲍志道的曾祖父鲍士臣曾说过这样的话：“傥来之物，侈用之是谓暴天，吝用之亦为违天，惟其当而已矣！”[①]并言行合一。鲍志道将这些话牢记在心，还经常讲给家人听。鲍志道不仅自家俭朴，还能对别人“以俭相戒”，所以在他的影响之下，扬州“侈靡之风至是大变”。[②]

休宁商人汪厚庄是克勤克俭的典型。清末民初，休宁县首富汪厚庄不仅在县城及屯溪设有万洪、万泰、万隆三家典铺，还在上海开设振大、鸿济、鸿顺等典铺，典铺虽设有管事，但统由族人汪宽也总揽全局。汪家在上海开设的“祥泰”布庄，曾名噪申江，主要经营“祥泰”毛蓝布。据传每年盈利是采取购买黄金或金条、金砖方式运给休宁县的汪厚庄。如此富有，汪厚庄却不奢侈浪费，他经常告诫家人：“要知家苦”，“不忘本”，不能“吃了白米饭，丢了乞丐棒”。尽管他家里有的是绫罗绸缎、貉獭狐裘，但他平时并不穿戴，只是在应酬宾客和年节略穿一下，平时一身竹布短打，倒像他家的佣人。他有轿有马可不骑不坐，却穿上一双土布鞋，夹着一把油纸伞，以步当车，凭一双铁脚板奔波在新塘、县城、屯溪之间。他在饮食方面更是节俭，常年青菜、萝卜、腌菜、豆腐汤，很少与鸡鸭鱼肉打交道。他还关照各店铺管事先生，平时一律粗菜淡饭，只准每月初一、十五两次打牙祭（吃荤菜），不得违例，并且他经常到各地厨房察看。他平日到各店，从不在店内吃饭，到东家就说在西家用过点心，到西家又说到南家打过伙，尔后他离开店铺，就躲在巷头摊尾啃上两个米粿充饥。有一次，他从布店出来到外面买米粿吃，到处都没有，吃别的食物花钱多，他认为不划算，只好硬着头皮去当铺吃午饭，到厨房一看，很是满意，因为每个店员的饭碗里只有一样腌菜，他顺手拿起就吃，谁知炊事员把红烧肉埋在碗底，刚吃了一半，肉给扒出来了，他气得把脚一跺，剩下的半碗饭也不吃了，要人把管事喊出来骂了一通，气冲冲地走了，还险些把宝贝油纸伞忘在店里。[③]

---

① 转引自汪明裕编：《古代商人》，合肥：黄山书社，1999年，第88页。

② 李斗：《扬州画舫录》卷六。记载：（鲍志道）“业鹾淮南，遂家扬州。初扬州盐务竞尚奢丽，一婚嫁丧葬，堂室饮食，衣服舆马，动辄费数十万。……自诚一来扬，以俭相戒，值郑鉴元好朱程性理之学，互相倡率，而侈靡之风，至是大变。诚一拥资巨万，然其妻妇子女，尚勤中馈箕帚之事。门不容车马，不演剧，淫巧之客，不留于宅。”

③ 朱世良等：《徽商史话》，合肥：黄山书社，1992年，第173页。

还有一位歙县徽商说他致富的秘诀是"外治五贼"。这"五贼"便是"眼、耳、鼻、舌、身"。他以自身经历介绍了治"贼"之法。一贼为眼。眼好视美色，为娶娇妻艳妾，必先建金屋银巢，费用太巨，而我只出钱数贯，买一丑妇，同样可以延续香火。二贼为耳。耳喜听好言，而笙歌美乐都非金钱不能得，不若远足郊游，听农夫秧歌，亦可以当作丝竹美乐欣赏。三贼曰鼻。人们置宝鼎，购龙涎，无非是为鼻之享受。而我则闭而不闻其香，终日卧马粪堆，亦且快意。四贼曰舌。罗致山珍，寻遍海味，乃受口舌之欺，倘若食而不辨其味，终日啖酸齑粥，也未饿过一回。五贼曰身。如果夏穿细葛，冬着重裘，虽他人视之称妙，却破了自家血钞，我乃上尊皇古之制，剪叶为衣，结草为冠，自顶至踵，不值一钱。此即治贼之诀，我依此而行数十年，遂有百万之富。①这则故事虽有对徽商的讽刺挖苦之虞，但徽商勤俭节约却是事实。

徽商的节俭在文学作品中也多有反映。《儒林外史》里有个徽商，生性节俭，却又要硬撑大方。一日，他坐轿来到一家面店，花八分银子买一碗面，只呷了一口汤，就赏给轿夫吃，引得众人啧啧称赞。其实这位徽商已在家里吃了一碗锅巴，然后才到面店来演这场戏的。《笑话三千》中有一位徽商，客居苏州，自制盐豆一瓶，每顿饭都要小心翼翼地取出来，用筷子夹着吃，一顿饭不得超过九粒。②凌濛初的《三刻拍案惊奇》记述了一位徽商：

> 话说浙江杭州府……有一个商人姓吴名爚，字尔辉，祖籍徽郡，因做盐，寓居杭城箭桥大街。年纪三十二三，家中颇有数千家事。但做人极是吝啬，真是一个铜钱八个字，臭猪油成坛，肉却不买四两。凭你大熟之年，米五钱一石，只是吃些清汤不见米的稀粥。③

这位徽商"家中颇有数千家事""肉却不买四两"，只吃清汤不见米的稀粥，足见节俭。

徽商的节俭也反映在徽州方言中。徽州人形容"手头紧，缺少钱"的窘境，各地使用的方言词不一样，祁门和黟县人称之为"打饥叫"；歙县和绩溪

---

① 沈起凤：《谐铎·鄙夫训世》。转自方静：《魅力绩溪》，合肥：合肥工业大学出版社，2006年，第81页。

② 转引自王磊：《徽州朝奉》，福州：福建人民出版社，1994年，第62页。

③ 凌濛初：《三刻拍案惊奇》第二十六回。

人认为是“打急醮”；而休宁与婺源人则读作“打急皱”。因为缺少钱，可能造成“饿肚子”，而肚子饿，自然就会导致肚子“叽叽叫”了，这符合徽州方言造词注重形象生动的特征。有一位徽商乘船去苏州，路上别人吃大鱼大肉，他只带一瓶炒黄豆，每次吃泡饭时，从中夹出来几粒。一日，他在船上遇到老乡，这位老乡说他儿子在苏州花天酒地，一副“大老官相”，气得这位老徽商将瓶里的豆子全部倒在手掌上，放到嘴里吃光了，恨恨地说：“我再也不做人家了！”徽州方言里的“大老官”，并非指的是官，而专指那些不是官却又爱摆官宦人家阔气的人。这些“大老官”喜欢讲究排场，大手大脚地花钱，好像不是花自己钱，似乎不花白不花。在徽州人眼里，能摆阔气的不一定是有钱人，因为有钱的徽商大都是“做人家”的，即将“省俭”二字奉为生活信条，倒是觉得“为官必阔”。徽州人认为如果某人真做了大官，“钱来得容易”，摆摆阔气也属正常。所以他们最不能容忍的是那些不是官，却模仿官家摆阔气的人。如果这号人是自己的子弟，那这“大老官”三个字便往往是咬牙切齿讲出来的，几乎就与“败家子”同义。[①]徽州民间信奉的相面术，非常关注人的鼻孔眼的大小，而且认定鼻孔眼小的人吝啬，所以吝啬的行为喻指成“鼻儿眼”。

但徽商在娶妾和贿官方面从不吝惜金钱。《二刻拍案惊奇》写道：“原来徽州人有个癖性，是乌纱帽、红绣鞋，一生只这两件事不争银子，其余诸事悭吝了。”[②]明代谢肇淛在《五杂俎》里说：“新安奢而山右俭也。然新安人衣食亦甚菲啬，薄糜盐齑，欣然一饱矣；惟娶妾、宿妓、争讼，则挥金如土。”在他看来，徽商比晋商奢侈，但他们的奢侈也只表现在这三个方面而已；至于穿衣、吃饭方面，徽商却很节俭。他的朋友江宗姬是个徽商，家产巨万。他与人争几尺地，花了上万两银子；娶一个妓女，也是如此；有一次，他的车马没有躲避掉一个官员的队伍，被官员追捕，他立即就花了几万两银子。但是，他“菲衣恶食，纤啬委琐，四方之人，皆传以为口实”。徽商吴天行拥有上百个小妾，时人称他为“百妾主人”[③]。

三、徽商的勤劳

勤劳是中华民族的传统美德，也是徽商精神之一。孟子指出：“天降大任

① 江声皖：《徽州方言的探秘》，合肥：安徽人民出版社，2006年，第178页。
② 凌濛初：《二刻拍案惊奇》卷一五，《韩侍郎婢作夫人，顾提控掾居郎署》。
③ 许承尧：《歙事闲谭》卷一五。

于斯人也，必先苦其心志，劳其筋骨，饿其体肤，空乏其身。”（《孟子·告子下》）成就大业必须吃苦耐劳，经得起磨难。明代徽商许侔对此有清醒的认识：“士农工贾，勇往为先。若我则贾业者也，或辞利涉之艰，则大事去矣，奚以充其囊橐、裕身肥家乎！于焉苦其心志，劳其筋骨以致富有。”[①]胡适把徽商这种吃苦耐劳、舍亲离家、远走他方终年不归的精神称之为“徽骆驼”精神，绩溪人则称为“绩溪牛”精神。顾炎武说“新都勤俭甲天下，故富亦甲天下”[②]。

（一）学徒生活

徽州人在进入商界之前，大多经过一个学徒习商的过程。《豆棚闲话》说：“徽州俗例，人到十六岁要出门做生意。”该书记述汪华“十五六岁，跟了伙计，学习江湖贩卖生意。徽州风俗，原是朴茂，往往来来，只是布衣草履，徒步肩挑。真是个一文不舍，一文不用”[③]。明休宁人汪新“年十五，挟赀游维扬……”[④]。明歙县人吴荣“甫十四能从商贩不后时”[⑤]，后来成为大贾。清黟县人舒遵刚“习商于饶仅十四龄耳”“年未三十即能创业”。[⑥]清歙县人鲍直润“十四赴杭习贾，贾肆初入者惟供洒扫”[⑦]。小小年纪就出外学徒经商，其中辛苦可想而知了。所谓“丈夫志四方，不辞万里游。新安多游子，尽是逐蝇头。风气渐成习，持筹遍九州”[⑧]，就是他们的真实写照。

胡适在他的自传里写道：“我们徽州人通常在十二三岁时便到城市里去学生意。最初多半是在自家长辈或亲戚的店铺里当学徒。在历时三年的学徒期间，他们是没有薪金的，其后则稍有报酬。直到学徒（和实习）期满，至二十一二岁时，他们可以享有带薪婚假三个月，还乡结婚。婚假期满，他们又只身返回原来的店铺，继续经商。”[⑨]在三年学徒期间，主要是干杂活，同时也学习经商的基本知识和技能；学徒生涯结束后，可升为“伙计”。伙计是雇佣者的通称，其分工和待遇各不相同，如茶号里的司帐、掌秤、水客等。

学徒生活非常艰苦，徽州民谣对此多有反映。《学徒苦》唱道：“学徒

① 歙县《许氏世谱》卷六。
② 顾炎武：《肇域志》，《江南十一·徽州府》。
③ 转引自王世华：《富甲一方的徽商》，杭州：浙江人民出版社，1997年，第200页。
④ 休宁《西门汪氏大公房挥佥公支谱》卷四。
⑤ 歙县《古歙岩镇镇东磡头吴氏族谱》，《仰山吴君行状》。
⑥ 同治《黟县三志》卷一五，《舒君遵刚传》。
⑦ 歙县《歙县新馆鲍氏著存堂宗谱》卷二，《中议大夫大父凤占公行状》。
⑧ 嘉庆《黟县志》卷二六。
⑨ 胡适：《胡适口述自传》，唐德刚译，北京：华文出版社，1989年，第2页。

苦，学徒愁；头上戴栗色，背脊驮拳头。三餐白米饭，两个咸鱼头。”[①]反映学徒忍辱负重的经历。《甜竹叶》唱道：

甜竹叶，朵朵娇，写封信，上徽州。俺在杭州做伙头；一日三顿锅焦饭，一餐两个咸菜头。手磨铁火钳，嘴磨铁犁尖。手像乌鸡爪，脚如黑柴头。你要到杭州来看俺，拿个布袋背骨头！

这首歌描述了在外学徒的艰苦生活。《火萤虫啊低低飞》唱道：

火焰虫，低低飞，写封信，到徽州。一劝爷娘别牵挂，二劝哥嫂不要愁。一日三餐锅焦饭，一餐两个腌菜头。面孔烟抹黑，两手乌溜溜。日子过得好可怜！可怜！可怜！好儿不低头。今朝吃得苦中苦，好的日子在后头！出了头，当老板，赚大钱，回家做屋又买田。

这些徽州学徒起初想法只是“活命”，后来才发展到“回家做屋又买田”。《徽馆学生意》唱道：

前世不曾修，出世在徽州。年到十三四，便多往外溜。雨伞挑冷饭，背着甩溜鳅。过山又过岭，一脚到杭州。有生意，就停留，没生意，去苏州。转来转去到上海，求亲求友寻路头。同乡多顾爱，答应肯收留。两个月一过，办得新被头。半来年一过，身命都不愁。逢年过时节，寄钱回徽州。爹娘高兴煞，笑得眼泪流。[②]

《写封信啊上徽州》唱道：

青竹叶，青赳赳，写封信啊上徽州。叫爹不要急，叫娘不要愁，儿在苏州做伙头。儿在外头学生意，心中记住爹娘话：“茴香萝卜干”，不能自己端，吃得苦中苦，方为人上人。学好了生意，我再上徽州。天啊地啊老子娘啊，没有出息我就不回头！[③]

---

① 栗色，指皮肤被打成赤紫色。驮拳头，指挨打拳头。
② 寻路头：托同乡找工作；被头：铺盖；身命：衣食。
③ 茴香与“回乡”谐音；萝卜是“落泊”的谐音。

这既反映了学徒工的艰苦生活，也反映了徽州人倔强的性格。

（二）小本起家

徽商多以小生意起家。[①]胡适曾说；"一般徽州商人多半是以小生意起家；刻苦耐劳，累积点基金，逐渐努力发展。有的就变成富商大贾了。"[②]胡适是徽州茶商的后裔，对家乡人的商业活动十分熟悉，对徽商成功的道路也非常清楚。扬州盐商吴景和"以一文起家，富至百万"[③]。《清稗类钞》对此有详细记载："南昌有布肆，号一文钱"，亦以一文发家，其创始人"惟余钱一文"，购面糊，捡破纸鸡毛，制作儿童玩具鸡狗出售，"久之，积钱渐多，乃渐作小本经纪。勤苦贮蓄，遂设布肆，以资财雄于会城矣"[④]，他显然是将利润一点点"贮蓄"，转为经营资本，扩大经营规模。

休宁人胡得卿是一个走村串巷，以零星贩卖布料、兜售针头线脑为生的小贩。现有海阳吴富堂的《赠星江胡君卖布》诗为证：

> 肩挑夕照过村庄，红绿辉笼色更光。微唤娇娘惊阁梦，停针欲售意遑遑。春闺远听唤娇娘，朵朵莲花艳画堂。一笑问君此物价，半争钱大半嗔郎。售得神针倚碧棂，暗想美女梦初醒。弓鞋刺罢何盈握，两瓣莲花线几经。

"海阳"为休宁的别称，"星江"也就是婺源。对此种商贩生涯，胡得卿自己也有诗《丁亥冬月日往溪口买货》加以描述：

> 肩挑夕照路犹难，霜叶山红似瑚珊。继业生涯何必改，店中叙旧自悠闲。征人已知是君家，笑问君家价若何。父所交游何问价，意君本是也争多。低思吾家山万重，细君闺阁闷心忡。庭前散步生涯算，滴漏铜壶子夜中。

---

① 关于徽商的小本起家，也可参见张海鹏、王廷元主编：《徽商研究》，合肥：安徽人民出版社，1995年，第18—25页。

② 胡适：《胡适口述自传》，唐德刚译，北京：华文出版社，1989年，第2页。

③ 李斗：《扬州画舫录》卷一。

④ 徐珂：《清稗类钞》第五册，《农商类》。

诗中描摹了他与休宁溪口老主顾之间的讨价还价。①

徽商中出自地主缙绅之门者只是少数人，绝大多数商人出身寒微，他们依靠自己的辛勤劳动，在商业活动中逐渐富裕。②徽州大贾出自缙绅之门者并不罕见，向有“阀阅之家也不惮为贾”之说，③但是徽商大多是小本发家，金声说：徽州山多田少，“其势不得不散而求食于四方，于是乎移民而出，非生善贾也……虽挟赀行贾，实非己赀，皆称贷于四方之大家”。④金声是明清之际的休宁人，他所说的情形当属事实。张海鹏、藤井宏等人也认为，徽州的富商大贾往往出自贫下之家，他们或来自农民，或来自雇员，或出身于为人役使的奴仆，或出身于家境清寒仕途无望的士子，多以小本起家，逐渐发展成为大贾。⑤

清代祁门人倪尚荣，七岁时父亲去世，家境十分贫寒。稍大一点，他就以砍柴奉养母亲，后来发生大乱，粮食昂贵，他不得已学做船夫，仍然不能养家糊口。于是他就用积累起来的零钱学经商，奔波于鄱阳和祁门之间，逐渐富裕起来。⑥明代婺源人李魁卖掉家里仅有的一间房屋，得到10两银子，前往南京营商，不惮烦劳，艰苦创业。没过几年，他竟也买下了不少田宅。⑦明朝成化、弘治年间，歙县人江才三岁丧父，家道中落，无以为生，十三岁时不得不跟随哥哥做小本生意。他用妻子的嫁妆作资本，在杭州开了一个小铺子，零星出售盐米杂物。尽管他省吃俭用，努力经营，但终因本小利薄，所获不足以奉亲。江才遂发愤远游，奔走于青齐梁宋之间，贩运商品，牟取厚

① 王振忠：《清代徽商的〈弄月嘲风〉》，《寻根》2002年第4期。

② 徽商研究专家张海鹏、王廷元、王世华等人也持有相同的观点。参见张海鹏、王廷元主编：《徽商研究》，合肥：安徽人民出版社，1995年，第19—20页；王世华：《富甲一方的徽商》，杭州：浙江人民出版社，1997年，第13页。刘建生、刘鹏生认为晋商也是小本起家，参见刘建生、刘鹏生：《晋商研究》，太原：山西人民出版社，2005年，第326页。

③ 比如歙人黄绍“家世饶于财”，二十岁时即携资前往淮泗齐鲁间经商；歙人汪次公“家拥素封”，而且岳父家也是当地首富，他就凭借家中丰厚的资产从事高利贷经营，很快成为富商。

④ 康熙《徽州府志》卷八。

⑤ 参见张海鹏、王廷元主编：《徽商研究》，合肥：安徽人民出版社，1995年，第25页；藤井宏、傅衣凌、黄焕宗：《新安商人的研究》，《安徽史学通讯》1959年1期；《江淮论坛》编辑部编：《徽商研究论文集》，合肥：安徽人民出版社，1985年，第27页。

⑥ 祁门《倪氏族谱》续卷，《贞一堂季亭公行状》。记载：“家境甚贫……采薪以奉堂上，甘旨无敢缺。……不得已去而学操舟之业……去而学贾，往来于鄱湖阊水间，不避艰险，差幸亿则屡中，操奇计赢，境遇渐丰，而秉性好善。”

⑦ 婺源《三田李氏统宗谱》，《休江潭东市魁公夫妇逸绩》。记载：“与祖妣商，觅转输之资，彷徨四顾，狼狈无措。回思只遗卧室一间，不得已，出鬻于族人，仅得十金。遂橐往金陵，赁一乡肆，朝夕拮据，不惮烦劳。无几何，稍饶给矣；无几何，买田宅矣。”

利，他四十岁时终于成为腰缠万贯的大贾了。[①]

徽州的大盐商也并非都出自地主缙绅之门，而以小本起家的商人居多。徽州盐商一般是通过当副手，分得红利，然后独立经营，发展成为大盐商。顾炎武说：徽州"大贾（资本）辄数十万，则有副手，而助耳目者数人……他日计子母息，大羡，副者始分身而自为贾。"[②]歙县人鲍尚志的曾祖是盐商，家称素封，其后日渐败落，到鲍尚志出生时，则家"窭甚矣"，不得不靠祖母、母亲为人缝补衣裳维持生活。家中经常是两天才吃上一顿饭，其窘困的程度非同一般。鲍尚志刚满12岁便在兰溪一家当铺内当学徒，起早睡晚，受尽折磨。店主每逢初一、十五才供学徒工们一餐肉食。鲍尚志得肉，必和以盐酱，封贮罐内，以便托人带回家中，孝敬祖母。鲍尚志成人后，在会稽帮一家盐商料理盐务，前后达10余年之久，依然穷困潦倒，两手空空。后来，他向亲友贷银200两，以贱价质押丁东江盐场的倪茂芝盐灶，精心管理，获利颇厚，从此便开始了他的业盐生涯。后来他的儿子鲍直润继父业，既经营盐灶又以江山口岸为引地，把盐的生产与运销结合起来，遂使利润大增，"拓业数倍"，成为大盐商。[③]

清代大盐商鲍志道虽是名门大族之后，但他幼时家道中落，穷到"无以为生"的地步。鲍志道11岁时就为生计所迫，远赴鄱阳学习会计，后来辗转于金华、扬州以及湖广各地，未能找到出路。20岁时，鲍志道再赴扬州辅佐吴太守经营盐业，由于他精明能干，使该盐商家业大起，他也因此积累了业盐的经验和资金。后来他就利用自己积攒起来的酬金独自经商，逐渐成为驰名遐迩的扬州巨商。鲍志道发迹后，以资重引多、办事干练，被推为两淮总商。他在任20余年，名重江南。[④]

徽商不仅在创业初期勤劳，就是"家业隆起"以后，他们仍能坚持勤劳不息。歙商程致和"能薄饮食，忍嗜欲，节衣服，与同事僮仆同苦乐……凡十年而素封"。若问他何以能致此，同乡人评论为："公既能左画圆，右画方

① 歙县《溪南江氏族谱》，《处士终慕江翁行状》。记载："翁生三岁而父卒，依兄奉母吴以居……翁年十二三，即从兄居酤里中。稍长，从兄如钱塘。其在钱塘日坐阛阓，售米盐杂物……遂辞其兄，北游青、齐、梁、宋间，逐什一之利。久之复还钱塘，时已挟重赀为大贾。"

② 顾炎武：《肇域志》，《江南十一·徽州府》。

③ 鲍友恪：《鲍氏诵先录》第五册；《歙县新馆鲍氏著存堂宗谱》卷二，《鲍尚志行状》。记载："鲍尚志为同邑江静澜司鹾务，江业在会稽，尝令公赍赀往……乃往丹阳贩米，比归，值骤减……寻以东江场倪茂芝盐灶为质，由是业灶署，灶曰明泰，盖寓资之出明远也。……年余，计稍赢……"

④ 歙县《棠樾鲍氏宣忠堂支谱》卷二一，《中宪大夫肯园鲍公行状》。关于鲍志道的生平事迹，参见刘淼：《徽商鲍志道及其家世考述》，《江淮论坛》1983年第3期。

矣，而又能仰有取，俯有拾，敏而给之，勤而据之”[①]，勤是重要一条。歙商许尚质早期“负担东走吴门，浮越江南，至于荆，遂西入蜀”，备受辛苦，勤劳备至，致富后“犹竞竞力作，衣敝食蔬，强步五六十里如其贫时”。[②]歙商汪希贤“弱冠偕诸伯仲绍祖父业，贾北关溪滨，资日饶裕”，但仍“挟资游二浙三吴，不辞艰劳，贵贱赢绌悉中心计”[③]。歙商鲍尚志平日“业灶时，尝宿灶所，虽冬夜必三起巡视出门，尝持盖徒步，不轻施舟楫”[④]。黟商余逢盛经营鹾业，“凡整纲裕课，杜弊昶销，一应章程，悉息心妥置几五十年，口岸同业赖之”[⑤]，可知他勤劳一生。休宁商金文海少贫，长大后，贷款经营一份濒临倒闭的商业，“于是以勤持己，以俭率诸人，以和联日来相贸易者。厉气作力，资遂日起”。祁门商张元涣“始末来游吴，筐厥绮纨，通于豫章；惟勤惟俭，是勉是师，遂赀雄旅辈”[⑥]。

（三）长途跋涉

胡适经常谈到绩溪人的出行情况，据他回忆：旧时徽州人走遍全国，背着一个口袋，里面装着炒米（或炒面粉），行经一处，只要向人家讨点不要钱的水喝，以水和着炒米或炒面粉一吃，聊以充饥，便可省下一笔出门的伙食开支。[⑦]胡适还说，徽州当地有“出门身带三条绳，可以万事不求人”之说，意思是：徽商出门要自备三条绳，一旦所背的网篮、扁担等物件损坏或拗断了，都可用得着；必要之时，还可以用以上吊。[⑧]可见徽商的吃苦精神和“不成功便成仁”的决心。

从徽州的山里走出去，路途并不轻松。吴自法在《徽商便览》中描述：

> 吾徽之由陆路旅行者，东则有大鄣之固，西则有浙岭之塞，北则有黄山之隘。由水路旅行者，则东涉浙江，滩险三百六十；西通彭蠡，滩险八十有四。经历险阻，跋涉山川，糜费金钱，牺牲时日，殊非易事。

据王振忠在《杭州上水路程歌》和《徽州下水路程歌》中的介绍，徽商从休

---

① 歙县《褒嘉里程氏世谱》。

② 歙县《许氏世谱》，《朴翁传》。

③ 歙县《济阳江氏族谱》卷九。

④ 歙县《歙新馆鲍氏著存堂宗谱》卷二，《皇清诰赠奉直大夫盐提举衔上寿覃恩钦赐帛七品顶带曾祖考尚志公行状》。

⑤ 黟县《环山余氏宗谱》卷二一。

⑥ 转引自汪明裕编：《古代商人》，合肥：黄山书社，1999年，第214页。

⑦ 千家驹：《感念适之先生》，《明报月刊》1992年第2期。

⑧ 胡颂平编：《胡适之先生晚年谈话录》，北京：中国友谊出版公司，1993年，第178页。

宁县到杭州的路程总共有670里。[①]《水程捷要歌》唱道："一日渔梁坝，百里至街口。八十淳安县，茶园六十有。九十严州府，钓台桐庐守。潼梓关富阳，三浙垅江口。徽郡至杭州，水程六百走。"其中艰隘险滩也不少，例如滚滩前后："乱石叠波澜，长滩渡短滩。扁舟如曲引，惯向潭间钻。"有一位徽商用诗歌描述了旅途的心情："登坡越岭步山城，旅店随投暂寄征。长途孤客心凄楚，跋涉奔波了不胜。闷坐舟中意索然，三餐茶饭伴愁眠。曲岸两旁山矗立，河中石卵荡溪沿。"[②]经商意味着漂泊，他们或在山中跋涉，或闷坐舟中，遇到旅店就寄宿，三餐茶饭伴愁眠。

此外，全国各地都还有不同的自然风险，经商前途扑朔迷离。如《客商规略·客途》所言：

> 巴蜀，山川险阻，更防出入之苗蛮；北直，陆路平夷，犹惧凶强之响马；山西、陕西，崎岖之地；辽东、口外，凶险之方；黄河有溜洪之险，闽、广有峻岭之艰，两广有食盐之毒，又兼瘴气之灾。陆路有吊口之徒，舡户有暗谋之故。浙路上江西，亦多辛苦。中原到云贵，多少颠危。长江有风波盗贼之忧，湖泊有风水渔舡之患。山河愁水势来涌，又恐不常之变；闸河怕官座粮河，更兼走溜之忧。矿贼当方有之，盐徒各处难静。荆州到四川，生而拼死；胶州收六套，死里逃生。[③]

嘉靖时，歙商许尚质为了采购珍贵木材，深入蜀地，"又西涉夜郎、牂牁、邛笮之境"。一年冬季，他在湖南、四川交界的少数民族地区，因冰雪盖地而迷路，"佝偻扳崖谷"，毛悚骨竖，终于走出了险境。他晚年向儿子们回忆自己创业时的艰辛，不禁感慨地说："乃公竭力起家，非以娱心志、悦耳目也，间自念曩入蜀时，迷失道，伛偻扳崖谷，行冰雪中，至今使人毛悚骨竖，乃公谁为哉？若等念之。"[④]为了使子孙不忘记这段创业史，他还"具论其平生艰难辛苦状，勒石堂右"，时时教育子孙。徽商足迹遍天下，可谓"岭南塞北，

① 王振忠、陶明选：《晚清徽州民间社会生活管窥》，《安徽史学》2006年第5期。

② 朱万曙、谢欣：《徽商精神》，合肥：合肥工业大学出版社，2005年，第10页。

③ 绩溪《客商规略·客途》，参见卞利：《明清徽州社会研究》，合肥：安徽大学出版社，2004年，第140页。

④ 歙县《许氏世谱·朴翁传》。转引自王世华：《富甲一方的徽商》，杭州：浙江人民出版社，1997年，第199页。

饱谙寒暑之劳；吴越荆襄，频历风波之险”[①]。在徽州明堂的正中央，摆放着长条形的桌子，桌子上面摆放着东瓶西镜（喻东平西静），祈盼在外经商的亲人平安。

徽商不仅饱受旅途之苦，更遭受贪官污吏的盘剥勒索。明清时期，政府对盐、茶及一些金属矿物的禁榷制度很严，商人涉足其间，如履薄冰，更为重要的是贪官污吏多如牛毛，他们视商人为俎肉，大肆盘剥勒索，使经商困难重重。[②]明弘治十二年吏部尚书倪岳就曾上疏曰：

> 近年以来，改委户部官员出理课钞，其间贤否不齐，往往以增课为能事，以严划为风力，筹算至骨，不遗锱铢。常法之外，又行巧立名色，肆意诛求，船只往返过期者，指为罪状，辄加科罚；客商资本稍多者，称为殷富，又行劝借；有本课该银十两，科罚劝借至二十两者。少有不从，轻则痛行笞责，重则坐以他事，连船折毁，客商号哭水次，见者兴怜。[③]

明中叶以后，这种情况更为严重，徽商也难逃此等厄运。万历《休宁县志》说：

> 逮舟车有算，关市迭征，所息半输之道路，归慰待哺，宁有几何？则蜗涎之为中枯尔！列肆市廛，若稍称逸，自百货俱榷，直日重而息日微。兼邑当孔道，诸邑供亿，时时倚办，奉公之直，十不逾半，而舆隶上下而渔猎之，则市廛重困矣。[④]

康熙《徽州府志》的作者不禁哀叹：“甚矣，贾道之难也！为人上者又从而病之，民其何以堪命耶！”[⑤]

---

① 休宁《西门查氏祠记》，《凤湖处士彦辉查公墓志铭》。

② 李琳琦：《徽商与明清徽州教育》，武汉：湖北教育出版社，2003年，第140页。

③ 陈子龙等：《明经世文编》卷七八。转引自张海鹏、王廷元主编：《徽商研究》，合肥：安徽人民出版社，1995年，第322页。

④ 万历《休宁县志》，《风俗》。

⑤ 歙县《潭渡黄氏族谱》卷九。亦见李琳琦、王世华：《明清徽商与儒学教育》，《华东师范大学学报》（教育科学版）1997年第3期。

第三节　徽商的艰苦奋斗

韦伯认为，儒教和清教都赞同理性主义，但是“儒教的理性主义旨在理性地适应现世；而清教的理性主义旨在理性地支配这个世界”[①]。余英时认为：“儒家对‘此世’决非仅是‘适应’，而主要是采取一种积极的改造的态度；其改造的根据即是他们所持的‘道’或‘理’。”[②]徽州人并不是恃富而经商，而是“不贾则无望”。徽商从贾人数之众，活动区域之广，都反映出他们的艰苦奋斗精神。

一、生存环境：“不贾则无望”

“徽之为郡在山岭川谷崎岖之中”[③]。千米以上的山峦分布在徽州四境的占64%，平均高度1 332米；境内的占36%，平均高度1 137米。主要有黄山山脉、天目——白际山脉、五龙山脉和九华山脉等，且群峰突兀，如莲花峰（1 864米）、天都峰（1 810米）、清凉峰（1 787米）、五龙山（1 469米）、六股尖（1 618米）、牯牛降（1 727米）。“八山一水一分田”是对徽州地貌的高度概括。徽州的整体地理形势是陆路“东有大鄣之固，西有浙岭之塞，南有江滩之险，北有黄山之扼。即山为城，因溪为隍。……自睦至歙皆为鸟道，萦纡两旁，峭壁仅通单车”[④]。从水路而出，“则东涉浙江，其滩之险有三百六十；西同彭蠡，基滩之险有八十四”[⑤]。山水形胜，风光绮丽。“山峭立而水清激，峰峦掩映，状若云屏，实百城之襟带也”[⑥]。

徽州境内水系纵横，湖泊、河流密集，主要以新安江为主，还有阊江、乐安江、水阳江、青弋江等水系；练江、率水、丰乐水等支流密布。新安江是钱塘江的上游，顺新安江东下可达杭州。新安江上游有两大支流，南支称率水，为新安江正源，发源于五龙山脉的六股尖；北支称横江，源于黟县五溪山主峰白顶山。在古代陆路不发达时，新安江是徽州的生命线。另外，由北部绩溪境内的徽溪、乳溪顺流而下可至芜湖，西部祁门则由阊江入鄱阳湖。

---

① 马克斯·韦伯：《儒教与道教》，洪天富译，南京：江苏人民出版社，1995年，第277页。

② 余英时：《中国近世宗教伦理与商人精神》，合肥：安徽教育出版社，2001年，第143页。

③ 王安石：《孙抗墓碑》。

④ 顾炎武：《天下郡国利病书》卷三二，《江南二十·徽州府》。

⑤ 彭泽、汪舜民：《徽州府志》卷一，《地理志·形胜》。

⑥ 何绍基：《重修安徽通志》卷一六，《舆地志·形势》。

徽州地少人多，而且土质很差。王世贞说：“新安僻居山溪中，土地小狭、民人众，世不中兵革，故其齿日益繁，地瘠薄，不给于耕，故其俗纤俭习事。”[①]顺治《歙县志》曾这样描述徽州地质：

> 地隘斗绝，厥土骍刚而不化。高山湍悍少潴蓄，地寡泽而易枯，十日不雨，则仰天而呼；一骤雨过，山涨暴出，其粪壤之苗又荡然空矣。大山之所落，多垦为田，层累而上，指至十余级，不盈一亩。

就是说，徽州不仅土地少，而且土质非常差。徽州是赤色硬土，它的耕层不深，有机含物量低，属于薄瘠之地，不利于粮食生长。这些土地多是山地，山势陡峭，难以蓄水，旱涝交替，同样不利于农作物的种植和生长。山地依山开垦，层叠而上，形成梯田，实际面积并不多。然而，徽州人口并不少，人地矛盾突出：

> 本府万山中，不可舟车，田地少，户口多，土产微，贡赋薄，以取足于目前日用观之则富郡，一遇小灾及大役则大窘。[②]
>
> 徽郡保界山谷，土田依原麓，田瘠确，所产至薄，独宜菽麦红虾籼，不宜稻粱。壮夫健牛，日不过数亩，粪壅缉栉，视他郡农力过倍，而所入不当其半。又田皆仰高水，故丰年甚少，大都计一岁所入，不能支什之一。[③]

从徽州走出去的汪道昆就曾感慨说：“新都故为瘠土，岩谷数倍土田，无陂池泽薮之饶，惟水庸为搰搰，即力田终岁，赢得几何?”[④]

人地矛盾的后果是徽州地区粮食严重不足，已经到了难以为继的程度。据明末学者顾炎武说：在徽州“大都计一岁所入，不能支什之一。小民多执技艺，或贩负就食他郡者，常十九”[⑤]。可知徽州一年所产粮食，只能养活全境的十分之一人口。因此，粮食在徽州具有特别重要的价值。清代徽州人许承尧说：“余郡处万山中，所出粮食不足一月，十九需外给，远自江广数千

① 王世贞：《弇州四部稿》卷六一，《赠程君五十叙》。
② 弘治《徽州府志》卷二，《食货一》。
③ 顾炎武：《天下郡国利病书》，《江南二十》。
④ 汪道昆：《太函集》卷七，《新都太守济南高公奏最序》。
⑤ 顾炎武：《天下郡国利病书》，《江南二十》。

里，近自苏松常镇数百里而至。"[①]就是说徽州粮食需要从几百里之外的苏松常镇等府或从几千里之外的湖广运来。由于徽州的粮食大部需要外给，加上运输途中"纳钞输牙，舟负费重，与所挟资准"，因而出现了"江南米价，独徽高"的局面。[②]

在荒年或闭籴之时，徽州粮食的恐慌就更为严重。"徽州介万山之中，地狭人稠，耕获三不赡一。即丰年亦仰食江楚，十居六七，勿论岁饥也。……一日米船不至，民有饥色，三日不至有饿莩，五日不至有昼夺。"[③]正如赵吉士所云："一旦饶河闭籴，则徽民仰屋；越舟不至，六邑无衣；荒旱偶乘，死亡立至。"[④]万历年间，"大旱既苦雨，斗米一钱三分"[⑤]，当时新安江上的抢劫米船事件时有发生，以致"客贩绝迹，该处米价不特昂贵无比，且至无米可买"[⑥]。又如崇祯十四年，"浮盗阻河，舟楫不通，粮食腾贵，斗米银三钱，人掘土以食，俗名观音土，食后多有死"[⑦]。于是徽人遂相率"以货殖为恒产"，而辗转谋食于四方了。

可见，徽州人是藉经商以求富，并非侍其富而经商。万历《歙志》称："谚语以贾为生意，不贾则无望，奈何不亟亟也。以贾为生，则何必子皮其人而后为贾哉！人人皆欲有生，人人不可无贾矣。"[⑧]清人洪玉图在其《歙问》中写道：

> 歙山多田少，况其地瘠，其土骍刚，其产薄，其种不宜稷粱，是以其粟不支，而转输于他郡，则是无常业而多商贾，亦其势然也。矧近者比岁不登，鲜不益窘矣。兵燹之余，日不能给矣，而又重之以徭役，愈不能安矣，又安能不以货殖为恒产乎？是商以求富，非席富厚也。

徽州山多田少，耕地瘠薄，粮食不足自给；加之赋役繁重，社会动乱，灾荒

---

①许承尧：《歙事闲谭》卷六，《明季县中运米情形》。

②许承尧：《歙事闲谭》卷六，《明季县中运米情形》。

③康熙《休宁县志》卷七。

④康熙《徽州府志》卷八。

⑤民国《歙县志》。转引自张海鹏、王廷元主编：《徽商研究》，合肥：安徽人民出版社，1995年，第469页。

⑥民国《歙县志》。转引自张海鹏、王廷元主编：《徽商研究》，合肥：安徽人民出版社，1995年，第469页。

⑦同治《祁门县志》卷三六，《杂志》。

⑧万历《歙志》，《货殖》。

迭作，更加深了徽人的灾难。近代徽籍大画家黄宾虹对此有深刻的体会，其论十分精辟，他说：

> 夫新安之不能不贾者，时也，势也，亦情也。太史公之时，江淮之南，地广人稀，食土之毛，人足自给，无事贾也。乃昔新安小邑，其人之众，几于汉一大郡，所产谷粟，不能供百分之一，安得不出而糊其口于四方也。谚语以贾为生意，不贾则无生，奈何不亟亟也。以贾为生，则何必子皮其人，而后为贾哉！人人皆欲为生，人人不可无贾矣。故新安之贾，岂惟如上所称大都会者皆有之，即山陬海壖，孤村僻壤，亦不无吾邑之人，但云大贾必据都会耳。[①]

黄宾虹道出了徽州人从商的实情。徽商崛起正应时也、势也、情也，而不是徽州人天生善贾。面对如此生存环境，徽州人不是坐以待毙，而是走出去，向外拓展自己的生存空间，经商已成为他们谋生的重要手段。

二、从贾人数：“十七在天下”

徽州人要“服贾四方”，才能养家糊口。王世贞说：“大抵徽俗，人十三在邑，十七在天下；其所蓄聚则十一在内，十九在外。”[②]汪道昆指出：“新都业贾者什七八，族为贾而隽为儒，因地趋时则男子所有事，外言不入于梱。”[③]张翰说：徽州“其民多仰机利，舍本逐末，唱棹转毂以游帝王之所都，而握其奇赢，休、歙尤夥，故贾人几遍天下。良贾近市利数倍，次倍之，最下无能者逐什一之利。其株守乡土而不知贸迁有无长贫贱者，则无所比数矣。”[④]徽州人金声也说：“新安不幸土瘠地狭。所以生业著于土者，什不获一。其势必不能坐而家食。故其足迹常遍天下。”[⑤]徽州六县从商者占人口总数的比例不尽相同：[⑥]歙县“贾者什家而七，赢者什家而三”[⑦]。祁门“山昂峭而水清驶，人故矜名节。产薄，行贾四方，知浅易盈，多不能累大千大

① 黄宾虹：《新安货殖谈》。
② 王世贞：《弇州四部稿》卷六一，《赠程君五十叙》。
③ 汪道昆：《太函集》卷一七，《阜成篇》。
④ 张翰：《松窗梦语》卷四，《商贾纪》。
⑤ 金声：《金太史集》卷八，《建阳令黄侯生祠碑记》。
⑥ 赵华富：《徽州宗族研究》，合肥：安徽大学出版社，2004年，第488页。
⑦ 汪道昆：《太函集》卷一六，《兖州汪长公六十寿序》。

万，然亦复朴茂。务节俭，不即荡淫。……民故纤弱啬，服田者十三，贾十七”[①]。休宁“从来无兵戈燹略之惨，生息繁夥，民则聚于有余，而财则争于不足”[②]。加之“土田不给生齿之什一，而大多行贾，不习赋役”[③]。人们“往往挟轻赀以贾四方，贸平而取廉，多获赢利，老乃倦息，势所使然也”[④]。邑中“百工之巧，虽少逊于歙，比之他郡邑实过之”[⑤]。

相对歙县、休宁、祁门而言，婺源、绩溪、黟县从商者略少一些。[⑥]绩溪“与歙为接壤，而独受多山之累，且南辕北辙，惟绩鲜挟赀之游人”。“田畴不逮婺源，贸迁不逮歙（县）、休宁。其土瘠，其民勤……然而士食旧德，农服先畴，知稼穑之艰难”[⑦]。直到太平天国前后，仍无大变化。汪士铎引绩溪人冯经甫言：“绩溪人比他处不同，世治则出而贸易，世乱则归家。家各有田，多者数十亩，少亦数亩，风俗俭朴，力耕可以自治。”他进而指出：绩溪人“经商者亦绝少，即为商，亦负贩小经纪，年必家居半载。”[⑧]故绩溪“无富商大贾”[⑨]。婺源“习俗每喜远商异地，岂果轻弃其乡哉？亦以山多田寡，耕种为难，而苦志读书者又不可多得，是以挟谋生之策，成远游之风，南北东西，本难悉数”[⑩]。民国《重修婺源县志》记载：“士农之家五，商之家三，工之家一。”[⑪]黟县徽商兴起较晚。嘉庆《黟县志》记载：“住者户口少，地足食，读书力田，无出商贾者。《徽郡六邑评》所谓黟县‘男耕（田），女绩麻’，盖纪实也。国朝生齿日盛，始学远游，权低昂，时取予，为商为贾，所在有之；习业久，往来陈椽，资以衣食。”[⑫]民国时期，黟县“俗重贸易，男子成童，即服贾四方，视农工为贱业，劳力而不可谋蓄积。”[⑬]经商已经成为普遍接受的行业了。

---

① 万历《祁门县志》卷四，《风俗》。

② 万历《休宁县志》，《重修休宁县志序》。

③ 《休宁县赋役官解条议全书序》，参见张海鹏、王廷元主编：《明清徽商资料选编》，合肥：黄山书社，1985年，第52页。

④ 万历《休宁县志》，《重修休宁县志序》。

⑤ 万历《休宁县志》，《舆地志・风俗》。

⑥ 关于徽州一府六县经商概况，可参见赵华富：《徽州宗族研究》，合肥：安徽大学出版社，2004年，第477—478页。

⑦ 乾隆《绩溪县志》，《风俗》。

⑧ 汪士铎：《乙丙日记》卷一、三。

⑨ 乾隆《绩溪县志》。

⑩ 婺源《燉煌郡洪氏通宗谱》卷五六，《南园记》。

⑪ 民国《重修婺源县志》卷四，《风俗》。

⑫ 嘉庆《黟县志》卷三，《地理志・风俗》。

⑬ 转引自张海鹏、王廷元主编：《明清徽商资料选编》，合肥：黄山书社，1985年，第29页。

从事盐业经营的徽商最多。徽州“以盐、典、茶、木为最著”，而从明弘治五年（1492年）至清道光十年（1830年）的300余年中，“盐业尤兴盛焉”。[①]从弘治五年开始，徽州盐商迎来了第一个黄金时期。这年，户部尚书叶淇为了改变“商人困守支”的情况，乃实行开中折色，商人可以直接赴盐运司纳银买引，就地支盐销售。当时，两淮盐运司设在扬州，两浙盐运司设在杭州，这两处离徽州都很近。徽商抓住自己的优势，纷纷涌向两淮盐场。例如，成化、嘉靖年间歙商黄五保就是在开中折色后，“乃挟赀治鹾淮阴间，善察盈缩，与时低昂，以累奇赢致饶裕”[②]。黄豹也在这时“辇其资斧之淮南。淮南，东南楚会之地，鱼盐之饶，公绝机诈，一为廉贾。久之，一年给，二年足，三年大穰，为大贾矣”[③]。歙商黄崇敬“初游齐鲁燕赵间”，开中折色后，“既而止维扬，效猗顿氏”，从事盐业。[④]弘治、正德间，歙县商人许大兴“以盐筴往来淮楚间，起家累巨万”。[⑤]婺源人李大祈“转徙维扬，出入荆楚，鹾艘蔽江，业骎骎百倍于前，埒素封矣”。[⑥]嘉靖、万历年间，徽州黄氏、汪氏、吴氏诸宗族子弟在扬州经营食盐致富者很多，他们拥有的资本“皆由数十万以汰百万”，并且“以盐筴祭酒而甲天下”。[⑦]据黄氏宗谱记载：“黄氏世货鹾两淮，甲于曹耦。”[⑧]如黄莹，“稍长，渊虑斧断，渐露芒角，咸谓两淮之间，非得君不可，乃使抑志辍学，居止于广陵、淮阴”[⑨]。黄鉴，“治猗顿鹾业，商游通泰……声籍籍于淮海间”[⑩]。黄锜，“以家世商隐，折节居积业，始游吴会，累赀镪骎骎向盛，乃货鹾淮扬间”[⑪]。

从康熙中叶到乾隆中叶，为徽州盐商的第二个黄金时期。这时期，徽商还成群结队前往两浙业盐。黟县宏村汪氏宗族就有不少人经营浙盐，如汪方锡，“业浙鹾，时父老弟幼，经营十年，积巨赀”。[⑫]汪廷俊，“事亲孝，以业

① 民国《歙县志》卷一，《舆地志·风土》。转引自赵华富：《徽州宗族研究》，合肥：安徽大学出版社，2004年，第488页。

② 歙县《竦塘黄氏宗谱》卷五，《处士乐斋黄公行状》。

③ 歙县《竦塘黄氏宗谱》卷五，《明故处士黄公豹行状》。

④ 歙县《竦塘黄氏宗谱》卷五，《明处士竹窗黄公崇敬行状》。

⑤ 歙县《新安歙北许氏东支世谱》卷八。

⑥ 婺源《三田李氏统宗谱》。

⑦ 万历《歙志》卷一〇。

⑧ 歙县《竦塘黄氏宗谱》卷五，《云泉黄君行状》。

⑨ 歙县《竦塘黄氏宗谱》卷五。

⑩ 歙县《竦塘黄氏宗谱》卷五。

⑪ 歙县《竦塘黄氏宗谱》卷五。

⑫ 同治《黟县三志》卷七，《人物志·尚义传》。

盐侨寓钱塘，晓达鹾政，为台使所倚重”。[①]汪燮，“附贡生，以浙鹾议叙主簿”。[②]歙县新馆鲍氏宗族也集中在浙江业盐，[③]如鲍橐，“家初以贫，奉养未能隆，后以业浙鹾，家颇饶裕”。鲍继登“自少老成，与诸父合业，并以盐策起家”。鲍省吾与鲍柏庭“同以业鹾起家”。鲍雯“以先世治鹾两浙，至是额引告滞，公私逋负如猬毛，不得已脱儒冠往武林（杭州），运筹以为门户计……其后渐致赢余”。乾隆时鲍立然“与兄业鹾于杭”。鲍简锡被父亲视为“可继先业，遂挈云游武林”，后弃举业，辅助父亲专治盐策。乾隆时鲍尚志在浙江“以业盐起家”，他的儿子鲍绍翔也理鹾业。歙县江氏、吴氏、黄氏、程氏、汪氏、徐氏、郑氏、许氏、曹氏、宋氏、鲍氏、叶氏等宗族曾驰骋两淮盐业，执商界之牛耳。

三、活动区域：“无徽不成镇”

近代人胡适说：“徽州人正如英伦三岛上的苏格兰人一样，四出经商，足迹遍于全国。”[④]因此有“钻天洞庭遍地徽”[⑤]之说，意思是洞庭商帮极善经营，徽州商帮分布极广。谢肇淛说：徽商“无远不届，即遐陬穷发，人迹不到之处，往往有之”。[⑥]万历《休宁县志》说：徽商“藉怀轻赀遍游都会，因地有无以通贸易，视时丰歉以计屈伸。诡而海岛，罕而沙漠，足迹几半禹（宇）内。”[⑦]康熙《休宁县志》记载：“邑中土不给食，大都以货殖为恒产，因地有无以通贸易，视时丰歉以计屈伸。居贾则息微，于是走吴、越、楚、蜀、闽、粤、燕、齐之郊，甚则逖而边陲，险而海岛，足迹几遍禹内。”[⑧]万历《歙志》称：“山陬海壖，孤村僻壤，亦不无吾邑之人。”[⑨]清代有人描写徽商的足迹：“丈夫志四方，不辞万里游。新安多游子，尽是逐蝇头。风气渐成习，持筹遍九州。”[⑩]民国《歙县志》将徽商的迁徙活动大致划分为三个地理圈，指出其“虽滇、黔、闽、粤、秦、燕、晋、豫，贸迁无不至焉。淮、

① 嘉庆《黟县志》卷七，《人物·尚义》。
② 嘉庆《黟县志》卷七，《人物·尚义》。
③ 以下均出自歙县《新馆鲍氏著存堂宗谱》卷二。
④ 转引自程金淦编：《胡适研究资料》，北京：十月文艺出版社，1989年，第412页。
⑤ 《今古奇闻》卷三。
⑥ 谢肇淛：《五杂俎》卷四。
⑦ 万历《休宁县志》，《舆地志·风俗》。
⑧ 康熙《休宁县志》卷一，《风俗》。
⑨ 万历《歙志》卷一〇。
⑩ 嘉庆《黟县志》卷一六，《艺文》。

浙、楚、汉又其迩焉者矣。沿江区域向有‘无徽不成镇’之谚”。[①]可见，沿江区域是徽商活动的中心地带。

江南市镇是徽商活动的重要区域。康熙《徽州府志》记载：“徽之富民尽家于仪、扬、苏、松、淮安、芜湖、杭、湖诸郡，以及江西之南昌，湖广之汉口，远如北京，亦复挈其家属而去。甚且舆其祖、父骸骨葬于他乡，不稍顾惜。”[②]《海阳纪略》记载：“休宁巨族大姓，今多挈家存藏匿各省，如上元、淮安、维扬、松江；浙江杭州、绍兴；江西饶州、浒湾等处。其祖、父丁粮，概行寄托穷亲，当役应卯，不免遭其吞蚀。及乎征比，仅余皮骨，法无所施，以致钱粮多不清。”[③]万历《歙志》记载：“今之所谓都会者，则大之而为两京，江、浙、闽、广诸省；次之而苏、松、淮、扬诸府，临清、济宁诸州，仪真、芜湖诸县，瓜州、景德诸镇……故邑之贾，岂惟如上所称大都会皆有之，即山陬海堧，孤村僻壤，亦不无吾邑之人，但云大贾则必据都会耳。”[④]江苏扬州的徽商最多，“扬，水国也，聚四方之民，新都（徽州）最，关以西（陕西）、山右（山西）次之”[⑤]。

在西南地区，徽商的足迹达四川、贵州、云南、湖南诸省。[⑥]明嘉靖时，歙县人许尚质，“负担东走吴门、浮越江南，至于荆，遂西入蜀”，许尚质“既居蜀，数往来荆湖，又西涉夜郎、牂牁、邛笮之境”[⑦]。歙县人许朴庵，“少游江湖，久客西蜀，精于奇赢，居积致富”[⑧]。歙县双桥商人郑石陵，“西游楚，东入吴，北涉淮泗陈豫，几半天下”[⑨]。休宁人吴纲，“贾于外，以折阅遂音耗断绝”，其子吴琨“于四川开县山中觅得遗骸，负之归”。[⑩]绩溪城西商人周德文，“偕其弟宗孟公，洎兄子孟礼，东走浙，西走蜀，南走湘、闽，舟车无暇日。”[⑪]黟县人汪国僎“与蜀客贾于荆襄间，白莲教‘匪扰’，转徙入蜀，十年无耗”。其子汪振铎“年二十余，贫甚，贷金独入蜀寻亲，间关至重

---

① 民国《歙县志》，《风土》。
② 康熙《徽州府志》卷二，《风俗》。
③ 廖腾煃：《海阳纪略》卷下。
④ 万历《歙志》，《货殖》。
⑤ 万历《扬州府志·序》。
⑥ 赵华富：《徽州宗族研究》，合肥：安徽大学出版社，2004年，第486页。
⑦ 歙县《新安许氏世谱》卷四，《朴翁传》。
⑧ 歙县《重修古歙东门许氏宗谱》卷一〇，《朴庵公祭田记》。
⑨ 歙县《双桥郑氏墓地图志》，《明故处士石陵郑君暨配洪孺人合葬墓志铭》。
⑩ 嘉庆《休宁县志》卷一四，《人物志·孝友》。
⑪ 绩溪《城西周氏宗谱》卷一七，《明高祖宗道公传》。

庆府，始相遇，迎归孝养以终"[①]。婺源人查有堂，"初客星沙，与交皆贤达士，经理会馆、文公祠，倡修整饬。后游川东，兴同义会，资给同乡旅榇及旅游难归者"[②]。婺源人詹文锡"生数月，父远游不归"。十七岁时，他"誓欲寻亲，历楚、蜀，入滇南，终年不遇，哀号震天"。后来，他们父子在贵州的某个渡口处相遇。[③]

在北方，也能见到徽商身影。他们远涉东北辽阳地区。[④]罗太祥"尝客辽阳，遇例输粟，冠带归家，好施予，建延雁、豫章二桥，皆有利泽及人"[⑤]。罗奇祥"尝挟赀客辽阳，输粟边储，以供军饷，中淮浙官盐"[⑥]。许承尧说"吾族（许）仁公客辽阳，有士人经宝者，系狱，当以金赎，家贫无从出，既佣子富室，复鬻子妇于公。券且成，公诇知其故，亟遣还之，焚卷不取金，宝遂得输官免罪，又以余金赎子还"[⑦]。歙县程岩注"客游辽阳"，其妻"才孕五月"，六年后他客死异乡。[⑧]据许氏家谱记载，其族人在河北省经商，"吾祖于（明）正统时已出居庸关运茶行贾"[⑨]。在甘肃省，歙商周广，"交结权贵，辄挥金如土。……晚岁折节遨游大同、甘肃，输边为巨商，聚金累万，率推与同事者，己取独廉"[⑩]。歙县商人程沂，"入河西，赢得过当，遂都河西，主转毂浸起不赀，诸程鱼贯从之，人人起富"[⑪]。黟商汪孟霽之"父与兄尚兰州，流滞经年，兄卒而家书杳然。霽往省父，欲促父归，父意不决，使霽负伯父骨殖先归"[⑫]。又过十余年，其父才回来。

徽商还将生意做到海外。在江浙东南沿海，嘉靖初年闽人李光头、歙县人许栋"踞守宁波之双屿而为之主，司其质契"[⑬]。嘉靖中后期，在沿海一带的对外贸易中，"推王直为最雄，徐海次之，又有毛海峰、彭老不下十余帅"[⑭]。《闽书》记载：福建"安平一镇尽海头，经商行贾，力于徽歙，入海

① 同治《黟县三志》卷六，《人物志・孝友传》。
② 民国《重修婺源县志》卷四〇，《人物・义行》。
③ 民国《重修婺源县志》卷二九，《人物・孝友》；光绪《婺源县志》卷三三。
④ 赵华富：《徽州宗族研究》，合肥：安徽大学出版社，2004年，第485页。
⑤ 歙县《新安呈坎罗氏宗谱》卷九。
⑥ 歙县《新安呈坎罗氏宗谱》卷九。
⑦ 许承尧：《歙事闲谭》卷一一，《程仁义行》。
⑧ 佘华瑞：《岩镇志草》。
⑨ 许承尧：《歙事闲谭》卷一，《歙人出贾时期》。
⑩ 歙县《泽富王氏宗谱》卷四。
⑪ 汪道昆：《太函集》卷五八，《明故南京金吾卫指挥佥事歙程次公墓志铭》。
⑫ 嘉庆《黟县志》卷一五，《汪烈妇传》。
⑬ 张廷玉：《明史・朱纨传》。
⑭ 王世贞：《王㟲州文集・明经世文编》。

而贸夷。差强赀用”。[①]

四、奋斗精神：“徽骆驼”

经商有风险，成败难测。明清时期，一方面由于商品经济的发展，商业利润率高，经商容易致富；另一方面，由于流通领域里的竞争激烈，再加上统治阶级对商人盘剥的加剧，商人又极易破产。正如时人所说：“（商业）一朝失利，富转为贫，前之拥多金以自豪，今且饭粗粝而不足”。[②]通常徽州木商都借助水运运输木排，用《婺源县志》中的话说，就是“以其赀寄一线于洪涛巨浪中”，所以船只沉没、木排被毁的事情经常发生，如“乾庆辛未……有徽商积木数千茎在岸侧，皆为所卷，无复孑遗”[③]。有一个徽商来到燕子矶弘济寺，看到寺院楼阁颓坏，愿意出30两银子为之修缮，岂知寺僧起了歹心，把他杀害，将他携带的500余两银子据为己有。[④]晚明休宁商汪正科与人合伙“营肆于芝城景德镇，贸易丝帛，克勤克俭……不意世道多艰，寇盗充斥，店业连遭焚劫，货物屡被挂欠，一生辛勤，徒劳无功”。[⑤]明末清初休宁商胡某，承父基业，“苦心运筹，寸积尺累，颇蓄资财”，顺治十六年，货至镇江遭遇兵燹，“收其焚毁之余，贸易以资家用”[⑥]。清初休宁商张公路原有三个典铺，先是湖广典铺遭火被毁，明清鼎革之际，景德镇两典又遭兵燹。后来他与其子“勤劳数载”，置买田地若干亩，不料兄弟阋墙，店业丧失殆尽。[⑦]

但徽商都有一种不畏艰难、百折不挠的精神。祁门《倪氏族谱》说：“徽之俗，一贾不利再贾，再贾不利三贾，三贾不利犹未厌焉。”休宁渭南的朱世荣，经商于江河湖海间，屡屡失利，又屡屡东山再起，其顽强精神实乃徽商不惧艰难险阻、锐意进取的典范。根据《渭南朱世荣分家簿》的记载，朱世荣幼年遭遇祖父经商失意，家贫如洗，11岁始学做生意。23岁时，将数年经商所得，用于娶妻成婚。不料妻汪氏很快病故，再续娶丁氏。两项开支，终使积蓄用尽，生意乏本。他靠变卖丁氏陪嫁的衣服首饰，方才筹得资金十五

---

① 何乔远：《闽书》卷三八，《风俗》。

② 温汝能：《龙山乡志》卷四，《物产》。

③ 万历《西吴枝乘》卷下。

④ 凌濛初：《初刻拍案惊奇》卷二四，《盐官邑老魔魅色，会骸山大士诛邪》。

⑤ 转引自张海鹏、王廷元主编：《徽商研究》，合肥：安徽人民出版社，1995年，第561页。

⑥ 转引自章有义：《明清徽州土地关系研究》，北京：中国社会科学出版社，1984年，第24页。

⑦ 转引自刘和惠、汪庆元：《徽州土地关系》，合肥：安徽人民出版社，2005年，第219页。

余两，前往巢县开设典当铺营生。在巢县啼河，朱世荣废寝忘食，忍受常人难以忍受的艰辛与苦难，出入数百里，虽雨雪也不乘车马。一日，行至大通湖内，遇深雪迷路，误入沟中，脚被坚冰划破，皮破五寸，血流不止，大病一场，两月后方才痊愈。至45岁时，朱世荣仍不甘寂寞，在典当盈利较微、无法继续的情况下，他不等不靠，不在困难面前退缩，而是联合他人，出资合伙前往芜湖，做起了获利较大的铜坊生意。然人有旦夕祸福，三年后，铜坊因官事而歇业。再次变故，依然没能使朱世荣屈服。他一不做二不休，化整为零，先后与昆弟在芜湖合伙开设炼珠铺，同许氏合资外设铜锡等货的专卖店，又亲自做起了贩卖芜湖铜器到苏州的长途贩运贸易。正是靠着这种不畏艰险、开拓进取的精神，朱世荣终于在变幻不定的市场上站稳了脚跟，获得了成功。①

明代歙商江遂志一生拼搏商场，愈挫愈坚，终有大成。江遂志因家计萧然，乃去北方经商，天涯羁旅，不辞劳苦，渐渐致富，谁知，有人告发他偷漏税收，当地官员借查税之机，没收了他的全部货款和货物。祸不单行，他在返回途中又翻了船，连行李也失落在河里。辛苦数载，最终他竟两手空空地回到家中。但他受此挫折，并不气馁，又筹集资金去豫章（今南昌）经商，行至彭蠡湖中，遭遇特大风暴，乘坐的船只经不住风浪打击，沉没水中，幸亏船老大相救，才捡回来一条性命，但他又一次空手而归。他不顾及家乡人的哀叹和窃笑，意志坚强地说：“是区区不得志于时也，乌足难我?”他认为两次失利，都是天时不好，不是自己无能。当时他已五十多岁了，回忆自己“有生来数十年中，不出则已，出则未有不蹶且罹祸者矣，颠倒崎岖不知复有生人之趣”。尽管如此，他仍不屈不挠，又以破釜沉舟的决心，“尽弃其产往来金陵维扬诸盐策地，用是起家”。②休宁商人汪麟英也有类似经历，他在楚闽经商，“赀稍稍起”，可是接二连三的打击也随之而来：“中于火，中于逋，中于寇”，结果“仍落如前”，但他决心重振旗鼓，“益茹檗宣勤”，终于东山再起，“竟以赀雄闾右”。③

明代祁门商人程神保也是在逆境中崛起。程神保从小跟随父亲贾于济南下邳间，“蒙霜露、沐风雨，绝甘分少”，尝尽了经商的辛酸。后娶妻李氏，以李氏“蚕织簪珥”所得的三十金为本钱，贾于峡江。因邻人不戒于火，结

① 转引自卞利：《明清徽州社会研究》，合肥：安徽大学出版社，2004年，第141页。

② 歙县《济阳江氏族谱》卷九，《明光禄寺丞乡饮大宾应全公原传》。

③ 转引自王世华：《富甲一方的徽商》，杭州：浙江人民出版社，1997年，第203—204页。

果程神保数年辛苦积聚的家产全部被毁。程神保毫不气馁，多方筹资，再贾于闽，终于赢利七百余金。其后程神保挟七百金为资本，入楚经商。不久，遇上楚地连续五年饥荒，羸瘠老弱哀号于道，程氏贷出的银钱无从收回，最后只携了百金离楚，损失的经商资本达七分之六。商海沉浮，并未磨灭程神保的拼搏意志。他再走南海，贩当地土特产到清源淮扬间销售，最终“资用复饶”，成为一名颇有成就的商人。①

徽商的艰苦奋斗精神，也反映在以侨寓地为中心编纂的族谱里。现在以侨寓地为中心编纂的徽州族谱有《迁（无）锡许氏宗谱》《戴氏迁杭（州）族谱》《吴氏自徽迁润（镇江）宗谱》《黄氏自徽迁润宗谱》等。兹以《迁锡许氏宗谱》为例，探讨许氏家族在无锡的创业史：许氏原籍是歙县东门人。康熙十八年（1679年），始祖许如绣因业儒仕途无望，于37岁时携妻儿到无锡经营布业。无锡的布有三等：一以三丈为匹，称“长头”；一以两丈为匹，称“短头”；一以二丈四尺为匹，称“放长”。农民用前两等布换棉花，不出售，第三等布才是用来易米与换钱。许如绣雇佣几个伙计低价收购棉花，再去换成“长头”“短头”，这比一般布店直接收购“放长”要多几分进息。许如绣兢兢业业，早起晚睡，“以善贾手致千金”。许氏家中供着团花之神（相传为棉布行业神），岁岁祭祀，月月上供，只求团花之神佑护发财。然而团花之神终不肯相助，许如绣因操劳过度，48岁时便死了。许如绣之子许右良不善经营，没几年便把家业败了。许右良之子许烈忠，许烈忠之子许廷元，许廷元之子许云高。这五代中除了许廷元稍有起色，其余的人都是走巷串户，肩布市买，苦苦挣扎。传到第六世许星湖，许氏才有了商业转机。许星湖“年十五弃儒习贾，性谨慎，执业无敢怠玩。年二十娶詹太夫人”。詹氏祖籍广东饶平县，祖上也以商起家，由粤而闽，复由闽来吴，至无锡已有数世。许星湖夫妇认为，肩布市买终无出头之日，不若倾资与亲戚合股开店，或许发家有望。谁料亲戚在持银搭船采办布匹途中，银子被船夫所窥，黑夜中他的亲戚被缚于铁锚上沉于水底。许星湖不仅资本折尽，还欠了不少债务，詹氏将陪嫁的簪珥衣物典卖一空才还清了债。许星湖有一个姑母，嫁给无锡北门开苎麻店的汤家。当时无锡的布匹全靠水路运出，运河里樯帆如云。船只的缆绳

---

① 李维桢：《大泌山房集》卷七三，《程神保传》。转引自周晓光、李琳琦：《徽商与经营文化》，上海：世界图书出版公司，1998年，第98页。记载：“……而李以蚕织簪珥助之，得三十金，贾峡江，邻人不戒于火，一夕尽毁其赀。……久之累赀七百金。已贾楚，楚五岁荐饥，徒见羸瘠老弱，神保哀之，诸逋贷一无所问，仅得百金归。而走南海，市海错往来清源淮扬间，复如楚，资用复饶。”

皆取给于苎麻，故麻业独盛。汤氏夫妇没有后代，见内侄窘困之状，便邀他到店里来帮忙，许氏一家的生计才有了着落。许星湖想先祖许如绣从歙县迁来无锡已180余年，却始终未能立住脚，不是没有机遇、没有努力，根本原因是没有靠山。于是，许星湖夫妇含辛茹苦，省吃俭用，延师课子。许氏的第七代许珏攀得丹桂，当了高官，还被任为出使意大利的大臣。靠着许珏的权势，许氏在棉布业中势力大振。不久，无锡建起了许氏宗祠，岁时祭祀始迁祖许如绣，还修起了歙县东门《迁锡许氏宗谱》。徽商世家许氏的发展史表明，徽商在营造“无徽不成镇”的局面时，靠的是数代人的奋斗精神，历尽艰难竭蹶。①

徽州人性格刚猛，面对困难与挫折时，常常是百折不挠，愈战愈勇。徽州“山挺拔严厉，水捍洁，其人多为御史谏官者”②。说明徽州水土养育下的民众，性格比较刚毅，即使出仕为官，亦以御史、谏官居多。《歙问》说：徽州“人尚气节……宁甘斗讼，好义故争”。《歙事闲谭》记载：徽人“俗尚骨鲠，耻脂韦之习”。③《婺源乡土志》称该地百姓“性颇刚猛，勇于私斗”④。《太函集》也说徽州“其俗多武健自负”⑤。这些文献真实记载了徽州人刚猛的性格特征。生于斯、长于斯的徽商，自然会有徽州人的刚猛性格特征，在经商活动中，这种刚猛性格特征就转化成了拼搏奋斗精神。

第四节　徽商妇的贞节刚烈

贞节是封建礼教要求女性品德的重要信条。早在夏商周时代就产生了女子服从丈夫，不许他人染指的贞节观念。其后，经过儒家的大力宣传，贞节观念成为封建社会历朝历代所提倡的正统观念。明清两代，由于理学的滥肆和官方的提倡，广大妇女深受礼教迫害，贞节观念的束缚达到了无以复加的地步。

一、“以理杀人”

朱熹提出“存天理、灭人欲”的主张，他极为推崇北宋理学家程颐“饿

① 转引自唐力行：《徽州宗族社会》，合肥：安徽人民出版社，2005年，第265页。
② 淳熙《新安志》卷一，《风俗》。
③ 许承尧：《歙事闲谭》卷六。
④ 光绪《婺源乡土志》，《风俗》。
⑤ 汪道昆：《太函集》卷六。

死事极小，失节事极大”的观点，认为它是“天性人心不易之理”[①]，是礼教的重要内容。他曾叱责“夫丧改嫁”的妇女“皆是无恩也”[②]，赞扬婺源陈氏“守节不嫁，遂蒙太宗皇帝赐以宸翰，宠以官资，旌表门闾，蠲除徭役，此足见其风俗之美”[③]，将从一而终、恪守贞节视为天经地义的道德规范。他还多次要求地方政府“保内如有孝子、顺孙、义夫、节妇事迹显著，即仰具申，当依条旌赏。其不率教者，亦仰申举，依法究治”[④]。在理学的影响下，徽州妇女“相竞以贞，故节烈著闻多于他邑”[⑤]。“徽州节妇烈女，可分为贞、节、烈三类：女子品行端正，未嫁而能自守的，谓之贞；已嫁从一而终，夫死而不再醮的，谓之节；遇强暴凌辱而以死相拒，或者夫死而自殉的，谓之烈。”[⑥]

关于节妇，清政府曾有明确规定：“康熙六年（1667年）定例，凡妇人三十七岁以前守节至五十岁以后者，照例旌表。雍正六年（1728年）定例，凡妇人守节十五年以上，年逾四十而身故者，亦照例旌表，均载在《大清会典》。”[⑦]树牌坊是“旌表德行，承沐后恩，流芳百世”之举，也是古人一生的最高追求。而徽州的牌坊中，以表彰妇女贞节为最多，几乎占到一半，其中商人妇又占了绝大多数。自唐宋以来歙县建有牌坊达400多座，至今留存下来的仍有104座，居全国各县之最。歙县棠樾村有七座牌坊组成的牌坊群，其中一座叫“吴氏节孝坊”，立于乾隆三十二年（1767年），是为了表彰族人鲍文渊的续弦、嘉定人吴氏的“模范事迹”。她22岁远嫁到棠樾，29岁开始守寡，直到60多岁死去。在漫长的30多年里，吴氏先是独自将丈夫前妻的孩子抚养成人，后又修了鲍家九代的坟茔。族人深受感动，为她立了这块牌坊，上刻“节劲三冬”和“脉承一线”，前者是颂扬她的贞节不二，后者则表彰她尽心养育继子。在吴氏节孝坊落成的九年后，棠樾牌坊群的第五座牌坊又出现了，它就是“汪氏孝节坊”。这座坊建于乾隆四十一年（1776年），石坊坊额上写着“矢节全孝”和“立节完孤”，是为了表彰鲍文龄之妻汪氏25岁守寡，45岁去世，守节整整20年。

---

① 朱熹：《晦庵集》卷九九。
② 朱熹：《晦庵集》卷一〇〇。
③ 朱熹：《晦庵集》卷九九。
④ 朱熹：《晦庵集》卷一〇〇。
⑤ 光绪《婺源县志》卷二八，《人物·孝友》。
⑥ 潘小平：《徽商：正说明清中国第一商帮》，北京：中国广播电视出版社，2005年，第168页。
⑦ 嘉庆《两淮盐法志》卷五一，《人物·烈女传》。

徽州宗族对妇女的节烈有严厉的惩罚措施。《歙风俗礼教考》云：“间有作匿者，乡党共耳目之，奸诡不行焉，则非其人尽善良也，良有聚族而居，公论有所不容耳。”休宁宣仁王氏宗族《宗规》规定：对“冥顽化悔不改、夫亦无如之何”的妇女，“轻则公堂不齿，重则告祠除名，或屏之外氏之家”。[①]同治《祁门方氏族谱》共有32条款，其中涉及妇女的条款达13条，在“植贞节”中，更是以“公论”迫使妇女就范守节：“妇女守节最为难事，宗族中或不幸而孤寡者，近属亲邻当资给扶持之，待其节终，公举表扬，以励风化。”另一方面，对于“改志转嫁者”，徽州各族都不假宽贷，而是运用“公论”的力量，加以弹压。《桂林方氏宗谱》的《凡例》规定：“如改志转嫁者，虽有子，止书其子，不书其母姓氏，为失节故也”。《尚书方氏宗谱》之《凡例》规定：“女嫁名族书适，再适者黜不书”；“改适，于夫下黜不祥书，以明义绝”。

这些族规、家法就像锁链把商人妇的手足牢牢捆住，从而维持着商人家庭的稳定。徽州“邑俗重商，商必远出，出恒数载一归，亦时有久客不归者。新婚之别，习为常故”[②]，为了保持家庭的稳定，徽商特别强调妇女的贞节。徽商妇的生活若难以为继，将会威胁到商人妇的贞节。嘉庆《黟县志》卷七载有一则事例，“汪某外贾无耗，妇将改适人。（苏）源为作家书，并白金寄其家，妇意始定，越三年而后汪归”。如果没有黟县商人苏源的义行，汪商家庭破裂将是无疑了。于是，徽商借助乡党的耳目、聚族而居的“公论”来制止商人妇改适的“作匿”“奸诡”，最为可靠了。“在徽州商人成功的背后，徽州女人则是以自己凄美、悲惨的青春和生命作赌注，像一支支蜡烛点燃了徽商辉煌的历史”[③]。

二、“新安节烈最多”

徽州女性节烈成风，朱熹及其学说的影响乃是关键因素。民国《歙县志》说：“古歙为程朱发迹之区，礼让相先，人文蔚起，其间忠孝义烈，志不胜书，即闺媛困范中操凛冰霜，贤妣陶、孟者，城市山区所在多有。”[④]在徽商妇心中，朱熹学说是她们坚守不移的道德规范和行为指南。《春帆纪程》记徽俗云：“女子自结缡未久，良人远出，或终身不归，而谨事姑嫜，守志无

---

①转引自赵华富：《徽州宗族研究》，合肥：安徽大学出版社，2004年，第374页。

②民国《歙县志》卷一，《风土》。

③程映珍：《看〈徽州女人〉对生命的投诉》，《黄山日报》2006年第4期。

④民国《歙县志》卷一五。

怨，此余歙俗之异于他俗者也。”《歙风俗礼教考》亦云：“虽闺帏女妇，亦知贞节自矢，尤为比户可风。”

在徽州方志和徽州人文集中，有关徽州女性节烈之风的记载，随处可见。康熙《徽州府志》说：“节妇烈女，惟徽最多。”[①]以至有“新安节烈最多，一邑当他省之半”[②]的说法。周晓光统计，民国《歙县志》记载的明清（至咸丰）歙县烈女有8 606人，同治《祁门县志》记载的祁门烈女有2839人，黟县旧志记载该县贞女烈妇（至同治）1 834人。在婺源县，道光十八年（1838年）立了一座孝贞节烈总坊，“表彰”宋代以来婺源孝、贞、节、烈女性有2 658人；光绪三年（1877年）重建节孝祠，人数又骤增至5 800多人。[③]另据唐力行统计，民国《歙县志·人物志》共九卷，其中勋绩宦迹、忠节儒朴文苑、材武孝友、义行、士林隐逸方技各一卷，而烈女传则有四卷，几占其半。烈女的总数则远远超过其他人物，历代受旌表的烈女，计唐代2人、宋代5人、元代21人，明代710人，清代7 098人。[④]

在理学氛围的笼罩和宗族的压制下，徽商妇的命运极为悲惨。例如，歙县商人谢缙之妻蒋氏，夫丧时年仅19岁。她自缢殉节被救，遂绝食五日，复以斧子自击头部，仍未死。最后蒋氏寻机堕楼，将楼下石板撞为两截，终于以生命换取了名节和一座冷冰冰的“烈女坊”。[⑤]《歙县潭渡杂记》载有烈妇程氏的事迹，她的丈夫黄九叙外出经商，“客死芜湖。讣闻一恸而绝，绝而复苏者再……绝粒十有七日而卒”。[⑥]据《潭渡孝里黄氏宗谱》记载，这个商贾之家，从明代成化到清代雍正的270年间，节烈之妇便有42人。又如，祁门《方氏宗谱》载有节妇胡氏的行状：她在丈夫死后，为抚养遗腹子，又活了9年，死时仅26岁。在守节期间，胡氏“蹦踊悲号，声彻九年”，“言笑未曾露齿，足迹未尝出庭。衣惟布素，首不妆饰，岁时伏腊必省墓涕泣”，“至于任劳家政靡不得宜。事翁姑诚敬克尽，和妯娌愠怒不形”。

徽州民间传说着这样一个故事：一位新婚不久的商妇，丈夫远贾在外，长年不归，孤独几乎要把这位商妇击垮。如果说白天还易打发的话，漫漫长夜则是最难排遣的。为了消磨时光，也为了麻醉自己，这位商妇每天在天黑

① 康熙《徽州府志》卷二。

② 赵吉士：《寄园寄所寄》卷一一。

③ 周晓光：《新安理学》，合肥：安徽人民出版社，2005年，第260页。

④ 唐力行：《明清以来徽州区域社会经济研究》，合肥：安徽大学出版社，1999年，第279页。

⑤ 歙县《谢氏统宗》卷四，《蒋烈妇》。

⑥ 歙县《潭渡杂记》，《烈妇程氏传》。

之后，就将1 000枚铜钱撒在大厅里，然后再用手去摸寻，待到1 000枚铜钱一个不少地都捡回来时，人已累得疲惫不堪了，此时上床才能入睡。每天她都要将这样的“作业”重复一遍。可想而知，她的内心是多么痛苦。[①]

许国曾为一个出嫁四年丈夫即客死贵池的方节妇立传。方节妇丧夫时年仅23岁，已有一女和遗腹子，为延续方氏一脉，她历尽艰难。先是“宗人有利其产而谋夺节妇志者，节妇则以（遗腹子）顺走匿母家，令母弟讼之得免”。其后，方节妇又“绩麻枲，畜鸡豚，灌园以自给”，抚养子女，为他们操办婚嫁。还为儿子方顺准备出贾的资本，帮助他经商。许国称赞方节妇说：“保六月之遗孤而卒树立，外患之至若风雨飘摇，衰白而不失其所守，磋乎可以为难矣。”[②]

与徽商同时代的晋商妇也是贞烈成风。祁县范氏，夫“在外日多，贫而无子，氏孝事翁姑，勤女工，度日无怨言。及夫死，甘守苦节，誓不再醮”[③]。“列女汾阳张氏，年十九未有子女，夫往奉天、宁古塔贸易，竟绝音耗。家贫无田产，张勤纺织，事舅姑，舅先殁，姑寿至九十有六亦殁，营葬祭奠，甘苦尽孝……”[④]“列女榆次萧氏，郭学颜妻，家贫无生计，趁食京都，乾隆元年颜亡于京。族人以氏无子息，欲更嫁之，氏曰：不义。乃益勤纺绩，年余积银十两，舁丧以归；又六年偿还颜债二十两。夫尸未归，且有积债，更适勤劳过度，双目俱瞽，遂自缢。死之日，远近流涕。”[⑤]“清代山西列女数量名列前茅的府州，无一例外都是山西境内经商风气特别浓厚、商人数量相对较多的区域”[⑥]。

三、“一世夫妻三年半”

徽州“男子冠婚后，岁积家食者，则亲友笑之”[⑦]。有的徽商“春月持余

---

① 方静：《徽州民谣》，合肥：合肥工业大学出版社，2007年，第219页。

② 《歙淳方氏会宗统谱》卷二〇，《节孝志》。转引自唐力行：《明清以来徽州区域社会经济研究》，合肥：安徽大学出版社，1999年，第277页。

③ 光绪《祁县志》卷一〇。

④ 光绪《汾阳县志》卷八。

⑤ 同治《渝次县志》卷一〇。

⑥ 安介生：《清代山西重商风尚与节孝妇女的出现》，《清史研究》2001年第1期。

⑦ 顾炎武：《肇域志》，《江南十一·徽州府》。按照胡适的解释：这是从十四岁的孩子出门当学徒算起，三年出师，十七岁了，出师之后，开始有了一点点薪水；到了二十一岁，家里才给他结婚，可以有三个月到三个半月带薪假，从此又做了三年，才有三个月的假期。一世三十年，这样算来，徽商只有三十六个月能在家里，所以叫“一世夫妻三年半”。转引自王振忠《徽州社会文化探微》，上海：上海社会科学院出版社，2002年，第381页。

赀出贸什一之利，为一岁计，冬月怀归，有数岁一归者"[①]；有的"数岁一归"[②]；"或初娶妇，出至十年、二十年、三十年不归，归则孙娶妇而子或不识其父"[③]。远出经商已成徽州习俗，"邑俗重商，商必远出，出恒数载一归，亦时有久客不归者，新婚之别习为故常"[④]。《初刻拍案惊奇》记述了一位徽商妇出轨的故事。休宁女子姚滴珠嫁给屯溪商人潘甲为妻，夫妻二人恩爱有加。但仅成亲两个月，潘父就发作儿子道："如此你贪我爱，夫妻相对，白白过世不成？如何不想去做生意？"在父亲的催促下，潘甲无奈，只好与妻子"哭一个不住，说一夜话"，次日就外出经商，抛下姚滴珠一人在家，以致她被乡里的浪荡男子所骗。[⑤]徽州妇女以勤劳著称，全力支持丈夫外出，"妇女类能崇尚廉贞保持清白"[⑥]。

徽州地区有谚语"一世夫妻三年半，十年夫妻九年空"[⑦]，这不仅是徽商夫妻生活的真实写照，而且也是徽商妇人的呻吟。歙县汪洪度的《纪岁珠》诗自注云："乡邻某，娶妇甫一月，即行贾。妇刺绣易食，以其余积，岁置一珠，用彩丝系焉，曰'纪岁珠'，夫归，妇没已三载，启箧得珠，已积二十余颗矣。"民国《歙县志》说："只此一事，而其时礼教之谨严，生计之迫压，家族之苦痛，交通之闭塞，皆可见焉。其通常三岁一归者，固不敢怨，商人重利轻别离也。"[⑧]黟县有首《宁愿嫁给种田郎》（或叫《嫁女不嫁生意郎》）唱道："悔呀悔，悔不该嫁给出门郎，三年两头守空房，图什么高楼房，贪什么大厅堂，夜夜孤身睡空床。早知今日千般苦，宁愿嫁给种田郎，日在田里夜在房，日陪公婆堂前坐，夜伴郎哥上花床。"[⑨]在徽州古民居的二楼有"美人靠"，顾名思义就是美女坐和靠的地方。在封建社会女子不可抛头露面，当家里来客人时，就在"美人靠"向下观看客人。看到"美人靠"上深深的磨痕和印记，抚今追昔，令人不禁遥想美人靠在窗前向下观望的情景。顿生"贾氏窥帘韩掾少，宓妃留枕魏王才"之感。

徽商完婚后大都外出经商，往往一出去就是几年，甚至是一生。徽商在

① 康熙《徽州府志》卷二，《风俗》。
② 民国《歙县志》卷一，《舆地志，风土》。
③ 魏禧：《魏叔子文集》卷一，《江氏四世节妇传》。
④ 民国《歙县志》，《风土》。
⑤ 凌濛初：《初刻拍案惊奇》卷二，《姚滴珠避羞惹羞，郑月娥将错就错》。
⑥ 民国《歙县志》卷一，《舆地志 · 风土》。
⑦ 胡适：《四十自述》，合肥：安徽教育出版社，2006年，第34页。
⑧ 民国《歙县志》卷一，《舆地志 · 风土》。
⑨ 转引自程富金：《徽州风俗》，合肥：黄山书社，1996年，第113页。

外会另有妻室，造成家里家外"两头大"。黄梅戏《徽州女人》叙述的就是这样的故事，因为反对包办婚姻男人在新婚当天离家出走，等两口子相见时已经是三十五年过去了，女人已经从青春少女变成了老太婆，而男人还带回了妻子和孩子。主角黄梅戏演员韩再芬说："这女子被一种信念支持着……这信念就是爱与美。""爱就包含着一种牺牲的精神，甚至有了殉情的意味。因此，使得该剧蒙有一层非常规的宗教色彩"[①]。在这部戏中，"等"是女人的宗教，"功名"是男人不归的借口。

徽商"其数奇败折，宁终身漂泊死，羞归乡对人也"[②]，这也许是徽商不归的苦衷。徽商胡廷仕，"行贾湖南，久未归"。其妻"典钗珥得银数两"，令子胡士畿寻父。"士畿徒步至山东、直隶，遍寻不见，沿途号泣……遇旧仆，引与父相见。父以功名未遂，坚不欲归。"黟商金华英，"父老，贩于鄂，耗资负贷，不肯归。"[③]歙商程某远贾滇黔巴蜀，因功名未遂久久不归。其子程世铎万里寻父至乌蒙，"比见，两不相识，以数庚甲，通籍贯，道姓名而知，盖父离乡已二十一年。"[④]明人蔡羽在谈到程氏兄弟出贾辽阳数奇败折时，如此描绘他们的心态："程兄弟既皆落莫（寞），羞惭惨沮，乡井无望。遂受佣他商为之掌计以糊口。二人联屋而居，抑郁愤懑，殆不聊生。"[⑤]汪道昆指出："吾乡业贾者什家而七，赢者什家而三。"[⑥]赢者是少数，败者为多数。有些失败的徽商终生不归，"徽俗，商者率数岁一归。其妻孥宗党全视所获多少为贤不肖而爱憎焉。"[⑦]

四、"女人犹称能俭"

不仅商人能俭，而且商人妇犹能俭。康熙《徽州府志》记载："（徽商）善识低昂，时取予，以故贾之所入视旁郡倍厚……然其家居也，为俭啬而务蓄积。贫者日再食（日吃两餐），富者三食（日吃三餐）。食惟馆粥，客至不为黍，家不畜乘马，不畜鹅鹜……女人犹称能俭，居乡者数月，不沾鱼肉，

---

①韩再芬：《我和〈徽州女人〉》，《剧本》1999年第8期。

②顾炎武：《肇域志》，《江南十一·徽州府》。

③同治《黟县三志》卷六，《人物·质行》。

④民国《歙县志》卷八，《人物志·孝友》。

⑤蔡羽：《辽阳海神传》。转引自唐力行：《徽州宗族社会》，合肥：安徽人民出版社，2005年，第212页。

⑥汪道昆：《太函集》卷一六，《兖州汪长公六十寿序》。

⑦蔡羽：《辽阳海神传》。

日挫针治缝纫绽……徽俗能蓄积，不至卮漏者，盖亦由内德矣。”[①]康熙时，徽商正处于兴旺发达时期，“贾之所入视旁郡倍厚”，但他们仍能保持着俭朴的生活，实在不易。徽州“女子尤号能俭，居乡者数月不见鱼肉。黟县之俗，织木棉，同巷夜从相纺织，徽俗能畜（蓄）积，盖亦由内德焉”[②]。

万历《休宁县志》这样描述徽商妇的勤俭：“女人能攻苦茹辛，中人产者，常口绝鱼肉，日夜绩麻挫针，凡冠带履袜之属，咸手出，勤者日可给二三人。丈夫经岁客游，有自为食，而且食儿女者。贾能蓄积，亦犹内德助也。”[③]徽商妇鱼肉不沾，还要日夜不停地纺织，养活儿女。《歙县志·风土》记载：“妇女尤勤勉节啬，不事修饰，往往夫商于外，所入甚微，数口之家端资内助，无冻馁之虞。”诚如明末歙县知县傅岩所说：“富家虽拥赀，都从分厘积起。在外者苦挣，在家者勤俭，叫他吃着，尚且惜费焉。”[④]在日常生活中，徽州女人也多以布衣为主，“向徽称富足，民尚俭朴，所服不过布素”[⑤]。

---

①康熙《徽州府志》卷二。

②嘉庆《黟县志》卷三，《地理》。

③万历《休宁县志》，《舆地志·风俗》。

④傅岩：《歙纪》卷五，《纪政迹·修备赘言》。

⑤康熙《徽州府志》卷二，《舆地志·风俗》。

第五章　徽商的职业观

新教伦理的核心教义是：上帝允许的惟一生存方式，不是要人们以苦修的禁欲主义超越世俗道德，而是要人们完成个人在现世里所处地位赋予他的责任和义务，这就是天职。韦伯认为，非西方社会的宗教与“天职”观念有内在冲突，产生不出职业伦理精神，“在全世界，只有苦行主义的新教职业伦理，达到一种俗世之内的职业伦理和宗教上救赎确保的原则的和系统的一致，两者的统一未被破坏”[①]，中国道德传统与现代社会所要求的职业伦理是水火不容的。余英时认为，新四民说主张的“四民异业而同道”，从职业分工和职业伦理的层面上肯定了工商劳动的价值，体现了儒家伦理对近代社会精神的发展不仅是适应的，而且还有促进作用。本章通过对徽州族规家训中相关职业条文的研究，可以帮助人们较为系统地认识徽州和徽商的社会职业观。[②]

第一节　儒家职业伦理

尊儒重仕、崇农抑商是中国封建社会的基本国策，明代中后期，王阳明率先向“商贱”“商轻”的传统价值观念发起挑战，提出了“四民异业而同道”的观点，肯定士、农、工、商在“道”面前处于平等地位，没有职业高低和优劣之分，这在新儒家社会思想史上具有划时代意义。

一、重本抑末

通常人们用“士农工商”四民概括传统中国社会的职业构成，把“士”

① 马克斯·韦伯：《新教伦理与资本主义精神》，于晓、陈维纲等译，北京：生活·读书·新知三联书店，1987年，第622页。

② 关于徽州宗族职业观的研究论文有：陈其南：《明清徽州商人的职业观与家族主义》，《江淮论坛》1992年第2期；陈瑞：《明清时期徽州宗族对族人的职业控制》，《安徽大学学报》（哲学社会科学版）2008年第4期；王昌宜：《明清徽州的职业教育》，《安徽大学学报》（哲学社会科学版）2006年第1期；等等。本书家谱资料多引自上述诸文。

当作一种职业类型而与农工商归为同一范畴；同时，强调“士”为四民之首，而“商”为四民之末。清末顾炎武在其《日知录》中引周武王《酒诰》之书，谓“士者大抵皆有职之人”，此处“有职之人”乃是指有官位或属贵族阶层而言。在古代中国的社会结构中，“有职之人”与平民当然是有区别的，所以顾炎武认为“士”不应与农工商同列，所谓“四民”之说是战国以后的事。根据余英时对中国知识分子的研究，到了春秋晚期，“这时社会上出现了大批有学问有知识的士人，他们以‘士’为专业，然而社会上却并没有固定的职位去等待他们……‘士’的问题并不是单纯的就业问题，至少对于一部分的士而言，其中还涉及主观的条件和客观的形势。”[①]余氏所谓主观条件就是“学而优”，而客观形势则为邦有道或无道。这里的“士”有两层涵义：一是所谓“士志于道”的道德理想；二是“志于仕”的职业本身。理想化的儒家论说均特别看重前者，而宁可牺牲后者。[②]

除了“士”之外，农本工商末的概念以及重本抑末的经济政策，最早是由先秦法家提出来的。在魏国和秦国，李悝和商鞅分别首先推行了一系列重农和抑制工商及末作淫巧的经济政策。韩非后来进一步明确提出了农本工商末的概念，他主张实行得力的重农抑工商政策，“使其商工游食之民心而名卑”，以便引导人们趣“本务”而弃“末作”。（《韩非子·五蠹》）同法家相比，先秦儒家对工商业的态度要宽容多了。在孔子、孟子以及荀子的著述中，很难找到明确的抑工商说法，而相反还可以看到一些通商惠工的思想主张，如关市无征之类。不过，先秦儒家有着突出的重农思想。孟子强调“民事不可缓”，而他的“民事”主要是指发展“五亩宅、百亩田”的个体农业经济，他认为赖此方能实现“衣帛食肉”的小康生活。荀子认为“不富无以养民情”，而富民要在发展农业生产，“故家五亩宅，百亩田，务其业而勿夺其时，所以富之也。”因此他说“田野县鄙者，财之本也”。对于工商业，虽然从孔子到孟子、荀子都不否认其必要性，但他们谁都没有把工商业看成是生财富国足民的主要途径，荀子还明确指出“工商众则国贫”，这其中或许包含着限制工商业发展的思想。[③]

重农抑工商政策到了西汉时期才真正成为儒家的重要的思想主张。关于

---

① 余英时：《中国近世宗教伦理与商人精神》，《知识分子》1986年冬季号。转引自陈其南：《明清徽州商人的职业观与家族主义》，《江淮论坛》1992年第2期。

② 陈其南：《明清徽州商人的职业观与家族主义》，《江淮论坛》1992年第2期。

③ 张鸿翼：《儒家经济伦理及其时代命运》，北京：北京大学出版社，2010年，第138—139页。

如何确定国家的农工商政策问题，在西汉的盐铁会议上桑弘羊曾和贤良文学展开过一场辩论。桑弘羊认为，"富国非一道""富国何必用本农，足民何必井田也"。（《盐铁论·力耕》）故他主张国家应重视工商业、通过官营盐铁和经营粮食和其他商品来富国。司马迁也曾说过："夫用贫求富，农不如工，工不如商，刺绣文不如倚市门。此言末业，贫者之资也。"他甚至主张"以末生财，用本守之"。贤良文学则认为，"故衣食者民之本，稼穑者民之务也。二者修则国富而民安也。"（《盐铁论·力耕》）因此，他们主张实行"崇本退末"的经济政策来抑制工商业和发展农业生产。

西汉初期，陆贾、贾谊和晁错等儒生继承了先秦儒家的重农学说，同时看到了工商业的发展同农业之间存在着矛盾，以及商人兼并农民的社会现实，从而得出了重农则必须抑工商的结论。[①]晁错指出，商业的发展不仅会使富商大贾"兼并农人"，以致造成农人的"流亡"，而且还会吸引农业劳动力"背本而趋末"，以致会造成食之者众而生之者寡的状况。（《汉书·食货志上》）贾谊就指出当时"今背本而趋末食者甚众，是天下之大残也"（《汉书·食货志上》）。他认为，工商及游食之民的不断增加，并且"不耕而多食农人之食，是以天下之所以困贫而不足也"。（《新书·瑰玮》）面对这种情况，贾谊主张实行重本抑末政策，以便驱民务本归农。他说："今驱民而归之农，皆著于本，则天下各食于力，末技游食之民，转而缘南亩，则民安性劝业，而无悬愆之心，无苟得之志，行恭俭蓄积，而人乐其所矣。"（《新书·瑰玮》）

尊儒重仕、崇本抑末是中国封建社会的基本国策，直到明清时期依然如此。[②]明初，朱元璋就"加意重本抑末，下令农民之家，许穿绸衫绢布；商贾之家，止许穿布。农民之家，但有一人为商贾者，亦不许穿绸纱"（《农政全书》卷三）。虽然这一规定后来有所突破，但抑商政策没有改变。清朝雍正皇帝就明确指出："四民以士为长，农次之，工商其下。"（《东华录》卷五）他在推行重本抑末政策的同时，还主张加强道德教化，以便用儒家这种本贵末贱的道德观引导百姓归农务本。他说道："朕观四民之业，士之外农最为贵，凡士工商贾皆赖食于农，以故农为天下之本务而工贾皆其末。"[③]《大清会

---

① 王惠英、张应二：《儒家伦理对西汉经济思想的影响》，《徐州教育学院学报》2007年第2期。

② 李琳琦、王世华：《明清徽商与儒学教育》，《华东师范大学学报》（教育科学版）1997年第3期。

③ 乾隆《清世宗实录》卷五七。

典》也明确记载："崇本抑末，载诸会典，若为常经，由来已久。"①

二、"四民异业而同道"

明代中后期，王阳明率先向"商贱""商轻"的传统价值观念发起挑战。王阳明对商人的社会价值给予明确的肯定，认为士、农、工、商四民职业虽然不同，但都为社会所需要并各自作出了贡献。为此，王阳明提出了"四民异业而同道"的观点：

> 古者四民异业而同道，其尽心焉，一也。士以修治，农以具养，工以利器，商以通货，各就其资之所近，力之所及者而业焉，以求尽其心。其归要在于有益于生人之道，则一而已。士农以其尽心于修治具养者，而利器通货犹其士与农也。工商以其尽心于利器通货者，而修治具养，犹其工与农也。故曰：四民异业而同道。……自王道熄而学术乖，人失其心，交骛于利，以相驱轶，于是始有歆士而卑农，荣宦游而耻工贾。夷考其实，射时罔利有甚焉，特异其名耳。②

王阳明肯定了士、农、工、商在"道"的面前完全处于平等地位，更没有职业的高低和优劣之分。余英时认为，王阳明的这段话是新儒家社会思想史上一篇划时代的文献。③的确如此，新的社会四民论打破了旧的价值观念，矫正了对商人所持的传统偏见。胡居仁进一步提出农工商贾皆"有益于世"④，应当赋予商人及商业一个公平的社会地位和社会评价。李贽更是大胆地宣称"商贾亦何鄙之有"⑤，直接把商贾与其他阶层人士画上等号。

王阳明在与弟子讨论如何处理读书治学与治生的关系时，提出了"学何贰于治生"的命题。

> 但官学者治生上，尽有工夫则可。若以治生为首务，使学者汲汲营利，断不可也。且天下首务，孰有急于讲学耶？虽治生亦是讲学中事，但不可以之为首务，徒启营利之心。果能于此处调停得心体无累，虽终

① 光绪《大清会典》卷二三七。
② 王阳明：《阳明全书》卷二五，《节庵方公墓表》。
③ 余英时：《士与中国文化》，上海：上海人民出版社，1987年，第526页。
④ 胡居仁：《居业录》卷五。
⑤ 李贽：《焚书》卷二，《书签・又与焦弱候》。

日做买卖，不害其为圣为贤。何妨于学？学何贰于治生？①

这里所谓的"汲汲营利""徒启营利之心"的治生自然是指经商。在他看来，学者应当以治学为首务，但如果能调停得"心体无累"，那么虽"终日做买卖"来治生，也"不害其为圣为贤"。对此，余英时评论说："阳明教人致吾心之良知于事事物物。'作买卖'既是百姓日用中之一事，它自然也是'良知'所当'致'的领域。阳明的说法实际是合乎他的'致良知'之教的。"②实际上，王阳明对经商说过更激进的话："良知只在声色货利上用功，能致得良知，精精明明，毫发无蔽，则声色货利之交，无非天则流行矣。"③可见，针对当时许多士人经商的现象，王阳明指出了经商如能尽心修身"致良知"，那么与业儒致仕无本质区别。王艮"百姓日用即道"④论则完全是一种治生伦理，他认为人们应以治生为本，以治学为次，这种看法与王阳明的治学为本、治生为次的思想大相径庭。这种思想为人们从事被传统轻贱的商业提供了正当的伦理依据，商人的社会地位有了儒家伦理的充分肯定。⑤

程朱理学也不完全反对利，只是强调要"以仁义为先""不以功利为急"。《周易》有言："天地之大德曰生。"宋代程颐将此解释为"生生曰仁"。既然天地都承认并赞扬人的生命本能，那么就不妨碍徽商以"生生"为目的，去做符合"仁"的生意。当学生询问理学大师朱熹"吾辈之贫者，令不学子弟经营，莫不妨否"时，朱熹回答："止经营衣食亦无害，陆家亦作铺买卖。"⑥朱熹为官俸薪微薄，讲学授徒开销又大，于是他印书、卖书。朱熹亲自编纂校对，其子负责刻印，门生负责财务，生意不错。象山书院等著名书院都曾上门购买朱熹印行的书，引起同行瞩目。朱熹的好友张栻就认为他此举不妥，说道学本来就信者不多，如果朱熹这样做，别人就会指责他以之谋利，更无人相信了，宁可做其他小生意，也不要刻书卖书。朱熹则以为"别营生计，顾恐益猥下耳"，还是卖书不错。⑦

明清时期商人地位确实发生了变化。沈垚在《落帆楼文集·费席山先生

① 王阳明：《王阳明全集》卷三二，《传习录拾遗·补录》。

② 余英时：《中国近世宗教伦理与商人精神》，合肥：安徽教育出版社，2001年，第178页。

③ 王阳明：《王阳明全集》卷一，《传习录上》。

④ 黄宗羲：《明儒学案》卷三二，《泰州学案一》，北京：中华书局，1985年，第710页。

⑤ 徐国利：《阳明心学的世俗化伦理观与明清徽商伦理思想的转换和建构》，《安徽史学》2009年第4期。

⑥ 朱熹：《朱子语类·训门人》。

⑦ 汪明裕编：《古代商人》，合肥：黄山书社，1999年，第187页。

七十双寿序》中说：

> 宋太祖乃尽收天下之利权归于官，于是士大夫始必兼农桑之业，方得赡家，一切与古异矣。仕者既与小民争利，未仕者又必先有农桑之业方得给朝夕，以专事进取，于是货殖之事益急，商贾之势益重。非父兄先营事业于前，子弟即无由读书以致身通显。是故古者四民分，后世四民不分。古者士之子恒为士，后世商之子方能为士。此宋、元、明以来变迁之大较也。

这是说明宋、元以后商人地位变化的经典文献，余英时在引述这段话时评论："沈垚的用语略嫌过重，且统宋、元、明、清而言之，也失之笼统。但若把这一段文字看作对16至18世纪中国社会的描写，则大致可以成立。"[①]余英时的评论是正确的。16世纪后期的徽州，纯粹的书香门第、科宦世家已不复存在，"非父兄先营事业于前，子弟即无由读书以致身通显"。簪缨望族为保持固有的地位，必得兼营商业。[②]有了诸多儒家学者为商贾辩护，徽州人就不再以习贾为耻了，相反却乐于业贾谋生，以致"阀阅之家也不惮为贾"[③]，"故虽士大夫之家，皆以畜贾游于四方"[④]。

三、经济行为规范

张鸿翼认为，儒家经济行为的道德规范是：分配上取舍不苟、取予有度；生产上利禄不兼、生财有道；消费上黜奢崇俭、用财有制；交往上诚身守信、交往有信；工作上勤勉劳动、劳作有时。[⑤]有些内容本书另有论述，不再赘述。

（一）贵义贱利

义利关系是儒家经济伦理的核心问题。正如朱熹所说，"义利之说，乃儒者第一。"朱熹认为，儒家义利之说所讨论的问题，主要包括"义理自何而

① 余英时：《士与中国文化》，上海：上海人民出版社，1987年，第521页。

② 唐力行：《商人与文化的双重变奏——徽商与宗族社会的历史考察》，武汉：华中理工大学出版社，1997年，第27页。

③ 唐顺之：《唐荆川文集》卷一五，《程少君行状》。

④ 归有光：《震川先生集》卷一三，《白庵程翁八十寿序》。本段内容亦见梁德阔：《儒家伦理与徽商精神》，上海大学博士论文，2010年。

⑤ 张鸿翼：《儒家经济伦理及其时代命运》，北京：北京大学出版社，2010年，第109页。

来，利欲从何而有，二者于人，孰亲孰疏，孰轻孰重，必不得已，孰取孰舍，孰缓孰急”[①]等问题。儒家尚义而贱利，强调“先义后利”，劝勉人们“见得思义”，而莫要“见利忘义”，主张把“义”作为约束人们的求利行为即经济行为的基本道德规范。[②]儒家承认只有具有较高道德修养的“君子”才能把义看重于利，而一般世俗“小人”都是唯利是图的，即所谓“君子喻于义，小人喻于利”。荀子也认为，“为事利，争货财，唯利之见，是贾盗之勇也。……义之所在，不倾于权，不顾其利，重死而持义不挠，是士君子之勇也。”（《荀子·荣辱》）“不学问，无正义，以富利为隆，是俗人者也。”（《荀子·儒效》）“唯利所在，无所不倾，若是则可谓小人矣。”（《荀子·不苟》）其实，在荀子看来，“好利恶害”的心理是人皆有之，不同的是那些具有道德素养的圣贤君子能够自觉地做到“先义而后利”即“以义制利”罢了。

儒家反对功利主义，但儒家并非绝对排斥“利”，相反，儒家看到了“利”对社会和个人的重要性和必要性。儒家所以“罕言利”，甚至反对“言利”，是因为在他们看来，礼义本身就包含着“利”，而且只有循礼行义方可实现最大的社会功利。正如晏婴所说，“凡有血气皆有争心，故利不可强，思义为愈。义，利之本也。蕴利生孽，姑使无蕴乎！”（《左传·昭公十年》）以义为尚，利在其中，相反，以利为尚，便会使人们相互争利，不仅社会功利不得保障，甚至会使个人求利不得而得祸害了。

是否重视物质利益并非是导致资本主义产生的关键因素，资本主义经济伦理的核心也不是功利主义。韦伯指出：“获利的欲望，对营利、金钱的追求，这本身与资本主义并不相干。这样的欲望存在并且一直存在于一切人身上……对财富的欲望根本就不等于资本主义，更不是资本主义精神。倒不如说，资本主义更多地是对这种非理性欲望的一种抑制或至少是一种理性的缓解。”[③]韦伯将资本主义经济伦理概括为：“人以天职为任务合理而有系统地追求预期利润的态度。作为一种思想方式，其核心是合理性和禁欲，即通过严密的计算和使用正当方式达到预期目的；作为一种生活方式，表现在经济行动中就是利用交换机会以和平方式取得预期利润。”[④]与传统的生活方式相

① 朱熹：《与延平李先生书》、《答时子云》。

② 张鸿翼：《儒家经济伦理及其时代命运》，北京：北京大学出版社，2010年，第107页。

③ 马克斯·韦伯：《新教伦理与资本主义精神》，于晓、陈维纲译，北京：生活·读书·新知三联书店，1987年，第7—8页。

④ 转引自苏国勋：《理性化及其限制——韦伯思想论》，上海：上海人民出版社，1988年，第122页。

比，资本主义代表着一种新的“求利”方式，“经济理性主义”是资本主义经济伦理的精髓。[①]

儒家强调“利”与“义”的统一性和一致性，而排斥任何与“义”冲突的非分之“利”；特别是在利与义发生冲突而不能两全的情况下，劝勉人们要“贵德而贱利，重义而轻财”。孔子曰：“不义而富且贵，与我如浮云”（《论语·述而》），就是说要用义衡量所见之利当不当取，利只有符合义的规定才能可取，即“义然后取”；否则，不义之财是不可取的，应视之如浮云。孟子说：“鱼我所欲也，熊掌亦我所欲也，二者不可得兼，舍鱼而取熊掌者也。生亦我所欲也，义亦我所欲也，二者不可得兼，舍生而取义者也。生亦我所欲，所欲有甚于生者，故不为苟得也。”（《孟子·告子上》）董仲舒更明确地指出义与利二者于人虽不可或缺，但义比利对人来说更为重要：

> 天之生人也，使人生义与利：利以养其体，义以养其心。心不得义不能乐，体不得利不能安。义者心之养也，利者体之养也。体莫贵于心，故养莫重于义。义之养生人，大于利。……夫人有义者，虽贫能自乐也；而大无义者，虽富莫能自存。吾以此实义之养生人大于利而厚于财也。民不能知而常反之，皆忘义而殉利，去理而走邪，以贼其身而祸其家。此非其自为计不忠也，则其知之所不能明也。[②]

董仲舒承认义与利都是人所需要的，但义是用来滋养心灵的，而利是用来保养肉体的；心灵比肉体更重要，所以义对人的滋养价值远远超过了利。董仲舒的“正其谊不谋其利，明其道不计其功”（《汉书·董仲舒传》）在汉儒中被视为范例。朱熹承扬了先秦儒家的义利观，把“义”提到了更加神圣、绝对化的“天理”的高度，他对义利的理解是：“义者，天理之所宜。利者，人情之所欲”（《朱熹集》卷二四），不仅把“义”作为最高的价值标准，还把“义”看作最崇高的人生境界。

儒家的义利观是指向价值合理性行动，而不是工具合理性。对于价值合理性来说，行动本身是否符合绝对价值是必须全力关注和解决的问题，至于行动可能引出什么样的后果则在所不计。孔子讲：“富与贵，是人之所欲也，不以其道得之，不处也。贫与贱，是人之所恶也，不以其道得之，不去也。”

---

① 张践：《论儒家经济伦理：韦伯引议》，《孔子研究》1989年第2期。

② 董仲舒：《春秋繁露》，《身之养莫重于义》。

（《里仁》）孔子以“见利思义”“见得思义”作为行为合理与否的标准。孟子口口声声“何必曰利”，但孟子的“仁政”最终落脚却在“王天下”这个大利上。朱熹注释说：“专以利为心则有害，惟仁义则不求利而未尝不利也。”（《孟子集注·梁惠王上》）可见儒家是主张以价值合理性行动去求利的。

儒家的“义”的涵义十分广泛，大凡符合礼、仁、忠、恕、信等道德规范的行为都可以称为“义”。[①]董仲舒把循礼称为义，他说：“是故大小不逾等，贵贱如其伦，义之正也。”（《春秋繁露·精华》）孟子也讲：“义，人之正路也。”（《孟子·离娄上》）可见，这个“义”包含了人在社会生活中应该遵循的一切在儒家看来是正确和必要的道德规范，即指走人生之正途。先秦儒家所讲的“利”与墨家所言的“利”含义有所不同。墨家所说的“利”多指“国家百姓人民之利”、“天下之利”，即指公利而非指私利，因此墨家既讲义也讲利，而且强调二者是统一的。儒家只讲义而不倡利，大凡他们提到的“利”多指一己之私利，而公利实际上被他们归在义的范畴之内，所以他们更多地看到的是“利”与“义”的对立性。

儒家提倡“贵义贱利”的价值观，既是中国儒家哲学的价值论，也是现代儒商的管理价值论。根据“见利思义”的观点，儒商在企业经营活动中，“利”是要追求的，但是赚钱必须以“义”为取舍标准。经济活动和道德行为是社会统一体的两个侧面，彼此是相通的，决不能把二者对立起来。在徽商的商业活动中，他们会谴责“见利忘义”行为。近代西方成功的资本主义经济，也是在经济活动和道德行为最后统一的观点指导下进行的。英国著名经济学家亚当·斯密既著有《国富论》，也撰有《道德情操论》。

（二）诚实守信

韦伯认为，作为一切买卖关系之基础的信赖，在中国大多数是建基于亲缘关系或类亲缘的个人关系之上。新教伦理的、禁欲的各教派的主要成就在于冲破了氏族的纽带，建立起信仰共同体与一种共同的生活伦理，它优越于血缘共同体，甚至在很大程度上与家庭相对立。从经济上看，这意味着商务上的信赖是以个人在实际职业工作中经受考验的伦理品质为基础的。韦伯认为，官方的独裁，因袭的不诚实，加之儒教只注重面子，结果造成了人与人之间普遍的虚饰和猜疑。相反，新教将一切都客观化，并将之转化为理性的“企业”和纯粹客观的商务关系，并以理性的法律与合约来取代传统。然而，

① 张鸿翼：《儒家经济伦理及其时代命运》，北京：北京大学出版社，2010年，第109页。

在中国原则上起作用的是威力无比的传统、地方习俗与具体官员的个人恩德。韦伯认为，中国人之间的典型的不信任，为所有的观察家所证实。新教教派里教友间的信任与诚实与此形成强烈对比。[①]韦伯认为这种不诚实作用，很大程度上是由家产制的财政机关官员在敛财过程中培养出来的。

儒教徒的君子只致力于外表的“端庄”而不信任他人，就像他也相信别人不会信任他一样。这种不信任妨碍了所有的信用与商业的运作，而与新教徒的互信形成对比，尤其是新教徒在经济上信任教内弟兄之无条件的、不可动摇的、因其乃受宗教所规范的合法性。在面对现世与人的邪恶时，此种信赖足以使他避免对信用的怀疑，这种怀疑是由于深沉的现实主义与完全不带希望的悲观主义所导致。这只会使他严格地估量合伙人的客观的能力，根据“诚实为最上策”的原则来仔细评量为商业所不可少的种种动机的一贯性。[②]

儒家强调为人处世要取信于人。孔子说：“人而无信，不知其可也。大车无輗，小车无軏，其何以行之哉！”（《论语·为政》）人若无信，就会像无輗无軏的车子一样，在社会上寸步难行。因此，孔子主张“敬事而信”“谨而信”“信则人任焉”（《论语·阳货》）。曾子也主张把“与朋友交而不信乎”（《论语·学而》）作为“吾日三省吾身”的一个重要内容。他还说：“临财不见信者，吾必不信也。”（《荀子·法行》）荀子认为：“言无常信，行无常贞，惟利所在，无所不倾，若是则可谓小人矣。”（《荀子·荣辱》）相反，正人君子则以信为尚，“故君子者，信矣，而亦欲人之信己也。”（《荀子·荣辱》）《说文解字》对“信”的解释是“信，诚也”。孟子也说：“诚者天之道也。思诚者人之道也。至诚而不动者，未之有也；不诚未有能动者也。”（《孟子·离娄》）意思是：诚就是真实不欺，天是真实不欺的，人都是希望真实不欺；至诚才能感动人，不至诚则不能感动人。北宋范仲淹说：“惟‘不欺’二字，可终身行之。”（《邵氏闻见录》卷八）

新安理学在继承传统儒学并将其改造成新儒学的过程中，对“诚笃”“诚意”“至诚”“存诚”以及“立信”“笃信”“言而有信”“讲修信睦”等为学之道和道德规范尤为关注和重视。朱熹说：“诚者，真实无妄之谓，天

---

① 转引自滕祥志：《韦伯论中国社会与宗教》，《北京行政学院学报》1999年第3期。亦见马克斯·韦伯：《儒教与道教》，洪天富译，南京：江苏人民出版社，1995年，第274页。

② 马克斯·韦伯：《中国的宗教：儒教与道教》，康乐、简惠美译，桂林：广西师范大学出版社，2004年，第329页。

理之本然。”（《四书集注·中庸注》）肯定了“诚”的重要性。朱熹强调：“诚于为善，便是君子，不诚便是小人，更无别说。”（《朱子语类》卷一六）南宋新安理学家程大昌在《考古编》中提出了人性修养的终极目标是“极乎高明博厚”，而达到这一目标的途径与方法则是“不息而久”的“至诚”。[①]明代新安理学家程敏政在谈及养心复性时，最关注的重要范畴之一就是“诚”。他曾说：“大哉诚乎，原于天性，于人亘万古而不息，放四海而皆准。人伦舍是则无自而明，风俗舍是则无自而厚，养民舍是则无所侍而臻于富庶，御夷舍是则无所恃而致其咸宾。盖天下之理虽众，求其操之约、制之广，莫有过于诚之一言者。”[②]将诚视作修身、齐家、治国、平天下的法宝。

信的职能在于成义守礼。所谓“信，德之固也”（《左传·文公元年》）、“礼以行义，信以守礼”（《左传·僖公二十八年》）、“信以行义”（《左传·成公八年》）、“信以成之”（《论语·卫灵公》）等都是这个意思。孔子明确指出信以成义的职能，他说：“君子，义以为质，礼以行之，孙以出之，信以成之，君子哉！”（《论语·卫灵公》）孟子也说：“大人者，言不必信，行不必果，惟义所在。”（《孟子·离娄下》）在处理经济关系上，人们不要越礼犯分追求不义之财，不要残贼侵夺他人之财利，就是“不僭不贼，鲜不为则，信也”（《左传·昭公元年》）。宋以后，“诚”与“信”互训合用，张载说：“诚又信，无私自威。”（《正蒙·天道》）《休宁古林黄氏重修族谱》要求宗族子弟“待人以信，处事以义，乃应事接物之切务。……无论智愚，皆当笃以信义，俾知人有所恃以为固，事有所准以为平，然后忠信笃敬，蛮貊可行，慎毋自溃，厥防，沦胥莫挽”[③]，将诚信看作为人处世的基本原则。

（三）生财有道

生财有道是儒家用来指导人们的生产行为的基本道德规范，主要包括以下三方面内容：[④]第一，不同的社会等级分层都应该严守各自的“生财”途径，而不得越等犯分去非礼谋财取利。儒家反对食禄之君子“违于义而竞于财，大小相吞，激转相倾”，而主张“仕者不穑，田者不渔，抱关击柝皆有常

① 程大昌：《考古编》卷六，《中庸论二》。

② 程敏政：《篁墩文集》卷九，《制策》。

③ 休宁《古林黄氏重修族谱》卷首，《祠规》。

④ 张鸿翼：《儒家经济伦理及其时代命运》，北京：北京大学出版社，2010年，第113—115页。

秩，不得兼利尽物”。他们认为，“如此则愚知同功，不相倾也。”（《盐铁论·贫富》）

第二，严格社会分工，强调不同职业之间不可相互竞业逐利。管仲最早提出士农工商四民分业定居的思想，儒家也提出“以九职任万民”，这九种职别是：“一曰三农，生九谷；二曰园圃，毓草木；三曰虞衡，作山泽之材；四曰薮收，养蕃鸟兽；五曰百工，饬化八材；六曰商贾，阜通货贿；七曰嫔妇，化治丝枲；八曰臣妾，聚敛疏材；九曰闲民，无常职，转移执事。”（《周礼·天官·大宰》）显然，这九职之民只有在各自的职业范围之内“生财”才是正当的，如果弃其本业而觊觎他业之利，则为儒家所不能容忍。儒家尤其反对弃农经商，认为“古者事业不二，利禄不兼，然后诸业不相远而贫富不相悬也。”（《盐铁论·贫富》）

第三，严守职业道德，遵循正当的生财途径而不可苟且谋利。在儒家看来，农民应男耕女织，自给自足，“市商不通无用之物，工不作无用之器”（《盐铁论·本议》），在供衣食、通有无、便器用这个限度之内的生财活动都具有道德合理性，相反，如超越这个范围便不是正当的生财之道了。东汉王符则以“本末”来解释农工商的生财之道是否正当，他说：“夫富民者以农桑为本，以游业为末。百工者以致用为本，以巧饰为末。商贾者以通货为本，以鬻奇为末。三者守本离末则民富，离本守末则民贫。”（《潜夫论·务本》）农工商各守本业，才能富裕。

（四）用财有制

用财有制、节之以礼，是儒家用来指导和约束人们的消费行为的基本道德规范，它强调从庶民百姓到皇帝百官，他们的日常生活消费以及国家的财用支出，都应该严格遵循名分等级制度之限定。[①]张岱年曾指出，先秦儒家与墨家的“苦行说”、道家的“无欲说”和《列子·杨朱》的“纵欲说”都不同，孔、孟、荀三子都主张“节欲说”，后来的宋明道学则进一步提出“存理去欲说”。[②]孔子讲“欲而不贪”（《论语·尧曰》），荀子认为，“若夫目好色、耳好声、口好味、心好利、骨体肌理好愉佚，是皆生于人之情性者也”。故而，“今人之性，饥而欲饱、寒而欲暖、劳而欲休，此人之情性也”。（《荀子·性恶》）不仅如此，荀子还看到由这种生理欲望所决定的消费欲求，将会随着人们的消费水平的提高而不断提高。

---

① 张鸿翼：《儒家经济伦理及其时代命运》，北京：北京大学出版社，2010年，第115—116页。

② 张岱年：《中国哲学大纲》，北京：中国社会科学出版社，1982年，第445—446页。

儒家确立了以等级制消费观为核心的黜奢崇俭思想。[①]儒家总是告诫人君“得国失国”皆在“俭”“奢”二字，即“当以俭得之，以奢失之”。（《说苑·反质》）在儒家看来，人君能否守礼制、节嗜欲和尚克俭，乃直接关系到国家社稷之盛衰存亡。对于一般庶民百姓及士大夫阶层，儒家也同样强调应该用财有制、克俭持家，他们总是教导人们，“身贵而愈恭，家富而愈俭”（《荀子·儒效》），“无以淫佚弃业，无以贫贱自轻，无以所好害身，无以嗜欲妨生，无以奢侈为名，无以贵富骄盈”。（《说苑·说丛》）并且告诫人们“祸生于欲得，福生于自禁”（《说苑·说丛》），只有在消费上节嗜欲、俭饮食、安分守礼，才能过上家给人足的宁静生活，相反如果犯分越礼纵欲奢侈便会招来杀身之祸。

（五）勤勉工作

在儒家看来，勤劳不仅是一种美德，而且劳苦勤勉本身还能陶冶、培养出一种“善”的高尚道德情操，相反，懒惰不仅是不道德的，甚至安逸的生活也会使人淫佚生恶即道德堕落。故而孟子说：“故天将降大任于斯人也，必先苦其心志，劳其筋骨，饿其体肤，空乏其身，行拂乱其所为，所以动心忍性，增益其所不能。”（《孟子·告子下》）他认为舜、管夷吾、孙叔敖和百里奚等贤人就是劳苦之中被造就出来的。孔子也反对饱食终日无所事事，他说：“饱食终日，无所用心，难矣哉！”（《论语·阳货》）朱熹讲：“况人在天地间，自农、商、工、贾等而上之，不知其几，皆其所当尽者。但必知夫所处之职，乃天职之自然，而非出于认为。”（《朱子语类》卷一三）不过，儒家并不把职业活动中的成功作为获得天命，成为圣贤的标志，而是把追求内心世界的至善至美作为精神寄托。

第二节　徽州宗族的职业观

明清时期，徽州宗族要求子弟以士农工商为正业，强调读书和为士是四民之首业。当时的书香门第以耕读为本，认为人生事业，“耕为衣食之本源，读乃圣贤之根柢”。不过，普通家庭和宗族对这四种职业并不会区分高低，认为士农工商皆为本业和衣食之所出，相对来说又较为重视从贾。名门望族和普通宗族均严禁子弟从事娼优、隶卒、僧道、屠竖等贱业或游手好闲等，违

① 张鸿翼：《儒家经济伦理及其时代命运》，北京：北京大学出版社，2010年，第118页。

者将会不许入谱或革除出祠。

一、以士农工商为正业

徽州宗族要求子弟无论从事士农工商哪个行业，都要安分守己，干好本职工作。休宁范氏《谱祠·林塘宗规》说："士、农、工、商，各习所业，安生理，以遵圣谕，乃祖宗垂训大要。四民之外，俱属异端，家法所禁。"①该族成员昑云府君曾制定怡乐堂家规，要求族人力行本业，"士勤诗书，农勤稼穑，工勤造作，商勤经营"；并戒谕族人："凡吾门子弟，士、农、工、商，各勤其业；长幼内外，各守其礼。苟或疏违，有家法在。"②清雍正年间，茗洲吴氏认为："举业发圣贤之理奥，为进身之阶梯，须多读经书，师友讲究，储为有用，不得冒名鲜实，不得纷心诗词，及务杂技，令本业荒芜。"要求子弟认真习读经书，从事举业，并做到心无旁骛。而不能读书又无田可耕的子弟则可以把从事商业作为谋生的手段，"族中子弟不能读书，又无田可耕，势不得不从事商贾，族众或提携之，或从他亲友处推荐之，令有恒业，可以糊口，勿使游手好闲，致生祸患"③。

歙县商人辈出，家风更严，对从事正业有着严格的规定。歙县东门许氏要求族人选择士、农、工、商等正业，勤于治生，力求做到使本业专而精，不准从事四业之外的其他职业。《许氏家规·各治生业》认为："生业者，民所赖以常生之业也。《书》之所谓厚生，文正之所谓治生，其事非一而所以居其业者有四，固贵乎专，尤贵乎精，惟专而精，生道植矣。士而读期于有成，农而耕期于有秋，工执艺期于必售，商通货财期于多获，此四民之业，各宜治之以生者也。上而赋于公，退而恤其私，夫是之谓良民。出乎四民之外而荡以嬉者，非良民也，宜加戒谕。"④歙县蔚川胡氏要求族人按照士农工商顺序选择职业，"四民职业，立身成家之本。天姿秀美者读书得名，邦家之光，宗族之荣。次则力田，丰年亦农夫之庆。又次执艺营生，挟赀贸易。"不过四业均是正业，族人要做到勤修职业、专精其业，"所谓四民，职业也。为父兄者各因其材，慎择师友，毋从匪彝。为弟子者，务宜专精其

① 休宁《范氏族谱》卷首下。

② 休宁《范氏族谱》，《谱祠·怡乐堂家规》。

③ 休宁《茗洲吴氏家典》卷一，《家规》。转引自陈瑞：《明清时期徽州宗族对族人的职业控制》，《安徽大学学报》（哲学社会科学版）2008年第4期。

④ 歙县《重修古歙东门许氏宗谱》卷八，《许氏家规·各治生业》。

业，重望成名"。[①]

绩溪县梁安高氏规定："四民皆是正业，然不读书则不知礼义，故凡为农、为工皆当读书，虽不望成名，亦使粗知礼义，不至为非。至于子弟佳者，则为之读书，倘家贫无力，宗族宜加意培植，盖族内有读书人，则能明伦理，厚风俗，光前而裕后，其关系非浅，又不但科第仕宦为宗族光已也。"[②]把四业均当作正业，强调读书是做人和谋业的根本。华阳邵氏则强调："吾族贫瘠当勤树艺，查闽省有地瓜，川省有石绵，山左有美绵，浙江有茶子，皆易种而多获。如此等类，宜访觅教种，俾通族之人皆得地利以裕生计，将见事畜有资，稍知自爱者必不肯为非，且游闲无业之辈，尽纳之于树艺之中，一切弊害不革自除，易浇漓而归仁厚，庶足以光一族，仰对祖先。"[③]规劝族人"勤树艺"，积极从事农业生产，并认为从事农业生产可以消除族人的游闲失业，解决族人的就业问题。黟县裴氏《家规·端正品谊》说："士农工商，四民各有正业。读书其最上也。即负耒耕，牵车牛，或执技事上，亦皆有裨于民生，关乎日用，未始不可赡衣食，供妻孥。断不可不顾流品已，沦于卑贱，累及于子孙。"[④]如果族人不能读书入仕，农工商也是谋生之道和衣食之本，断不可从事贱业。

二、禁止从事贱业

徽州宗族认为，僧道、吏胥、屠竖、地保、娼优、隶卒、医卜星相等职业或行业以及鬻身为奴，就是所谓贱业（恶业、邪道）。从事贱业会遭到别人鄙视唾弃，各族规家法对此制定了相关条款予以严禁，对宗族子弟从事贱业者施以惩罚。绩溪梁安《高氏祖训十条·守正业》规定："人家子弟，无论贫富智愚，皆不可无业，无业便是废人。又不可不守正业，不守正业便是莠民。正业不外士农工商，因材而笃，皆可成家立业。安可自甘污贱，为娼优隶卒，以玷辱门庭。"[⑤]该祖训明令禁止族人为娼优隶卒。清宣统年间，绩溪仙石周氏规定："男子犯刑戮非冤，及犯家法革逐，与为僧道、出继异姓者，

---

①民国《歙县蔚川胡氏家谱》卷二，《道光二年规条·劝职业》。

②绩溪《梁安高氏宗谱》卷一一，《高氏祖训十条·兴文教》。

③绩溪《华阳邵氏宗谱》卷首，《新增祠规》。转引自陈瑞：《明清时期徽州宗族对族人的职业控制》，《安徽大学学报》（哲学社会科学版）2008年第4期。

④黟县《湾里裴氏族谱》卷一。

⑤绩溪《梁安高氏宗谱》卷一一，《家政》。

不书名。其有妻子者，以圈代名。”①对为僧道、革除者给予族谱除名的惩罚。黟县叶氏《祖训家风·饬风化》明确禁止族人做地保和优隶，“子弟不为优隶，不充当地保，违者斥逐”②。明万历年间，范氏宗族要求族人选择士、农、工、商为职业，“士、农、工、商，各习所业，安生理，以遵圣谕，乃祖宗垂训大要。四民之外，俱属异端，家法所禁”③。规定族人“不得越四民之外，为僧道，为胥隶，为优戏，为椎埋屠宰等。犯者，即系故违祖训，罪坐房长”④，当族人从事僧道、胥隶、优戏、椎埋屠宰等贱业时，还要对他们的家长进行惩罚，因为这些家长没有担负起教育和监护的职责。在徽州社会，族人卖身为奴、沦为贱民是自绝于本宗族的严重犯过行为，会受到整个宗族社会的唾弃及严惩。明崇祯年间，歙县人吴光熙因流荡无赖、鬻身为奴而被视为宗族败类，“吴光熙乃吴光祐之堂弟，流荡无赖，鬻身为奴，败类极矣”⑤。

对于堪舆、行医、占卜和算命等，有些族规家训虽未视为贱业，但也反对族人从事，认为如果学之不精易于误人和害人。绩溪梁安《高氏祖训十条·守正业》规定：“至于医卜星相，虽非邪术，亦不可轻学。盖其不精，因而误人惑人，亦非正道矣。”⑥绩溪许氏《正德十三年惇叙堂旧家规十条》规定，后世子孙必须从事士农工商之正业，“至于地理医道，虽非邪术，恐学之不精，误人不少，切不可图其事之安逸而轻学以害人，受人饮食财物而反害人，不如乞丐”⑦。有些宗族规定族中必须有人学医，这是考虑到为人治病的需要，祁门陈氏《崇公家法三十三条》规定：“立一人学医，以备老幼疾病。须择诸识方脉医术牙性之人，药料之资，取给于主事者。”⑧

各宗族说明了禁止族人从事贱业的原因。晚明歙县《潭渡孝里黄氏家训·教养》认为入僧道则断了子孙，从事吏胥、屠竖则坏了仁心，“子弟毋使习学吏胥，以坏心术。虽当贫乏不得令入寺观为僧为道，自斩嗣续。毋狎屠竖以启残忍之心”⑨。休宁茗洲吴氏《家规八十条》也将从事贱业的原因概括

① 绩溪《仙石周氏宗谱·凡例》。
② 黟县《南屏叶氏族谱》卷一。
③ 休宁《范氏族谱》卷六，《谱祠·林塘宗规》。
④ 休宁《范氏族谱》卷六，《统宗祠规·职业当勤》。
⑤ 傅岩：《歙纪》卷九，《纪谳语》。
⑥ 绩溪《梁安高氏宗谱》卷一一，《家政》。
⑦ 绩溪《县南关惇叙堂许氏宗谱》卷九。
⑧ 祁门《武溪陈氏重修宗谱》卷一。
⑨ 歙县《潭渡孝里黄氏族谱》卷四。

为坏乱心术和违背仁义，"子孙毋习吏胥，毋为僧道，毋狎屠竖，以坏乱心术。当时以'仁义'二字铭心镂骨，庶或有成"[①]。歙县《潭渡孝里黄氏家训·教养》对劝诫和惩治宗族子弟不务生理的言行作了明确说明，规定宗族子弟"并不得好勇斗狠及与打降、闯将、匪类等来往，不得沉迷酒色，妄肆费用，以致亏折赀本。至若不务生理或搬斗是非，或酗酒赌博，或诓骗奸盗，或党恶匿名，一应违于礼法之事，当集众诫之，如屡诫不悛，呈公究治，不可姑容"[②]。

明歙知县傅岩认为宗族子弟若被人引诱而染上打行赌博、奸淫教唆等恶习，主要责任在于父母长期疏忽对子女的教育，他指出："打行赌博、奸淫教唆之风日炽，打行近盗，赌博近贼，奸淫近杀，教唆近刑，此恶业也。虽是本性愚昧，为人引诱，总由父母从婴孩时失于教训。"[③]绩溪华阳邵氏也认为父兄家长对子弟职业选择负有教诲监督的责任，"中人之性得教则习于善，失教则流于恶，为父兄者各宜督之，使归于仁厚，各习一业，切不可听其游手好闲、烟赌酗酒，以入不肖之途"[④]。三田李氏规定："子弟年过二十或三十以外，学问不就者，则令治家理事，不可居无职业，游荡自恣，违者，罪其父母。"[⑤]强调家长对子女职业选择的教诲监督权。

值得一提的是，清末徽州个别家谱的族规家训提出了具有近代色彩的新职业观。如清宣统二年（1910年）祁门汪氏《宗训》说："钦定之学堂程度详备，迭谨而申其宗旨。资费由社会族裔捐筹办，经管由通族默然推投。……得十有一年，则男女分入正学堂……师期五年，满毕业，乃辨志。各从专门定业，为士仕、商贾、农牧、工艺、军兵，各务精进。"[⑥]要求子弟到新式学堂读书，毕业后各立志从事"士仕、商贾、农牧、工艺、军兵"，这是一种将农牧、工艺和军兵平等看待的近代职业观，与歧视技艺和军兵的传统职业观完全不同。[⑦]

---

① 休宁《茗洲吴氏家典》。

② 歙县《潭渡孝里黄氏族谱》卷四，转引自徐国利：《从明清徽州家谱看明清徽州宗族的职业观》，《河北学刊》2011年第6期。

③ 傅岩：《歙纪》卷五，《纪政迹·修备赘言》。

④ 绩溪《华阳邵氏宗谱》卷首，《新增祠规》。

⑤ 婺源《三田李氏宗谱》卷末，《家规·训子姓》。

⑥ 祁门《韩楚二溪汪氏家乘》卷二《宗训》。

⑦ 徐国利：《从明清徽州家谱看明清徽州宗族的职业观》，《河北学刊》2011年第6期。

三、严禁游手好闲

一些宗族要求子弟谨守其职，各安生理。[①]《文堂乡约家法》教育子弟道："盖人生有个身即饥要食、寒要衣，有个家便仰要事、俯要育。衣食事育，一时一刻不能少缺，若无生理，何处出办，便须去作非为……人生在世须是各安其命，各理其生，如聪明便用心读书，如愚鲁便用心买卖，如再无本钱便习手艺及耕田种地，与人工活。如此方才身衣口食父母妻子有所资赖……若生理不安，则衣食无出，饥寒相迫，妻子相闹，便去做那非理不善的事，求利未得，而害已随之，大则身亡家破，小则刑狱伤残，眼前作恶之人，昭昭自有明鉴。"[②]在文堂陈氏宗族看来，子弟"各安生理"是实现仰事俯育，顺利履践宗法伦理的需要，更是子弟能够做到洁身自好，避免非为的有效方法。徽人汪鸣时在教育族人刻苦学商时，谆谆劝诫道："若不事生理，试问父母将来年老何以养膳，娶妻生子如何畜育，种种重任将来何以支持？"[③]徽州汪氏宗族更不惜动用祖宗名义，要求子弟勤于治生。《汪氏统宗正脉·开化月山派宗规六则》说：子弟当"以务业为本，务业又当以勤俭为先，大则居官致君泽民，小则士农工商成家立业，各守分守职，方不沾辱祖宗"。

宗族还将其职业思想教育渗透到祭祀活动中。歙县许氏宗族在社祭活动中，加入了对子弟进行职业思想教育的内容："勉之以勤职业，毋致怠惰以废先猷"[④]。文堂陈氏宗族祭祀时要求子弟配以钟磬，诵读《各安生理》《毋作非为》二诗。《各安生理》云："本分生涯不可抛，蛋蛋终日谩心劳。穷通贫富皆前定，信步行来自向高。"《毋作非为》诗云："人生有欲本无涯，作恶由来一念差，幽有鬼神明有法，身亡家破重堪磋。"

在徽州族规家法中，对游手好闲子弟大都作了严厉惩治的规定。黟县环山余氏宗族《余氏家规》禁游侠条记载："近世闲游子弟，假称豪侠，或于衙门内外、街头巷口，遇事生风，以讥谈拳勇为酒食之谋……构祸滋衅，损坏家声，莫此为甚。我族子弟，如有前项行为，家长、家督即宜呼来面斥，痛惩其非。如刚狠不驯，众共鸣公重处，以防效尤。"[⑤]清嘉庆年间，黟县南屏

---

① 王昌宜：《明清徽州的职业教育》，《安徽大学学报》（哲学社会科学版）2006年第1期。

② 祁门《文堂乡约家法》，《圣谕演》。

③ 汪鸣时：《商贾格言》。

④ 歙县《重修古歙东门许氏宗谱》卷一〇，《社序》。

⑤ 黟县《环山余氏宗谱》卷一。

叶氏宗族规定：“族中子弟，士、农、工、商，各有恒业，非年高稚弱，及有事羁留而在家闲游者，老成必督责焉。”[①]认为只要族人从事四民之业皆为“恒业”，反对子弟游手好闲，并要求长者对那些闲游者予以督责。

明成化年间，婺源李珠劝诫族人各安生理，收到积极成效。“遇乡之子弟有不务生理者，即诲之曰：人以治生为先务，夙夜不起，日无恒功；春日不耕，秋无蓄积；幼时不学，老无闻知。因而知改者十常八九”。[②]清道光年间，婺源长溪余氏宗族告诫族人：“士、农、工、商，庶民各居，农勤于耕，商勤于途，工勤绳墨，士勤典谟。惰业嬉游，流为下愚，日无所事，闲民之徒，食饱暖衣，禽兽不如，忘善作恶，谁之过欤，心逸日休，何如读书。”[③]要求族人勤修士农工商正业，切戒好逸恶劳、无所事事。

歙县《歙西岩镇百忍程氏本宗信谱》记载：“上之读书为士，下之力田为农，至于为工为商，守分安生，何所不可？乃有不务生业、游手好闲、赌博骗财、诱人为非者，真盛世之敝民，乡族之巨蠹也。”[④]歙县《朱氏祖训·专务本业》指出：因本族地处僻山，只能以务农和经商为业，“民之业有四，民之职有九，而天下断无无事之民，故虽闲亦未必无所事事。”[⑤]清道光年间，歙县蔚川胡氏规定：“倘职业不习，四民无与，好游荡，交匪类，败家声，是父兄之教不先，而子弟之率不谨也，初则戒惩，再则削逐。”[⑥]“至于不务生理，哄人嫖赌，破人财产，起灭兴贩，窃盗诈伪等类，律有明条，官法甚严，切宜谨戒。”[⑦]

对不习四民职业，结交匪类、从事窃盗诈伪等贱业、恶业者，初犯者予以戒惩，屡教不改者则给予削逐出族、开除族籍的严厉惩罚。歙县《潭渡孝里黄氏族谱·家训》规定，子弟不得“为游手游食之人……其棋枰双陆词曲虫鸟之类，皆足以蛊心惑志，废事败家，一切皆当弃绝，不得收畜。至于俗乐戏术，诲淫长奢，不可令子弟观听肆习，有类此者，神而明之，均应痛戒也”；子弟“不得沉迷酒色，妄肆费用，以致亏折资本，至若不务生理，或搬斗是非，或酗酒赌博，或诓骗奸盗，或党恶匿名，一应违于理法之事，当集

① 黟县《南屏叶氏族谱》卷一，《祖训家风·安生业》。
② 婺源《星江严田李氏宗谱》卷一，《家传》。
③ 婺源《长溪余氏正谱》卷首，《戒逸》。
④ 歙县《歙西岩镇百忍程氏本宗信谱》卷一一，《族约》。
⑤ 宣统《古歙义成朱氏宗谱》。
⑥ 歙县《蔚川胡氏家谱》卷二，《道光二年规条·劝职业》。
⑦ 歙县《蔚川胡氏家谱》卷二，《道光二年规条·树行检》。

众诫之，如屡诫不俊，呈公究治，不可姑容”。

休宁《商山吴氏宗法规条》规定：“族中或有一等棍徒，名为轿扛，引诱各家骄纵败子，酗酒、习优、宿娼、赌博，不顾俯仰，必致倾家破产丧身而后已。此等恶俗，犹为可恨。宗正、副约引会族长，呈官惩治。”[①]休宁《茗洲吴氏家典·家规》说：“棋枰双陆辞曲虫鸟之类，皆足以蛊心惑志，废学败家，子弟当一切弃绝之”；要求“子孙进退皆务尽礼，不得引进倡优，讴辞献妓，娱宾狎客，上累祖宗之嘉训，下教子孙以不善，甚非小失，违者罚之”；“妇女宜恪守家规，一切看牌嬉戏之具，宜严禁之，违者，罪家长”；“子孙以理财为务者，若沉迷酒色，妄肆费用，以致亏陷，父兄当审实罪之”。

明万历年间，祁门文堂陈氏规定：“每会行礼后，长幼齐坐，晓令各户子姓各寻生业，毋得群居博奕燕游，费时失事，渐至家业零替，流于污下，甚至乖逆非为等情。本户内人指名禀众，互相劝戒，务期自新。如三犯不悛，里排公同呈治。”[②]在宗族内部举行乡约会时，告诫族中子弟各寻生业，不得游手好闲，费时失事，从事贱业；对违犯宗族法不听劝阻者，由里甲排年禀呈官府予以严治。

新安汪氏《家训·守职业》说：“民有四等，士农为先，其次为商为贾。商贾亦治生之一道，虽熙来攘往，只为蝇头微利，一似逐末者之所为。然苟取之不失于义，亦可保其清白体。故贤如子贡不若颜子之安贫，而货财生殖亿则屡中，其才识之明犹得见称于师友。凡我族人不读不耕，务宜早习经营，安守职业。勿令家居游荡，垂老无成。则不特无以为家，且涉游民之诮。”[③]清光绪年间，徽州彭城钱氏规定：“士、农、工、商，各有一业，子弟年长，不可任其游荡，流于匪类。使之各执一艺，以为终身衣食之资。谚云：卖田卖地难卖手艺。为父兄者，不可不早为之计也。”[④]强调父兄家长要为子弟的职业早作规划，不准任其游荡失业，流于匪类。

尤其对赌博，徽州族规家法严格禁止。绩溪《璜上程氏宗谱·家禁第十》“禁习恶”严禁族人赌博：“忠厚为传家本分，各安本分，则一族自然雍和，近有一等刁恶，游手好闲，抹牌掷骰，酗酒撒泼，夜宿烟花，挥金如土……谓之族蠹……谱削其名。”“禁赌博”解释了反对族人赌博的原因：“人宜

① 休宁《商山吴氏宗法规条》。

② 祁门《文堂乡约家法》，《文堂陈氏乡约》。

③ 同治《新安汪氏家乘》卷七。

④ 光绪《徽州彭城钱氏宗谱》卷一，《家规》。

执业，而赌则旷废时日。人宜端品，而赌则甘伍下流。牌骰一到手中，世事皆置之度外，其始起于贪人之财，其终必至荡己之产。呜呼！祖宗百年辛苦创业之艰难，子孙一日荒之败之容易，从此金尽。”赌博不仅旷废时日，且虚掷金钱，与宗族勤俭训诫背道而驰，因而与游戏一起遭到徽州宗族的普遍反对。

歙县《重修古歙东门许氏宗谱·家规》“游戏赌博”条云：“今之游荡戏侮者……职业不修，放僻邪侈，迎神赛会，游灯索钱，生事地方，诈骗酒食，使人不敢言敢怒……构徒聚党，登场赌博，坏人子弟，而亦自坏其心术，破毁家产，荡析门户，若此之流，沉溺既久，迷而弗悟，宜痛戒之，使其改行从善。”歙县《金山洪氏宗谱·家训》“禁赌博”条曰：“赌博一事，更关风化。素封弟子，忘其祖父创业之艰，挥金如土，狼藉者饵诱，呼红喝绿，一掷千金，迷不知悟者，及至倾家荡产，无聊底止，方知怨恨，殊不思不能谨于始，事后悔前非，其能济乎？犯此者，众共击之。”鉴此，对于爱好赌博的子弟，宗族予以严惩。

休宁《茗洲吴氏家典·家规》云：“子孙赌博无赖，及一应违于礼法之事，其家长训诲之，诲之不悛，则痛棰之，又不悛，则陈于官而放绝之，仍告于祠堂，于祭祀除其胙，于宗谱削其名，能改者复之。”黟县《南屏叶氏族谱·祖训家风》道：“族中邪僻之禁至详，而所尤严者赌博，赌博之禁，业经百余年。间有犯者，宗祠内板责三十，士庶老弱概不少贷。”同时重金鼓励族人相互监督、揭发，“许有志子弟访获，祠内给奖励银二十两”。又“恐年久禁弛，于乾隆十四年加禁，乾隆四十三年加禁，嘉庆十四年又加禁，历今恪守无违，后嗣各宜自凛”。

四、业儒入仕和因才择业

明末歙知县傅岩曾指出：“徽俗训子，上则读书，次则为商贾，又次则耕种。”[①]可见，读书为上、商贾为次、耕种又次，已经成为明清时代徽州宗族社会中长期传承的一种职业规划，这是受传统的四民观所影响的结果。

“万般皆下品，唯有读书高”，读书能够入仕，给宗族带来财富和官衔。休宁吴氏举全族之力培养有资质而无力从师的子弟科举成名，光宗耀祖，“族中子弟有器宇不凡、资禀聪慧而无力从师者，当收而教之，或附之家塾，或

① 傅岩：《歙纪》卷五，《纪政迹·修备赘言》。

助以膏火。培植得一个、两个好人，作将来模楷，此是族党之望、祖宗之光，其关系匪小。”又规定宗族子弟到六岁年龄都要读书，“子孙自六岁入小学，十岁出就外傅，十五岁加冠入大学。当聘致名师训饬，必以孝悌忠信为主，期底于道。若资性愚蒙，业无所就，令习治生理财”。为保证举业能成功，还严格规定了读书的范围，“举业发圣贤之理奥，为进身之阶梯。须多读经书，师友讲究，储为有用。不得冒名鲜实，不得纷心诗词及务杂技，令本业荒芜。”[①]倘若读书不能博取功名，也可以为家族赢得声誉。

歙县程氏《族约》说：“宗族之大，子孙贤也；子孙之贤，能读书也。能读书则能识字，匪特可以取科第、耀祖宗。即使未仕，亦能达世故、通事体，而挺立于乡邦，以亢厥宗矣。”[②]读书即使不能为仕，也能挺立乡邦，亢宗扬族。绩溪许氏《家训》则说：“子孙才分有限，无如之何，然不可不使读书。贫则教训童稚以给衣食，否则讲明正学以资进取。若夫成功则天也。不获于天，亦不失于士之令名。”[③]在许氏看来，子弟不论是否有才分都要读书，达则博取功名，贫亦可教书为业，对个人来说仍“不失于士之令名”。徽州宗族对做官有着浓厚兴趣，其目的并不排除通过权力资本化保护自己的商业利益动机；另一方面，也与封建社会官府的敲诈勒索有关，明末商业书有“是官当敬”条：“是官当敬。官无大小，皆受朝廷一命，权可制人。……倚官势，官解则倾。……少入公门，毋观囚罪。”[④]韦伯认为自由商业最易在君主专治的官僚制度下遭到扼杀，这也能从一定程度上说明徽商的处境。

毕竟读书人能够业儒入仕的只是少数，因此徽州宗族往往又根据宗族弟子的资质差异等实际情况而予以区别对待。休宁黄氏《祠规·职业当勤》说：“四民所业不同，皆是本职。惰则废，勤则修。”[⑤]明歙县潭渡黄氏规定：“若二十岁以外学业无成者，令其学习治家理财之方，其向学有志者，勿拘此例。”[⑥]强调以科举仕宦为第一选择，对子弟学业无成、科举无望者则教以治家理财的方法，使他们掌握谋生的手段。绩溪南关许余氏规定：“子弟七岁以上则入小学，从师读书习礼，收其放心，养其德性，使知孝弟忠信礼义廉耻

① 休宁：《茗洲吴氏家典》卷一。本段亦见徐国利：《从明清徽州家谱看明清徽州宗族的职业观》，《河北学刊》2011年第6期。

② 歙县《歙西岩镇百忍程氏本宗信谱》卷一一。

③ 绩溪《南关惇叙堂许氏宗谱》卷九。

④ 李晋德：《客商一览醒迷》，太原：山西人民出版社，1992年，第39、326页。

⑤ 休宁《休宁古林黄氏重修族谱》。

⑥ 歙县《潭渡孝里黄氏族谱》卷四，《潭渡孝里黄氏家训》。

之事。其聪明者，使之业儒，其（期）于有成以光大门间。其庸下者，亦教之以农工商贾，各事生业，不得游手好闲。”①

休宁《宣仁王氏族谱·宗规》说：“士农工商，所业虽别，是皆本职。”新安璜上程氏教导子弟“士农工商，各有其义”②。歙县程氏《族约》说：“人生斯世，士农工商各执一业。”③歙县许氏宗族规定：宗族子弟“习礼义，或商或儒，各肄本业，谨守礼法，毋坠先志”④。清光绪年间，徽州彭城钱氏要求父母对子女“视其材质高下，随其材器而造就之可耳”⑤。徽州宗族也重视对本族女子进行职业教育和培训，清光绪年间，绩溪县南关许余氏宗族规定：“至于女子，必教之以谨言慎行，精于女工，勤于纺绩，使知布帛之艰难。饮食祭祀虽非所事，亦可预知，他日适人必执妇道。”⑥

第三节　徽商的儒贾观

业儒和服贾是徽州人所从事的两项主要职业，“其俗不儒则贾，相代若践更”⑦。明清时期，“新安一府六邑，十室九商，经营四出”⑧，是我国封建社会后期少见的“商贾之乡”。然而，这个“商贾之乡”又是“儒风独茂”，“人文辈出，鼎盛辐辏，理学经儒，在野不乏”⑨之地，其传统的儒家伦理教化比其他地区更为发达。自从1984年张海鹏提出“贾而好儒”是徽商特色之后，这一观点得到学术界的广泛认可，概括了徽州商帮的基本特征和基本倾向。⑩但徽商究竟是崇儒还是右贾，或者二者并重，学术界一直存在争论。笔者认为，徽州人肯定了商人的价值，提高到仅次于“士”或与“士”并列的地位，但这以“唯士为尊”为前提，还没有突破传统的“四民”之分，业儒入

① 绩溪《南关许氏惇叙堂宗谱》卷八，《正德十三年惇叙堂旧家规十条》。

② 歙县《新安璜上程氏宗谱》卷首，《家业》。

③ 歙县《歙西岩镇百忍程氏本宗信谱》卷一一。

④ 歙县《重修古歙东门许氏宗谱》卷一〇，《社序》。

⑤ 光绪《徽州彭城钱氏宗谱》卷一，《家规·笃义方》。

⑥ 绩溪《南关许氏惇叙堂宗谱》卷八，《正德十三年惇叙堂旧家规十条》。

⑦ 汪道昆：《太函集》卷五五，《诰赠奉直大夫户部员外郎程公暨赠宜人闵氏合葬墓志铭》。

⑧ 徽州《典业须知》，《敦品》。

⑨ 道光《重修徽州府志·序》。

⑩ 参见张海鹏、唐力行：《论“贾而好儒”的特色》，《中国史研究》1984年第4期；张明富：《“贾而好儒”并非徽商特色——以明清江浙、山西、广东商人为中心的考察》，《中国社会经济史研究》2002年第4期；王世华：《也谈“贾而好儒”是徽商的特色——与张明富先生商榷》，《安徽史学》2004年第1期；等等。

世仍然是徽商的终极关怀。

一、“儒为名高”

读书做官是徽州人心目中的“第一等事业”，也是光宗耀祖的头等大事。徽州宗族多把设立学堂、培养宗族子弟作为族规家训写于宗谱之中，张贴在祠堂之内，所谓“巨室强宗之所以绍隆而不绝者，有世禄尔”[①]。歙县《潭渡孝里黄氏族谱》记载：“子姓十五以上，资质颖敏，苦志读书者，众加奖劝，量佐其笔札膏火之费。另设义学，以教宗党贫乏子弟。”[②]休宁《茗洲吴氏家典》也说：“族内子弟有器宇不凡，资禀聪慧而无力从师者，当收而教之，或附之家塾，或助以膏火，培植得一个两个好人作将来楷模，此是族党之望，实祖宗之光，其关系匪小。”[③]《明经胡氏龙井派宗谱·祠规》除了规定对宗族子弟参加童试、乡试、会试的具体资助办法外，还谆谆告诫全族：“为父兄者，幸有可选子弟，毋令轻易废弃。盖四民之中士居其首，读书立身胜于他务也。”这种崇儒的社会风气，形成了徽州地区“俗好儒而矜议论”[④]和“儒风独茂”[⑤]的文化氛围，“非儒术无以亢吾宗”[⑥]、“非诗书无以显亲”[⑦]成了徽州人普遍的心理特征。[⑧]《二刻拍案惊奇》写道：“原来徽州人有个僻性，是乌纱帽、红绣鞋，一生只这两件事不争银子。”这里所谓的“徽州人”自然指的是徽商，“乌纱帽”指为官，“红绣鞋”指狎妓。

徽州学子的人生最高理想是金榜题名、荣宗耀祖。许多人一试不中再试，再试不中三试，参加八九次十几次者大有人在。[⑨]个别学子甚至已届耄耋之年，还不罢休。乾隆皇帝八十寿辰，特开“万寿恩科”，黟县南屏叶氏宗族81岁举子叶逢年名落孙山。乾隆闻奏，特下谕旨“著加恩赏给举人”：

> 据陈用敷奏，本年江南省应试诸生内，有八十一岁之叶逢年，三场完竣，未经中式等语。该生年逾八旬，精神矍铄，踊跃观光，实为儒林

① 胡寅：《斐然集》卷二〇，《企疎堂记》。
② 歙县《潭渡孝里黄氏族谱》卷四，《家训》。
③ 吴翟：《茗洲吴氏家典》卷一。
④ 许承尧：《歙事闲谭》卷一八。
⑤ 康熙《绩溪县志续编》卷三，《硕行》。
⑥ 汪道昆：《太函集》卷六七。
⑦ 吴吉祜：《丰南志》第五册。
⑧ 徐大慰：《徽商的儒贾观》，《江汉论坛》2011年第11期。
⑨ 婺源《董氏宗谱·步爵公暨德配洪孺人合传》曰：“少业儒，工时文，历十七试竟不售。”

嘉瑞，著加恩赏给举人，准其一体会试，以示朕寿世作人、嘉惠耆龄至意。

第二年，叶逢年赴京会试，又榜上无名。乾隆皇帝又下谕旨“著赏给翰林院检讨衔”：

据知贡举铁保、姜晟奏，本年会试举子内有八十二岁之叶逢年，三场完竣，未经中式等语。本届朕八旬特开“万寿恩科”，该举子年老应试，庞眉皓首，踊跃观光，洵为升平盛事。著赏给翰林院检讨衔，加赏缎二匹，以示朕嘉惠耆儒、仁寿作人至意。①

不少徽商致富后，弃贾业儒，转向科场入仕途。如明歙县商人潘仕，早年为不伤父亲心而弃儒服贾，经商富裕后，便舍贾而归儒，后为南京国学学生。清康熙时休宁人汪锌，“以父卒，家中落，弃儒服贾走四方，供母甘旨者十余年。复习举子业，读书江汉书院，癸卯、庚戌登两榜，甲寅考授中翰。……擢吏部文选司主事，历考功验封司员外。”②又如江登云，清康乾时歙县人，16岁随兄外出经商，大获成功后却殊不自得，决心“志功名，为国家作栋梁材”，于是弃贾业，入武庠，“连第进士，膺殿廷选，侍直禁卫”，“后官至南赣都督”。③清乾隆时歙人程晋芳更为典型，他治盐于淮，托身于贾，但却“好儒，罄其资购书五万卷”。后弃贾服儒，虽屡试不第，但他年过四十，心犹不死，终于考中进士，为官吏部文选司主事。四库馆开，议叙改翰林院编修。④绝大多数徽商“本为儒，去而从贾，非其志也”⑤。

许多徽商致富后，通过“急公议叙”或捐资买官而跻身仕林。通过科举入仕毕竟不易，因而对徽商来说，跻身仕林最便捷的办法就是“急公议叙”或捐资买官。如江春，因“逢大典礼暨工、赈，输将重劳，殚心筹策，靡不指顾集事”而得到乾隆皇帝的欢心，乾隆特予召见，并对其“特宣温旨，加

① 乾隆帝两道谕旨参见《黟县南屏叶氏族谱》卷一。转引自赵华富：《明清时期徽州的儒贾观》，《安徽大学学报》（哲学社会科学版）2011年第6期。

② 康熙《休宁县志》卷六，《人物·宦业》。

③ 歙县《济阳江氏族谱》卷九。

④ 昭连：《啸亭杂录》卷九。

⑤ 歙县《溪南江氏族谱》，《故处士沙南江公墓志铭》。

授布政使衔，荐至一品”。[①]歙县大盐商郑鉴元，也因捐输有力，“诰授通议大夫，候选道。乾隆五十五年，入京祝万寿，加一级，召预千叟宴，赐御制诗及粟帛。又以输军饷一万两以上，议叙加五级，覃恩诰封中宪大夫、刑部山东员外郎”[②]。康熙、乾隆以后，捐纳之风盛行，为了跻身仕林，许多徽商干脆直接拿钱买官爵。如歙商吴鋗，“以附贡生循例捐候选道，加四级，诰授资政大夫”[③]。休宁商人吴永亨，“初捐州同，封父母，加捐通判”[④]。监生虽不是官，但由于属绅衿行列，并有出仕的可能，故徽商也乐于捐纳以抬高声望。时人指出，徽商“捐监授职，计费匪轻”。此并非虚语。因为翻开徽州的方志、谱牒可知，其中记载的商人大多拥有功名爵位。这些因“急公议叙”或捐纳得来的功名爵位，虽然并非实授，亦无实权，但却反映了徽商对进入仕途的渴望。[⑤]

“贾为厚利，儒为名高”[⑥]，相比较于经商，徽商更看重读书。歙县商人汪珮早期业儒，后因母亲去世，家中生活艰难，才遵父命弃儒服贾，以供养两个弟弟读书。后来大弟未中县学，准备弃儒就贾。汪珮以亲身经历告诫弟弟：“且吾业已悔之，汝复蹈吾悔耶？”弟“感公言，趣归发愤，卒有文名”[⑦]。婺源商人李大祈因家业“百端丛脞，窘不能支”而弃儒服贾，经商致富后，他深为自己幼年家贫无力完成儒业而遗憾，反复勉励其子一定要攻诗书、取功名，实现自己的未竟之志，他说：“子身犹服贾人服，不获缴一命以显先德，予终天不能无遗憾。”[⑧]婺源木商洪庭梅致富后，慨然曰：“今庶几惟所欲为，奚仆仆风尘坐以商贾自秽。”[⑨]没有业儒，就是到“惟所欲为”的程度也觉得自惭形秽。休宁人汪良举出身盐商世家，他说：“父母生予八尺躯，上之不能乘时取甲第以树勋朝家；次弗克窃三秉之粟以奉母欢，曷称为子！”[⑩]他也认为服贾低于业儒。徽州盐商汪才生甚至告诫他的儿子，“毋效贾

① 江登云：《橙阳散志》卷三。

② 许承尧：《歙事闲谭》卷二五。

③ 吴吉祜：《丰南志》第五册，《皇清附贡生诰授资政大夫候选道加四级恩加顶带一级又恩加一级议叙加六级显考嵩堂府君行述》。

④ 嘉庆《休宁县志》卷一五，《人物·乡善》。

⑤ 李琳琦：《徽商与明清徽州教育》，武汉：湖北教育出版社，2003年，第138页。

⑥ 汪道昆：《太函集》卷五二。

⑦ 歙县《溪南江氏族谱》，《故处士沙南江公墓志铭》，汪珮曰：“夫农之望岁，固也。奈何以岁一不登而辍耕乎，且吾业已悔之，汝复蹈吾悔耶？”

⑧ 婺源《三田李氏统宗谱》。

⑨ 婺源《墩煌洪氏统宗谱》卷五八。

⑩ 休宁《西门汪氏宗谱》卷六。

竖子为也”[①]，而要发奋读书。盐商江登云把服贾看得更低，他说：“丈夫志功名为国家作梁栋材，否亦宜效毫末用，宁郁郁侪偶中相征逐以终老耶?”[②]认为大丈夫应该追求功名利禄，而不要学作商人。

俗话说：“人之将死，其言也善。”从徽商的临终遗嘱中更可以看出他们对子弟读书成名的渴望。[③]休宁商程封弥留之际，谆谆告诫三子：“吾故业中废，碌碌无所成名，生平慕王烈、陶潜为人，今已矣。尔向仁（长子）、向学（二子）业已受经，即向策（三子）幼冲，他日必使之就学。凡吾所汲汲者，第欲尔曹明经修行庶几古人……”[④]。即使经商成功，也是“碌碌无所成名”，只有读书方可光大门楣。休宁商汪镗临死前告诉他的后人：“吾家世着田父冠，吾为儒不卒，然箧书未尽蠹，欲大吾门，是在尔等……”[⑤]，希望后代通过读书光“大吾门”。婺源商胡永倕，“力苦所积为诸弟侄教读，临殁犹谆谆以诗书不可不读嘱其后”[⑥]。婺源商方凤仪临终时说：“吾未见汝辈成名，死不瞑目，待汝辈人泮后乃葬”[⑦]，所谓“成名”就是做官。

徽商之所以崇儒，乃是认为儒能入仕，可以光宗耀祖。歙县商人凌珊早年丧父，弃儒从贾，常为自己不能毕生致力儒学而悔恨，其经商成功后，不远千里为自己孩子和宗族子弟延请名师。有一天，他告诉妻子：孩子虽小，已被官员赏识，也不枉费心机。如果日后孩子当官，你随他赴任，时时提醒他做个好官，以不负我的遗愿。[⑧]他训练子侄的目的就是为了做官。歙商许莲塘经商致富后，宁可自处粗粝，也不惜重金延揽名儒教育子弟。有人对此大惑不解，他回答：陈平之所以后来成为汉代良相，是谁的功劳？应归功于陈平之兄。史书记载，陈平之兄鼓励、支持陈平游学，而自己独肩家事，这才

---

① 汪道昆：《太函集》卷六七，《明赠承德郎南京兵部车驾司署员外郎主事汪公暨安人郑氏合葬墓碑》。

② 歙县《济阳江氏族谱》卷九。

③ 李琳琦：《徽商与明清徽州教育》，武汉：湖北教育出版社，2003年，第135页。

④ 汪道昆：《太函集》卷六一，《明处士休宁程长公墓表》。

⑤ 休宁《西门汪氏宗谱》卷六，《处士镗公传》。

⑥ 光绪《婺源县志》卷三八，《人物·质行》。

⑦ 光绪《婺源县志》卷三九，《人物·质行》。

⑧ 凌应秋：《沙溪集略》卷四，《文行》。记载：凌珊“恒自恨不卒为儒以振家声，殷勤备脯，不远数百里迎师以训子侄。起必侵晨，眠必丙夜，每日外来，闻咿唔声则喜，否则嗔。其训子侄之严如此。……一日语室人曰：‘儿虽幼，已为有司赏识，吾与尔教子之心当不虚。异日者尔随任就养，必教儿为好官，以不负吾志乃可。’”

成就了陈平的相业。我就不能作陈平兄之类的人吗！[①]他含辛茹苦供养诸弟读书，也是希望他们早日撷取功名、博得高官。歙商汪海已是上贾，但他在命儿子汪体义治经术时说："其从叔父入太学，庶几异日大吾门。"[②]歙商许积庆勉励其子说："苟弗事远者大者，斯已已。苟欲事焉，非力学蔑以为也。"[③]只有力学才能成就大事业。

徽商总是选择最优秀的子弟去读书，而让那些读书不成的子弟去经商；在这方面，徽商和晋商形成鲜明对比。清代山西巡抚刘与义在上书给雍正皇帝的奏折中提到："山右积习，重利之念甚于重名，子弟中俊秀者多入贸易一途，至中材以下，方使之读书应试。"雍正皇帝在批示中再次指出："山右大约商贾居首，其次者犹肯力农，再次者谋入营伍，最下者方令读书。"[④]晋商把读书排在商贾、力农、营伍之后，而且仅让中材以下弟子去应试。

二、"阀阅之家也不惮为贾"

除了读书之外，徽州经商风气比较浓厚，"阀阅之家也不惮为贾"。王世贞说："大抵徽俗，人十三在邑，十七在天下；其所蓄聚则十一在内，十九在外。"[⑤]汪道昆指出："新都业贾者什七八，族为贾而隽为儒，因地趋时则男子所有事，外言不入于梱。"[⑥]歙县"业贾者什家而七，赢者什家而三"[⑦]。祁门"服田者十三，贾十七"[⑧]。休宁"土田不给生齿之什一，而大多行贾，不习赋役"[⑨]。总体上说，歙县、休宁经商风气最盛，而绩溪、婺源、黟县等相对偏僻闭塞和经济较落后，多以农业为本。

据黟县《济阳江氏宗谱》记载，济阳江源出于嬴姓，乃伯益之后。歙县江村商业兴旺，"以富户填实京师"[⑩]。早在徽商尚未崛起之前，便已有一些

---

① 歙县《许氏世谱》第五册。别人不解："子之诸弟容容与与，息游儒林。子胡自苦犯晨夜、冒霜雪，焦神极能耶？"许莲塘回答："噫！客乌知大体哉！昔汉得一良相陈平者，是谁之力欤？乃由平之兄陈伯也。《陈平传》载：陈伯纵弟平游学，而陈伯肩家事，肆陈平学成相业也。吾独不能如陈伯乎！"

② 汪道昆：《太函集》卷五五，《明处士兖山汪长公配孙孺人合葬墓志铭》。

③ 歙县《许氏世谱》第五册。

④ 雍正《朱批谕旨》卷四七。

⑤ 王世贞：《弇州四部稿》卷六一，《赠程君五十叙》。

⑥ 汪道昆：《太函集》卷一七，《阜成篇》。

⑦ 汪道昆：《太函集》卷一六，《兖州汪长公六十寿序》。

⑧ 万历《祁门县志》卷四，《风俗》。

⑨ 转引自张海鹏、王廷元主编：《明清徽商资料选编》，合肥：黄山书社，1985年，第52页。

⑩ 程尚宽：《新安名族志》。

人外出经商，并且取得了一定的成就。元末明初，江村人江元就曾外出经商，并获利颇丰。当时明太祖入徽州，“日久饷缺，元年已九十余矣，谒军门。退曰：‘此真主也’，助银十万，以资接济。事平，以功授博士”。[①]江偕寿也是明初江村的一位富商，“多才能，善会计，富甲郡邑”。[②]洪武初期，皇帝征集天下富户建设京都南京，偕寿应征，“分建旱西门及大街廊房，工费数十万”。[③]这是史料记载最早的江氏商人，但此时江氏商人从整体上还未崛起，直至明代中叶以后，江村人经商之风始盛，而且有的家庭已经开始世代经商。例如，明代中叶江村人江祥，“家故贫乏，不惮劳苦，早夜经营，年五十家业始起，累资二十余万金。田连阡陌，富甲一方”[④]。江滽“家故贫窭，勤于操作，以赤手起家。寓淮西南圩头，致资二十余万。田地万亩，牛羊犬马称是，家奴数十指，富甲一时”[⑤]。江希武“尝客彭泽”经商，非常富有，“有负公重赀者，念其贫，不责其偿”[⑥]。江若蕒曾“客无为州”，开设“典铺”，[⑦]子江希贤“弱冠偕诸伯仲绍祖父业，贾北关溪滨，资日饶裕”[⑧]；孙世俊，“承父资生殖”，“一意服贾，拮据不怠，少恢先业，初于北关溪上列廛，旋治典于家”；[⑨]孙世传也“以食指浩繁，巩计然之术，经营悉当”。[⑩]江以深“贾天长铜城镇，生殖日饶”。[⑪]江应文“尝游燕京”，在经商获得财富之后，与当时“名公巨卿欢相结纳”。[⑫]江沛“侨居徐州，交纳四方贤士大夫”。[⑬]江天启家“世业鹾淮扬，时称巨贾”。[⑭]

清代，江村江氏商业发展逐渐达到顶峰，尤以盐业为盛。清初，江氏后人江之鳌，祖上世代业贾淮阴。明末农民战争期间，生业毁于一旦。他“栉风沐雨，晨夕不怠，家声遂以大振，前人未竟之业，悉为补葺而增修

① 民国《歙县志》卷九，《人物志·义行》。
② 歙县《歙北江村济阳江氏族谱》卷九，《明恩奖博士偕寿公传》。
③ 江登云：《橙阳散志》卷四，《人物志下·义行》。
④ 歙县《歙北江村济阳江氏族谱》卷九，《明处士江祥公传》。
⑤ 歙县《歙北江村济阳江氏族谱》卷九，《明处士滽公传》。
⑥ 歙县《歙北江村济阳江氏族谱》卷九，《明处士希武公传》。
⑦ 江登云：《橙阳散志》卷四，《人物志下·义行》。
⑧ 歙县《歙北江村济阳江氏族谱》卷九，《明处士希贤公行状》。
⑨ 歙县《歙北江村济阳江氏族谱》卷九，《明处士世俊公传》。
⑩ 歙县《歙北江村济阳江氏族谱》卷九，《明处士世传公传》。
⑪ 歙县《歙北江村济阳江氏族谱》卷九，《明处士以深公传》。
⑫ 歙县《歙北江村济阳江氏族谱》卷九，《明处士应文公传》。
⑬ 歙县《歙北江村济阳江氏族谱》卷九，《明处士沛公传》。
⑭ 歙县《歙北江村济阳江氏族谱》卷九，《明叙州府知事天启公传》。

焉”[①]。江国茂为明代江氏后人江希贤之孙，清初，他“弃儒服理盐策业”[②]，开始重操祖辈旧业，虽未取得经营上的成功，但为后代做出了表率。其子江演则克承父志，“托迹淮海间”“再游邗上”，[③]终于“以盐策起家”。[④]江廷祥，“弃帖括，习计然之术。名振淮、鲁”[⑤]。到了康乾时期，江村江氏商业发展达到了顶峰，尤以盐业为盛，甚至出现了江承瑜、江春两代皆为两淮盐业商总。江承瑜为盐商江演之子，年少开始协佐其父处理盐务。雍正三年（1725年），“择家道殷实者，点三十人为总商，承瑜以其财力雄厚，点为总商。未久，总商设置有所改变，两淮设四大总商，十二小总商”[⑥]，江承瑜又以资引多成为四大总商之一，每年运销盐引15万引。江承瑜死后，其子江春“练达多能，熟悉盐法，司鹾政者咸引重，俾综商务，勤慎急公”。[⑦]因此“嗣为商总，身系两淮盛衰者垂五十年”[⑧]。江春任总商时，乾隆皇帝“六巡江南，两幸山左”，江春则“祗候供张。胥由擘画”，[⑨]为迎驾效犬马之劳，因此得到了乾隆皇帝的赏识，多次受到赏赐。如“面赐佩带”“赐金器玩并御书‘怡性堂’额”“赐锡杖”等，备受殊荣。还与其族兄江进被特诏进京参加“千叟会”，一时有“布衣上交天子”的盛誉。[⑩]江春把江氏的事业和荣誉推向了顶峰。在扬州一带，江氏商人势力很大。“扬州之盛，实徽商开之，扬盖徽商殖民地也。故徽郡大姓，如汪、程、江、洪、潘、郑、黄、许诸氏，扬州莫不有之”[⑪]。“两淮八大总商，邑人恒占其四，各姓代兴”[⑫]，江村江姓也属于其中之一。在杭州江氏商人所居街巷，被称作“小江村”[⑬]。可见势力之大。

歙县小溪项氏以经商为“第一等生业”。二十二世项竹石“家累世敦朴，力农桑，习勤俭节，以故庐田代代增益，而未尝轻有所弃，然至竹石公始以业

① 歙县《歙北江村济阳江氏族谱》卷九，《清故处士之鳌公传》。

② 嘉庆《两淮盐法志》卷四六，《人物·文艺》。

③ 歙县《歙北江村济阳江氏族谱》卷九，《清诰赠光禄大夫演公原传》。

④ 嘉庆《两淮盐法志》卷四四，《人物·才略》。

⑤ 歙县《歙北江村济阳江氏族谱》卷九，《皇清候选州司马廷祥公传》。

⑥ 转引自熊军编：《徽商之源》，合肥：安徽人民出版社，2003年，第100页。

⑦ 许承尧：《歙事闲谭》卷一八，《江鹤亭江橙里》。

⑧ 嘉庆《两淮盐法志》卷四四，《人物·才略》。

⑨ 许承尧：《歙事闲谭》卷一八，《江鹤亭江橙里》。

⑩ 民国《歙县志》卷九，《人物志·义行》。

⑪ 陈去病：《五石脂》。参见张海鹏、王廷元主编：《明清徽商资料选编》，合肥：黄山书社，1985年，第109页。

⑫ 民国《歙县志》卷一，《舆地志·风土》。

⑬ 钟毓龙：《说杭州》，杭州：浙江人民出版社，1983年，第230页。

盐而益大，三吴二浙所在有焉"。竹石后人鉴塘、小塘，"俱隶国学，专攻举子业，不问家人生产"。后鉴塘任某县县簿，廉洁操守，不仅无俸予家，反携家中资财以供官用，致家道中落不如从前。家道中落之后，小塘三子九韶、九成、九叙皆弃举业，一意经商恢复家业。十数年间，"尽恢竹石公之业，而且过之"。下门二十四世项宪（字景元，号耐庵），为清康熙年间两淮著名盐商巨贾。时歙人刑部尚书徐乾学曾"发本银十万两，交盐商项景元于扬州贸易"。康熙南巡时亲临项宪扬州家宅，项宪晚年回归故里，"独修郡学，费万缗"，在郡学内建东南邹鲁石坊。项宪长子项纶（字经士，号柏亭），考授内阁中书，累官典训馆主政。后舍官管理扬州项家盐业，每逢朝廷大事，均"奉公效力""复输尽诚"，康熙四十七年（1708年），加十二级授一品光禄大夫。夫人洪氏为一品大人。并追赠其父项宪、祖父项时瑞、曾祖父项德旻为一品光禄大夫，世称"四世一品"。项宪次子项絪（字书存，号澹斋），平生崇本乐善，襄其父修郡学，建石坊，又修义学、开义路、筑义冢、建宗祠，累计耗资数百万。项絪雅好博古，刊刻《水经注》《隶变》等书50余种，校印精善，艺林宝之。乾隆后期至嘉庆年间，上门二十九世项士瀛、项士濂、项士溥、项士灏、项士浚为"朝廷之大典，幸公效职"，均获授官衔，小溪人称之为"五子登科"。[①]

明清时期，读书人能够将业儒入仕这个人生理想变成现实的极少，只占人口总数的百分之零点几。他们清楚地知道，这是一条崎岖的山间小道，绝大多数人的理想都要落空。[②]明初到清中叶，人口增加了几倍但科举取士名额基本未见增加，清代增多的名额之少甚至可以忽略不计。《明史》云："生员虽定数于国初，未几即命增广，不拘额数。宣德中定增广之额……增广既多，于是初设食廪者谓之廪膳生员，增广者谓之增广生员。及其既久，人才愈多，又于额外增取，附于诸生之末，谓之附学生员。"[③]故而读书应试求取功名已成士人之畏途，无数读书人"在屡试不第的情况下，不仅物质生活没有保障，私人领域也受到了商人阶层日益严重的挤压，实际的社会情景使绝大多数读书人不得已放弃此途改营他业，尤其是从事工商业。"[④]

① 胡武林：《歙南小溪项氏考》，参见黄山市政协文史资料委员会编：《徽州大姓》，合肥：安徽大学出版社，2005年，第272—284页。

② 赵华富：《明清时期徽州的儒贾观》，《安徽大学学报》（哲学社会科学版）2011年第6期。

③ 张廷玉：《明史》卷六九，《选举志一》。

④ 吴滔：《在城在乡：清代江南士绅的生活空间及对乡村的影响——以吴江震泽为例》，《中国乡村研究》（第2辑），北京：商务印书馆，2003年。

三、徽州文人的辩护

作为徽商的代言人，出身于徽商世家的名儒直接对传统的“重农抑商”政策进行有力地批判，要求封建国家保护商人利益。其祖父和伯父都以商贾起家的歙县人汪道昆说：

> 窃闻先王重本抑末，故薄农税而重征商，余则以为不然，直壹视而平施之耳。日中为市肇自神农，盖于耒耜并兴，交相重矣。耕者什一，文王不以农故而毕蠲；乃若讥而不征，曾不失为单厚。及夫垄断作俑，则以其贱丈夫也者而征之。然而关市之征，不逾什一，要之各得其所，商何负于农？①

这里，汪道昆明确反对“重本抑末”政策，主张商、农并重，“壹视而平施之”。为了说明“交相重”思想的正确性，汪道昆又进一步把商贾对国家的贡献作了具体的阐述：“今制大司农岁入四百万，取给盐䇲者什二三。淮海当转毂之枢，输入五之一；诸贾外饷边，内充国，僇力以应度支。”②因此，他要求封建国家不应“抑商”，而应该“便商”。徽商巨贾以业盐居多，他针对当时盐业专榷制度的弊病，提出国家要给商人一些便利：

> 且也盐之急，不急于粟，粟价不在官而在民；盐之急不急于钱，钱法不在上而在下，何以故？从其便故也。从民之便则乐其食而安其居，从商之便则愿出其途而藏其市，此不易之道也。③

汪道昆希望封建政府“从商之便”，无非是代盐商向官府进言，以期谋得更大的商业利润。

康熙时，歙商子弟许承宣官为工科给事中，针对当时农商赋税负担繁重的情况，他在一则奏疏中提出：“请禁赋外之赋，差外之差，关外之关，税外之税，以苏农困，以拯商病。”他认为“天下之大无逾四民。……士仅处十之

① 汪道昆：《太函集》卷六五，《虞部陈使君榷政碑》。
② 汪道昆：《太函集》卷六六，《摄司事裴公德政碑》。
③ 汪道昆：《太函集》卷六四，《督课黄明府政绩碑》。

一耳，而农与商贾则大半天下。”[1]在许承宣的奏折里，“苏农困”与“拯商病”相提并论，说明他把商与农放在同等重要地位看待，无疑也是对重农轻商的传统观念的否定。咸丰间，出身于徽商世家的王茂荫，官至户部右侍郎，他从“利于商”的角度提出钞币发行办法。鉴于当时商品流通中货币的需要量大，他主张发行钞币，以辅助金属币的不足；但发行的钞币应能兑取现银，不宜滥发。他认为：“现行银票钱钞，均属天下通行，而行速要以银票为宜。欲求行远，必赖通商，欲求通商，必使用银可取。”如能“准其兑取现银，则商人用钞便”[2]。另外，他又反对滥铸大钱，以防止通货膨胀。通货膨胀将会导致商业萧条，尤其是典商最先破产。他说：“查现在典铺取赎者用钞不敢不收，而当物者给钞率多不要，使典铺之钞有入无出，将来资本罄而钞仅存，不能周转，必至歇业，典铺歇业，贫人亦无变动之方。”[3]当时，清政府正处在内外交困之中，指望通货膨胀来解决用度不足问题，所以，咸丰皇帝斥责王茂荫“专为商人指使”[4]。但从中可看出，被马克思称为“中国财政大员”的王茂荫确实关心商贸利益。[5]

朴学大师戴震也极力维护徽商利益。戴震的父亲戴弁起自单寒，“家极贫，无以为业”。为了生存，戴震十八岁时就“随父文林公客南丰，课童于邵武”，开始了自幼贩负千里，背井离乡的商旅生活。戴震33岁时遭族豪迫害，挟策入都，避难于京师的歙县会馆，后来辗转京、晋、淮扬等处，多在徽商会馆中安身。没有在外徽商的大力帮助，戴震的讲学和著述也难以进行，戴震学术实为徽商哺育而成。正因为如此，徽商的利益和命运与戴震思想产生了共鸣，戴震哲学的许多精彩论述，实际上包括了徽商活动的社会背景。[6]戴震目睹封建统治者各种“以理杀人”的事实，得出结论：“乱之本，鲜不成于上。”[7]他深入剖析了历来儒家“理欲之辩”的根本失误，认为人欲的存在是天然合理的，理存于欲，封建统治者那种灭绝人欲的所谓“天理”是对贫民百姓的“忍而残杀之具”。戴震阐发他的“民本、民富”哲学时，呼吁“以我之情絜人之情，而无不得其平”“体民之情，遂民之欲”。在当时条件下，这

① 贺长龄：《清朝经世文编》卷二八，《赋差关税四弊疏》。

② 王茂荫：《王侍郎奏议》卷六，《再议钞法折》。

③ 王茂荫：《王侍郎奏议》卷六，《再议钞法折》。

④ 王先谦：《东华续录》卷二六。

⑤ 唐力行：《商人与文化的双重变奏——徽商与宗族社会的历史考察》，武汉：华中理工大学出版社，1997年，第92—93页。

⑥ 汪明裕：《古代商人》，合肥：黄山书社，1999年，第189页。

⑦ 戴震：《孟子字义疏证》。

是为商人和平民阶层发出呼喊的最强音，实际上是为徽商争取政治地位的一种理论努力。

王阳明弟子王畿曾以贾服儒行的道理直接为徽商扬名显世。他在赠徽商黄君的序文中说：

> 世有沾沾挟策，猥云经史之儒，而中无特操，甚或窃饾饤以媒青紫，及践朊华，辄乾没于铢两，举生平而弁髦之，谓经术何率使士人以此相诋訾？耻吾儒之无当于实用，而却走不前矣。夫其人之不敢步趾儒也，岂诚儒足耻哉！亦谓心不纯夫儒耳，若迹与射赢牟息者伍，而其心皭然。不溜于出入、不悖于人伦，若南山黄君，斯非赤帜夫儒林者耶！①

他接着叙述了黄君以儒业贾的行谊：黄君祖辈世业儒，其少时业儒，未成，遂行游江淮为贾，然不操利权，"听收责者握筭，未尝责奇羡，即负之不大较。辞貌整雅，时挟书出游。……尝闻法施财施之说，击节称善，曰：'此吾志哉！'用是仗义周贫，虽倾床头阿睹，弗惜也。"他不仅抚恤兄长的儿子各有所立，还捐金筑邑城，应采木役。他业贾却不忘以经史课子弟，说：

> "若辈毋以贾故，废业也！"王畿最后赞叹道："若黄君者，宁可与射赢牟息者例耶！噫嘻，此诚伪之辨也。昔有儒而隐于屠者、渔者、耕牧者，要其质行，较然与古为徒，其骨迄于今不朽。黄君盖辨此矣。慕义植伦咸儒者之实蹈也。然则君之托迹称质，安知不犹夫屠耶、渔耶、耕牧耶！彼沾沾以儒自名，媒青紫而乾没铢两者，黄君且臣虏之矣。计今束装归新安，是将并融其贾之迹。后有传黄君者，即谓其以儒终始焉可也。"②

王畿一方面批评当时社会许多儒士无儒家操守、心术不正的伪劣行径，另一方面极力赞扬黄君虽用刀布起，却遍行义举的儒士风范。在他看来，区分贾与儒的标准并非是他们的职业区别和已有社会名分，而要看他们能否以儒家伦理作为行事准则，商人只要以儒行事，甚至能超过那些所谓的儒者。王畿实际是旗帜鲜明地为徽商的义行唱赞歌了，商人已超越俗儒之上，俨然成为

① 王畿：《王畿集》卷一三，《赠南山黄君归休序》。
② 王畿：《王畿集》卷一三，《赠南山黄君归休序》。

社会的道德楷模。[①]

四、“贾何负于儒”

徽商也对传统的四民观进行挑战，提出了“良贾何负闳儒”、儒贾相通的观点。《歙风俗礼教考》指出：“商居四民之末，徽俗殊不然。”至嘉靖年间，商业在徽州的地位已彻底改变，“昔为末富，今为本富”[②]。明弘治、正德间，歙商许大兴就曾说：“予闻本富为上，末富次之，谓贾不若耕也。吾郡保界山谷间，即富者无可耕之田，不贾何待？且耕者什一，贾之廉者亦什一，贾何负于耕？古人非病贾也，病不廉耳。”[③]他认为只要商人像农民一样，取“什一”之利，那么商人也就不负于农民了。弘治、嘉靖间，歙商许秩说：“丈夫非锐意经史，即寄情江湖间，各就所志，期无忝所生而已。”[④]他把经商和业儒并论，认为只要按照自己意愿，不论走哪条路都是“丈夫”所为。明后期歙人许西皋公开宣称：“人之处世，不必拘其常业，但随所当为者，士农工贾勇往为先，若我则业贾者也。”[⑤]他理直气壮地宣布“我则业贾者也”，并没有什么低微之感。绩溪商章策进而提出：“造物之厚人也，使贵者治贱，贤者治愚，富者赡贫。”[⑥]要求打破不合理的四民之分，把天下百姓重新划分为富者、贤者、贵者和贫者、愚者、贱者。徽商自然与仕宦同跻于治理贫、愚、贱者的富、贤、贵者之列。明嘉靖年间，休宁商人汪弘甚至认为，商人“虽终日营营，于公私有济，岂不愈于虚舟悠荡，蜉蝣楚羽哉”[⑦]。从某种程度上说，商人对社会的作用远胜于那些整天纵情山水，无所事事的儒士。明正德、嘉靖年间，歙商程澧指出：“藉能贾名而儒行，贾何负于儒”[⑧]，理直气壮地认为业贾无愧于业儒。明嘉靖、万历年间，歙人汪道昆也说：（徽俗）“不儒则贾，相代若践更，要之良贾何负闳儒，则其躬行彰彰矣。”[⑨]如果贾者能“贾名而儒行”，按儒家道德规范行事，那么“贾何负于儒”；如果其“躬

---

① 徐国利：《阳明心学的世俗化伦理观与明清徽商伦理思想的转换和建构》，《安徽史学》2009年第4期。“徽州文人的辩护”亦见梁德阔：《儒家伦理与徽商精神》，上海大学博士论文，2010年。

② 万历《歙志》，《风土》。

③ 歙县《新安歙北许氏东支世谱》卷八。

④ 歙县《许氏世谱》，《平山许公行状》。

⑤ 歙县《许氏世谱》，《西皋许公行状》。

⑥ 绩溪《西关章氏族谱》卷二六，《例授儒林郎候选布政司理问绩溪章君策墓志铭》。

⑦ 歙县《汪氏统宗谱》卷一六。

⑧ 汪道昆：《太函集》卷五二。

⑨ 汪道昆：《太函集》卷五五。

行彰彰”为“良贾”，那么“贾何负于儒”。因此，在理学的最高标准“道”面前，儒、贾处于平等地位，并无尊卑贵贱之别。①

徽州人也认为，经商、业儒只是各人的志向不同而已，二者并无实质性区别。明中叶休宁《汪氏统宗谱》中云：“古者四民不分，故傅岩鱼盐中，良弼师保寓焉，贾何后于士哉！世远制殊，不特士贾分也。然士而贾，其行士哉，而修好其行，安知贾之不为士也。故业儒服贾各随其矩，而事道亦相为通，人之自律其身亦何艰于业哉?”②意思是说，古时候四民不分，辅佐君主的人（良弼）和担任教导贵族子弟职务的人（师保）往往也出身卑微。后来，虽然士贾分流了，只要从贾的文化人能够坚守士的品行，贾与士依然难以区分。汪氏认为，虽然业儒与服贾是两个不同的行业，但行业之间却是相通的。所以，徽州人在教育后代时一再强调：“士商异术而同志，以雍行之艺，而崇士君子之行，又奚必于缝章而后为士也。”③

在徽州建筑和方言中也能捕捉到徽州人的重商文化心理。在徽州马头墙上多筑有一个形似“方印”的东西；而在门框上则雕刻有“商”字图案。这象征意义是：由商入门，才能得到高悬墙头上的方印。它也告诉世人，商人在徽州是受人尊敬的，任何一个要进入徽州家门者，必须要在“商”字下走过。“商”字高悬于头顶之上，时刻提醒着世人：贾与儒“迭相为用”，已是徽州宗族社会最高的价值取向。这一价值取向还以文字的形式昭示在徽州的厅堂：“读书好，营商好，效好便好；创业难，守成难，知难不难。”④

还可从徽州方言中窥出一斑。徽州人尊称祖父为“朝”“朝朝”或“老朝”，称曾祖父为“太朝”。而“朝”便是“朝奉”的缩语，“朝奉”又是“朝奉大夫”或“朝奉郎”的简称，本为宋代的官阶名称，《宋史·职官志九》说：“朝奉大夫正五（品）”又“朝奉郎，正六上”。据《现代汉语词典》解释：“……后来徽州方言中称富人为朝奉”，《辞源》也证明：“南宋以后因以朝奉为富翁、土豪的通称，旧时徽州人尤多称之”。将富人称作朝奉，这并不是徽州人的发明，《水浒传》中祝家庄的庄主便称为“祝朝奉”。但徽州人喜欢别人称他们为“朝奉”，或者说，当时徽州人中有资格被人尊为“朝奉”的人比较多，这想必是不争事实。徽商曾执商界牛耳三百余年，故而这样的风

① 李琳琦：《徽商与明清徽州教育》，武汉：湖北教育出版社，2003年，第202页。

② 休宁《汪氏统宗谱》卷一六八。

③ 休宁《汪氏统宗谱》卷一一六。

④ 唐力行：《商人与文化的双重变奏——徽商与宗族社会的历史考察》，武汉：华中理工大学出版社，1997年，第30页。

气愈演愈烈，终于使“朝奉”这个称号正式取代了人际关系中最具有尊严的一个称谓“祖父”。[①]

李琳琦认为，虽然徽州人否认儒贵商贱、批判农本商末的传统的价值观，宣传“士商异术而同志”[②]、农商“交相重”的新的价值观，但是还不能说明徽州人已经建立起与传统截然不同的新的价值观体系。正如余英时所说：他们“虽已走近传统的边缘，但毕竟未曾突破传统”[③]。的确，他们的新价值观并没有摆脱传统思想的藩篱，如他们的立论依据仍然是儒家的理念，他们对商人、商业的地位和作用的认识也还是以传统的“四民”观为其参照系，等等。虽然徽州人对商人阶层的社会价值进行了重新估量，对传统的“四民”之分进行了重新修正，但这种修正还是“唯士为尊”，只不过他们将商人提高到仅次于“士”或与“士”并列的地位而已。所以，在徽州人那里，经商也只是在业儒不就的情况下才最值得去从事的职业，如：休宁商汪弘说：“生不能扬名显亲，亦当丰财裕后。”[④]；祁门商倪人穆说：“人生贵自立耳，不能习举业以扬名，亦当效陶朱以致富。”；祁门商倪慕麟说：“男子生而桑弘蓬矢以射天地四方，不贵则富，安事毛锥子终老乡井乎？”[⑤]等等，都反映了这一点。正因为如此，徽州人否认传统的“四民”之分，对商人的社会价值进行了重新估量，只不过是一种求得心理平衡，或者说是一种生存选择的需要。而生存的问题一旦解决，许多徽商就自觉地完全复归于传统了。因为传统的价值观还是牢牢地吸附在他们的内心深处，像社会上的其他人一样，业儒入仕、显亲扬名仍是他们的终极关怀和最终的追求目标。[⑥]

第四节　徽商的职业实践

宋元以来，徽州宗族教育非常发达，科第蝉联、累世簪缨、人文荟萃。明清时期，徽州地区“自井邑田野，以至远山深谷，居民之处，莫不有学有

① 江声皖：《徽州方言探秘》，合肥：安徽人民出版社，2006年，第10页。

② 休宁《汪氏统宗谱》卷一一六，《弘号南山行状》。

③ 余英时：《士与中国文化》，上海：上海人民出版社，2003年，第577页。

④ 休宁《汪氏统宗谱》卷一一六，《弘号南山行状》。

⑤ 光绪《祁门倪氏族谱》卷下。

⑥ 李琳琦：《“激进”的言论与“保守”的行为——对徽商在传统价值观问题上的心理分析》，《社会科学家》1998年第6期；李琳琦：《徽商与明清徽州教育》，武汉：湖北教育出版社，2003年，第205—206页。

师，有书史之藏”[①]，人文之盛，无以出其右者；万历《歙志》也称徽州“人文郁起，为海内之望，郁郁乎盛矣”，徽州素有“东南邹鲁”和“文献之邦”之称。然而，这个“儒风独茂”之地却又是“商贾之乡”“新安一府六邑，十室九商，经营四出”[②]，是我国封建社会后期少见的“商贾之乡”。

一、“虽为贾者，咸近士风”

明清两代，徽州科第发达，仕宦众多。据道光《徽州府志》和新编原徽州府六个县的县志记载，明代徽州府科举中式进士计492人，清代中式进士计782人。据历史文献记载，明代共举行过89科进士科考试，录取进士约25 200人，徽州进士占全国进士总数的1.95%；清代共举行过112科进士科考试，录取进士约26 300人，徽州进士占全国进士总数的2.97%。[③]据统计，清代共有118位状元，其中徽州人（包括“本籍”和“寄籍”）有28位，居全国府级之首。在28位状元之中，休宁人（包括“本籍”和“寄籍”）有14位。宋、元、明、清四朝，休宁共有状元17位（2位武状元不计），居全国县级之首，是“中国第一状元县”。[④]

明朝时期，江村有举人15人，进士7人；清朝时期，江村有举人42人，进士19人。[⑤]有清一代，江村“名流代出”。江廷祥的两个儿子都“连掇高科、莅任开府”。[⑥]江嘉谟“诸弟侄俱得成名入仕”。[⑦]江恂“官芜湖道，工诗画，收藏金石书画，甲于江南”。其子江德量是“乾隆庚子（1780年）榜眼，官御史”。江昉、江立，“时称‘二江’，为厉攀榭高足”。江立“官巡抚，工诗文”。[⑧]

小溪项氏明清两代先后有12人考中文、武进士，足以证明文风之昌盛。下门二十二世项士俊，万历四十四年（1616年）武进士；白石派二十三世项煜，吴县籍，天启五年（1625年）进士；上门二十五世项人龙，崇祯四年（1631年）进士；下门二十四世项对尧，顺治三年（1646年）武进士；上门二十六世项时亨，顺治十六年（1659年）进士；下门二十五世项兆，康熙二十

① 道光《休宁县志》卷二。
② 徽州《典业须知》，《敦品》。
③ 赵华富：《明清时期徽州的儒贾观》，《安徽大学学报》（哲学社会科学版）2011年第6期。
④ 汪顺生：《中国第一状元县》，《徽州学研究》（第三卷），北京：中国文史出版社，2009年。
⑤ 江登云：《橙阳散志》卷二，《选举志》；民国《歙县志》，《选举志》。
⑥ 歙县《歙北江村济阳江氏族谱》卷九，《皇清候选州司马廷祥公传》。
⑦ 江登云：《橙阳散志》卷三，《人物·孝友》。
⑧ 李斗：《扬州画舫录》卷一二，《桥东录》。

一年（1682年）武进士；白石派二十四世项亦銮，吴县籍，康熙二十七年（1688年）进士；中门二十六世项樟，阜宁籍，雍正十一年（1733年）进士；项廷标，雍正十一年（1793年）武进士；中门二十七世项兆龙，阜宁籍，乾隆五十八年（1793年）武进士；项名达，钱塘籍，道光六年（1827年）进士；项晋荣，钱塘籍，光绪三年（1877年）进士。[①]

读书也是教育子弟做人的根本，可以使子弟知书达礼，修身养性。绩溪《高氏祖训十条·兴文教》指出：

> 四民皆是正业。然不读书则不知礼仪，故凡为农、为工皆当读书。虽不望成名，亦使粗知礼仪，不至为非。至于子弟佳者，则为之读书。倘家贫无力，宗族宜加意培植。盖族内有读书人，则能明伦理，厚风俗，光前而裕后，其关系匪浅，又不但科第仕宦为宗族光已也。[②]

在高氏看来，读书可以使人知礼仪，进而使宗族明伦理、厚风俗，为农工者均需读书，非仅为科举及第。绩溪周氏《祖训·重诗书》说：

> 诗书所以明圣贤之道，本不可不重。况一族子弟，无论将来读书成名，即农工商贾亦须稍读书本，略知礼仪。凡请先生，第一极品行，老成之人。礼貌必须周到。凡读书人，受恩不可记，无恩不可怨。不可恃才学而傲慢乡党，不可挟绅衿而出入衙门。[③]

周氏不仅要求子弟读书，略知礼仪，还特别强调教师的品行。绩溪葛氏《家规家训》说：

> 世间物可以益人神智者书，故凡子孙不可以不使读书。惟知读书则识义理，凡事之来，处置得宜，如游刃解牛，自有余地。其上焉者，可以致身云霄，卷舒六合。下焉者，亦能保身保家。而规为措置，迥异常流，自无村俗气味。苏子云：“无肉令人瘦，无竹令人俗。”无竹犹未俗

① 黄山市政协文史资料委员会编：《徽州大姓》，合肥：安徽大学出版社，2005年，第142—146页。

② 绩溪《梁安高氏宗谱》卷一一。

③ 绩溪《周坑仙石周氏（善述堂）宗谱》。

也，无书则必俗矣。人求免于村俗，不可一日无书。[①]

葛氏认为读书可以使人识义理，处事得当，免俗气。新安汪氏《家训·勤读书》也说：

子孙虽愚，经书不可不读。柏庐朱氏之明训，吾人皆所共晓。盖读书欲求明理气节，品行、心术、学问必于是乎，取之典故，其末也。能常与诗书近，则陶镕气质，涵养性情，扩充见识，增长神智，纵不能博科第而幸列青科、芬出齐民之等，遗子满籯，何如一经旨哉？斯言然要在体认圣人立教本旨，攻苦而勤习之，自得其中趣味，终身受用不尽。凡我后人，书田宜耕，勿以家贫而早废诗书，勿以椎鲁而不专诵习，总期力学，毋替书香。[②]

该家训强调了读书具有陶镕气质、涵养性情、扩充见识、增长神智的作用，并且强调一定要读儒家经书。

徽商“虽为贾者，咸近士风”[③]。他们在经商过程中通常会继续保持读书好学、吟诗作画、热爱文化的传统，徽商“居常屈首抱几，自六经以及百氏无所不窥；凡金石古文、名家法帖、手摹指画，务得其真，无所不习；绘事则自皇唐以迄胡元，名品则自宗器以迄玩物，无论百金之价，什袭之珍，无所不购”[④]，彰显了儒贾本色。一是不少徽商不改穷经研史之习。明休宁商人汪应浩，天性好读书，尤其是对《通鉴纲目》《家言》《性理大全》诸书爱不释手，经商余暇“披阅辄竟日”，并颇有阅读心得。[⑤]明歙县商人吴彦先，经商之暇喜读史书，结果“与客纵谈古今得失，即宿儒自以为不及”。[⑥]清黟县商人余士溥，“性嗜学”，白天经商之暇“手不释卷，无事不出户庭”；晚上仍“焚膏继晷”，学习“每至夜深”。虽为商人，但其“学问渊博，虽通儒尚不逮焉”。[⑦]二是有些徽商对做诗填词情有独钟。清代歙县盐商郑超宗在扬州西门

① 绩溪《积庆坊葛氏族谱》卷三。
② 同治《新安汪氏家乘》卷七。
③ 戴震：《戴震集·文集》卷一二，《戴节妇家传》。
④ 汪道昆：《太函集》卷五九。
⑤ 休宁《西门汪氏宗谱》卷六，《光禄应浩公七秩寿序》。
⑥ 吴吉祜：《丰南志》第五册，《明处士彦先吴公行状》。
⑦ 民国《黟县四志》卷一四，《杂志·文录》。

外建影园，经常招徕四方名士在此赋诗饮酒，并编成《瑶华集》行世；影园中黄牡丹盛开，郑氏又大宴宾客，赋诗赞美，并征诗江南、湖广间，“一时传为盛事”。清代歙县盐商江春，“精于诗”，在扬州建有江园，“奇才之士，座中常满”；他主持淮南风雅，编有诗文集多部，自著有《水南花墅吟稿》等。侨居淮阴的徽商程嗣立，以“风流俊望”倾倒一时，凡是文人雅士路经淮阴，程嗣立必请之下榻家中，与其“流连觞咏，历旬月不少倦”。[①]三是一些徽商对书法、绘画亦兴趣盎然，且多有成就。休宁商人汪梦龙，对楷、草、隶、篆诸书体，以及历代诸家书法，“无所不精”。他的书法“包罗百家，前无古人”，在吸收前人长处的基础上独创一格。[②]清代徽商汪己山，也是“工书”，并能笔随意动“作方丈字”；他还建有“观复斋”，邀请四方书法名流至观复斋表演、切磋书法技艺。四是许多徽商也是藏书家。明代休宁商人吴琼，年老还乡后，建书室，“聚书万卷”。清代歙县人程晋芳，曾为两淮盐商，他将经商所得利润全部用于购书，家有藏书五六万卷，“论一时藏书者莫不首屈一指”。[③]至于清乾隆时歙县大盐商鲍廷博、汪启淑，祁门大盐商马曰琯、马曰璐兄弟等，均“藏书甲江南”，被誉为清代著名藏书家。[④]

二、“其货无所不居”

徽商“其货无所不居”[⑤]。大体而言，徽商从事的行业，有食盐业、典当业、茶叶业、竹木业、百货业、粮食业、棉布业、丝绸业、金融业、印刷业、制瓷业、冶铁业、饮食业、制墨业，等等。[⑥]而“盐、茶、木、质铺四者为大宗。茶叶六县皆产，木则婺源为盛，质铺几遍郡国，而盐商咸萃于淮、浙”[⑦]。“猗顿之盐，乌倮之畜，竹木之饶，珠玑、犀象、玳瑁、果布之珍，下至卖浆、贩脂之业……多新安人也”。[⑧]从时间上说，明成化以前，徽商以经营文房四宝、漆、木、茶叶和米谷为主；成化以后，经商范围有了扩大，

---

① 许承尧：《歙事闲谭》卷一八，《江鹤亭江橙里》。

② 赵吉士：《寄园寄所寄》卷一一，《故老杂纪》。

③ 昭连：《啸亭杂录》卷九。

④ 本段转引自李琳琦，赵忠仲：《“贾而好儒”：徽州商帮的主要特色（一）》，《金融博览》2010年第4期。

⑤ 万历《歙志》，《货殖》。徽商的经营行业如食盐、典当、茶叶、木材，详情可参见赵华富：《徽州宗族研究》，合肥：安徽大学出版社，2004年，第488—502页。

⑥ 赵华富：《徽州宗族研究》，合肥：安徽大学出版社，2004年，第488页。

⑦ 陈去病：《五石脂》。

⑧ 光绪《婺源乡土志》。

涉足行业多种多样。从经商人数和资本流向看，盐、典、茶、木四业为最多，其次为米谷、棉布、纸墨、瓷器。

徽商首重盐业。明嘉靖时徽人吴良儒说："吾乡贾者，首鱼盐，次布帛。"[①]万历《歙志》说：歙县人"其货无所不居，其地无所不至，其时无所不鹜，其算无所不精，其利无所不专，其权无所不握，而特举其大，则莫如以盐策之业贾淮扬之间而已。"[②]万历《休宁县志》则称："商贸之最大者举鹾，次则权母子轻重而修息之。"[③]民国《歙县志》也说："邑中商业以盐典茶木为最著……彼时盐业集中淮扬，全国金融几可操纵，致富较易，故多以此起家。"[④]可知盐业在徽商经营行业中占有极为重要的地位。这是因为"自古煮海之利，重于东南，而两淮为最。"这是千百年来人们对于两淮盐利的一致评价。清人朱轼说："凡商贾贸易，贱买贵卖，无过盐觔"[⑤]。两淮盐商垄断盐业以后，获利极大，往往转手之间，得利数倍。如清人黄钧宰说："扬州繁华以盐盛，两淮额引一千六百九万有奇，归商人十数家承办，中盐有期，销引有地，调之纲盐。以每引三百七十觔计之，场价觔止十文，加课银三厘有奇，不过七文，而转运至汉口以上，需价五六十不等。愈远愈贵，盐色愈杂，霜雪之质，化为锱尘，乡曲细氏，有积日累旬坚忍淡食者矣。"[⑥]以此推算，购价与销价相差3—4倍，事实上也许没有这么高。高额的盐业利润使不少徽商很快致富。早在明代，谢肇淛就说："新安大贾，鱼盐为业，藏镪有至百万者，其他二、三十万则中贾耳。"[⑦]徽州盐商多上百万家产，二三十万家产的徽商则被视为中等。

明清时期，徽商经营典当业不遗余力，尤其休宁人几乎把典业视为他们的专门职业。程趾祥说："近来业典当者，最多徽人。"[⑧]许承尧称"典商大多休宁人……治典者亦惟休称能。凡典肆无不有休人者，以专业易精也"[⑨]。而休宁又以商山为最，休宁商吴氏自明中叶以来"皆以典质权子母"，以故"家多素封"，声势煊赫，乃休宁望族。[⑩]《初刻拍案惊奇》描写商山吴氏有个

① 汪道昆：《太函集》卷五四。
② 万历《歙志》，《货殖》。
③ 万历《休宁县志》，《舆地志》。
④ 民国《歙县志》卷一。
⑤ 贺长龄：《清朝经世文编》卷五〇，《请定盐法疏》。
⑥ 黄钧宰：《金壶浪墨》卷一，《盐商》。
⑦ 谢肇淛：《五杂俎》卷四。
⑧ 程趾祥：《此中人语》卷三，《张先生》。
⑨ 许承尧：《歙事闲谭》卷一八，《歙风俗礼教考》。
⑩ 金声：《金太史集》卷七，《寿吴亲母金孺人序》。

“大朝奉”，拥有家私百万，号称“吴百万”。[1]歙商也多热衷于经营典当业，《歙县志》记载：“邑中商业以盐典茶本为最”[2]，就是说典当业是他们所经营的四大主要行业之一。歙县的岩镇在明末就号称子钱家之薮，该镇曾为富甲一方的都会。汪道昆说：“近岁多子钱家，岩镇则其薮也。”[3]徽州其他各县经营典业者也不乏其人。

明中叶以后，徽州木商足迹遍及全国各地，外产外销，目的是获取商业利润。他们活跃在四川、贵州诸省，如婺源商人洪庭梅，“偕姻戚权木值于闽越楚蜀数千里外”[4]；汪溶，“家贫，佣于木商，跋涉江湖，远及苗洞”[5]；歙商程之藩，“年少时，随其父行贾于四川，至建昌雅州宣慰司董仆家。土司所属，深谷峻岭多巨木，伐之以为利”[6]；王士汲，“……年十九，侍父华顺往四川贩木”[7]。徽商也深入到西南、东南的木材产区。在湖南贩木的徽商有：婺源商人毕兴，“业木楚尾吴头，备尝辛苦”[8]；汪任祖，“初家贫，嗣业木吴楚间，渐有余蓄”[9]；歙县商人黄伐“贩木湖南”[10]。徽州木商也有南下福建贩木的，如婺源商人黄世权，“顺治戊子，以厚赀畀故交，贩木于闽”[11]；福建宁化“先时徽贾买山，连伐数千为捆，运入瓜步……”[12]。此外，徽州木商还将木材经运河北上运往扬州、泰州、淮泗等地。如婺源商王学伟，“比长，业木泰州”[13]；徽商李广璧，“弃儒服贾，往泰州海门厅业木，艰难起家”[14]；徽商俞悠春，“尝业木维扬，赀颇饶，辄喜施与”[15]；徽商汪堰，“尝货木淮泗”[16]；等等。

明清时期，茶叶是徽商始终经营的主要行业。徽州“山郡贫瘠”“茶叶兴

---

① 凌濛初：《初刻拍案惊奇》卷二。

② 民国《歙县志》卷一。

③ 汪道昆：《太函集》卷五九，《明故处士洪桥郑次公墓志铭》。

④ 婺源《墩煌洪氏通宗谱》卷五八，《清华雪斋公传》。

⑤ 民国《婺源县采辑》，《义行》，参见张海鹏、王廷元主编：《明清徽商资料选编》，合肥：黄山书社，1985年，第186页。

⑥ 戴褐夫：《戴南山先生全集》卷八，《程之藩传》。

⑦ 民国《歙县志》卷八，《人物·孝友》。

⑧ 光绪《婺源县志》卷三〇，《人物·孝友》。

⑨ 光绪《婺源县志》卷三四，《人物·义行》。

⑩ 许承尧：《歙事闲谭》卷三。

⑪ 光绪《婺源县志》卷三一。

⑫ 杨澜：《临江汇考》卷四。

⑬ 光绪《婺源县志》卷三四。

⑭ 光绪《婺源县志》卷三五。

⑮ 光绪《婺源县志》卷三五。

⑯ 休宁《汪氏统宗谱》卷八五。

衰，实为全郡所系”。[1]就歙县而言，“歙之巨商，业盐而外，惟茶北达燕京，南极广粤，获利颇赊”[2]，茶叶是盐业之外的第二大经营行业。明代中期以后，徽州茶商逐渐活跃，不少人积极参加边境茶马贸易。歙商汪伯龄，“始胜冠，辄从父兄入蜀，称贷以益资斧，榷茶雅州”[3]。明代歙商方景真先后活跃于齐鲁、临清等处，后来在荆州时，“将以贾茶入蜀，资斧堇堇，闻者争附之，辇二千缗一日至。”[4]方景真“贾茶入蜀”，显然是与少数民族进行茶马贸易。更多的徽商是在内地经营茶叶。据《歙县会馆录》记载，有不少徽商在北京经营茶业，“隆庆中，歙人聚都下者已以千、万计”。清代，由于社会经济进一步发展，饮茶风气已普及到“寻常百姓家”，尤其是对外贸易的开通，徽州茶商迎来了黄金时代，不仅经营人数更多，而且一大批人由此发迹。[5]

许多徽商在从事经营活动时，并不满足于在某一行业中所取得的成就，而是积极开拓新的行业，寻求资本增殖的新增长点。因此，在徽商中“兼营”的现象十分突出。譬如业盐于两淮的徽州盐商，每次在运盐湖广之后，船载当地的粮食、木材等货物，顺长江东下，销往东南地区。盐商实际上就兼营了粮食业和木材业。歙县程廷柱“总理玉山栈事，增至田产；兰邑油业命二弟廷柏公督任之；命三弟廷梓公坐守杭州，分销售货；命四弟廷桓公往来江汉，贸迁有无。创立龙游典业、田庄，金华、兰溪两处盐务，游埠店业，吾乡丰口盐业。”[6]从中可见程氏商人经营的行业有盐业、典业、油业、店业等，至于四弟廷桓“往来江汉，贸迁有无”，更是一项综合性的贸易活动。[7]

三、“以末致财，用本守之”

一些徽州宗族仍然持有耕读传家的保守观念。婺源江氏《家诫·生理》说：“学者先治生，宦家尤所急。多因蒙世业，不想务生理。坐食能几何，贫穷应立至。所以劝读书，门户方可立。否则劝本业，亦自了衣食。切莫图放债，放债多怨言；切弗走江湖，江湖多损失。……惟持田与士，此是靠金漆。”[8]江氏反对从事贸易和典当等商业活动，主张维持田与士传家。黟县裴

① 许承尧：《治事丛谈》。
② 许承尧：《歙事闲谭》卷一八，《歙风俗礼教考》。
③ 汪道昆：《太函集》卷五三。
④ 汪道昆：《太函集》卷四〇，《儒侠传》。
⑤ 王世华：《富甲一方的徽商》，杭州：浙江人民出版社，1997年，第99页。
⑥ 歙县《程氏孟孙公支谱·程廷柱传》。
⑦ 周晓光、李琳琦：《徽商与经营文化》，上海：世界图书出版公司，1998年，第104页。
⑧ 婺源《萧江家乘》。

氏《家规·训饬子弟》也认为，如果子弟资质不能以读书为业，便要事农，"学富五车，才储八斗，佳子弟也。而不多得也，则涵养培植之方要矣。即赋性未堪读书，而能任稼之责，不与里巷相征逐，亦未始非佳子弟"[①]。黟县裴氏《家规·敦尚农桑》说："流火授衣，有国者尚讲稼穑之艰难，况居草野者乎！男勤乎耕，而腹可果；女勤乎织，而纩可挟。农桑所以为衣食之经也，若男作亡赖，女抱琵琶，乡党自好之士羞面见矣。"[②]裴氏以"农桑所以为衣食之经"来敦尚本族的农桑之业。绩溪许氏《家训》认为读书博取功名固是上佳选择，"然此亦是难事，未必人人可望。若能布衣草履，从事农圃，足迹不至市道，亦是佳事"[③]。在许氏看来，如果读书不成，则从事农耕，对于其他职业则不予提倡。

学术界有明清时期以徽商为代表的"江南大贾不置田土"的说法，其实情况并非如此。谢肇淛在《五杂俎》中曾说："江南大贾，强半无田，盖利息薄而赋役重也。"顾炎武在《天下郡国利病书》中评论嘉靖以来徽州赋役沉重时亦云："其实商贾虽有余资，多不置田业，田业乃在农民。"[④]谢、顾二人所说的是明后期的情况。为此，有人认为，明清时期，徽商资本已开始在较大程度上摆脱了传统的商业资本与土地相结合的道路，徽商"要从土地上面来容纳他的剩余资本，这一要求将成为不可能"，因为"当时各地工商业的发达已给予商人开一广阔的前途"。薛宗正认为，"明代以前，我国的商人资本和土地经营是紧密结合的，商人发财致富之后一般仍要还原为土地经营。徽商的情况则与此不同。他们在离开本土之后一般不再返乡，而是在侨居城镇世代居留下去，不再关心土地经营。即使购买土地也是作为坟墓、祭祀之用，由商人还原为地主的例子是极罕见的。"[⑤]以上观点可以概括为"江南大贾不置田土"说。[⑥]有些学者不同意这种观点，提出徽商的大量资本依然流向土地。[⑦]

---

① 黟县《湾里裴氏族谱》卷一。

② 黟县《湾里裴氏族谱》卷一。

③ 绩溪《南关惇叙堂许氏宗谱》卷九。

④ 顾炎武：《天下郡国利病书》卷三二，《江南》二〇。

⑤ 薛宗正：《明代徽商及其商业经营》，参见《江淮论坛》编辑部：《徽商研究论文集》，合肥：安徽人民出版社，1985年。

⑥ 转引自张海鹏、王廷元主编：《徽商研究》，合肥：安徽人民出版社，1995年，第457页。

⑦ 如李琳琦：《徽商资本流向家乡土地述论》，《徽州社会科学》1989年第2期；李琳琦：《论徽商资本流向土地的特点及其规律》，《安徽师范大学学报》（哲学社会科学版）1988年第4期；姚从斌：《试论徽商资本土地化问题》，《安徽大学学报》（哲学社会科学版）1988年第3期；黄启臣：《试论明清时期商业资本流向土地的问题》，《中山大学学报》（哲学社会科学版）1983年第1期；张海鹏、王廷元主编：《徽商研究》，合肥：安徽人民出版社，1995年，第456页；等等。

明清两代，徽商在家乡购买田地事例史不绝书。明初，休宁人程维宗，“从事商贾，货利之获，多出望外……由是家业大兴。……且增置休、歙田产四千余亩……有庄五所……故税粮冠于一县”[①]。明中叶，休宁人程公辅，“商游吴越……遂获奇赢。置田拓址，雄于一乡矣”[②]。歙县人江祥，“不惮劳苦，早夜经营，年五十，家业始起。累资二十余万金，田连阡陌，富甲一方”[③]。明后期，歙商鲍钞，“初居址湫隘，鸠工拓之。建学士楼，周垣平坦，广余十亩，旁置仓房；继又为堂于其外，规模壮丽，以为宗族宾朋聚会”[④]。康乾年间祁门汪希大，“长乃服贾，至中年奇迹芝山鄱水间，渐宽裕。自时厥后屡操奇赢。由是建广厦、市腴田，俾后之子孙得以安居而乐业者……”[⑤]雍正年间，休宁巴尔常兄弟4人，析产时巴尔常分得土地27亩。[⑥]乾嘉年间婺源汪道祚，“冠年求赴吴楚经营，生财有道，逊让均平，创置田产，以起其家”[⑦]。道光年间祁门商人倪炳经，“……少承父业，窑栈云连，畎亩鳞接”[⑧]。清末黟县环山余荷浦，“远赴鸠江，爰集同人料量金融事业，日积月累，扩充至浔。由是二十余年，囊橐日实，良田美宅如愿以偿。”[⑨]徽商在外地购置田地的人数更多，康熙《清河县志》记载：康熙时，流寓江北清河县的苏、徽商人，“招贩鱼盐，获利甚厚，多置田宅，以长子孙”。[⑩]

徽商资本大量流向土地，主要是受传统的“以末致财，用本守之”的观念影响。[⑪]中国封建社会是一个以自然经济占统治地位的农业社会，土地被认为是人们的衣食之源、生财之本。《管子·水地》曾说：“地者，万物之本原，诸生之根菀也。”明清时期，人们对土地作为财富的理解就更为深刻了。清人张英对土地价值的叙述颇为生动，他说：

---

① 《休宁率东程氏家谱》。转引自章有义：《明清徽州土地关系研究》，北京：中国社会科学出版社，1984年，第16页。

② 《休宁率东程氏家谱》。转引自章有义：《明清徽州土地关系研究》，北京：中国社会科学出版社，1984年，第17页。

③ 歙县《济阳江氏族谱》卷九。

④ 乾隆《重编歙邑棠樾鲍氏三族宗谱》卷一五三。

⑤ 乾隆《汪氏通宗世谱》卷四。

⑥ 《休宁巴氏置产簿》。转引自叶显恩：《徽商利润的封建化与资本主义萌芽》，《中山大学学报》（哲学社会科学版）1983年第1期。

⑦ 乾隆《汪氏通宗世谱》卷四八。

⑧ 光绪《祁门倪氏族谱》续卷，《少辉公行状》。

⑨ 黟县《环山余氏宗谱》卷二一。

⑩ 康熙《清河县志》卷一，参见张海鹏、王廷元主编：《明清徽商资料选编》，合肥：黄山书社，1985年，第301页。

⑪ 刘和惠、汪庆元：《徽州土地关系》，合肥：安徽人民出版社，2005年，第219页。

天下货财所积，则时时有水火盗贼之忧，至珍异之物，尤易招尤连祸。草野之人，有十金之积，则不能高枕而卧。独有田产不忧水火，不忧盗贼。虽有强暴之人不能竞夺尺寸，虽有万钧之力，亦不能负之以趋，千万顷可以值万金之产，不劳一人守护，即有兵燹离乱，背井去乡，事定归来，室庐畜聚一无可问，独此一块土，张姓者仍属张，李姓者仍属李，芟夷垦辟，仍属殷实之家。呜呼！举天下之物，不足较其坚固，其可不思所以保之哉。[①]

在这种观念的指导下，人们对土地的追求比任何时候都显得更为强烈了。“凡置产业，自当以田地为上”[②]，就成了当时社会上普遍存在的心理特征。

第五节　徽商的职业教育

在徽州社会，父兄负有教育子弟从事正业的责任。徽州李氏《家规·训子姓》规定“子弟年过二十或三十以外，学问不就者，则令治家理事。不可居无职业，游荡自恣，违者，罪其父母”[③]。黟县裴氏《家规·训饬子弟》强调：“（子弟）若溺酒色，耽樗蒲，吸洋烟，则非承先启后之人，防闲宜峻矣。父兄之教不先，子弟之率不谨，是谁之过欤?”[④]父兄要承担责任。职业教育也是宗族活动的重要内容，祁门《文堂陈氏乡约》规定：“每会行礼后，长幼齐坐，晓令各户子姓各寻生业，毋得群居，博弈燕游，费时失事，渐至家业零替，流于污下，甚至乖逆非为等情。本户内人指名禀众，互相劝戒，务期自新。如三犯不悛，里排公同呈治。”[⑤]

一、专而求精

“敬业乐群”最早见于秦汉之际的《礼记·学记》，意思是说要专心致志于自己的事业，与朋友同伴好相处，这种精神是职业活动得以顺利进行的动

① 张英：《笃素堂文集》卷一四，《恒产琐言》。
② 钱泳：《履园丛话》卷七，《臆论·产业》。
③ 婺源《三田李氏宗谱》卷末。
④ 黟县《湾里裴氏族谱》卷一。
⑤ 祁门《陈氏文堂乡约家法》。

力和保障。孔子尤其强调“执事敬”“事思敬”“修己以敬”，[1]北宋程颐进一步解释说：“所谓敬者，主之一谓敬；所谓一者，无适（心不外向）这谓一”[2]。敬是思想集中、精神专一的不涣散工作态度。新儒家提出了“敬贯动静”的入世作事的精神修养。朱熹说：“敬不是万事休置之谓，只是随事专一，谨畏不放逸耳。”[3]依此解释，“敬”是指在入世活动中的一种全神贯注的心理状态，中国社会强调的“敬业”精神便由此而来。这是儒家伦理中的职业观念，与加尔文教的“天职”观相类似。新教徒以为入世苦行是上帝的绝对命令，上帝的选民必须以此世的成就来保证彼世的永生。新儒家则相信有“天理”或“道”，人生在世，必须在自己的岗位上“做事”以“尽本分”。“做事”并不是消极的、不得已的应付或适应此世。相反地，做事必须“主敬”，即认真地把事做好。这是一种积极的、动态的入世精神。[4]

歙县《许氏家规·各治生业》指出了专而精的具体要求，即“固贵乎专，尤贵乎精。惟专而精，生道植矣。士而读，期于有成；农而耕，期于有秋；工执艺，期于必售；商通货财，期于多获”[5]。歙县义成朱氏要求族人不管从事何业何职，都要精益求精，学会一技之长，就能达到“行行出状元”的目的。

> 民之业有四，民之职有九，而天下断无无事之民，故虽闲民亦未必无所事事。然而，心专者自入巧，艺多者断不精，此又一人当习一事，而知不器之君子为难能。吾等山僻庄居，大概农夫多、樵子多，若稍为俊异，又为服贾他乡者多，工艺亦间有之，而惟诗书之士不多。观此，管子所谓“士之子恒士，农之子恒农”者与！夫民之业既分，则必各事其事，而后其事理；亦必各功其功，而后其功成。俗语曰“行行出状元”，言乎居业者造其极，即莫与争能也。使浮慕于其外，谓此业不足为，辄见异而思迁，恐迁之又不足为，是谓不安分。使浅尝于其中，谓此业不能为，每偶涉而即止，既止矣，更何能为？是谓不成器。人而不安分、不成器，尚得谓为人乎哉？譬如，为士者谓士人，为农者谓农人，为工商者谓工人、谓商人，极之秋之奕人，扁以医人，皆习一技以

---

① 《论语》，子路、季氏、宪问等多篇。

② 程颢、程颐：《二程遗书》卷一五，台湾：台湾商务印书馆，1973年，第325页。

③ 朱熹：《语类》卷一二。

④ 余英时：《中国近世宗教伦理与商人精神》，合肥：安徽教育出版社，2001年，第158页。

⑤ 歙县《重修古歙东门许氏宗谱》卷八。

> 专家，而千百世后犹得指其人而目之为圣手、为贤师，岂必学道之君子乃可与为圣贤哉！使学道而不专其业，仍不如一材一艺之所习者，录其功能，犹得称奇焉，殊卓卓也。故无论所托为何业，业所业，即无庸负所业，斯其人以一业成，衣之食之均有借也；无论所任为何职，职尔职，绝不敢旷尔职，斯其人不以一职限，而制之作之，迁地皆能良也。盖天生是人，必有以置乎是人，彼所爱之业皆天之业之也，所居之职皆天之职之也。人可违天哉？天行固健也，使违天而游手好闲，乃自弃于天，而非天之所不容者哉！[①]

该祖训讲了四层意思：一是强调为业要专而精，不得见异思迁，否则一事无成。二是论述了无业者不成器，不成器者不得谓为人也，即做人须有正当职业，子弟要安心各自职业。三是指出为业者要专，要能以业成衣食，从而自立和立家。四是如果不务正业，不专精职业，是自弃于天，为天所不容。[②]

一些族规家训还对为学和为士者提出了更高的职业道德要求，即为官要忠良，务报国恤民，不得鱼肉百姓；须以德为先，守礼义孝悌，毋偏习词章。[③]休宁茗洲吴氏《家规八十条》规定："子孙有发达登仕籍者，须体祖宗培植之意，效力朝廷，为良臣，为忠臣，身后配享先祖之祭。有以贪墨闻者，于谱上削除其名。"[④]吴氏要求子孙为官须为忠良之臣，唯此，才能"身后配享先祖之祭"；否则，族谱除名。歙县《潭渡孝里黄氏家训·教养》说：

> 子孙为学须以孝悌礼义为本，毋偏习词章，此实守家第一要事，不可不慎。入泮后不得出入公门，武断乡曲，鱼肉细民，并侵损各祠墓公产，违者鸣鼓共攻。如有出仕者又当蚤（早）作夜思，实心办理，正务以报国为务，抚恤下民。[⑤]

该家训比较全面具体地规定了在家读书者、入泮者（中秀才）与出仕者应当遵守的职业道德操守。休宁黄氏《祠规·职业当勤》对读书者和为秀才者的职业道德规范提出特别要求，"士先德行，切勿因读书识字遂玩法舞文，颠倒

① 宣统《古歙义成朱氏宗谱》卷首，《朱氏祖训·专务本业》。
② 徐国利：《从明清徽州家谱看明清徽州宗族的职业观》，《河北学刊》2011年第6期。
③ 徐国利：《从明清徽州家谱看明清徽州宗族的职业观》，《河北学刊》2011年第6期。
④ 休宁《茗洲吴氏家典》卷一。
⑤ 歙县《潭渡孝里黄氏族谱》卷四，《家训·教养》。

是非。青衿不可出入衙门，仕宦不得贪贿贻玷”[1]。歙县江珍科第入仕，其父训诫道：“吾先世奕叶衣冠久替矣，其引之勿替是在汝，勉之哉！毋要名，毋希上官之旨，惟廉惟勤，镇之以静，抚之以宽其庶几乎。”江珍谨遵父命，为官三载，“声称甚著”。[2]《文堂乡约家法》中写道：“乡族凡充里役者，须勤慎公正，以上趋事官长，以下体恤小民，不得违慢误事，挟势诓骗，以自取罪戾。”徽商江大用对他的儿子江瓘（江西高安县知县）说：“吾祖宗厚积久不发矣，汝今受命为民私牧，汝其唯廉唯勤，唯镇之以静，而抚之以宽，勉之行矣”[3]。意思是说，承蒙祖宗庇佑，你现在为百姓之父母官，须清廉勤劳，用肃穆之态来管束他们，宽厚安抚，表达了他对儿子为官的要求与希望。

徽商的敬业精神还体现在商品生产过程中，视商品“质量就是生命”。徽州药业中“保和堂丸散”最为声名显赫。考其由来，始自唐代陆宣公，经数十代传至明朝，“陆氏之歧黄益以有名于天下。其制合丸散，非特经一、二人之心思，三五年之撰造。凡其先达诸公无不研究斯道，阅数百年升卢扁之堂者前后相望”。以致“保和堂丸散”在“江浙闽广间，全活不可胜纪”。而且陆氏制成的这一成药，“不随世人将就贸易”，牟取暴利，而是“药有定价，宁薄息而售，世不二价以徇人”[4]。“保和堂丸散”经过几十代人的研制、改造，其目的还是追求质量的提高。“保和堂丸散”能传几百年，主要也是靠它的质量饮誉海内。明代休宁人汪一龙在芜湖“创立正田药店”，也自制成药。他家“所制之药慎选药材，虔制丸散，四方争购之，对症取服，应效神速。每外藩入贡者，多取道于芜湖，市药而归”[5]。这家药店“垂二百余年”，当然也是依靠质量。[6]

创办于同治二年（1863年）的屯溪“同德仁”药店，也是徽商中重视商品质量的商家典型。该店采取了一系列措施以保证所产中成药的质量。首先，每年派遣专人赴全国各主要药材产地和集散地采购地道药材，必求原料上乘。在采购“祁山野术”“徽州贡菊”“山萸肉”等名贵药材时，该店管事程雪卿还亲自出马，到邻县收购押运。其次，以高薪聘请经验丰富的老职工从事药材加工，整个加工炮制过程严格遵守古法。再次，成品中成药的贮藏

① 休宁《古林黄氏重修族谱》卷首下。
② 歙县《溪南江族谱》，《明赠承德郎南京兵部车驾司署员外郎主事江公暨安人郑氏合葬墓碑》。
③ 休宁《茗洲吴氏家典》卷一。
④ 新安《陆氏家乘》，《新安陆氏保和堂引》。
⑤ 民国《芜湖县志》卷五八。
⑥ 张海鹏：《论徽商经营文化》，《安徽师范大学学报》（人文社会科学版）1999年第3期。

极为考究，以避免时日一长药品质量下降。由于"同德仁"药店重视商品质量，讲究商业信誉，所以生意兴隆，最盛时在店人员达百人以上，休宁、黟县和祁门等地均建有分号，并在天津、广州、上海等通商口岸与外商有直接的贸易往来。①

始创于咸丰十年（1860年）的屯溪程德馨酱园，以生产、经销"三伏酱油"而闻名。这种酱油头年做酱，二年出酱油，再经过第三年伏天烈日暴晒和夜露滋润，方始告成，质量极佳。据说，程德馨酱园出售的上等"三伏酱油"，捞起来可以挂丝。为了确保酱油的上乘质量，酱园严格操作规程，规定每缸的原料黄豆、面粉、食盐都有一定比例。酱坯要霉成金黄色，下缸时要拌匀，日晒夜露。提取酱油时，保持从一公斤原酱中提取一公斤酱油。如此严格的规程，可见徽商对商品质量的讲究。②

徽商汪宽也经营"祥泰布庄"的"法宝"就是重视商品质量。他在上海附近的川沙、奉贤、南汇、青浦、松江、金山等县，设立收购农民自纺自织土布的"庄口"，以高于同行的收购价格，征购农民手中的优质土布。收购时，对土布的经纬纱支数、幅度、长度、紧密度等，均有严格要求。汪氏在市郊开设的染坊，专从徽州休宁聘请著名染匠，并远至江西采购染色颜料，以确保"祥泰"毛蓝布的质量达到色泽鲜艳，即使是长久的日晒、洗涤，也不褪色。因"祥泰"毛蓝布质量上乘，该产品一度畅销全国各大城市，并远销到法国和东南亚各国。③

清代制墨大家绩溪人胡天注、胡余德父子在休宁开"胡开文"墨店，特别注重商品的质量。这家墨店所制之墨，不仅进入了翰林学士及钟鸣鼎食之家，而且进入了紫禁城的御书房。胡开文墨店起桌制墨于乾隆中叶，往后经历近二百年。胡开文墨能如此受人青睐，他家墨店能延续这么长的时间，主要也是以质量取胜。时人对胡开文墨店制墨过程有以下描述："漆欲其净也，烟欲其精也，胶欲其和也，香欲其烈也。涵而揉之，以视其色泽之匀也；捶而坚之，以视其肌理之细也；范而肖之，以视其意态之工也。"④由此可见，胡开文墨店对制墨质量的讲求，可以说达到了极致。据载，胡开文的第二代传人胡余德曾造出一种墨，在水中可久浸不散。一次一位顾客慕名前来购买

---

① 周晓光、李琳琦：《徽商与经营文化》，上海：世界图书出版公司，1998年，第113页。
② 周晓光、李琳琦：《徽商与经营文化》，上海：世界图书出版公司，1998年，第112页。
③ 周晓光、李琳琦：《徽商与经营文化》，上海：世界图书出版公司，1998年，第112—113页。
④ 张海鹏：《论徽商经营文化》，《安徽师范大学学报》（人文社会科学版）1999年第3期。

一袋此墨，返回时墨袋不慎掉入河中，捞起后发现此墨已开始溶化了。顾客去见胡余德，经调查，发现该批墨锭在生产中未按规定去做，胡余德一面道歉，一面以一袋“苍佩室”名墨相赠。同时告诫所属各店各坊，立即停售停制此批墨锭，并高价收回业已售出的这批墨锭予以销毁。此举虽在经济上受了损失，但却保住了商品的质量和信誉。[①]

胡天注在临终前立了一份分家《阄书》，他在《阄书》中规定：日后儿孙分家不分店，分店不起桌（制墨），起桌必更名。所谓“分家不分店”，即儿孙们分家时，原来设在休城的“胡开文墨店”不能分，只能“单传”由一人执业；所谓“分店不起桌”，即是儿孙们要在别处开设胡开文墨店，但不准制墨，其所销售的墨锭，还是从老店进货，只能成为休城胡开文墨店的门市部；所谓起桌要更名，假如后世子孙要起桌制墨，决不能沿用“休城胡开文”字样，尤其是胡开文所制之墨，都嵌有“苍佩室”墨印，这是除休城老店之外所制墨品决不可袭用的。胡天注在《阄书》中所立的这一规定，从根本上说，就是保持胡开文墨品的质量。因为，如果墨店分产，儿孙们自行制墨，其原料的选择和技术、工艺制作不免粗制滥造，以次充优，质量难保。这一“祖制”延续到清末民初。这家墨店生产的“地球墨”，曾于1915年荣获巴拿马国际博览会金质奖。[②]

二、诚实守信

在西方学者眼中，中国人普遍缺乏社会诚信，如，孟德斯鸠认为中国人是地球上最会骗人的民族。[③]黑格尔说：“（中国人）的欺诈实在可以说诡谲巧妙到了极点。”[④]韦伯则宣称：“中国人在世界上具有罕见的不诚实。”[⑤]同时，他又对国外做生意的中国行商的信誉大惑不解，以为受西方思维方式的影响。韦伯的观点在西方社会产生了深远影响，甚至被公认为权威。在《儒教与道教》中，韦伯从信任的角度进一步探讨了“韦伯命题”，阐明了普遍主义信任在经济秩序的扩展、资本主义的产生与发展中的作用。韦伯认定中国社会的商业信任是一种特殊主义信任，是一种建立在亲戚关系或亲戚式的纯粹个人关系基础之上的信任，儒家伦理所造成的这种商业信任，不可能挣断

---

① 张海鹏、王廷元主编：《徽商研究》，合肥：安徽人民出版社，1995年，第425页。

② 张海鹏：《论徽商经营文化》，《安徽师范大学学报》（人文社会科学版）1999年第3期。

③ 孟德斯鸠：《论法的精神》，北京：商务印书馆，1987年，第313页。

④ 黑格尔：《历史哲学》，北京：生活·读书·新知三联书店，1985年，第174页。

⑤ 马克斯·韦伯：《儒教与道教》，洪天富译，南京：江苏人民出版社，1993年，第261页。

宗族血缘的纽带。而西方社会的商业信任是一种普遍主义信任，它成功地挣断了宗族的纽带，适用于信仰和伦理生活方式共同体，其表现就是商业范围得以扩大，经济交易秩序得以扩展，从而有效地突破了血缘共同体的限制，促进了资本主义经济的发展。

以家族制为基础的生产方式和社会结构是中国社会缺乏普遍诚信的关键因素。[①]家产官僚制破坏了中国社会的诚信风气。韦伯说：“受众人抱怨的不诚实，无疑部分是家产制国家财政的直接产物。正是家产制的财政机关，到处培养这种不诚实的作风。”[②]农耕经济中的家族制妨碍了中国人的普遍信任。由于家族制在中国农业社会中坚不可摧和无所不能，所以“超越个体经济范围的经济组织，几乎全部都奠基于真正的、或模拟的私人氏族关系之上”[③]。传统家族伦理文化强化了中国社会的特殊信任。在中国传统社会，“孝”先于一切。韦伯说：“真正的中国经济组织能够达到何种强大的程度，大致相当于孝道所调节的这些个人团体所能达到的程度。”[④]在以孝道为核心的儒家伦理文化的牵引下，中国人总是习惯在自然生成的个人团体圈子里发展合作伙伴，建立信任关系。

韦伯立论的基础是他的“二分建构”的信任范式。所谓“二分建构”的信任范式，就是把信任关系置于一个两极相对的维度之上，由此区分出两种相互对立的“理想类型”的信任：特殊信任和普遍信任，并把两者看作互相排斥、不相包容的关系。为了验证“二分建构”范式的合法性，李伟民、梁玉成两位学者对中国人信任的结构和特点进行了进一步的实证调查，其研究结果最终表明：中国人虽然对具有血缘关系的亲属成员表现出高度的信任，但对于没有血缘联系却具有一定社会交往和关系的外人来说，中国人并未表现出普遍和极度地不信任；中国人基于人际关系的特殊信任与基于共同信仰的普遍信任是两个各自独立、无明显关联的系统，两者之间既非相互排斥亦非相互包容的关系。也就是说，中国人的特殊信任并不妨碍中国社会建立普遍信任。[⑤]费孝通也说：“在中国乡土社会中，家并没有严格的团体界限，这

① 吴建华：《质疑韦伯的中国社会信任观》，《中州学刊》2006年第1期。

② 马克斯·韦伯：《儒教与道教》，洪天富译，南京：江苏人民出版社，1993年，第263页。

③ 马克斯·韦伯：《儒教与道教》，洪天富译，南京：江苏人民出版社，1993年，第116页。

④ 马克斯·韦伯：《儒教与道教》，洪天富译，南京：江苏人民出版社，1993年，第265页。

⑤ 李伟民、梁玉成：《特殊信任与普遍信任：中国人信任和结构与特征》，《社会学研究》2002年第3期。

社群里的分子可以依需要，沿亲属差序向外扩大。”[①]实际上，中国社会里的“外人”和“家里人”之间并没有不可逾越的鸿沟，相反，两者之间是可以相互转化的，很多“外人”通过社会交往和关系运作而变成了值得信任的“家里人”。[②]

韦伯对中国诚信的论证，很明显是以中国传统社会为样本的，中国传统社会信任关系主要依靠道德伦理规范来维系。传统诚信伦理规范不仅能够从外部有力地约束和规范人们的交往行为，甚至可以进一步内化为人们的道德准则和心理习惯，传统诚信伦理规范对人们有强大的约束力。因此，传统社会内部的人际信任程度并不低，甚至在许多情况下，传统社会反而显示出极高的社会信任度。[③]由于熟人交往在传统社会中占主导地位且有很高的信任度，这就决定了整个传统社会是一个具有较高信任度的社会。[④]

（一）以诚待人

以歙县、绩溪商人为例。歙商许宪把自己的从商经验总结为：“惟以诚待人，人自怀服；任术御物，物终不亲。”[⑤]也就是说，一个人若以诚心对待别人，别人自然会信服你，施用智巧而驾驭他物，最终只能使他物远离于你。他把“诚”付诸实际行动中，故“其经商也，湖海仰德”，“出入江淮间，而资益积”。歙县商鲍雯自幼习儒，后业盐于两浙，他“虽混迹廛市，一以书生之道行之，一切治生家智巧机利悉屏不用，惟以至诚待人，人亦不欺君，久之渐致盈余。”[⑥]歙县人许天志，“贾黄池，义声浃洽，虽童稚亦以公为信人。……商之闻者咸争以为美谈”[⑦]。明末歙县商人程其贤“年十六远服贾，往来闽越荆豫间，诚信自矢，不罔利，而业日振。”[⑧]

绩溪商人胡雪岩在自己开办的“胡庆余堂”大药店中挂了一块“戒欺”牌匾，他在跋文中强调：“凡贸易均着不得欺字”，“余存心济世，誓不以劣品弋取厚利”，“采办务真，修制务精，不至欺余以欺世人”。其匾文如下：“凡百贸易均着不得欺字，药业关系性命，尤为万不可欺。余存心济世，誓

① 费孝通：《乡土中国生育制度》，北京：北京大学出版社，1998年，第39页。

② 转引自吴建华：《质疑韦伯的中国社会信任观》，《中州学刊》2006年第1期。

③ 万俊人：《信用伦理及其现代解释》，《孔子研究》2002年第5期。

④ 吴建华：《质疑韦伯的中国社会信任观》，《中州学刊》2006年第1期。

⑤ 歙县《新安歙北许氏东支世谱》卷三。

⑥ 歙县《歙新馆鲍氏著存堂宗谱》卷二，《鲍解占先生墓志铭》。

⑦ 歙县《新安歙北许氏支世谱》卷八，《处士立斋许公行状》。

⑧ 佘华瑞：《岩镇志草》。

不以劣品弋取厚利，惟愿诸君心余之心，采办务真，修制务精，不至欺予以欺世人，是则造福冥冥，谓诸君之善为余谋也可，谓诸君之善自为谋也亦可。”[①]胡庆余堂药店老字号之所以业务兴隆，声名中外，诚信是其兴旺的秘诀。

歙县唐祁很会做生意，因而很有钱。他父亲贫困时曾向某甲借了一笔钱，某甲谎称借据遗失了，唐祁知道父亲确实向那个人借过钱，说：“券虽无，事则有也”，就如期偿还了某甲。后来又另有人拿着其父向某甲借贷的凭据找到唐祁，要求唐祁支付实际已偿还某甲的贷金，唐祁认为：“事虽伪，券则真也。”又给了这个人钱。这事后来被人们传笑，唐祁却大度地说：某甲当初能在困难中帮助我父亲，这也算是一种感谢。[②]

再以黟县、婺源、休宁商人为例。婺源人洪胜“慎取予，重然诺，有季布风，商旅中往往藉一言以当质券。”[③]他在广丰做生意，没几年家就富裕了。道光年间，黟商胡荣命贾于江西吴城五十余年，童叟不欺，名声大著。晚年，罢业还乡，有人要“以重金赁其肆名”，胡荣命拒绝了。他说：“彼果诚实，何藉吾名也。”[④]他的意思是说，要创出一个块“金”字招牌，非以诚待人不可；如果待人不诚，即使借别人的招牌也是无益。黟县人许廷焘，“因家贫弃儒就贾，客游宜兴”，由于“公私填委，君处之裕如，必诚必信数十年如一日焉”，他得到了当时士大夫和众商的敬重，生意也更加兴隆。[⑤]休宁商张洲弃儒经商，他“挟资游禹航，以忠诚立质，长厚摄心，以礼接人，以义应事，故人乐与之游，而业日隆隆起也”[⑥]。休宁人程镶在吴越经商，“吴越之人喜其忠信，遐迩归心”[⑦]。休宁人陈世谅在南粤服贾期间，常与岛夷相交易，能“以至诚相感召，夷亦敬而惮之”[⑧]。

(二) 讲究信用

明末清初歙县商人江国政，曾长期在淮阴经商。江氏亲友见其忠厚诚实，纷纷集资交给江国政经营，数目达数千金之多。后来正值明末动乱，江国政的资本被劫掠一空，连亲友的投资也荡然无存。江国政立即倾尽家产，

① 转引自张海鹏：《论徽商经营文化》，《安徽师范大学学报》（人文社会科学版）1999年第3期。
② 许承尧：《歙事闲谭》卷二八，《初月楼闻见录》。
③ 婺源《墩煌洪氏统宗谱》卷五九，《福溪雅轩先生传》。
④ 同治《黟县三志》卷六，《人物》。
⑤ 同治《黟县三志》卷一五，《艺文志 · 人物类》。
⑥ 新安《休宁名族志》卷一。
⑦ 休宁《率东程氏家谱》卷四，《明故处士公辅程公行状》。
⑧ 佘华瑞：《岩镇志草》，《里祀乡贤纪事》。

悉数赔偿亲友们的损失。尽管江国政因此而变得“家徒壁立”，但他坚持了诚实守信的合作原则，博得了合伙亲友的尊敬。[①]明代歙商汪通保在上海开典铺，生意越做越大，但他并未忘记“诚信”二字，汪通保要求子弟在经营过程中，不准欺行霸市；贷人银钱不准杂有恶钱以充好钱，更不准短少；收入利钱时不要计较零头，也不要按日计算以多收利息。他的经营之道赢得了广大顾客的信任，“于是人归市如流，旁郡县皆至”，汪通保很快获得了丰厚的利润，“里中富人无出处士右者”[②]。

歙商江羲龄由儒入贾，他在鸠江做生意时，虽然常常资本周转不过来，资金紧张，但却“持躬信义”，若有客户误算多给他银两，他一概言明退还，在生意场中被人称为“江公道”。[③]歙县商人江承封，性格豪爽，经商于淮扬，极为重视信用。他担心祖先诚信的美德失传，就请名流撰写《信录》一书，教育子孙要讲究信用。他为族人代理经营盐业几十年，从不其中谋私利，“族人业鹾邗上者，寄以转运重务，公膺人之托，实力经营，数十年无私储”[④]。明代歙商许文才长期经商于淮泗和徽州二地，讲求“信义服人”，凡是“贸迁货集，市不二价”，他因诚实不欺而赢得顾客的信任，以致人们入市购物，“有不愿之他而愿之公者”[⑤]。歙商吴南坡重视商业信誉，他说：“人宁贸诈，吾宁贸信，终不以五尺童子而饰价为欺。”他出售的“南坡”布，货真价实。人们买货，只要见到有“坡公氏”三字的封识标记，总是放心持去，不再检查其中物品的“精恶长短”。[⑥]

婺源人毕周通弃儒经商，“邻村故旧王某病笃，子初喜尚幼，延通至榻前，以六十余金纳通袖，为藐孤计，人无知者。通归，另立一簿，记其年月数目。喜长，果苦无生计”。于是毕周通唤来王初喜，“出簿，权子母如数畀金”。[⑦]婺源商人黄龙孙，“贸易无二价，不求赢余，取给朝夕而已。诚信笃

---

① 歙县《济阳江氏族谱》卷九，《清故处士国政公传》。记载：江国政“业贾淮阴，亲友见公谨厚，附本数千金于公，公诚实持躬，丝毫不苟。值明末流贼兵乱，资斧尽溃，而附本亦被掠无存，乃以家之所有，尽偿所附，不少负焉，爰家徒壁立。”

② 汪道昆：《太函副墨》卷四，《汪处士传》。记载：“处士与诸子弟约，居他县毋操利权，出母钱毋以苦杂良，毋短少；收子钱毋入奇羡，毋以日计取盈。”

③ 歙县《济阳江氏族谱》卷九，《清故处士羲龄公传》。记载：“客游鸠江，资本不敷，而持躬信义，有误投多金者，却弗受，人称江公道云。”

④ 歙县《济阳江氏族谱》卷九。

⑤ 歙县《新安歙北许氏东支世谱》卷八，《逸庵许公行状》。

⑥ 歙县《古歙岩镇镇东磡头村吴氏族谱》，《吴南坡公行状》。记载：“四方争趣坡公。每入市视封，识为坡公氏字，辄持去，不视精恶短长。”

⑦ 光绪《婺源县志》卷三三。

实，孚于远迩。……坦白之怀，始终不移。"[①]婺源人詹谷"贸易崇明，为江湾某任事。某年老归家，值发逆（对太平天国农民军的污称）窜东南，崇邑孤悬海外，道途梗塞近十年。谷竭力撑挡，业乃大振。后江湾某之子至崇肆，谷将历年出入市籍交还，涓滴无私"。詹谷离去时，某子于"薪俸外加赠四百金，辞不受"。[②]婺源商潘元达经商吴楚间，"以信义著"[③]。

以信经商，有时虽不能立刻致富，但持久下去，肯定会获得厚利。信者，储也，从构字法来看，"储"由"信"和"者"会意而成，即是说只有诚实守信之人才是最善于积聚财富的。休宁商程家第和他的儿子程之珍的一段经商历程，就证明了这种说法。程家第开始在宁邑河口设铺经商，他"以信义服人"，但未能获利。有人对他说："经商本大道，亦须运以心计。"程家第不以为然。应之曰："世之以废著起家者多矣……岂尽由智巧得耶？使由智巧得，陶朱、猗顿后，何以不闻皆为陶朱、猗顿也？吾敦吾信义而已，赢余之获否，亦听之而已。"后来，他的儿子程之珍"承公遗谋"，仍在河口开张，"信洽遐迩，大焕前猷，丰亨豫大，迥异寻常。亦信义之报，公平之效，未得于其身，正以取偿于其后"[④]，终于富裕了。徽商梅文义"诚笃不欺人，亦不疑人欺。"甚至别人跟他开玩笑，他也相信。就是这样的人，他所获得利润反而比正常情况下多三倍，"往往信人之诳，而利反三倍"[⑤]。这说明"信义之报"迟早都会得到的。

"信"也是商人获得借贷资本的必要条件，唐荆川的宗侄准备做生意，却没有本钱，就去请教唐荆川。唐荆川告诉他："汝往市中间，许多业贾者，其资本皆自己有之，抑借诸富人者乎。"宗侄回答说："十有六七借人者。"唐荆川又说："富人有本，只欲生利，但若人失信，负之尔，汝未暇承本，先须立信，信立则我不求富人而富人当先觅汝矣。"[⑥]

三、利缘义取

黟商舒遵刚从商人角度对义利关系进行了深刻地阐述。他主张"生财有

---

① 光绪《婺源县志》卷三六，《人物・义行》。

② 光绪《婺源县志》卷三五。

③ 光绪《婺源县志》卷三六，《人物・质行》。

④ 旌德《旌阳程氏宗谱》卷一三，《公擢程君传》。

⑤ 佘华瑞：《岩镇志草》，《里祀乡贤纪事》。

⑥ 《见闻杂记》卷九。转引自张忠民：《前近代中国社会的商人资本和社会再生产》，上海：上海社会科学院出版社，1996年，第206页。

大道，以义为利，不以利为利。”并把义和利的关系比作泉水的源和流的关系，有源才有流，有义才有利，他说：

> 钱，泉也，如流泉然，有源斯有流，今之以狡诈生财者，自塞其源也；今之以吝惜而不肯用财者，与夫奢侈而滥于财者，皆自竭其流也。……圣人言：“以义为利”。又言：“见利不为”，无勇。则因义而用财，岂徒不竭其流而已，抑且有以裕其源，即所谓大道也。①

这就是说，“因义用财”才能开辟财源，使之流而不竭，用此生财之道，方能收到赚大利、发大财之效。舒遵刚这种“义中取利”的思想，在徽商中具有普适性。

在义和利面前，徽商的信条是“职虽为利，非义不可取也”②，恪守“以义取利”“利缘义取”的贾道原则，强调货真价实，结果往往是“不言利而利自饶”。歙县商人凌晋讲究信用，如果有狡猾的商贩蒙混他的商品，凌晋不计较；别人讹诈他少给了斤两，他就如数补给人家。这种看似吃亏的老实做法，却让他的财富越来越多。③明代休宁商人程莹在湖州双林市从商，他“不舞智以笼人，不专利以取怨，人皆服公之才干，公平用能，丰殖货利，而业益裕焉”。程莹不玩小聪明，结果获利。

婺源人朱文炽曾贩新茶去珠江，抵达后却错过了大批交易的日期，这样新茶也就不新了。在后来的交易中，朱文炽必自书“陈茶”两字，以示不欺，从而大大影响了茶价，牙侩力劝其将“陈茶”两字去掉，朱文炽坚执不允，尽管如此他损失了一大笔利润，但却在顾客心目中树立了良好的形象。明代婺源商人李大嵩在松江、南京、苏州等地经商，后来他总结自己行商经验的深刻体会是：“财自道生，利缘义取”④。此外，洪辑五，“轻货财、重然诺，义所当为，毅然为之……推为群商领袖”⑤；江才遂在宛陵营盐，“待人接物，诚实不欺，以此致资累万”⑥；休宁商人程琼，“虽居市井，而轻财重

① 同治《黟县三志》卷一五，《舒君遵刚传》。

② 休宁《汪氏统宗谱》卷三，《行状》。

③ 凌应秋：《沙溪集略》卷四。记载：“（凌晋）虽经营阛阓中，而仁义之气蔼如。与市人贸易，黠贩或蒙混其数，以多取之，不屑屑较也；或讹于少与，觉则必如其数以偿焉。然生计于是乎益殖。”

④ 婺源《三田李氏统宗谱》，《环田明处士李公行状》。

⑤ 婺源《墩煌洪氏统宗谱》，《环田明处士李公行状》。

⑥ 歙县《济阳江氏族谱》卷九，《清布政司理问长遂公·按察司经历长遇公合传》。

义”[①]；歙县商人江深公，“贾于天长铜城镇，生殖日饶，义中取利，人服其公”[②]；祁门商人倪起蛰，“及长，习懋迁，以义为利，家产自此丰”[③]。

很多徽商在义利不能两全的情况下，舍利取义。明休宁人汪平山在安庆、潜阳、桐城间经营粮食生意，正德某年闹饥荒，粮价猛涨，而汪平山正蓄积了大批谷粟，如果按时价抛出，可多获利几倍，但汪平山不愿乘人之危来牟取暴利，而是将所积之米“悉贷诸贫，不责其息”[④]，帮助众人渡过了难关。清休宁商吴鹏翔在汉阳从事粮食贸易，某年他从四川运米数万石至，正值大灾，米价踊贵。面对嗷嗷待哺的饥民，他并没有见利忘义，而是“减值平粜，民赖以安”。又有一次，他批发胡椒800斛，忽发现该胡椒有毒，卖主愿意全部收回胡椒，但吴鹏翔仍照价买回，然后付之一炬。[⑤]他之所以这样做，是担心退了胡椒，卖主很可能转售而坑害更多的人。婺源商人詹元甲在外地经商，某年当地大灾，严重缺米，詹元甲受当地太守委托，携带20余万两银子去外地采购米粮。既至，旅店主人告诉他：“此地买米，例有抽息（回扣），自数百两至千万两，息之数视金之数。今君挟巨赀可得数千金，此故例，无伤廉”。在数千两银子的巨大诱惑面前，詹元甲毫不为动，而是说：“今饥鸿载途，嗷嗷待哺，予取一钱，彼即少一勺，瘠人肥己，吾不忍为”。[⑥]在詹元甲看来，采办粮食，为的是解救饥民，因此“抽息”实属不义之财。

---

① 陈良谟：《见闻纪训》。

② 歙县《济阳江氏族谱》卷九，《明处士以深公传》。

③ 祁门《倪氏族谱》卷下。

④ 休宁《方塘汪氏宗谱·墓志铭》。转引自张海鹏、王廷元主编：《徽商研究》，合肥：安徽人民出版社，1995年，第425页。

⑤ 转引自张海鹏、王廷元主编：《徽商研究》，合肥：安徽人民出版社，1995年，第425页。

⑥ 光绪《婺源县志》卷三四，《人物·义行》。转引自张海鹏、王廷元主编：《徽商研究》，合肥：安徽人民出版社，1995年，第425页。

结 语

本书的研究路径分为三个层面：首先是儒家伦理和新教伦理的核心教义的比较，包括《新教伦理与资本主义精神》《中国的宗教：儒教与道教》和《中国近世宗教伦理与商人精神》三本书的主要观点；其次是论证儒家伦理孕育了徽商精神，呈现徽商精神的主要特征；最后，用徽商经验研究评判余英时与韦伯的争论，检验“韦伯式问题”，这是本书的研究重点。

一、主要结论

研究发现，徽商有“超越性动机”，把宗教精神转化为社会责任感；徽商也有“理性化过程”，选择有效的商业手段达到成功目标；徽商勤俭持家，敬业求精，将诚信作为经商准则，具备“入世苦行”品格；他们对世界不是消极适应而是采取一种积极的改造的态度。研究结论回应了“韦伯命题”和韦伯的“中国命题”，进一步支持了余英时的主要观点。[①]

（一）徽商的“超越性动机”

韦伯认为，中国人没有“由内而外的、由某种中心的、自主的价值立场”[②]，换句话说，即没有超越性的宗教信仰。在“自然与神、伦理要求与人类性恶、原罪意识与救赎需求、此世的行为与彼世的报偿、宗教义务与社会-

---

① 《中国近世宗教伦理与商人精神》的中心问题是：中国儒、释、道三教的伦理观念对明清的商业发展是否曾发生过推动的作用？余英时并不想问“资本主义为什么没有在中国出现”这样的问题，他认为，这个问题单独提出来是完全没有意义的。因此，余著根本不涉及现代资本主义的问题。如果必须答复韦伯关于中国为什么没有出现资本主义的问题，我们也许可以说：其原因并不在中国缺乏“入世苦行”的伦理，而是由于中国的政治和法律还没有经历“理性化的过程”。余英时也反对机械地套用韦伯的理论，贸然提出儒家伦理与东亚资本主义兴起的关系问题，他认为“资本主义的移植”与“资本主义的始发”不同，东亚资本主义是移植过来的。余英时的观点遭到杜维明的诘问：如果儒家传统中确有“工作伦理”，那么中国没有发展出资本主义是不是更说明了新教伦理那种特殊的文化心理结构才是导向资本主义的不二法门？杜维明把韦伯理解成了历史单因论者，这是误解，韦伯反复强调只有新教伦理与其他客观条件共同作用才会产生资本主义精神。作者坚持余英时的以上观点和研究路径。

② 马克斯·韦伯：《中国的宗教》，康乐、简惠美译，桂林：广西师范大学出版社，2004年，第315页。

政治的现实”之间没有任何的紧张性。[①]儒教将与此世的紧张性降至绝对的最低点，认为这个世界是所有可能的世界中最好的一个，人的本性被赋予伦理性的善。[②]中国人的宗教性义务总是针对具体的个人，适应既定的社会关系，但从来不对一个超世的上帝，也就是说，从来不对某一神圣的“事业”或观念去尽恭顺之道。与之相反，新教与世界有着一种巨大的、激烈的紧张对立。[③]事实上，韦伯根本没有触及到宋明理学是儒学走向宗教化的转向关节点，在内在超越的文化型态下，新儒家把“彼世”与“此世”的紧张提高到最大的限度，韦伯比较的儒学不具有中国近世宗教的特性。

新教把社会责任感发展为宗教精神，儒教则把宗教精神转化为社会责任感。[④]新儒家不是“替上帝行道”，而是“替天行道”；他们要建立的不是“神圣社群”，而是“天下有道”的社会。他们自己不是“选民”，而是“天民之先觉”；芸芸众生也不是永远沉沦的罪人，而是“后觉”或“未觉”。两相对照，可以说新儒家和新教徒对于自己的期待之高是完全一致的。中国传统儒学具有“兼善天下”的人生追求，倡导“明道救世”，以天下为己任。这种精神体现在政治上，是“为学”不离“求治”；体现在学术上，是“经世致用”；体现在文学上，是贯穿古今的“文以载道”思想。儒家所设计的理想人格，都具有强烈的忧患意识和经世情怀。

徽商深信他们的事业具有客观价值和超越性动机，经商可以强固宗族、报效国家和回报社会，既可“立功”又可“立德”。

其一，强固宗族。美国学者斯图尔特说：“祖先崇拜是中国人民真正的宗教。”[⑤]中国的祖先崇拜由于受传统宗法观念和制度结合的影响更为持久和强烈。宗族制度的完备和宗法观念的强固是徽州地区一个颇为特殊的社会现象，徽州“堪称为正统宗族制度传承的典型”[⑥]。在宗法氛围中成长起来的徽商有着强烈的宗族认同感，将强宗固族看成是自己应尽的职责和义务，他们

---

① 马克斯·韦伯：《中国的宗教》，康乐、简惠美译，桂林：广西师范大学出版社，2004年，第319页。

② 马克斯·韦伯：《中国的宗教》，康乐、简惠美译，桂林：广西师范大学出版社，2004年，第311页。

③ 马克斯·韦伯：《中国的宗教》，康乐、简惠美译，桂林：广西师范大学出版社，2004年，第310页。

④ 余英时：《中国近世宗教伦理与商人精神》，合肥：安徽教育出版社，2001年，第161页。

⑤ 斯图尔特：《中国的文化与宗教》，闵甲等译，长春：吉林文史出版社，1991年，第77页。

⑥ 叶显恩：《徽州和珠江三角洲宗法制比较研究》，参见《’95国际徽学学术讨论会论文集》，合肥：安徽大学出版社，1997年。

慷慨捐资编纂宗谱，建设祠堂，设置族田。编纂谱牒是“收族之道，尊祖敬宗之本也”①。徽州至今保存下来的谱牒种类和数量之多，全国任何地方都不能与之相比。②祠堂是尊祖敬宗活动的场所，民国《歙县志》记载：“邑俗旧重宗法，聚族而居，每村一姓或数姓；姓各有祠，支分派别，复为支祠。”③族田包括义田、祭田和学田。义田租主要是为周济鳏寡孤独和贫困族人而设，有的兼用之于奖励节义。祭田租主要是为了祭祀祖先，有的兼用于赡济族众。学田租为供族人读书及应试等费用。

其二，报效国家。三纲五常是封建道德的核心，而“君为臣纲”又是三纲五常的第一条，要求臣民忠于封建皇帝和国家。徽州宗族将皇帝的“圣谕”视为金科玉律，有的宗族祭祖时还在祠堂“特加宣诵，各宜体行，共成美俗”④。徽州人把皇帝的“圣谕”作为制定族规家法的纲领，把族规家法视为“圣谕的注脚”⑤。盐课是封建政府的一项重要财政收入，有时占国家财政收入之半，而其中两淮盐课又占一半。两淮正是徽商的经营地，当然盐课也多由徽商承担。除此之外，徽州盐商在捐输、急公济铜、佐修河工、城工、灾赈、报效等项目上也耗费了巨额财富，每次捐输，多则数百万两，少则十数万两。⑥一些徽商积极参加到抗倭的斗争行列之中，不仅输财助饷，还有徽商亲自从戎。

其三，回馈社会。仁爱道德是儒家伦理的核心，孔子以“仁”为核心构筑了他的伦理思想体系，“己欲立而立人，己欲达而达人”是“爱人”的具体规定，仁的最深、最高层次是“搏施于民而能济众”。徽州家谱中多有“恤族”“救灾”的规定，要求宗族成员须有仁爱道德。在家乡和侨寓地，徽商对兴办义学、筑桥修路、救灾济荒等公益事业都倾注了巨大的热情，不仅慷慨解囊，而且出谋划策。义学是徽商为孤寒子弟而设立的教育机构，不仅不收束脩，而且还提供膏火之费。汉口紫阳书院是徽商在侨寓地建设的最大的书

---

① 歙县《托山程氏家谱》,《托山程氏重修本支谱后序》。

② 美国学者居密通过调查后认为，明清至民国期间徽州所修谱碟现尚存有623种之多。(居密：《安徽方志谱牒及其地方资料的研究》,《汉学研究》1985年第2期。)据李琳琦估计，现存的徽州谱碟总计应在千部以上。(李琳琦：《徽商与明清徽州教育》，武汉：湖北教育出版社，2003年，第13—14页。)

③ 民国《歙县志》卷一，《舆地志 · 风土》。

④ 休宁《宣仁王氏族谱 · 宗规》。

⑤ 休宁《宣仁王氏族谱 · 宗规》。

⑥ 嘉庆《两淮盐法志》卷三、七。转引自叶显恩：《徽商利润的封建化与资本主义萌芽》,《中山大学学报》(哲学社会科学版)1983年第1期。

院。徽商还"济饥馁以粥，掩暴骼以棺，还券以慰逋负，散财以给窘乏。至于修道路、造亭桥，诸所善果靡不仗义为之，不少吝"①，开创我国近代慈善事业之先河。魏丕信认为，对于中国民间捐输这种"善行"，"人们必须把他们视为一种更一般性的公共社会的'利他主义'传统，其中无疑吸收了浓厚的中国传统宗教概念。"②这种观念就是"阴德"说法。"阴德"是广弘善法不图今世回报，由于此种善行主要靠代际累积无限顺延惠及子孙，是一种迟来的"惠及"。

(二) 徽商的"理性化过程"

理性化既是韦伯研究的出发点，又是其评判中国社会与宗教的标准。在韦伯看来，新教徒通过选择有效手段达到既定目标，可以精确计算和预先算计，这是一种工具理性或形式理性；而儒教则是实质理性或价值理性，追求美德的、审美的和宗教的目标，不以个人功利为目的，这两种理性处于一种永远无法消解的紧张对立关系之中。

其一，徽商的贾道。明代商人已用"贾道"一词，表明他们对商业有了新的看法，即在赚钱以外，还有其他的意义。但"贾道"还有另一层意思，即怎样运用最有效的方法来达到做生意的目的，这相当于韦伯所谓"理性化的过程"。③这里的"道"既是商业运营遵循的有效手段和方法，也是贯穿于人伦物理的精神准则和宗教理性。在"事道"上，徽商认为儒和贾相通；也认为经商和读书一样都是功名，"徽俗，商者率数岁一归。其妻孥宗党全视其所获多少为贤不肖而爱憎焉"④。在儒家伦理"孝""悌"面前，为贾和为儒的目的可以统一，业儒入仕，能够为宗族争得名声和地位，从而"大我宗事"；而经商致富，将钱财用于宗族建设，亦可以"亢宗"。徽商的"贾道"实质上体现了同"天职"观一样的价值诉求。商人通过劳动赚钱牟利，赚钱活动本身也是具有"意义"的，而且还讲究"取之有道"。徽商从《史记·货殖列传》中汲取有益的经验和方法，注重市场信息，讲究仁爱之心。

其二，资本运作。徽商资本主要来源于劳动收入、亲族资助、借贷资本和合伙集资。徽州盐商一般是通过当副手，分得红利，然后独立经营，发展成为大盐商。万历《歙志》中把徽人经商的方式归纳为五种："一曰走贩；二

---

① 休宁《方塘汪氏宗谱》,《周德堂记》。

② 魏丕信:《18世纪中国的官僚制度与荒政》，徐建青译，南京：江苏人民出版社，2003年，第111页。

③ 余英时:《中国近世宗教伦理与商人精神》，合肥：安徽教育出版社，2001年，第244页。

④ 蔡羽:《辽阳海神传》。

曰囤积；三曰开张；四曰质剂；五曰回易”[①]。其实，徽商资本增值方式主要是贩运、囤积和垄断。徽商在流通领域里纵横捭阖，赚取了巨额的商业利润，顾炎武说：“新都勤俭甲天下，故富亦甲天下”[②]。这些商业利润，除了一部分财富作为追加商业资本和少量转化为产业资本外，其余财富从流通领域里游离出来，用于强宗固族、纳税捐输、购置土地、公益事业、奢侈消费和大兴土木等方面，这大概是当时的社会经济结构制约了商人以钱生钱、无限运行的可能性。

其三，企业制度。韦伯认为，新教伦理的最大成就之一就是打破了亲族的束缚，使家族与商业完全分开。而中国太看重亲族的“个人”关系，没有“事业功能”，因此经济发展受到限制。余英时则充分肯定中国商人利用宗族关系发展商业的做法，并指出明清大贾与伙计的关系已向“事业功能”迈出了一大步。[③]一些徽州大贾为了提携宗族子弟，培养他们的经营能力，通常会将自己的一部分资金委托给他们去经营，利息率很低或者不收利息，具有资助和救济的性质。随着商业经营规模的不断扩大和商业竞争的加剧，宗族内合资经商也较盛行。徽商往往举族连锁经商，宗族成员之间相互提携。这相当于现代的企业集团，实现了财富的积累与转移。通常徽商一家世代经营某种行业，构成行业垄断。

徽商企业出现了所有权与经营权的分离。在合资中，徽商以经营者自己资本为主，同时接受别人少量附加资本，称之为“附本经营”。另一种情况是“委托经营”，徽商以出资者的资金为主从事商业活动。此时，出资者与经营者之间已经不是一般的借贷关系，经营者可能是出资者的代理人。[④]徽州人的宗法观念十分浓厚，逐渐形成以“挈其亲戚知交而与共事”为特色的宗族伙计制经营方式，这种经营方式为徽州宗族内部商业知识和技能的传承提供了主要渠道。徽商对伙计往往能“推心置腹，体恤无不周”，自然下属也会为他们尽心效力。对这些伙计的管理，徽商大多利用宗族关系加以控制。清代合伙制企业的商业利润一般按合伙人的出资额分配，所谓“获利均分”“赚折均认”都指按出资额分担。通过对徽商的三种账簿《万历程氏染店查算帐簿》《雍正—乾隆收支帐簿》和《乾隆万隆号帐册》的考察，可以发现清代合伙制

① 万历《歙志》，《货殖》。

② 顾炎武：《肇域志》，《江南十一・徽州府》。

③ 余英时：《士与中国文化》，上海：上海人民出版社，1987年，第568—569页。

④ 张海鹏、王廷元主编：《徽商研究》，合肥：安徽人民出版社，1995年，第78—79页。

企业已具有两合组织特征，萌芽了股份有限公司制度因素。

其四，商业文书。韦伯说中国“没有真正的、具有技术价值的商业文书、计算或簿记的系统”，显然不符合实际情况。明中叶以后，随着商品经济的发展，一批具有较高文化素养的徽商开始用文字的形式总结自己和前辈商人的经商经验，并以书籍的形式刊刻行世，这类书籍就是人们常说的“商业书”，如《一统路程图记》《三台万用正宗·商旅门》《新安原版士商类要》《新刻士商要览天下水陆行程图》《商贾要览》《典业须知》等。这些商业书有的是专门记载水陆行程，有的是专门记载经营知识和从商经验，还有的是前两种内容的汇编。商业书的内容是徽商长期实践经验的结晶，具有很强的实用性和操作性。为了避免日后出现矛盾，徽商合伙人通常要签订合伙合同，以契约的形式明确各人的权利和义务，具备韦伯所说的形式理性特征。这种合同叫做《合伙开店合同式》，亦称为“兴隆合同”，或简称“兴隆”。在明末纂辑成书的《新刻徽郡补释士民便读通考》中，载有“同本合约格式”，专供合资经营者在订立合同文约时参考。合同内容详细严谨，规定了立合同人的权利义务及其履行，反映了所有权、使用权、经营权的互动关系。中国虽无复式簿记，但16世纪的商业算术足以与同时代的西方抗衡。在徽州，“命之贾，则先筹算”[①]。“筹算”不仅是商人日常必备的基本技能，也是商人进行商业预测的重要手段。商业兴盛促进了徽州数学教育的发展，其中与商业有关的应用数学成就最为突出，代表作就是休宁商人程大位所撰的《算法统宗》。

（三）徽商的“入世苦行”

韦伯说新教徒过着一种严谨克己的“入世苦行”生活，“儒教的理性主义意指理性地适应世界，而新教的理性主义意指理性地支配世界”[②]。余英时认为，“入世苦行”主要包括勤俭、诚实、信用等美德，赚钱已成为西方资本家的“天职”，他们为了赚钱而赚钱。[③]这种世俗的新教禁欲主义与自发的财产享受强烈地对抗，它束缚着消费，尤其是奢侈品的消费，其目的是使新教徒过着一种警觉而又睿智的生活，消除自发的、出于冲动的享乐。新教伦理要求不断地、谨慎地自我控制，为的是有条理地凝聚人的心意于神的意志上；

① 程春宇编：《士商类要·买卖机关》。

② 马克斯·韦伯：《中国的宗教》，康乐、简惠美译，桂林：广西师范大学出版社，2004年，第332页。

③ 余英时：《中国近世宗教伦理与商人精神》，合肥：安徽教育出版社，2001年，第85—86页。“入世苦行”也翻译为“禁欲主义”。

儒教要求此种自我控制，为的是要维持通达的世间人的尊严。[①]自强不息、刚健有为是儒家思想文化的一个重要特征，它体现了儒家锲而不舍、发奋进取的精神。《易大传》说："天行健，君子以自强不息。"慎独作为一种修身方法和道德境界，为历代儒者所身体力行。陆九渊说："慎独即不自欺。"[②]儒家认为勤劳节俭是一个人的重要美德，《左传》云："民生在勤，勤则不匮。"

其一，勤劳节俭。《士商类要·贸易赋》说："贸易之道，勤俭为先，谨言为本。"[③]做贸易，勤俭是第一位的，这是徽商闯荡商海多年的经验总结。徽州宗族多在家规中特设"勤生业"，要求子弟勤俭持家。人在穷困时做到节俭并不难，难的是虽富犹朴，终生节俭，可以说大多数徽商都做到了这一点。胡适把徽商的吃苦耐劳精神称之为"徽骆驼"精神，绩溪人则称为"绩溪牛"精神。韦伯认为新教伦理有助于资本主义的发展，首推"勤"与"俭"两大要目。虽然韦伯承认"中国人的勤奋和劳动能力一直被认为无与伦比"[④]，但他指出中国人的"勤俭"不是"禁欲"的一种手段，多是出自"贪欲"。[⑤]"贪欲"与资本主义精神相去甚远，"对财富的贪欲，根本就不等同于资本主义，更不是资本主义精神。倒不如说，资本主义更多地是对这种非理性欲望的一种抑制或至少是一种理性的缓解"[⑥]。新教的"勤俭"与"禁欲"观念结合，就提供了这种理性缓解。事实上，徽商的勤劳节俭并不是为了"贪欲"，他们虽富犹贫，一生勤俭。他们相信经商也有着重要的意义，可以强固宗族、报效国家和回报社会，并为自己选定的事业义无反顾、竭尽全力。在他们那里，勤俭更多的是体现一种道德自律，一种生活美德的价值品质和精神意义。

其二，艰苦奋斗。徽州人并不是侍富而经商，而是"不贾则无望"[⑦]。

---

① 马克斯·韦伯：《中国的宗教》，康乐、简惠美译，桂林：广西师范大学出版社，2004年，第325页。

② 陆九渊：《陆九渊集》卷三四，《语录上》。

③ 程春宇：《士商类要》，《贸易赋》。

④ 马克斯·韦伯：《儒教与道教》，王容芬译，北京：商务印书馆，1995年，第115、282页。

⑤ 马克斯·韦伯如此评说中国世俗的节俭："在中国小市民中间，这种节俭基本上就是农民把钱藏在袜筒里式的聚财。攒钱是为了确保葬礼和好名声，此外，也为了享受'有钱'本身的荣誉与快乐，如同全世界尚未从禁欲角度突破对待财富的态度的地方的作法一样"。他这样评价儒家："单纯的冷静和节俭同'营利欲'和重财结合起来，还远不是典型的近代经济职业人阶层所谓的'资本主义精神'，也不能产生这种精神"。参见马克斯·韦伯：《儒教与道教》，王容芬译，北京：商务印书馆，1995年，第297、299页。

⑥ 马克斯·韦伯：《新教伦理与资本主义精神》，于晓、陈维纲译，北京：生活·读书·新知三联书店，1987年，第8页。

⑦ 万历《歙志》，《货殖》。

"徽之为郡在山岭川谷崎岖之中"[①]，"八山一水一分田"是对徽州地理形势的高度概括。徽州一年所产粮食，只能养活全境的十分之一人口。面对如此生存环境，徽州人不是坐以待毙，而是走出去，向外拓展自己的生存空间，经商成为他们谋生的重要手段。徽州从贾人数众多，王世贞说："大抵徽俗，人十三在邑，十七在天下；其所蓄聚则十一在内，十九在外。"[②]徽商活动区域广阔，胡适说："徽州人正如英伦三岛上的苏格兰人一样，四出经商，足迹遍于全国。"[③]因此有"钻天洞庭遍地徽"[④]之说，沿江区域也向有'无徽不成镇'之谚"。[⑤]经商有风险，成败难测，但徽商都有一种不畏艰难、百折不挠的精神。"徽之俗，一贾不利再贾，再贾不利三贾，三贾不利犹未厌焉。"[⑥]

其三，贞节刚烈。"新安节烈最多"。在徽州方志和徽州人文集中，有关徽州女性节烈之风的记载，随处可见。康熙《徽州府志》说："节妇烈女，惟徽最多。"[⑦]以至有"新安节烈最多，一邑当他省之半"[⑧]的说法。徽州地区有谚语"一世夫妻三年半，十年夫妻九年空"[⑨]，这不仅是徽商夫妻生活的真实写照，而且也是徽商妇人的呻吟。徽州"男子冠婚后，岁积家食者，则亲友笑之"[⑩]。徽商"其数奇败折，宁终身漂泊死，羞归乡对人也"[⑪]，这也许是徽商不归的苦衷。康熙《徽州府志》记载："女人犹称能俭，居乡者数月，不沾鱼肉，日挫针治缝纫绽……徽俗能蓄积，不至卮漏者，盖亦由内德矣。"[⑫]在日常生活中，徽州女人也多以布衣为主，"向徽称富足，民尚俭朴，所服不过布素"[⑬]。徽州女性节烈成风，朱熹及其学说的影响乃是关键因素。在徽商妇心中，朱熹学说是她们坚守不移的道德规范和行为指南。

（四）徽商的职业观念

新教伦理的核心教义是：上帝允许的惟一生存方式，不是要人们以苦修的

① 王安石：《孙抗墓碑》。
② 王世贞：《弇州四部稿》卷六一，《赠程君五十叙》。
③ 转引自程金淦编：《胡适研究资料》，北京：十月文艺出版社，1989年，第412页。
④ 东壁山房主人：《今古奇闻》卷三。
⑤ 民国《歙县志》，《风土》。
⑥ 祁门《倪氏族谱》。
⑦ 康熙《徽州府志》卷二。
⑧ 赵吉士：《寄园寄所寄》卷一一。
⑨ 胡适：《四十自述》，合肥：安徽教育出版社，2006年，第34页。
⑩ 顾炎武：《肇域志》，《江南十一·徽州府》。
⑪ 顾炎武：《肇域志》，《江南十一·徽州府》。
⑫ 康熙《徽州府志》卷二。
⑬ 康熙《徽州府志》卷二，《舆地志·风俗》。

禁欲主义超越世俗道德，而是要人们完成个人在现世里所处地位赋予他的责任和义务，这就是天职。韦伯认为，非西方社会的宗教与“天职”观念有内在冲突，产生不出职业伦理精神，“在全世界，只有苦行主义的新教职业伦理，达到一种俗世之内的职业伦理和宗教上救赎确保的原则的和系统的一致，两者的统一未被破坏”[①]，中国道德传统与现代社会所要求的职业伦理是水火不容的。余英时认为，新四民说主张的“四民异业而同道”，从职业分工和职业伦理的层面上肯定了工商劳动的价值，体现了儒家伦理对近代社会精神的发展不仅是适应的，而且还有促进作用。16世纪后期的徽州，纯粹的书香门第、科宦世家已不复存在，那些名门望族为了保持固有的地位，必得兼营商业。

其一，徽州宗族的职业观。徽州宗族要求子弟以士农工商为正业，安分守己，干好本职工作。同时，徽州宗族禁止子弟从事贱业，认为僧道、吏胥、屠竖、地保、娼优、隶卒、医卜星相等职业或行业以及鬻身为奴，就是所谓贱业、恶业、邪道，会遭人鄙视唾弃，各族规家法对此制定了相关条款予以严禁，对宗族子弟从业者施以惩罚。在徽州族规家法中，对游手好闲子弟大都作了严厉惩治的规定。读书为上、商贾为次、耕种又次，已经成为明清时代徽州宗族社会中长期传承的一种职业规划，这是受传统的四民观所影响的结果。但徽州宗族往往又根据宗族弟子的资质差异等实际情况而予以区别对待，认为“四民所业不同，皆是本职”[②]，要求父母对子女“视其材质高下，随其材器而造就之可耳”[③]，因才择业。

其二，徽商的儒贾观。读书做官是徽州人心目中的“第一等事业”，也是光宗耀祖的头等大事。徽州宗族常把设立学堂、培养宗族子弟作为族规家训写于宗谱之中，张贴在祠堂之内，所谓“巨室强宗之所以绍隆而不绝者，有世禄尔”[④]。“贾为厚利，儒为名高”[⑤]，相比较于经商，徽商更看重读书。绝大多数徽商“本为儒，去而从贾，非其志也”[⑥]，一旦他们致富后，重新业儒极有可能。但徽州“阀阅之家也不惮为贾”，一是业儒需要一定的经济基础，明清时期的科举费用比较高；二是业儒入仕的人毕竟只有少数，绝大部分的

① 马克斯·韦伯：《新教伦理与资本主义精神》，于晓、陈维纲等译，北京：生活·读书·新知三联书店，1987年，第622页。

② 休宁《古林黄氏重修族谱》。

③ 光绪《徽州彭城钱氏宗谱》卷一，《家规·笃义方》。

④ 胡寅：《斐然集》卷二〇，《企踈堂记》。

⑤ 汪道昆：《太函集》卷五二。

⑥ 歙县《溪南江氏族谱》，《故处士沙南江公墓志铭》。

理想都会落空，从贾将是无奈的选择。为此，徽商也对传统的四民观进行挑战，提出了“良贾何负闳儒”、儒贾相通的观点。

其三，徽商的职业实践。徽商“虽为贾者，咸近士风。”[①]他们在经商过程中通常会继续保持读书好学、吟诗作画、热爱文化的传统，彰显了儒贾本色。徽商“其货无所不居”[②]，盐、典、茶、木四业为最多，其次为米谷、棉布、纸墨、瓷器。学术界有明清时期以徽商为代表的“江南大贾不置田土”的说法，[③]有些学者不同意这种观点，提出徽商的大量资本依然流向土地。[④]以末致财，用本守之。

其四，徽商的职业教育。“敬业乐群”最早见于秦汉之际的《礼记·学记》，强调人们要专心致志于自己的事业。新儒家提出“敬贯动静”的入世作事的精神修养，“敬”是入世活动中的一种全神贯注的心理状态，中国社会强调的“敬业”精神便由此而来。这是儒家伦理中的职业观念，与加尔文教的“天职”观相类似。歙县《许氏家规·各治生业》提出：“固贵乎专，尤贵乎精”[⑤]，要求族人为业要专而精，不得见异思迁，否则一事无成。徽商的敬业精神还体现在商品生产过程中，视商品“质量就是生命”。韦伯认定中国社会的商业信任是一种特殊主义信任，阻碍了资本主义的产生和发展。事实上，中国传统诚信伦理规范不仅能够从外部有力地约束和规范人们的交往行为，甚至可以进一步内化为人们的道德准则和心理习惯。歙商许宪把自己的从商经验总结为：“惟以诚待人，人自怀服；任术御物，物终不亲。”[⑥]黟县商舒遵刚从商人角度对义利关系进行了深刻地阐述，他主张“生财有大道，以义为利，不以利为利”。并把义和利的关系比作泉水的源和流的关系，有源才有流，有义才有利。[⑦]在义和利面前，徽商的信条是“职虽为利，非义不可取

① 戴震：《戴震集·文集》卷一二，《戴节妇家传》。

② 万历《歙志》，《货殖》。

③ 薛宗正：《明代徽商及其商业经营》，参见《江淮论坛》编辑部编：《徽商研究论文集》，合肥：安徽人民出版社，1985年；张海鹏、王廷元主编：《徽商研究》，合肥：安徽人民出版社，1995年，第457页。

④ 如李琳琦：《徽商资本流向家乡土地述论》，《徽州社会科学》1989年第2期；李琳琦：《论徽商资本流向土地的特点及其规律》，《安徽师范大学学报》（哲学社会科学版）1988年第4期；姚从斌：《试论徽商资本土地化问题》，《安徽大学学报》1988年第3期；黄启臣：《试论明清时期商业资本流向土地的问题》，《中山大学学报》（哲学社会科学版）1983年第1期；张海鹏、王廷元主编：《徽商研究》，合肥：安徽人民出版社，1995年，第456页；等等。

⑤ 歙县《重修古歙东门许氏宗谱》卷八。

⑥ 歙县《新安歙北许氏东支世谱》卷三。

⑦ 同治《黟县三志》卷一五，《舒君遵刚传》。

也”[①]，恪守“以义取利”“利缘义取”的贯道原则，强调货真价实。

二、方法论争鸣

现代中国与韦伯的思想关联，主要有一般原则的相似、经验事实的反证、比较方法的考察三种形态，“韦伯命题”及韦伯的“中国命题”因具有鲜明的西方特性而难以解释中国经验，“回到中国自身”的方法则是中国文化人反思韦伯的主要成果。[②]本书是对“韦伯式问题”的“经验事实的反证”，采用了比较方法。

（一）“经验研究”的意义

诚如韦伯学者所言，《新教伦理与资本主义精神》的全部论证是建立在神学家、作家的议论上面的，没有引用过一个企业家的实例。换句话说，这部书仅提供了“新教伦理”方面的证据，没有举出资本家怎样运用“新教伦理”的证据。[③]美国学者林格也说：“我同意说韦伯几乎没有提供关于早期现代企业家态度的直接证据，他是通过那些企业家的灵魂司牧之眼看到他们的动机。”[④]余英时说，这种研究方式从历史社会学的观点看也许是可以接受的，但是从严格的史学家观点而言，则究嫌美中不足。[⑤]历史学家要避免理论先行地对历史经验做出过分主观的解释，而是要从经验事实出发，对历史事件的前因后果与来龙去脉做出一种客观的阐释。史学家要想建立信仰与行为之间的关联，除依靠具体的经验证据之外，实别无他途可走。[⑥]证据充分而论证不足，其结果可能是比较粗糙的史学；论证满纸而证据薄弱则不能成为史学。[⑦]

《中国近世宗教伦理与商人精神》的下篇是“中国商人的精神”，“本篇的讨论以商人的精神凭藉和思想背景为主要对象……至于商业发展的本身，此篇则完全不拟涉及。”[⑧]就全书内容而言，余英时与韦伯也是在宗教教义中争论，缺少对商人精神的实证化研究。新儒学大家杜维明说：“我想到儒学和现

① 歙县《汪氏统宗谱》卷三，《行状》。

② 单世联：《韦伯命题与中国现代性》，《开放时代》2004年第1期。

③ 余英时：《中国近世宗教伦理与商人精神》，合肥：安徽教育出版社，2001年，第73页。

④ 弗里茨·林格：《韦伯学术思想评传》，马乐乐译，北京：北京大学出版社，2011年，第148—149页。

⑤ 余英时：《中国近世宗教伦理与商人精神》，合肥：安徽教育出版社，2001年，第73页。

⑥ 余英时：《中国近世宗教伦理与商人精神》，合肥：安徽教育出版社，2001年，第74页。

⑦ 余英时：《中国近世宗教伦理与商人精神》，合肥：安徽教育出版社，2001年，第75页。

⑧ 余英时：《中国近世宗教伦理与商人精神》，合肥：安徽教育出版社，2001年，第191页。

代化的精神可能很有联系就感到很兴奋。可是，我很希望对这个问题有更加成熟的探讨。由于儒学研究之外，又受到西方社会科学的训练，我极希望见到对于这个课题的扎扎实实的实验性的研究。”[①]但是，台湾学者杨国枢、郑伯埙感慨：这个命题实际上缺乏足够的操作意义，很难进行实证性研究。[②]

后来，韦伯学者和余英时本人也都意识到他们的研究不足之处，当余英时发现《明清徽商资料选编》时，他惊喜地说：“这是一本内容极其丰富的材料书，其中所收集的资料，有不少是海外所看不到的孤本或稿本。但是可惜我一直到最近才有机会读到这部书，因此没有能够充分加以利用。大体上说，这部材料书全面地证实了本书的基本论点，使我对自己的看法更具信心。”[③]那么，按照余英时的研究思路，徽商的经验研究是否能够证明余英时的观点，从而可以对“韦伯式问题”进行验证。自从20世纪80年代初余英时提出这个观点后，他本人没有凭借徽商资料继续研究，徽学研究者也一直没有回应。这项研究肯定是有价值的，恰好也是笔者的研究旨趣所在。

（二）“比较研究”的可行性

在《中国的宗教：儒教与道教》一书中，韦伯首先把中国古代的政治、经济、社会状况与西方古代的状况做了比较，分析中国没有发展出资本主义的客观原因。然后，他又把中国的宗教文化与西方的宗教文化做了比较，分析中国没有产生资本主义的主观原因。由此，韦伯得出结论：中国的宗教伦理不能为资本主义的发展提供精神上的动因，反而有碍于资本主义的发展。韦伯真正关心的不是中国的宗教，而是中国的儒教与道教为什么没有导致资本主义经济伦理，从而进一步证明他在《新教伦理与资本主义精神》中的观点。可见，该书符合韦伯的研究思路和比较方法，《中国的宗教：儒教与道教》为中国经验研究起到媒介作用。

韦伯的《新教伦理与资本主义精神》是以商人或企业家研究为出发点和落脚点。在此书的第一章第一段，韦伯就说明了他研究的出发点和实证基础：“在近代的企业里，资本家与企业经营者、连同熟练的上层劳动阶层，特别是在技术上或商业上受过较高教育训练者，全都带有非常浓重的基督新教的色彩。……诚然，在近代大型工商企业里，基督新教徒在资本拥有、经营

---

① 杜维明：《新加坡的挑战》，《杜维明文集》（第2卷），武汉：武汉出版社，2002年，第88页。

② 杨国枢、郑伯埙：《对后儒家假说的一项微观验证》，北京：中国人民大学出版社，2004年，第464—530页。

③ 余英时：《中国近世宗教伦理与商人精神》，合肥：安徽教育出版社，2001年，第78页。

领导与高阶劳动上的相对优势人数，亦即相对于新教徒占整体人口的百分比来，他们在此等事务上的超高比率，部分而言要回溯到历史的成因上，而且可以推溯到远远的过去，在其中，属于何种宗派似乎并不是经济现象的原因，在某种程度上倒可以说是其结果。”[①]在本书的结尾，韦伯痛苦地指出，现代资本主义社会中的企业家早已抛弃了那些赖以支撑的个人品质、精神和社会责任感，陷入“铁笼”之中。

徽商资料特别丰富，如何确保客观、公正地取舍资料？从明代成化、弘治之际徽州商帮的形成到清代道光中叶徽商的衰落和解体的四百余年中，徽商足迹“几遍宇内”，留下了丰富的史料。徽商资料主要分散在方志、文集、史著、宗谱、小说、杂著等文献资料里，也存在于各种文书、碑刻、信函、帐簿中，还有耄耋老人的口碑传说里。尤其是自20世纪50年代以来，在徽州地区陆续发现的数十万件的徽州文书，被誉为“中国历史文化第五大发现”，更是引起了学界的高度关注。[②]在徽商资料使用方面，笔者秉承韦伯的“价值中立”[③]的研究方法，不强加个人观点，遵从徽商资料的引导。该书力求全面、详细地呈现徽商经验材料，包括正反两方面资料，比如，在论述徽商的勤劳节俭时，特别讨论了徽商的奢侈消费。需要强调的是，明清时期的徽商与《新教伦理与资本主义精神》要描述的商人或企业家处于同一时代，他们的商业行为和宗教信仰有极为相似之处。也就是说，徽州商帮对研究“韦伯命题”有着典型性，不是说在任何国家或用任何商帮都能验证“韦伯式问题”。

（三）“比较研究”的成果

1983年，著名社会学家金耀基率先指出：韦伯命题遭到东亚地区经验事实的挑战，儒家伦理不但不是阻碍经济的因素，反而有促进经济的作用。[④]并对“制度论”与“文化论”二者不可偏废有着相当明晰的论述，他说：“我们

---

① 马克斯·韦伯：《新教伦理与资本主义精神》，康乐、简惠美译，桂林：广西师范大学出版社，2010年，第9—10页。

② 梁德阔：《儒家伦理与徽商精神》上海大学博士论文，2010年，第6页。

③ 韦伯的价值中立方法包括两层涵义：（1）一旦社会科学家根据自己的价值观念选定了研究课题，他就必须停止使用自己的或他人的价值观念，而是遵从他所发现的资料的指引。他不能把自己的价值观念强加于资料，无论研究的结果对他有利还是不利。从这个意义上说，从事科学研究的人应该作为科学家受科学精神的支配，而决不能成为一个普通公民。（2）事实与价值观念是两个领域，不可能从“忠实的陈述”中抽出“应该的陈述”。价值中立观点就是要求社会学者在观察问题时应持客观的、公正的态度。

④ 转引自马克斯·韦伯：《儒教与道教》，登泰、张恩富编译，北京：人民日报出版社，2007年，第226页。

在解释经济发展这样复杂的经验现象时，实毋须也不应该在‘文化论’与‘制度论’之间强作选择，也即制度论与文化论的观点都是不能偏废的，二者实际上是互为补充的，而非互相排斥的。”[①]

儒学大师杜维明教授尝试以“两种资本主义形成模式”来解释韦伯理论与东亚崛起之间的矛盾。一方面，他假设韦伯从新教伦理中探讨西方资本主义的文化内核并没有错，另一方面，他又假设存在一种与儒家伦理相契合的东方“现代资本主义”。这种特殊类型的资本主义“强调自我是各种关系的中心，义务感，自我约束，修身，取得一致意见和合作。它高度重视教育和礼仪。它注重信用社区和政府的领导。其经营风格涉及既学习一整套实际技能又学习如何工作的一种程序和仪式”[②]。这实际上就是以儒家伦理起主导作用的资本主义。

如何调和“韦伯命题”与中国经验的矛盾？普林斯顿大学余英时教授认为，“第一种方式是原有的‘理想型’可以重构，使新教伦理中有利于资本主义精神的因素更为突出、更为集中。同时这种因素又必须确为西方所独有而为中国所绝无。这样，韦伯的原有论点仍然可以维持其有效性。第二种方式是降低思想方面的论证力量，承认‘入世苦行’的伦理必须在其他客观条件的恰当配合下才能推动资本主义的发展。”[③]为此，他撰写了《中国近世宗教伦理与商人精神》一书，驳斥了韦伯关于儒家伦理不能促进资本主义发生的观点。

韦伯关于中国儒家伦理的断言深刻地影响了韦伯同时代及其以后的西方汉学研究乃至东亚史研究。可以说韦伯身后半个世纪的中国研究，基本上是以韦伯思想为主流思想。[④]例如，美国著名中国思想史学家列文森（J. R. Levenson）在其流传甚广的著作《儒家的中国及其现代命运》中，即全盘承袭了韦伯的学术思想，描述了儒家政权及其价值观在现代西方的挑战之下，是如何无能为力，完全不能适应资本主义发展的需要。[⑤]另一位耶鲁大学的著名教授芮玛丽（Mary C. Wright）在其题为《中国保守主义的最后抵抗》一书，则

---

① 金耀基：《中国社会与文化》，伦敦：牛津大学出版社，1992年，第146页。

② 杜维明：《新加坡的挑战：新儒家伦理与企业精神》，北京：生活·读书·新知三联书店，1989年，第103页。

③ 余英时：《中国近世宗教伦理与商人精神》，合肥：安徽教育出版社，2001年，第176页。

④ 马敏：《商人精神的嬗变：近代中国商人观念研究》，武汉：华中师范大学出版社，2001年，第7页。

⑤ Levenson Joseph R. Confucian Chinaand Its Modern Fate：A Trilogy. Oakland：University of California Press，1985.

讲述了晚清儒家保守主义如何运用儒家价值来对抗西方，又终遭败迹的故事。[①]但是法国年鉴学派代表人物布罗代尔（Fernand Braudel）并不赞同韦伯有关儒家伦理阻碍资本主义发展的论断，认为这主要是制度与经济的因素使然："或者政府反对这些高层次的交易形式，或者初级市场的毛细血管式的流通对于中国经济来说已经够用了，不再需要动脉与静脉了。出于这一个或那一个原因，或者二者兼而有之，中国之（商品）交换是一方无峰无丘、削平了的地盘。这就是中国资本主义未能发展起来的重大原因。"[②]

近几十年来，东亚地区（通常被视为儒家文化圈）经济的迅猛发展对韦伯的论断提出强有力的挑战。既然韦伯认为不能产生出理性资本主义的东亚地区出现了经济持续增长，那么韦伯所描述的儒家伦理就有必要修正。对东亚经济奇迹之谜的解释，大抵可区分为两种不同的理论路径：[③]一种是"结构的解释"。此派虽也承认东亚地区是与西方截然不同的"中国文化区"，但却反对用文化因素来解释东亚经济的成长，认为主要是科技、经济和政治的结构性或制度性因素促进了这一地区的经济繁荣。[④]另一派人则试图对东亚经济的迅猛发展进行"文化的解释"，着重从价值观念方面去寻求东亚经济发展的谜底。这一派对韦伯的学说可以说是"抽象继承"，"具体否定"。[⑤]

三、徽商衰落的原因

徽商经验研究证明，新儒家伦理能够为资本主义精神的产生提供动力。那么，贾而好儒的徽商为什么在清道光中叶以后走向衰落？徽州没有成为中国近代资本主义发展的重镇呢？

叶显恩认为，徽商是在封建政权的庇护下得到发展的，但他们在享受许多优惠的经营条件和特权的同时，又受到封建王朝的勒索榨取，各种各样的捐输，急公济饷，佐修河工、城工、灾赈、报效，成为徽商的一项沉重负担。这是导致徽商衰落的一个重要原因。道光年间，清政府先后在两淮将纲

① Wright Mary C. The Lasr Stand of Chinese Conservatism：The T' ung- ChibRestoration，1862—1874. NewYork：Atheneum，1965.

② 布罗代尔：《资本主义的动力》，杨起译，北京：三联出版社，1997年，第19页。

③ 马敏：《商人精神的嬗变：近代中国商人观念研究》，武汉：华中师范大学出版社，2001年，第8-12页。

④ 如D.H.帕金斯：《中国能成为亚洲下一个经济巨人吗?》，《走向21世纪：中国经济的现状、问题和前景》，南京：江苏人民出版社，1995年。

⑤ 如金日坤：《儒教文化圈的伦理秩序与禁忌：儒教文化与现代化》，北京：中国人民大学出版社，1991年，第146页。

运制改为票盐法，原来官商一体的包销制被打破，盐商难逃厄运。继盐商败落之后，典当业也因“左宗棠增质铺”而“几败”。茶商也一连“亏耗不可胜数”。太平天国革命期间，曾国藩在徽州纵兵大掠，全部窖藏一空。加上嘉庆以后，徽州的缙绅势力趋向式微，使徽商失去了政治靠山。①

张海鹏指出，徽商的商业资本虽称雄厚，但始终停留在流通领域里，很少向产业资本转化。徽商将大量的商业利润转向购置土地，用于奢侈性消费，建祠堂、修坟墓、叙族谱、购置祖产和族田，设义学、开办书院、建设试馆，遗产均分制也分散了徽商的商业资本。其次，徽商衰落与官府对商人敲骨吸髓的榨取有密切关系。这些勒索榨取的名目繁多，如课税繁重，捐输频仍，赈灾助饷，无端勒索。再次，太平天国革命的爆发，给衰落中的徽商致命一击。最后，徽商随着清王朝的衰败而衰落。徽商是在封建社会的土壤中形成和发展，与官僚政治结合的非常密切。②

张海鹏等认为，19世纪50年代至60年代发生的中国社会的战乱——主要指清朝封建政府和太平天国农民政权之间的战争，乃是加速徽州商帮衰落的重要因素之一。长江中下游地区成为清军与太平军之间拉锯战的主战场，徽州还是两军交锋的最重要战场之一。长江中下游地区的吴楚贸易大动脉被切断，在江南城镇的徽商商业活动陷于瘫痪，其中徽商的支柱行业盐、茶、木、典所受影响更大。这场战乱不仅使徽商经营活动的环境恶化，而且对徽商本土也产生了巨大的破坏力，徽商的大量金属货币被囊括一空，徽商从业人员遭到重大伤亡以及徽商家园受到严重破坏。清政府以“戡乱”的名义，大幅度提高茶叶税率并开征厘金，同时强迫徽商“赈饷”和捐助团练，大量分流了徽商的商业资本和利润。③

黄诗义认为，徽商衰落有其历史客观必然性。一是儒学理念的影响，封建文化中的一些理念（如官商勾结、重宗守礼、光宗耀祖等）禁锢了徽商的经营活动。董家魁也认为，徽商贾而好儒，盛于斯，衰于斯。④二是封建社会官场倾轧的影响。三是外国资本进入的影响。晚清时期，外国商品进入中国，徽商仍然沿用传统的生产经营方式，没有后发优势，同洋商竞争中逐渐

---

① 叶显恩：《徽商的衰落及其历史作用》，《江淮论坛》1982年第3期。转引自王世华：《徽商研究：回眸与前瞻》，《安徽师范大学学报》（人文社会科学版）2004年第6期。

② 张海鹏等：《翰墨儒商：徽州商帮》，香港：中华书局有限公司，1995年，第89—104页。亦见张海鹏、张海瀛：《中国十大商帮》，合肥：黄山书社，1993年，第495—504页。

③ 张海鹏、王廷元主编：《徽商研究》，合肥：安徽人民出版社，1995年，第631页。

④ 董家魁：《徽商衰落原因新探》，《安徽师范大学学报》（人文社会科学版）2005年第4期。

失去市场。程必定也认为，徽商经营的钱庄、布匹、纸张敌不过由机器生产的国外产品，这是徽商衰落的重要原因之一。[①]四是经济环境变化的影响。国际商贸兴起后，海洋运输日益重要，徽商没有抓住机遇，由江入海。五是太平天国战乱的影响。[②]

从历史地理的角度，葛剑雄指出徽商衰落的原因离不开当时的地理环境，集中反映在市场和商品这两个方面。徽商因长江三角洲而兴盛，最终也因长江三角洲而衰落。1843年上海开埠后，资本主义工商业迅速发展，使上海成为新兴的工商业中心和进出口基地，并且辐射到整个长江三角洲和周围地区。但与此同时，周围的传统工商业城市相形衰落，大批官僚、富商和名流从这些城市和附近乡村迁往上海，带去了大量资金，也带走了市场。还有大批人才和劳动力从这些地区迁往上海，使当地的日常市场进一步萎缩。外贸大幅度增长，传统的内贸相形见绌，生丝出口已由江浙移到上海，并由浙江丝商捷足先登，迟到的徽商又没有分到什么份额。机器生产的商品或进口商品取代了手工业生产的传统商品，在新的经营方式和商业网络的进逼下，粤、江、浙商人迅速崛起，徽商节节败退，在长江三角洲这个最大的市场中终于失去优势。他还指出，长期的单一经营，过分地依靠政治权力，使他们已经丧失了早期徽商的开拓性和适应性，在新的竞争中处于劣势。海运轮船从西方传入后，运河运输的艰难和弊病更加突出。津浦铁路的通车最终导致了运河漕运的废弃，铁路沿线迅速繁荣，而沿运河城镇则一派萧条，聚居在那里的徽商从此一蹶不振，即使有勇气转移到上海等地，留给他们的机会和空间已相当有限了。[③]

我们可以从徽商主体因素和社会经济结构因素两方面来辨析徽商衰落的原因，以及解释徽州为什么没有成为中国近代资本主义发展的重镇。从徽商主体因素探讨，随着大量外国资本和商品涌入中国，徽州商帮没有适应新市场的变化而转换经营方式，过分依赖封建政府，在新的竞争中处于劣势。“贾而好儒”不应是徽商衰落的催化剂，[④]诚实守信、乐善好施等儒商品格也是今天市场经济的基本规范。从社会经济结构因素分析，徽商衰落的原因有以下

① 程必定：《安徽近代经济史》，合肥：黄山书社，第105页。

② 黄诗义：《徽商》，北京：中央文献出版社，2008年，第11—14页。

③ 葛剑雄：《从历史地理看徽商的兴衰》，《安徽史学》2004年第5期。转引自王世华：《徽商研究：回眸与前瞻》，《安徽师范大学学报》（人文社会科学版）2004年第6期。

④ 黄诗义等认为，“贾而好儒”是徽商衰落的重要因素之一，如董家魁：《徽商衰落原因新探》，《安徽师范大学学报》（人文社会科学版）2005年第4期；李莉莉：《徽商衰落原因的研究综述》，《学理论》2010年第2期。

几点：清政府对徽商的勒索榨取及其"改纲为票"的盐法改革；外国资本和商品涌入中国；太平天国战乱对徽商的沉重打击；徽商经营地的历史地理环境发生变化。由此可知，导致徽商衰落的主要原因是社会经济结构因素。叶显恩指出，徽商商业资本没有向产业资本转化，其根子在于中国封建的经济结构，即商品经济无法分解小农业和家庭手工业相结合的生产结构。超过商业资本流通量的那部分资本转为封建性的"无妄"的消费，甚至窖藏起来，反映了徽商商业资本出路的狭窄。①

四、中国资本主义萌芽问题

曾经作为史学界"五朵金花"之一的中国资本主义萌芽问题的研究，近年来已黯然凋谢，少有人再攀折这朵带刺的鲜花。②关于中国资本主义萌芽问题的已有成果汗牛充栋，③也让后人难以超越，笔者心知肚明。本书多次申明，笔者不探讨"资本主义为什么没有在中国出现"和"中国资本主义萌芽"问题，更不会研究"多元现代性"。"该书旨在用徽商经验研究检验'韦伯式问题'"，围绕韦伯的"韦伯命题""中国命题"和余英时的"韦伯式的问题"展开论述。

不能把本书与中国资本主义萌芽问题直接相关联，笔者坚持余英时的这一观点。《中国近世宗教伦理与商人精神》的中心问题是：中国儒、释、道三教的伦理观念对明清的商业发展是否曾发生过推动的作用？余英时并不想问"资本主义为什么没有在中国出现"这样的问题，他认为，这个问题单独提出来是完全没有意义的。因此，余著根本不涉及现代资本主义的问题。如果必须答复韦伯关于中国为什么没有出现资本主义的问题，余英时说：其原因并不在中国缺乏"入世苦行"的伦理，而是由于中国的政治和法律还没有经历"理性化的过程"。余英时也反对机械地套用韦伯的理论，贸然提出儒家伦理与东亚资本主义兴起的关系问题，他认为"资本主义的移植"与"资本主义

① 叶显恩：《徽商的衰落及其历史作用》，《江淮论坛》1982年第3期。

② 仲伟民：《资本主义萌芽问题研究的学术史回顾与反思》，《学术界》2003年第4期。

③ 如论文：李伯重：《"资本主义萌芽"情结》，《读书》1996年第8期；李伯重：《资本主义萌芽研究与现代中国史学》，《历史研究》2000年第2期；曹树基：《清代台湾拓垦过程中的股份制经营：兼论中国农业资本主义萌芽理论的不成立》，《中国社会科学》1998年第2期；科大卫：《中国的资本主义萌芽》，《中国经济史研究》2002年第1期；王学典：《"五朵金花"：意识形态语境中的学术论战》，《文史知识》2002年第1期；等等。著作类：尚钺：《中国资本主义关系发生及演变的初步研究》，北京：生活·读书·新知三联书店，1956年；中国人民大学中国历史教研室编：《明清社会经济形态的研究》，上海人民出版社，1957年；等等。

的始发”不同，东亚资本主义是移植过来的。[①]

甚至一些学者提出，“中国资本主义萌芽”是一个“假问题”。王学典认为包括资本主义萌芽问题在内的“五朵金花”的纷争产生于浓厚的意识形态话语背景下，在既定话语背景下，这些命题都是有意义的，“因为这些命题背后都有明确的非学术追求”；而今随着话语系统的根本转换和语境的巨大变迁，这些命题本身能否成立早已成为问题，也就是说它已经成为“假问题”。[②]仲伟民认为，学者们在诸如资本主义萌芽之类的“假问题”方面耗费了太多的心血，走了很多弯路，而且在很多方面又对后人产生了误导。[③]

五、实体主义方法

本书坚持经济人类学的实体主义方法，探讨徽商的经济行为怎样嵌入在非经济动机和制度环境之中。在徽州地区，徽商、徽州宗族与新安理学构成了良性循环系统，宗族文化是新安理学的核心，徽商为宗族聚居和文教科举提供了物质条件，宗族文化则强固了徽州商帮。徽商精神不仅仅是一种经济现象，更有着深刻而丰富的社会文化内涵。

著名的经济人类学家波兰尼（Karl Polanyi）在《作为制度过程的经济》一文中，把经济区分为形式的和实体的，实体主义（substantivism）的定义是：“经济的实在的涵义来源于人为了生活而对自然和他人的依赖关系，（在这里）经济是指人与自然环境、社会环境之间的相互交换，而这种交换为人提供了满足物质需要的手段。”[④]实在主义分析的主要理论范畴有制度、互惠、再分配、市场交换、共同体、剩余等。主要代表人物有波兰尼、阿伦斯伯格（Arensberg，C.）、博汉南（Bohannan，P.）、多尔顿（Dalton，G.）、萨林斯（Marshall，S.）等。

实体主义强调经济行为的社会建构，要求“经济行为应当纳入社会整体的脉络中”[⑤]理解，认为经济“必须嵌入在法律、政治制度、道德之中”，必须受制于人伦关系、社群伦理和各种正式或非正式制度制约。同时，经济的

① 余英时：《中国近世宗教伦理与商人精神》，台北：台北联经出版社，1987年，第172页。

② 王学典：《20世纪中国史学评论》，济南：山东人民出版社，2002年，第168页。转引自仲伟民：《资本主义萌芽问题研究的学术史回顾与反思》，《学术界》2003年第4期。

③ 仲伟民：《资本主义萌芽问题研究的学术史回顾与反思》，《学术界》2003年第4期。

④ 转引自波兰尼：《我们时代的政治与经济起源》，冯钢等译，杭州：浙江人民出版社，2007年。

⑤ Polanyi K，Arensberg C M，Pearson H W（eds）. Trade and Market in the Early Empires. NewYork：The Free Press of Glencoe. 1957，pp250.

实体意义源于人类对其所居住的环境和伙伴的依赖。这意味着，为了满足其物质和精神的需求，行动者要同其所居住自然与社会环境发生密切的互动。因此，经济生活是人类维持必要的物质和社会需要的制度化过程。[①]

形式主义（formalism）的定义是："经济的形式涵义衍生于手段——目的关系的逻辑特征，有如在'经济的'或'节俭的'这类词语中所显现的。它用于在由那些手段的不充分性所导致的、对手段的不同使用之间的选择态度的定义，如果我们把支配手段选择的规则称之为理性行为的逻辑，那么我们也许能像形式经济学那样，以一个即兴范畴指出这种逻辑的多样性。……形式涵义指称涉及对不充分的手段进行替换性使用之间的选择的一套规则。"[②]其理论工具的中心概念是价格、供需、稀少性、最大化假定以及个人兴趣选择等，从个体行为的描述开始，它直接引入了经济学母体的许多分析模型，诸如决策模型、适度征集模型、中心地模型等，而最大化和均衡两个概念则是作为其系统模型的主要的结构性支柱。形式主义的主要代表人物有库恩（Coon，S）、弗士（Firth，R）、瓦格纳（Wagner，G.）、古德菲洛（Goodfellow，M）、巴特（Barth，F）、纳什（Nash，M）、塔克斯（Tax，S）、爱泼斯坦（Epstein，S）、普莱特纳（Plattner，S）等。

形式主义根源于个人面对选择稀缺资源用以达到既定目标的理性行为的逻辑特征，指的是最有效地使用有限的可用资源以满足特定目的的过程。它强调唯经济主义，主张用经济理性的原则看待和处理一切经济社会关系，认为人们从事经济社会活动的目的在于追逐其物质或非物质利益的最大化，个体行动存在着"自然的经济动机"。个人经济行为的理性化是建立在市场机制供求关系基础上的，劳动力、土地和货币都可以依照市场原则明码标价，以工资、地租和利息的方式体现出来。[③]因此，经济形式主义突出逻辑推论，强调人类经济社会行为具有超越时空的普遍性、共性和单一性。

六、成果价值和不足之处

本书的学术价值主要表现在以下两个方面：其一，本书弥补了韦伯和余英时商人经验研究不足的问题，验证了余英时的假设——徽商资料证实了《中国近世宗教伦理与徽商精神》的基本观点。其二，徽学和徽商研究者多受

① 刘少杰：《西方经济社会学史》，北京：中国人民大学出版社，2013年，第131页。
② 转引自波兰尼：《我们时代的政治与经济起源》，冯钢等译，杭州：浙江人民出版社，2007年。
③ 刘少杰：《西方经济社会学史》，北京：中国人民大学出版社，2013年，第131页。

历史学科训练，从事历史学的教学科研工作，几十年来，他们挖掘了大量徽商资料，为后人研究奠定了坚实的基础，做出不可磨灭的贡献。但现在看来，徽学和徽商研究方法单一，问题意识不强，缺少学术话语权。本书综合运用了宗教社会学和经济人类学的研究方法，旨在与学术名家韦伯和余英时商榷，问题意识较强，有利于提高徽商研究的跨学科影响力和学术对话能力。

本书也有较高的应用价值。中国国际徽商大会是安徽省主办的综合性经贸盛会，意在弘扬徽商精神，展示安徽风貌，促进交流合作，共绘创业蓝图。自2005年创办以来，知名度不断提升，已经成为安徽省规模最大、品位最高、影响最广的对外开放标志性平台。本书的研究成果可以发扬光大明清时期的徽商精神，打造新时期的新徽商精神。以宏村、西递为代表的古徽州地区是世界文化遗产，徽商是酿造徽州文化的“酵母”，徽商精神研究可以为挖掘、保护和利用地域文化资源提供指导。

本书存在的不足或欠缺主要表现以下几方面：一是对韦伯的理论观点难以完全把握。正如韦伯的遗孀玛丽安妮指出的那样，韦伯的研究范围甚广，横跨众多学科，很难从单一学科的角度追踪他的思路；其著作表述方式艰涩费解，加之尚处在未完成的形式，很难描绘出他的一幅完整的理论图景。当然，这也与课题组成员的学术功底尚浅有关。二是本书研究内容涉及宗教学、儒学、徽商、经济史等多方面知识，也为研究者力所不逮。作者发掘徽商新资料不多，有些史料的原始出处尚待进一步考证，这可能会是历史学者最不满意的地方。三是笔者受项目选题限制，遵循韦伯和余英时的问题建构方式，制约了研究内容和方法，难以对韦伯理论有实质性突破。

主要参考文献

一、谱　牒[1]

（明）方信纂修：歙县《竦塘黄氏统宗谱》，明嘉靖四十一年（1562年）刊本。

（明）江珍撰修：歙县《溪南江氏族谱》，明隆庆三年（1569年）刻本。

（明）许可复、许凤翔纂：歙县《新安歙北许氏东支世谱》，明隆庆六年（1572年）刊本。

（明）王仁辅等修：歙县《泽富王氏宗谱》，明万历元年（1573年）刊本。

（明）汪同文纂修：歙县《汪氏统宗谱》，明万历三年（1575年）刻本。

（明）吴元满纂修：歙县《歙西溪南吴氏世谱》，明万历三十年（1602年）刻本。

（明）程弘宾编修：歙县《歙西岩镇百忍程氏本宗信谱》，明万历十八年（1590年）刻本。

（清）张习孔修：歙县《新安张氏续修宗谱》，清顺治十六年（1659年）刻本。

（清）黄景琯：歙县《潭渡黄氏族谱》，清雍正九年（1731年）刊本。

（清）黄臣槐等纂修：歙县《潭渡孝里黄氏族谱》，清雍正九年（1731年）刻本。

（清）许登瀛纂修：歙县《重修古歙东门许氏宗谱》，清乾隆十年（1745年）刻本。

（清）鲍光纯纂修：歙县《重编棠樾鲍氏三族宗谱》，清乾隆二十五年（1760年）刊本。

（清）江淮椿等修：歙县《歙北江村济阳江氏族谱》，清乾隆四十二年

---

① 按照歙县、休宁、祁门、黟县、婺源、绩溪县名排列。

（1777年）刻本。

（清）鲍琮纂修：歙县《棠樾鲍氏宣忠堂支谱》，清嘉庆十年（1805年）刻本。

（清）项启鈵：歙县《桂溪项氏族谱》，清嘉庆十六年（1811年）刻本。

（清）洪承科修、鲍信林纂：歙县《金山洪氏宗谱》，清同治十二年（1873年）刻本。

（清）鲍存良纂修：歙县《鲍氏著存堂宗谱》，清光绪元年（1875年）刊本。

（清）黄开簇修：歙县《虬川黄氏重修宗谱》，清道光十二年（1832年）刊本。

（明）吴以声纂修：休宁《率东程氏家谱》，明正统三年（1438年）刻本。

（明）范涞：休宁《范氏族谱》，明万历二十一年（1593年）刻本。

（明）王宗本纂修：休宁《宣仁王氏族谱》，明万历三十八年（1610年）刊本。

（清）汪澍、汪逢年等纂修：休宁《西门汪氏宗谱》，清顺治九年（1652年）刻本。

（清）吴翟等纂修：休宁《茗洲吴氏家典》，清雍正十一年（1733年）刊本。

（民国）朱承铎修纂：休宁《新安月潭朱氏族谱》，民国二十年（1931年）刻本。

（明）张宪、张阳辉修：祁门《张氏统宗世谱》，明嘉靖十四年（1535年）刻本。

（清）黄世昶等纂修：祁门《新安黄氏大宗谱》，清乾隆十七年（1752年）刻本。

（清）汪大樽等纂修：祁门《平阳汪氏宗谱》，清同治七年（1868年）刻本。

（民国）倪愚山等纂修：祁门《倪氏族谱》，民国十四年（1925年）刻本。

（清）叶有广等纂修：黟县《南屏叶氏族谱》，清嘉庆十七年（1812年）刻本。

（清）江光裕纂修：黟县《济阳江氏宗谱》，清道光十九年（1839年）刊本。

（清）胡朝贺辑：黟县《明经胡氏存仁堂支谱》，清同治八年（1869年）

刻本。

（明）王铣等修：婺源《武口王氏统宗世谱》，明隆庆四年（1570年）刻本。

（明）李晖、李春等纂修：婺源《三田李氏统宗谱》，明万历四十二年（1614年）刻本。

（清）俞大艳等纂修：婺源《龙溪俞氏家谱》，清乾隆四十七年（1782年）刻本。

（清）章绪苗等主修：绩溪《西关章氏族谱》，清道光二十九年（1849年）刊本。

（清）胡广植等纂修：绩溪《金紫胡氏家谱》，清光绪三十三年（1907年）刊本。

（清）胡祥木等纂修：绩溪《上川明经胡氏宗谱》，清宣统三年（1911年）刻本。

（民国）王德藩编修：绩溪《盘川王氏宗谱》，民国十年（1921年）刻本。

二、方　志[①]

（民国）石国柱修、许承尧纂：《歙县志》，民国二十六年（1937年）铅印本。

（清）廖腾煃修、汪紫沧纂：《休宁县志》，清康熙三十二年（1693年）刻本。

（清）方崇鼎等纂修：《休宁县志》，清嘉庆二十年（1815年）刻本。

（清）姚启元修、张瑗纂：《祁门县志》，清康熙二十三年（1684年）刻本。

（清）周溶修、汪韵珊纂：《祁门县志》，清同治十二年（1873年）刊本。

（清）吴甸华等修、吴子钰等续修：《黟县志》，清嘉庆十七年（1812年）。

（清）吴甸华等修、吴子钰等续修：《黟县三志》，清同治十年（1871年）重刊。

（民国）吴克俊等修：《黟县四志》，民国十二年（1923年）黟城蔡照堂刻本。

（清）汪正元等纂修：《婺源县志》，清光绪八年（1882年）刊本。

① 按照歙县、休宁、祁门、黟县、婺源、绩溪、徽州、其他县志排列，同时兼顾时间顺序。

（民国）葛韵芬等修、汪峰青纂：《重修婺源县志》，民国十四年（1925年）刻本。

（清）苏霍祚修、曹有光纂：《绩溪县志续编》，清康熙七年（1668年）刻本。

（清）陈锡等修、赵继序等纂：《绩溪县志》，清乾隆二十一年（1756年）刻本。

（清）清恺修、席存泰纂：《绩溪县志》，清嘉庆十五年（1810年）刊本。

（明）彭泽修、汪舜民纂：《徽州府志》，明弘治十五年（1502年）刻本。

（明）何东序修、汪尚宁等纂：《徽州府志》，明嘉靖四十五年（1566年）刊本。

（清）丁廷楗、卢询修、赵吉士等纂：《徽州府志》，清康熙三十八年（1699年）刊本。

（清）马步蟾修、夏銮纂：《徽州府志》，清道光七年（1827年）刊本。

（宋）赵不悔、罗愿纂修：《新安志》，淳熙抄本。

（明）程尚宽撰：《新安名族志》，明嘉靖三十年（1551年）刊本。

（明）程敏政撰：《新安文献志》，明弘治十年（1497年）刻本。

（清）佘华瑞纂修：《岩镇志草》，清乾隆三年（1738年）后耕堂刻本。

（清）施璜等撰：《紫阳书院志》，雍正三年（1725年）刊本。

（清）凌应秋辑：《沙溪集略》，清乾隆二十四年（1759年）抄本。

（清）江登云纂修：《橙阳散志》，清乾隆二十年（1755年）刊本。

（明）韩浚修、张应武纂：《嘉定县志》，明万历刻本。

（明）杨洵修、陆君弼纂：《扬州府志》，明万历三十二年（1604年）刻本。

（清）钱见龙、吴朴纂修：《泰兴县志》，清康熙二十七年（1688年）刻本。

（清）高国楹修、倪藻垣纂：《平湖县志》，清乾隆十年（1745年）刻本。

（清）金鸿、李鏻纂修：《镇洋县志》，清乾隆十年（1745年）刻本。

（清）佶山修、单渠纂：《两淮盐法志》，清嘉庆十一年（1806年）刊本。

（清）陶澍、邓廷祯修，李振庸、韩玖纂：《安徽通志》，清道光十年（1830年）刻本。

（民国）吴吉祜：《丰南志》，民国稿本。

三、著　作[①]

（春秋）孔丘著，朱熹集注：《论语》。

（春秋战国）孟轲：《孟子》，四部丛刊景宋大字本。

（西汉）司马迁：《史记》，清乾隆武英殿刻本。

（东汉）班固：《汉书》，清乾隆武英殿刻本。

（宋）朱熹：《晦庵集》，四部丛刊景明嘉靖本。

（宋）朱熹：《四书集注》，宋刻本。

（宋）朱熹：《家礼》，宋刻本。

（宋）黎靖德：《朱子语类》，明成化九年（1473年）刻本。

（元）虞集撰：《道园学古录》，四部丛刊景明泰翻元小字本。

（明）黄宗羲，全祖望：《宋元学案》，清道光刻本。

（明）黄宗羲：《明儒学案》，清文渊阁四库全书本。

（明）宋濂等：《元史》，清乾隆武英殿刻本。

（明）谢肇淛：《五杂俎》，明万历四十四年（1616年）刻本。

（明）王世贞：《觚不觚录》，清顺治三年（1646年）重印本。

（宋）张载著、朱熹注释：《张子全书》，清康熙五十八年（1719年）刻本。

（清）顾炎武著：《肇域志》，清同治元年（1862年）抄本。

（清）张廷玉撰：《明史》，清乾隆武英殿刻本。

（清）汤殿三撰：《国朝遗事纪闻》，清宣统二年（1910年）刻本。

（清）沈垚撰：《落帆楼文集》，民国七年（1918年）嘉业堂刊本。

（清）黄崇惺撰：《草心楼读画集》，民国十七年（1928年）刊本。

故宫博物院明清档案部：《李煦奏折》，北京：中华书局，1976年。

苏州历史博物馆等编：《明清苏州工商业碑刻集》，南京：江苏人民出版社，1981年。

叶显恩：《明清徽州农村社会与佃仆制》，合肥：安徽人民出版社，1983年。

余英时：《中国近世宗教伦理与商人精神》，台北：联经出版事业股份有限公司，1987年。

① 按照时间顺序排列。

杭之：《一苇集》，台北：允晨文化实业股份有限公司，1987年。

余英时：《士与中国文化》，上海：上海人民出版社，1987年。

马克斯·韦伯：《新教伦理与资本主义精神》，于晓、陈维纲等译，北京：生活·读书·新知三联书店，1987年。

安徽省博物馆编：《明清徽州社会经济资料丛编》，北京：中国社会科学出版社，1988年。

杜维明：《新加坡的挑战：新儒家伦理与企业精神》，北京：生活·读书·新知三联书店，1989年。

胡适：《胡适口述自传》，唐德刚译，北京：华文出版社，1989年。

金日坤：《儒教文化圈的伦理秩序与禁忌：儒教文化与现代化》，北京：中国人民大学出版社，1991年。

王钰钦、周绍泉：《徽州千年契约文书》，石家庄：花山文艺出版社，1991年。

朱世良等：《徽商史话》，合肥：黄山书社，1992年。

张海鹏等：《中国十大商帮》，合肥：黄山书社，1993年。

杨正奉：《明代驿站考》，上海：上海古籍出版社，1994年。

张海鹏、王廷元主编：《徽商研究》，合肥：安徽人民出版社，1995年。

王振忠：《明清徽商与淮扬社会变迁》，北京：生活·读书·新知三联书店，1996年。

唐力行：《商人与文化的双重变奏——徽商与宗族社会的历史考察》，武汉：华中理工大学出版社，1997年。

王世华：《富甲一方的徽商》，杭州：浙江人民出版社，1997年。

布罗代尔：《资本主义的动力》，杨起译，北京：生活·读书·新知三联出版社，1997年。

范金民：《明清江南商业的发展》，南京：南京大学出版社，1998年。

陶澍：《陶澍集》，长沙：岳麓书社，1998年。

姬金铎：《韦伯传》，石家庄：河北人民出版社，1998年。

周晓光、李琳琦：《徽商与经营文化》，上海：世界图书出版公司，1998年。

唐力行：《明清以来徽州区域社会经济研究》，合肥：安徽大学出版社，1999年。

赵华富：《两驿集》，合肥：黄山书社，1999年。

李文治：《中国宗法宗族制和族田义庄》，北京：社会科学文献出版社，2000年。

余英时：《中国近世宗教伦理与商人精神》，合肥：安徽教育出版社，2001年。

马敏：《商人精神的嬗变：近代中国商人观念研究》，武汉：华中师范大学出版社，2001年。

哈特穆特·莱曼、京特·罗特：《韦伯的新教伦理：由来、根据和背景》，阎克文译，沈阳：辽宁教育出版社，2001年。

盛邦和：《解体与重构：现代中国史学与儒学思想变迁》，上海：华东师范大学出版社，2002年。

孙亦平编：《西方宗教学名著提要》，南昌：江西人民出版社，2002年。

李琳琦：《徽商与明清徽州教育》，武汉：湖北教育出版社，2003年。

陈学文：《徽商与徽学》，北京：方志出版社，2003年。

熊军：《徽商之源》，合肥：安徽人民出版社，2003年。

塔尔科特·帕森斯：《社会行动的结构》，张明德等译，南京：译林出版社，2003年。

马克斯·韦伯：《儒教与道教》，王容芬译，北京：商务印书馆，1995年。

赵华富：《徽州宗族研究》，合肥：安徽大学出版社，2004年。

顾忠发：《韦伯学说》，桂林：广西师范大学出版社，2004年。

万俊人：《清华哲学年鉴2003》，保定：河北大学出版社，2004年。

唐力行：《徽州宗族社会》，合肥：安徽人民出版社，2005年。

黄山市政协文史资料委员会：《徽州大姓》，合肥：安徽大学出版社，2005年。

周晓光：《新安理学》，合肥：安徽人民出版社，2005年。

朱万曙、谢欣：《徽商精神》，合肥：合肥工业大学出版社，2005年。

朱万曙：《徽州戏曲》，合肥：安徽人民出版社，2005年。

徐学林：《徽州刻书》，合肥：安徽人民出版社，2005年。

顾忠发：《韦伯〈新教伦理与资本主义精神〉导读》，桂林：广西师范大学出版社，2005年。

周晓光：《徽州传统学术文化地理研究》，合肥，安徽人民出版社，2006年。

李琳琦：《话说徽商》，北京：中国工商联合出版社，2006年。

胡适：《四十自述》，合肥：安徽教育出版社，2006年。

王钧林等：《斯文在兹：儒学与中国传统文化》，济南：齐鲁书社，2006年。

曲彦斌：《中国典当史》，北京：九州出版社，2007年。

马克斯·韦伯：《新教伦理与资本主义精神》，康乐、简惠美译，桂林：广西师范大学出版社，2010年。

马克斯·韦伯：《中国的宗教：儒教与道教》，康乐、简惠美译，桂林：广西师范大学出版社，2010年。

弗里茨·格林：《韦伯学术思想评传》，马乐乐译，北京：北京大学出版社，2011年。

四、期　刊

王思治、金成基：《清代前期两淮盐商的盛衰》，《中国史研究》1981年第2期。

韦庆远、吴奇衍：《清代著名皇商范氏的兴衰》，《历史研究》1981年第3期。

萧国亮：《清代两淮盐商的奢侈性消费及其经济影响》，《历史研究》1982年第4期。

刘淼：《徽商鲍志道及其家世考述》，《江淮论坛》1983年第3期。

张海鹏、唐力行：《论徽商"贾而好儒"的特色》，《中国史研究》1984年第4期。

居密：《安徽方志谱牒及其地方资料的研究》，《汉学研究》1985年第2期。

唐力行：《论徽商与封建宗族势力》，《历史研究》1986年第2期。

吴存心：《"徽商"：中国古代"儒商"的典型代表》，《资料与研究》1986年第5期。

丁学良：《韦伯的世界文明比较研究导论》，《中国社会科学》1987年第1期。

刘尚恒：《明清徽商的藏书与刻书》，《安徽师大学报》（哲学社会科学版）1990年第1期。

王世华：《"左贾右儒"辨》，《安徽师大学报》（哲学社会科学版）1991年第1期。

王珍:《徽州木商述略》,《徽州社会科学》1991年第2期。

臼井佐智子:《徽商及其网络》,《安徽史学》1991年第4期。

张民服:《徽商与明清文化》,《郑州大学学报》(哲学社会科学版)1991年第5期。

陈其南:《明清徽州商人的职业观与家族主义》,《江淮论坛》1992年第2期。

张海鹏:《徽商与徽州文化》,《中国典籍与文化》1993年第4期。

李金:《韦伯的中国研究述要》,《探索》1994年第5期。

李琳琦:《徽商的奢侈性消费及其心理探析》,《历史档案》1995年第4期。

李琳琦、王世华:《明清徽商与儒学教育》,《华东师范大学学报》(教育科学版)1997年第3期。

李琳琦:《从谱牒和商业书看明清徽州的商业教育》,《中国文化研究》1998年第3期。

刘德仁、薛培:《略论清政府对盐商的控制与利用(续)》,《盐业史研究》1998年第3期。

李琳琦:《"激进"的言论与"保守"的行为——对徽商在传统价值观问题上的心理分析》,《社会科学家》1998年第6期。

张海鹏:《论徽商经营文化》,《安徽师范大学学报》(人文社会科学版)1999年第3期。

滕祥志:《韦伯论中国社会与宗教》,《北京行政学院学报》1999年第3期。

周晓光:《明清徽商建筑文化的特色》,《中国典籍与文化》2000年第2期。

盛邦和:《余英时:一个"韦伯式的问题"》,《福建论坛》(人文社会科学版)2001年第2期。

李琳琦:《"儒术"与"贾事"的会通——"儒术"对徽商商业发展的工具性作用剖析》,《学术月刊》2001年第6期。

王振忠:《清代徽商的〈弄月嘲风〉》,《寻根》2002年第4期。

张明富:《"贾而好儒"并非徽商特色——以明清江浙、山西、广东商人为中心的考察》,《中国社会经济史研究》2002年第4期。

周建国、麻乐平:《理性、新教伦理、科层制与社会发展——马克斯·韦伯的社会发展理论》,《社会科学家》2002年第6期。

王世华:《徽商与长江文化》,《安徽师范大学学报》(人文社会科学版)2003年第1期。

李琳琦:《明清徽州商业社会中的教育特色》,《华东师范大学学报》(教育科学版)2003年第1期。

李春华:《再读〈新教伦理与资本主义精神〉——韦伯命题的现实意义》,《河南社会科学》2003年第2期。

章益国:《"'勤俭'伦理与东亚发展"辨析——儒家资本主义学说与韦伯理论的纠缠》,《华东师范大学学报》(哲学社会科学版)2003年第3期。

方利山:《仁心济世,德厚风高——在灾害面前的徽商》,《黄山学院学报》2003年第3期。

宗韵:《清代徽商家庭教育个案研究——以〈先府君行述〉为考察的中心》,《安徽师范大学学报》(人文社会科学版)2003年第5期。

王世华:《也谈"贾而好儒"是徽商的特色——兼与张明富先生商榷》,《安徽史学》2004年第1期。

单世联:《韦伯命题与中国现代性》,《开放时代》2004年第1期。

卞利:《徽商与明清时期的社会公益事业》,《中州学刊》2004年第4期。

周晓光:《略论明清徽商的"儒道"经营理念》,《孔孟月刊》2004年第5期。

俞乃华:《徽州文书中的合同文书探析》,《黄山学院学报》2004年第5期。

王世华:《徽商研究:回眸与前瞻》,《安徽师范大学学报》(人文社会科学版)2004年第6期。

叶显恩:《徽州文化的定位及其发展大势》,《黄山学院学报》2005年第2期。

吴承明:《谈谈经济史研究方法问题》,《中国经济史研究》2005年第1期。

王邦虎、梁德阔:《我国阶级社会中宗族与国家间的结构关系》,《求索》2005年第3期。

崔宜明:《韦伯问题与职业伦理》,《河北学刊》2005年第4期。

梁德阔:《徽商的经济交换形式》,《经济问题探索》2005年第12期。

吴建华:《质疑韦伯的中国社会信任观》,《中州学刊》2006年第1期。

王昌宜:《明清徽州的职业教育》,《安徽大学学报》(哲学社会科学版),2006年第1期。

卞利:《明清徽州村规民约和国家法之间的冲突与整合》,《华中师范大学学报》(人文社会科学版)2006年第1期。

张以明:《思辨的逻辑与实践的逻辑》,《学习与探索》2006年第4期。

田辰山:《韦伯理论的局限及其在中国的误用》,《文史哲》2006年第4期。

任志安:《韦伯论中国的社会和宗教》,《学术交流》2006年第11期。

黄彩霞、王世华:《徽商对商品流通基础设施的投入及其社会影响》,《甘肃社会科学》2007年第1期。

刘道胜:《明清徽州民间契约关系的维系》,《安徽师范大学学报》(人文社会科学版)2007年第2期。

郑戈:《多元社会中的法律与宗教——以韦伯社会理论为分析视角》,《太平洋学报》2007年第5期。

苏国勋:《马克斯·韦伯:基于中国语境的再研究》,《社会》2007年第5期。

春杨:《清代民间纠纷调解的规则与秩序——以徽州私约为中心的解读》,《山东大学学报》(哲学社会科学版)2008年第2期。

陈瑞:《明清时期徽州宗族对族人的职业控制》,《安徽大学学报》(哲学社会科学版)2008年第4期。

卞利:《徽州文书的由来及其收藏整理情况》,《寻根》2008年第6期。

刘道胜:《明清徽州合同契约与民间合约关系》,《安徽大学学报》(哲学社会科学版)2009年第1期。

王泽应:《韦伯新教伦理命题的世纪论争与理性反思》,《南通大学学报》(社会科学版)2010年第3期。

李琳琦、赵忠仲:《“贾而好儒”:徽州商帮的主要特色》(一),《金融博览》2010年第4期。

李琳琦、赵忠仲:《“贾而好儒”:徽州商帮的主要特色》(二),《金融博览》2010年第5期。

孙亦平:《“即世而超越”:论道教的出世与入世——读马克斯·韦伯〈儒教与道教〉》,《深圳大学学报》(人文社会科学版)2011年第2期。

刘宁:《儒家伦理的经济担当——论余英时对韦伯的中国解读》,《生产力研究》2011年第3期。

苏国勋：《韦伯关于中国文化论述的再思考》，《社会学研究》2011年第4期。

徐国利：《从明清徽州家谱看明清徽州宗族的职业观》，《河北学刊》2011年第6期。

刘雪飞：《试析马克斯·韦伯的儒学观》，《齐鲁学刊》2011年第6期。

梁德阔：《对“韦伯命题”的反思与再研究》，《社会科学家》2011年第9期。

梁德阔：《“韦伯命题”的徽商经验研究》，《贵州社会科学》2011年第10期。

梁德阔：《“韦伯式问题”的经验研究：以徽商为例》，《江汉论坛》2011年第10期。

徐大慰：《徽商的儒贾观》，《江汉论坛》2011年第11期。

赵华富：《明清时期徽州的儒贾观》，《安徽大学学报》（哲学社会科学版）2011年第6期。

徐国利：《民国时期基层社会传统职业观的革新与保守——以民国徽州家谱的族规家训所见职业观为例》，《民国档案》2012年第1期。

梁德阔、顾东辉：《儒家伦理与徽商的慈善行为》，《江汉论坛》2012年第4期。

后 记

徽州总是那么让人流连忘返，近代著名学者胡适在口述自传时，第一句话就自豪地说："我是安徽徽州人"；并赋诗一首《希望》："我从山中来，带得兰花草，种在小园中，希望花开好……"，似在倾诉一种如鲠在喉的乡愁。我也是从大别山区到上海工作成家的游子，能深刻体会胡适那种对桑梓、家人的眷念之情。

"一生痴绝处，无梦到徽州。"这是明代戏剧家汤显祖的徽州情缘，而我的徽州情结还得追溯到安徽大学工作期间。2003年，我作为核心成员承担了教育部基地重大项目，多次到古徽州地区做田野调查。至今，以徽商研究为旨趣，我获得了上海大学人类学博士学位、复旦大学社会学博士后及完成国家社科基金项目；出版了两部徽商专著，发表徽学论文十几篇。

关于徽商和徽学的研究成果汗牛充栋，这得益于徽学研究者的辛勤耕耘，他们发掘出丰富的史料，使我免于资料收集之苦，而更多地关注徽商研究的问题意识和学术对话。自从20世纪七八十年代余英时提出徽商资料可能证实"韦伯式问题"以来，徽商研究者没有积极回应。本书旨在与马克斯·韦伯的《新教伦理与资本主义精神》《中国的宗教：儒教与道教》，以及余英时的《中国近世宗教伦理与商人精神》的核心观点进行学术对话，在方法论上弥补了"韦伯式问题"的经验研究缺失之憾。研究结论回应了"韦伯命题"和韦伯的"中国命题"，进一步支持了余英时的主要观点。由于选题限制了本书的研究框架，我在理论上没有太大突破。

在书稿付梓之际，我要感谢我的家人和朋友，他们大力支持我的工作和关心我的生活。妻子徐大慰博士，也是我的同学和同事。她是课题组核心成员，承担了大量英文翻译工作。孩子在国外出生期间，我一直没有陪伴着她。儿子的健康成长和好学上进，归功于岳母的精心照顾和爱人的谆谆教诲。远在千里之外的年迈父母，期盼儿女“常回家看看”，也难能如愿。感谢安徽师范大学出版社彭敏女士和胡志恒先生，他们为本书的排版、校对、出版付出了大量劳动。

梁德阔

2013年12月星辰园